古代歷史文化研究輯刊

十七編

王明蓀 主編

第22冊

載灃與宣統政局

李學峰 著

國家圖書館出版品預行編目資料

載灃與宣統政局／李學峰 著 — 初版 — 新北市：花木蘭文化
出版社，2017〔民 106〕
目 2+254 面；19×26 公分
（古代歷史文化研究輯刊 十七編；第 22 冊）
ISBN 978-986-404-962-2（精裝）
1.（清）載灃 2. 晚清史
618   106001487

ISBN-978-986-404-962-2

9 789864 049622

古代歷史文化研究輯刊
十七編　第二二冊　　　　　　　　ISBN：978-986-404-962-2

載灃與宣統政局

作　　　者　李學峰
主　　　編　王明蓀
總 編 輯　杜潔祥
副總編輯　楊嘉樂
編　　　輯　許郁翎、王筑　美術編輯　陳逸婷
出　　　版　花木蘭文化出版社
社　　　長　高小娟
聯絡地址　235 新北市中和區中安街七二號十三樓
　　　　　　電話：02-2923-1455 ／傳眞：02-2923-1452
網　　　址　http://www.huamulan.tw 信箱 hml810518@gmail.com
印　　　刷　普羅文化出版廣告事業
初　　　版　2017 年 3 月
全書字數　234086 字
定　　　價　十七編 34 冊（精裝）台幣 68,000 元

載灃與宣統政局

李學峰 著

作者簡介

李學峰，男，2011 年獲中國社會科學院研究生院中國近現代史專業博士學位，現就職於河南大學馬克思主義學院，研究方向主要爲中國近代政治史，在《史學月刊》、《二十一世紀》、《明清論叢》等學術期刊發表學術論文十餘篇，出版著作一部，先後參加「辛亥革命與百年中國國際學術研討會」、「中國辛亥革命百年紀念暨第十四屆清史學術研討會」、「義和團 110 週年國際學術討論會」等重要國際學術會議，參與國家社科基金一般項目一項，教育部社科基金項目兩項。

提　　要

　　載灃深受其父奕　影響，形成了謹愼、膽小畏事的性格特點。辛丑條約簽訂後，載灃奉命出使德國謝罪，開始爲中外各種政治勢力矚目。光緒三十二年官制改革，載灃開始參預要政。在參議官制改革的過程中，載灃反對奕劻、袁世凱急進的主張，與主張設立責任內閣、改革八旗制度的袁世凱、端方發生激烈衝突。在丁未政潮中，奕劻、袁世凱與瞿鴻機、岑春　兩大政治勢力在爭鬥中兩敗俱傷，載灃進入軍機處，成爲政爭的最大獲益者。監國攝政後，載灃對上層統治結構進行了調整，驅逐袁世凱，打擊袁世凱餘黨，削弱奕劻權力，同時重用載洵、載濤、毓朗、載澤等年輕親貴，不僅造成了政治的混亂，而且大失人心，引起了列強的不滿。載灃疑忌漢人，扶滿抑漢，漢大臣在清政府最高層失去了話語權，滿漢上層之間聯盟宣告解體。在執政的前一年多的時間裏，載灃對預備立憲是認眞、積極的，隨著諮議局、資政院的成立，立憲派與政府衝突不斷，爲維護皇權，載灃竭力壓制諮議局、資政院，引起了立憲派的很大不滿。載灃不允立憲派速開國會的請求、對國會請願運動的鎮壓以及推出皇族內閣，一步步把立憲派推到了與政府決裂的邊緣。載灃崇尙武力，採取了成立禁衛軍、設立軍諮處、復興海軍、編練新軍裁撤綠營、歸併防營等以強軍集權爲目的重大舉措。由於用人不當、財政困難、求變過急等原因，這些舉措非但沒有鞏固而且削弱清王朝的統治。在鐵路政策方面，載灃犯下了錯誤支持商辦、草率推出幹路國有、不恤民隱一味壓制等一系列錯誤，最終激成川亂。武昌起義爆發後，載灃方寸大亂，爲了鎮壓革命，有病亂投醫，起用袁世凱。爲了挽回人心，挽救王朝命運，載灃以皇帝名義下罪己詔、開黨禁、頒佈《重大憲法信條十九條》、解散皇族內閣，然而爲時已太晚。在袁世凱的逼迫下，載灃辭去監國攝政王位，結束了短暫的監國攝政生涯，清王朝不久滅亡。

目次

緒　論

一、選題的來源及理論和實踐意義

1、選題的來源

　　2008 年 9 月，我進入中國社會科學院攻讀博士學位。是年底，開始考慮博士論文的選題。最初我提出以《河南省大躍進運動研究》作爲論文題目，因爲我碩士學位論文是《淮陽縣大躍進運動研究》，選取《河南省大躍進運動》作爲博士論文，做起來相對容易，也算是對碩士階段研究的拓展和深化。我的導師張海鵬先生並沒有明確表示反對，只是說你攻讀的方向是中國近代政治史，選擇這個題目是否合適，可以再考慮。博士論文應與攻讀方向一致這是毫無疑問的，但由於種種原因，博士選題與自己攻讀方向不太一致，甚至相距甚遠的情況並不少見，所以我才提出並不在近代範圍之內的河南省大躍進運動作爲研究對象。導師的話雖委婉，但我體會到了他的嚴格，開始重新思考論文選題。

　　清末最後十幾年中，清政府、資產階級革命派、資產階級立憲派是三股最爲重要的政治力量，革命派和清政府是根本對立的兩方，立憲派則依違二者之間，三股政治力量的角逐、分合、消長決定了中國的政治走向。中華人民共和國成立後，大陸學界對於三者的研究首先從革命派開始。這是理所當然的，因爲當時新民主主義的革命高潮剛過，革命依然是社會的關注點，甚至是社會政治生活中的一項重要內容。20 世紀 50 年代中期，辛亥革命研究開始起步。1956 年孫中山誕辰 90 週年的紀念活動以及 1961 年辛亥革命 50 週年的紀念活動有力地推動了辛亥革命研究向前發展。主要受政治因素的影響，

在「文革」以前，所謂研究個別人物多、研究社會環境少，研究政治方面多、研究經濟、文化少，研究革命黨人多、研究其它派系、尤其是研究清政府方面少，「肯定群眾自發鬥爭多、肯定資產階級領導作用少的「四多四少」現象始終沒有大的改觀。「文革」結束後，經歷短暫的徘徊，辛亥革命研究進入一個迸發期，研究空前繁榮，湧現出大量優秀學術成果。有人將 1979～1989 這十年稱作辛亥革命研究的「黃金十年」。在這一時期，「四多四少」的情況在一定程度上有所改觀。對人物的研究已不再僅僅局限於主要領袖人物，不僅涉及革命派的孫中山、章太炎、鄒容、陳天華、秋瑾，還涉及到立憲派的張謇，甚至還涉及到了在一定程度上站在革命對立面的袁世凱、黎元洪。此外，對資產階級對辛亥革命的領導作用也給予了應有的肯定。

從上世紀 80 年代起，學界開始重視從經濟、社會、文化的角度來研究辛亥革命，並開始重視對清政府的研究，清末新政研究在 90 年代以後取得了豐碩的成果。

儘管學界日益重視對清政府的研究，但對清政府及其主要人物的研究仍然相當薄弱，故而有學者指出應把加強對清政府的研究作為對現有辛亥革命研究的一個突破路徑。事實上，無論是辛亥革命研究還是清末新政研究，都相對忽視了對一個群體——滿洲貴族的研究。滿洲貴族是清末政治舞臺上一支極其重要的政治力量，他們與辛亥革命和清末新政關係密切，加強他們與辛亥革命和清末新政關係的研究，研究他們如何認識統治危機、如何應對統治危機，研究他們如何理解、設計、推行新政，研究他們對新政起到了什麼樣推進或阻礙作用，能夠使我們從新的視角去認識辛亥革命與清末新政，去認識清末那段歷史。

在眾多滿洲貴族成員中，載灃是極其重要和特殊的一個。他是第一代醇親王奕譞之子，光緒皇帝載湉之弟，宣統皇帝溥儀之父，從光緒三十四年十月二十日被授為攝政王到宣統三年十月十六日退歸藩邸，在長達三年的時間裏，載灃以監國攝政王的身份執掌政權，在宣統朝的大部份時間裏是清王朝的實際最高統治者，有著舉足輕重的歷史地位，而學界對這樣一個極其重要的歷史人物卻關注較少，有關的研究成果不多，研究價值和空間頗大。

考慮到自己將在 2011 年博士畢業，恰逢辛亥革命百週年，如果以《載灃與宣統政局》為題，對載灃這個辛亥革命的對立面做些學術的探討，將是一件有意思的事情。我的想法得到了導師的認可，於是確定了這個題目。

2、選題的理論及實踐意義

（1）在革命的歷史背景下，從關鍵歷史時期（清王朝的最後三年）的關鍵人物載灃——監國攝政王入手，考察清王朝在危機之下的政治舉措，能夠獲得對辛亥革命成功與清王朝滅亡的一些新認識。

（2）作爲大清王朝最後三年的實際執政者，載灃留給人們的是一個昏庸無能、葬送大清皇朝的失敗者形象，現有研究成果對這一歷史人物是怎樣失敗、緣何失敗缺乏系統研究。通過對這一歷史人物在清末的政治作爲進行較爲全面的考察，考察這一歷史人物處於怎樣的歷史環境，面臨怎樣的歷史任務，採取了什麼樣的政治舉措，產生了什麼樣的政治效果，從而深化對載灃這一重要歷史人物的歷史認識。

（3）載灃是清王朝最後三年新政的主持者，通過對這一歷史人物的考察，可以進一步深化對清末新政的認識，在學術上也是有意義的。

二、國內外研究現狀

1918 年費行簡著《當代名人小傳》出版，對載灃的生平事蹟進行了記述。費行簡生於 1871 年，與載灃大致同時代，熟悉情況，故而其對載灃所作小傳文字雖簡，但論述相當精確。1928 年由趙爾巽主編的《清史稿》出版，對載灃作了十分簡略的記述。1936 年金梁著《四朝佚聞》出版，對載灃作了簡短論述。該著對載灃評價頗低，「唯宵小是聽，一誤再誤，遂至不復可爲」〔註 1〕。金梁是通過科舉進入仕途的滿人，曾任翰林院編修、大學堂提調、監察御史、內城警廳知事、奉天旗務處等職，與皇族多有交集，熟悉清末政情，其著可信度較高。

20 世紀 50～70 年代，革命是中國時代的主題，與之相對應的，在學術研究上革命話語也佔據主導地位，作爲革命對象的曾經是晚清政府「當家人」的載灃只是研究革命的反面陪襯，而沒有成爲研究的主要對象。

20 世紀 80 年代中期以後，隨著政治、社會、學術氛圍的變化，出現了一些以載灃爲主要研究對象的論著。1984 年趙秉忠發表了《論攝政王載灃》〔註 2〕一文。作者認爲載灃無能力、無見識、無膽識，完全繼承慈禧時期的政策，對內繼續玩弄立憲騙局與人民爲敵，對外依然賣國求榮投靠帝國主

〔註 1〕　金梁：《四朝佚聞》，第 13 頁，復東印刷局 1936 年版。
〔註 2〕　趙秉忠：《論攝政王載灃》，《北方論叢》，1984 年第 4 期。

義，沒有辦出一項符合人民心意的事來，是一個由其特殊家系被推上最高統治地位的一個不懂政治、強爲政治的匆匆過客。1987 年陳宗舜出版了《末代皇父載灃研究》〔註3〕一書。作者認爲載灃才能平庸、優柔寡斷，其一生最值得肯定的是在辛亥革命爆發時候，沒有主張對革命進行武力抵抗而是贊成「遜位」，避免了一場流血大戰，順應了時代的潮流。李榮華的《論清末攝政王載灃》〔註4〕一文對載灃的出身、攝政的背景、攝政後的政治表現進行了考察，認爲載灃繼承慈禧的衣缽，對內拙笨地繼續進行預備立憲的政治欺騙，對外頑固地繼續推行投靠帝國主義的政策。他假立憲之名集權親貴，結果戳穿了立憲騙局，造成了滿族貴族統治集團的徹底孤立。無園的《清末攝政王的紙上集權》〔註5〕一文。作者認爲從《攝政王禮節總目十六條》的內容看，攝政王的地位，除在某些禮節性的地方稍遜於皇帝以外，在實權方面與皇帝是無異的。然而這些規定除純禮節的部份在宮廷內部可以實現以外，其餘很多都是紙上談兵。載灃的集權還沒來得及實行，就和清王朝同歸於盡了。1988 年淩冰出版了《清末監國攝政王》〔註6〕一書。作者認爲載灃勤於政事，並且很想有所作爲，是個愛民惜才、清廉的統治者，但由於他處於的是王朝瀕臨崩潰的時代，其所做對於挽回頹勢徒勞無益。作者同時認爲載灃是假立憲，眞專制。臺灣歷史學家蘇同炳（筆名莊練）1988 年發表了《大小醇王》〔註7〕一文。作者認爲載灃雖貴爲攝政王，既不能正己，亦不能正人。集中兵權與加強皇族地位的策略，其結果只是增加了政治的混亂，失盡了人民期望清廷立憲改革之心。親貴政要不顧國家民族的危亡而一味攬權奪力，認爲失盡民心固然是清朝滅亡的主要因素，但是載灃的優柔寡斷，庸懦無能，尤不能辭咎。這些研究爲我們進一步深入載灃提供了一定的研究基礎和研究便利，但也存在如下不足：一、一些論著沒有注釋，不是嚴格意義上的學術作品。二、史料使用有較大局限，對檔案史料挖掘不夠。三、人物研究評價不夠全面客觀，有簡單化傾向。四、側重宏觀議論，微觀實證不足。

〔註 3〕 陳宗舜：《末代皇父載灃研究》，北方文藝出版社 1987 年版。

〔註 4〕 李榮華：《論清末攝政王載灃》，徐玲主編，《清史論文集》，遼寧人民出版社 1987 年版。

〔註 5〕 無園：《清末攝政王的紙上集權》，《紫禁城》，1987 年第 6 期。

〔註 6〕 淩冰：《清末監國攝政王》，文化藝術出版社，1988 年版。

〔註 7〕 莊練：《中國近代史上的關鍵人物》，百花文藝出版社 1988 年版。

　　20 世紀 90 年代，對載灃的研究經過了短暫的沉寂。到了 21 世紀，學界開始重新關注載灃。2000 年喻大華發表了《慈禧爲何選擇載灃攝政》〔註8〕一文，對慈禧選擇載灃攝政的原因進行了分析，作者認爲在晚清特定的歷史條件下，載灃最終執掌國政具有必然性，這甚至不以慈禧和載灃的意願爲轉移，慈禧對他的培養、任命，是對這種必然性的洞察和順應。2005 年雷俊的《載灃集權政策與清末政爭》〔註9〕一文，作者認爲載灃採取集權政策，將中央和地方權力收歸到自己及其親信手中，從而引發清廷統治集團內部的矛盾和鬥爭。這場鬥爭的性質不是單純的滿漢之爭，而是對清末預備立憲領導權的爭奪，是預備立憲的緩進和急進之爭。政爭對清末憲政運動的進程和清朝的滅亡都產生較大影響。周迎春、張愛華發表《攝政王載灃與清政府的傾覆》〔註10〕一文。作者認爲清王朝的覆亡一方面與載灃不能順應形勢，切實進行改革有關，另一方面也與載灃等未能處理好諸如袁世凱等一批漢族官僚的關係有很大聯繫，所以載灃在清王朝傾覆過程中有著不可推卸的責任。劉冬梅、李書源發表《載灃之誤——宣統朝速亡原因新探》〔註11〕一文。作者認爲宣統朝的政治局勢錯綜複雜，五大主要矛盾，即清統治者與革命黨人的矛盾、清統治階級與立憲派的矛盾、滿漢民族矛盾、清統治集團內部矛盾、中央與地方的矛盾相互影響、錯綜交結。由於攝政王載灃在處理宣統政局的五大矛盾時措置失當，決策失誤，激化了矛盾，才導致了宣統朝的迅速潰亡。2007年蘇全有、姚騰發表了《載灃新論》〔註12〕一文。作者對載灃給了較爲肯定的評價，認爲載灃出於維護清王朝的統治的目的在政治、經濟、軍事、文化等許多方面盡心竭力，但由於生不逢時，結果只能徒喚奈何。長期以來學界對載灃評價極低，這是錯誤的歷史記憶。2010 年樊學慶發表不了《「剪髮易服」與晚清立憲困局》〔註13〕一文。作者認爲載灃傾向剪髮易服，他和載濤希望

〔註8〕　喻大華：《慈禧爲何選擇載灃攝政》，《紫禁城》，2000 年第 4 期。

〔註9〕　雷俊：《載灃集權政策與清末政爭》，《荊門職業技術學院學報》，2004 年第 5 期。

〔註10〕　周迎春、張愛華：《攝政王載灃與清政府的傾覆》，《貴州文史叢刊》，2005 年第 3 期。

〔註11〕　劉冬梅、李書源：《載灃之誤——宣統朝速亡原因新探》，《通化師範學院學報》，2005 年第 3、5 期。

〔註12〕　蘇全有、姚騰：《載灃新論》，《新鄉高等師範專科學校學報》，2007 年第 1 期。

〔註13〕　樊學慶：《「剪髮易服」與晚清立憲困局》，（《中央研究院近代史研究所集刊》，第 69 期。

通過剪髮易服推動預備立憲，結果不但未能給改革提供有力支持，反而引起統治集團內部新的矛盾。不僅加劇了統治集團的分崩離析，而且把他們自己以及他們所力圖推動的憲政改革都逼入了死胡同。李學峰發表了《論溥儀繼統、載灃監國攝政與大清速亡》〔註14〕一文。作者認為由於無能，載灃重樹權力中心的努力最終以失敗而告終。親貴的哄鬧、政局的混亂、吏治的腐敗，使得人民喪失了對清王朝最後一點信心。2011 年李學峰發表了《載灃與預備立憲》〔註15〕一文，對載灃與預備立憲的關係進行了考察，認為載灃對預備立憲的態度有一個從積極推進到消極敷衍的轉變過程。在其執政的前期，為推進預備立憲費了一些心思，態度是積極的。被迫縮短預備立憲期限後，出於對皇權進一步喪失的恐懼，載灃對預備立憲的態度由積極籌備轉為消極應付。2014 年李學峰發表了《試論載灃、袁世凱之關係》〔註16〕一文。作者認為載灃在應該使用袁世凱穩固局面的時候卻處置得罪了袁世凱，而在不該使用袁世凱的時候請出了這個送命郎中，造成了王朝滅亡的悲劇。2014 年李學峰發表了《載灃與清朝末年的鐵路政策》〔註17〕一文。作者認為載灃在鐵路問題上犯了錯誤支持湖南湖北的拒債廢約運動、決策草率並支持不適當的還股方案、在推行幹路國有時迷信軍事，一味壓制等錯誤，最終導致局勢失控。這一時期關於載灃的研究和以前相比有如下幾方面的進展：一、領域有所拓寬。二、評價更為客觀，有了一些對載灃的正面評價。三、更加重視歷史細節，注重通過考證進行史實的重建。

　　一些論著雖然不是對載灃的專門研究，但對載灃有所評價。李劍農著《中國近百年政治史》認為正是由於載灃的狹隘、操切，採用極魯莽的皇族集權政策，才加重了漢族的惡感，加速了清朝的顛覆。〔註18〕

　　韋慶遠、高放、劉文源等著《清末憲政史》認為載灃是一個缺乏政治經驗和能力的年輕親王。載灃作為滿漢統治集團的政治代表，一旦登上這個位

〔註14〕 李學峰：《論溥儀繼統、載灃監國攝政與大清速亡》，胡春惠等主編：《2009年兩岸三地歷史學研究生研討會論文選集》，2010 年 7 月版。
〔註15〕 李學峰：《載灃與預備立憲》，《明清論叢》第十一輯。
〔註16〕 李學峰：《試論載灃、袁世凱之關係》，張華騰主編，《辛亥革命與袁世凱　清末民初社會轉型時期人物研究》，鄭州大學出版社 2014 年版。
〔註17〕 李學峰：《載灃與清朝末年的鐵路政策》，《史學月刊》，2014 年第 8 期。
〔註18〕 李劍農：《中國近百年政治史》，第 268 頁，復旦出版社 2002 年 9 月版。

置，從其本能也是要作最後掙扎的。他繼承了慈禧的衣缽，一面繼續玩弄立憲騙局，一面大力集中權力，首先抓緊集中軍權。〔註19〕

王開璽著《晚清政治新論》認為，「那種認為清廷的預備立憲從一開始就是騙局的說法，是缺乏根據的」，「清廷的預備立憲自丙午改革後，特別是載灃攝政後，確實帶有愈加濃厚的敷衍、專制色彩……就此而論，說清統治階級的君主立憲議論與活動是一場騙局，又是合乎事實的。」〔註20〕

鮑威爾著《中國軍事力量的興起》對於清末最後 3 年攝政王主持的軍事改革，作者評價甚低，指出：「攝政時代的整個軍事綱領，在很大程度上落空了。建立有效的常備軍這件事，也很少進展。巡防營主要仍由地方控制，而且他們承受了綠營和團練的許多弊竇，也收容了大批綠營團練的將弁」；「自慈禧死亡袁世凱罷黜以後，常備軍的戰鬥力並沒有什麼大的增加。到了 1908 年以後，則不僅量的擴充停止了，就連質的提高也受到阻撓。軍隊的素質在某些方面甚至退化，這種現象即使在北洋軍的一些部隊中也有所發現。」〔註21〕

馮兆基著《軍事近代化與中國革命》指出載灃所主持的軍事改革實際上是慈禧太后為改革所作努力的繼續，載灃特別致力於統一全國各地的陸軍，力圖從軍事上、財政上控制各省，由於載灃的領導能力以及統治階級內部各種矛盾的加劇，妨礙了軍事改革的成績。〔註22〕

關於宣統政局的研究成果主要有李細珠的《試論宣統政局與清王朝覆亡》〔註23〕和李侃的《對宣統政局的若干考察》〔註24〕。李細珠論述了宣統政局的形成、演變及其影響。作者認為由於載灃資歷淺，年紀輕，且生性懦弱，又庸碌無能，而所有皇族貴族也是彼此彼此，權力處於失控狀態，再加上載灃加強皇族集權激化了滿漢矛盾，於是，清王朝在辛亥革命的衝擊下迅速覆滅了。李侃通過考察認為如果光緒、慈禧死後，載灃不是採取皇族集權的種

〔註19〕　韋慶遠、高放、劉文源：《清末憲政史》，第 276 頁，中國民大學出版社 1993 年 10 月版。

〔註20〕　王開璽：《晚清政治新論》，第 227、231 頁，商務印書館 2006 年 12 月版。

〔註21〕　【美】鮑威爾著，陳澤憲、陳霞非譯：《中國軍事力量的興起》，第 256、260 頁，中國社會科學出版社 1979 年版。

〔註22〕　參看【澳】馮兆基：《軍事近代化與中國革命》，第 71、73 頁，上海出版社 1994 年版。

〔註23〕　李細珠：《試論宣統政局與清王朝覆滅》，《北方論叢》，1995 年 05 期。

〔註24〕　李侃：《對宣統政局的若干考察》，《李侃史論選集》，中華書局 2002 年版。

種措施，而是像慈禧籠絡、駕馭曾、左、李諸人那樣籠絡和駕馭袁世凱，把北洋集團抓在自己的手上；不是搞「皇族內閣」那樣的完全虛假的「立憲」，而是對資產階級立憲派的要求給以一定程度的滿足，那將會是另一種政治局面，至少可以給革命黨人的活動造成很大的困難，麻痹和欺騙一部份民眾，從而延緩清朝滅亡的時間。

三、研究思路與基本框架結構

和載灃有關的重大事件、宣統朝清廷的重要政治活動前人基本上都已經有所論及，一些問題的研究已相當深入。有鑒於此，筆者擬對於前人論述比較深入的問題，儘量挖掘運用新史料，從新的角度重新進行史實的重建；對於前人未曾論及，或尚未深入論述的一些問題進行研究，力爭有所建樹。

文章主體部份共分六章。

第一章，走向監國攝政之路。這部份通過對載灃執政前的主要政治經歷的研究，考察其執政前政治積累和準備。

第一節，醇王府。

第二節，出使謝罪。

第三節，初預要政。

第四節，丁未政潮，醇王得利。

第五節，成為監國攝政王。

第二章，調整上層統治結構。本部份主要探討載灃為控制中央政權採取一系列措施及其效果。

第一節，驅逐袁世凱，壓制奕劻。

第二節，親貴用事，後宮干政。

第三節，張之洞之死與滿漢聯盟的解體。

第四節，亂機已兆。

第三章，載灃與預備立憲。本部份主要探討載灃與預備立憲的關係，探尋預備立憲失敗的歷史原因。

第一節，推行預備立憲的舉措。

第二節，壓制諮議局、資政院。

第三節，對第一二次國會請願運動的應對。

第四節，第二次日俄協約與易換樞臣。

第五節，宣佈縮短預備立憲期限與成立責任內閣。

第六節，鎮壓國會請願運動。

第七節，推出皇族內閣。

第四章，載灃與軍事。本部份主要考察載灃在軍事變革方面的措施、效果。

第一節，設立禁衛軍、軍諮處。

第二節，試圖興復海軍。

第三節，編練陸軍。

第五章，載灃與清末鐵路政策。本部份考察載灃與清末鐵路政策的關係。

第一節，張之洞主持下的粵漢鐵路借款。

第二節，從試行商辦到借債修路。

第四節，對湘、粵兩省保路運動應對。

第五節，四川保路運動與保路同志軍起義。

第六章，武昌起義後載灃的應對與選擇。本部份考察載灃在武昌起義後為挽救王朝命運採取的應對措施以及做出的政治選擇。

第一節，起用袁世凱。

第二節，一退再退。

第三節，阻礙議和，被迫退位。

第四節，無奈接受共和。

結論：被時代拋棄的掌舵人。此部份對載灃其人及政治作為進行評價。

四、文章創新之處

文章創新之處：（1）通過對載灃政治行為及其效果的全面考察，得出由於載灃昧於歷史大勢，任人唯親，扶滿抑漢，失去人心，造成了政局的混亂，削弱了清王朝的力量，客觀上幫了革命派的忙，加速了王朝滅亡的結論，加深了對辛亥革命成功和清王朝的滅亡的認識。（2）對載灃何以能成為攝政王、驅逐袁世凱、任用親貴、拆解滿漢聯盟、預備立憲的態度與措施、設立軍諮處、興辦海軍、編練陸軍、出臺幹路國有政策、對保路運動的應對、被逼退出監國攝政王位等方面的研究，或彌補不足，或從新的角度解讀，都有不同程度的突破。

第一章　走向監國攝政之路

第一節　醇王府

　　歷史上曾有兩處醇王府：南府和北府。最初的醇王府——南府位於西城區太平湖東里。同治十三年（公元 1874 年），同治帝崩，因其無子，奕譞次子載湉（光緒）承繼咸豐帝嗣，繼皇帝位。這樣，原來的醇王府就成了「潛龍邸」，不能再作府邸。光緒十四年（公元 1888 年）九月，奕譞將南府返繳，而另建新府於什刹海後海北岸，就是所說的北府。光緒三十四年（公元 1908年），光緒帝崩，亦無子，由載灃子溥儀繼承皇位，於是北府也成了「潛龍邸」，在西苑集靈囿為載灃建造攝政王府，後辛亥革命爆發，清王朝被推倒，王府沒有建成。

　　兩代「潛龍」，一朝「攝政」，在近代歷史上，沒有哪個府第能比醇王府再風光的了。然而，醇王府只是一隻華麗無比的風箏，它不是自己的主人，慈禧才是。慈禧決定著它的運行軌跡，決定著它的命運。這一點在第一代醇親王奕譞身上體現得無比充分。

　　奕譞，字「樸庵」，號「九思堂主人」，又號「退潛主人」。道光帝第七子，咸豐帝同父異母兄弟。道光三十年（公元 1850 年）正月，道光帝崩，奕詝（咸豐）繼位，封奕譞為醇郡王。咸豐九年（公元 1859 年），在慈禧（當時的懿貴妃）的主持下，奕譞娶慈禧親妹妹「蓉兒」為福晉。十一年（公元 1861），咸豐帝崩，載淳（同治）嗣位，慈禧、慈安兩太后垂簾聽政，奕譞因是慈禧妹婿、同治姨丈，地位驟顯。是年七月受賜「免宴見行禮」。八月授滿洲都統。

十月授「御前大臣領侍衛內大臣」。不久又受賜「免奏事書名」。十二月受命管神機營事務。同治三年（公元 1864 年）七月，加親王銜。次年三月，慈禧、慈安兩皇太后命「稽察宏德殿皇帝讀書事務」。五月命籌辦京師防務。十一年（公元 1872）九月晉封醇親王。

同治十三年（公元 1874 年），同治帝崩，無子，按道理應由道光嗣曾孫、比載淳晚一輩的溥倫入嗣繼統。如果溥倫繼統，慈禧成了太皇太后，就不能堂而皇之地垂簾聽政了。爲了能繼續掌握大權，慈禧以血統較疏爲由，把溥倫排斥出局，命奕譞次子載湉入繼咸豐嗣，繼承皇位，這樣，慈禧成了載湉的母后，可以名正言順地垂簾聽政了。

兒子載湉入嗣咸豐繼承皇位，對於奕譞非但不是什麼好事，而且恰似一個晴天霹靂。奕譞聞之，「驚懼敬惟，碰頭痛哭，昏迷伏地，掖之不能起」。〔註 1〕奕譞深知慈禧權力欲極重，稍有不慎，觸犯到她，禍將不測，所以謙抑退讓，時時揣摩迎合慈禧意旨，處處唯慈禧馬首是瞻。

載湉剛一即位，奕譞即上奏慈禧、慈安兩皇太后，辭去一切職任，言：「臣侍從大行皇帝十有三年，……何圖昊天不弔，龍馭上賓。前日仰瞻遺容，五內崩裂，已覺氣體難支，猶思力濟艱難，盡事聽命。忽蒙慈旨下降，擇定嗣皇帝，倉猝間昏迷，罔知所措。迨舁回家內，身戰心搖，如夢如癡，獨犯舊有肝疾等症，委頓成廢。惟有哀懇皇太后恩施格外，洞照無遺，曲賜矜全，許乞骸骨，爲天地容一虛縻爵位之人，爲宣宗成皇帝留一庸鈍無才之子。」〔註 2〕兩太皇后令王公大學士六部九卿集議後，准其所請，並賞其親王世襲罔替以示優異。

光緒元年（公元 1775 年）正月初八日，奕譞又上「豫杜妄論」一摺，內稱「倘將來親政後，或有草茅新進之徒，趨六年拜相捷徑，以危言故事聳動宸聰，不幸稍一夷猶，則朝廷徒滋多事矣。合無仰懇皇太后將臣此摺留之宮中，俟皇帝親政時，宣示延臣世賞之由及臣寅畏本意，千秋萬載，勿再更張。如有以治平嘉靖等朝之說進者，務目爲姦邪小人，立加屛斥。果蒙慈命嚴切，皇帝敢不欽遵，是不但微臣名節得以保全，而關乎君子小人消長之機者。」〔註

〔註 1〕 金梁：《清帝外紀清后外傳》，第 223 頁。

〔註 2〕 朱壽朋：《光緒朝東華錄》第一冊，第 3 頁，中華書局，1984 年版。

〔註 3〕 奕譞：《奏爲披瀝愚見預杜憸壬妄論事》，第一歷史檔案館縮微膠捲，檔號 04－01－02－0152－008，縮微號 04－01－02－007－1987 朱壽朋《光緒朝東華錄》所記與原奏略有出入。

3）光緒十五年（公元 1889 年）二月，果有吳大澂上奏，請飭議尊崇醇親王典禮。慈禧頒發懿旨，嚴飭吳大澂，並對奕譞大家褒獎，稱「醇親王奕譞謙卑謹慎，翼翼小心，十餘年來深宮派辦事宜，靡不殫竭心力，恪恭盡職，每遇優加異數，皆涕泣懇辭，前賜杏黃轎，至今不敢乘坐。其秉心忠赤，嚴畏殊常，非徒深宮知之最深，實天下臣民所共諒，……其披瀝之誠，自古純臣居心何以過此！」〔註4〕

　　光緒十二年（公元 1886 年），光緒帝載湉已十五歲，光緒親政一事開始提上議程。六月初十日，慈禧召見醇親王奕譞及軍機大臣禮親王世鐸等，諭以自本年冬至大祀圜丘〔註5〕為始，皇帝親詣行禮，並著欽天監選擇吉期，於明年舉行親政典禮。奕譞知道慈禧並無歸政誠意，也配合慈禧假戲真唱，聯合其它大臣奏請慈禧從緩歸政。奏稱：「……王大臣等審時度勢，合詞籲懇皇太后體念時艱，俯允所請，俾皇帝有所稟承，日就月將，見聞宏綽，俟及二旬，再議親理庶務。」〔註6〕慈禧假意拒絕，頒發懿旨，稱「該王大臣等所請訓政數年，及暫緩歸政之處，均毋庸議」。〔註7〕數日後，奕劻再次上奏：「……惟思太上皇帝與垂簾聽政原屬不同，然方今時事較嘉慶初年難易若何？皇帝年歲較仁宗睿皇帝春秋若何？我皇太后既從權於兩朝，似宜勉允臣鄰，庶收功於一簣，慶大治於寰中，慰先靈於天上，此率土臣民所仰祈而且禱者也，乞太后深思垂鑒焉。」〔註8〕

　　在奕譞等人的一再籲請下，光緒十二年（公元 1886 年）六月十八日，慈禧終於「勉允所請，於皇帝親政後，再行訓政數年。」〔註9〕

　　日常生活中，奕譞也是謙抑小心。書齋名為「退省齋」，在妙高峰所建別墅名為「退潛別墅」。為了自儆並戒勉兒孫，奕譞曾仿製過周代「欹器」

〔註4〕　第一歷史檔案館：《光緒宣統兩朝上諭檔》第 15 冊，第 88 頁，廣西師範大學出版社 1996 年 10 月版。
〔註5〕　圜丘即圜丘壇，又稱祭天壇，在天壇南部，是皇帝舉行冬至祭天大典的場所。
〔註6〕　奕譞：《奏為籲懇皇太后體念時艱俯允訓政事》，第一歷史檔案館縮微膠捲，檔號 03－5688－050，縮微號 428－0425；朱壽朋《光緒朝東華錄》第二冊，第六十七頁。《光緒朝東華錄》中所錄與原檔案略有出入。
〔註7〕　第一歷史檔案館：《光緒宣統兩朝上諭檔》第 12 冊，第 226 頁，廣西師範大學出版社 1996 年 10 月版。
〔註8〕　奕譞：《奏為請太后勉允訓政事》，第一歷史檔案館縮微膠捲，檔號 03－5688－058，縮微號 428－0461。
〔註9〕　第一歷史檔案館：《光緒宣統兩朝上諭檔》第 12 冊，第 226 頁，廣西師範大學出版社 1996 年 10 月版。

〔註 10〕，同時還製有一方刻有御製詩銘的銅鏡，均設在太平湖醇親王府的九思堂內。奕譞並親手書家訓格言：「財也大、產也大，後來兒孫禍也大。借問此理是若何？子孫錢多膽也大，天樣大事都不怕，不喪身家不肯罷。財也小，膽也小，後來兒孫禍也小。借問此理是若何？子孫錢少膽也小，些微產業知自保，儉使儉用也過了。」又寫：「人僞而待之以誠，事煩而御之以簡」，並於木鏡上題寫銘文「有鏡之名無其用，吾人鑒之宜自重。」〔註 11〕

奕譞的小心謹愼、謙抑退讓贏得了慈禧的信任。光緒十年（公元 1884），法國侵略越南。奕訢及其主持下的軍機處不想輕啓戰端，引起朝臣交章彈劾。後戰爭爆發，清軍在前線潰敗，慈禧太后以「委蛇保榮」、「因循」、「委靡」等罪名，將以奕訢爲首的軍機大臣全部罷黜，命禮親王世鐸等入值軍機處，並諭「軍機處遇有緊要事件，著會同醇親王奕譞商辦」〔註 12〕。奕譞爲光緒皇帝生父，慈禧不便讓他公開主持朝政，故而在「商辦」名義下，讓奕譞隱操樞府大權。十一年（公元 1885 年）九月又命奕譞「總理海軍衙門事務」，節制沿海水師。十二年（公元 1886 年）三月特允乘用杏黃轎，奕譞個人榮耀與權力達到了頂峰。十五年（公元 1889 年）二月，光緒親政，贈奕譞「免奏事列銜」的優禮。光緒十六年（公元 1890 年）夏，奕譞舊疾復發，慈禧、光緒多次親往探視。十一月二十一日，奕譞卒。是日慈禧頒發懿旨，盛讚奕譞「秉性忠純，宅心仁厚，才猷遠大，勳業崇閎」，「其忠敬篤棐之忱，數十年如一日，自古賢王，罕有倫比。」〔註 13〕慈禧又定奕譞稱號曰「皇帝本生考」〔註 14〕，並賜諡「賢」〔註 15〕。十八年（公元 1892 年）四月，以親王禮葬於

〔註 10〕 即敧器，古代一種傾斜易覆的禮器，置於座右以戒滿。孔子觀於魯桓公之廟，有敧器焉。孔子問於守廟者曰：「此爲何器？」守廟者曰：「此蓋爲宥坐之器。」孔子曰：「吾聞宥坐之器者，虛則敧，中則正，滿則覆。」孔子顧謂弟子曰：「注水焉！」弟子挹水而注之，中而正，滿而覆，虛而敧。孔子喟然而歎曰：「吁！惡有滿而不覆者哉！」
〔註 11〕 溥任：《奕譞書寫格言三則》，《紫禁城》，1987 年第 02 期。
〔註 12〕 參看第一歷史檔案館：《光緒宣統兩朝上諭檔》，第 10 冊，第 61～62 頁，廣西師範大學出版社 1996 年 10 月版。
〔註 13〕 第一歷史檔案館：《光緒宣統兩朝上諭檔》，第 16 冊，第 340～341 頁，廣西師範大學出版社 1996 年 10 月版。
〔註 14〕 參看第一歷史檔案館編：《光緒宣統兩朝上諭檔》，第 16 冊，第 341 頁，廣西師範大學出版社 1996 年 10 月版。
〔註 15〕 參看第一歷史檔案館編：《光緒宣統兩朝上諭檔》，第 16 冊，第 343 頁，廣西師範大學出版社 1996 年 10 月版。

京郊西山妙高峰園寢，廟制和祀典准用皇帝之禮，禮制之崇，無以復加。

奕譞死後，慈禧和光緒矛盾的逐漸加深，醇王府的日子頗不好過。

光緒二十二年（公元 1896 年），慈禧親手導演了砍伐奕譞墓道前白果樹的一齣鬧劇。據《德宗遺事》記載：

> 醇賢親王墓道前有白果樹一株，其樹八九合抱，高數十丈，蓋萬年之物。英年諂事太后，謂皇家風水全被此枝占去，請伐之以利本支，太后大喜，然未敢輕動，因奏聞於德宗。德宗大怒，並嚴飭曰：「爾等誰敢伐此樹者，請先砍我頭。」乃又求太后，太后堅執益烈，相持月餘。一日上退朝，聞內侍言，太后於黎明帶內務府人往賢王園寢矣。上亟命駕出城，至紅山口，於輿中號咷大哭，因往時至此，即遙見亭亭如蓋之白果樹，今已無之也。連哭二十里，至園，太后已去，樹身仰臥，數百人方砍其根，周環十餘丈，挖成大池，以千餘袋石灰灌其根，慮其復生芽蘖也。諸臣奏云：「太后親執斧先砍三下，始令諸人伐之，故不敢違也。」上無語，步行繞墓三匝，頓足拭淚而歸，此光緒二十二年事也。〔註16〕

《德宗遺事》還記載：「某親王之幼弟濤公（濤公宣統後晉封貝勒），亦上之本生胞弟也，天性獨未漓。一日因循例遣小閹貢食品於太后，囑以事畢順路往皇上宮，一叩聖安。既而太后聞之，立遣多人來尋濤公，言奉旨拿適才入宮之小太監。濤公問誰的旨意，不能拿我的人。眾人悍眾不理濤公，分頭入內，逼索縛去，交慎刑司拷問入宮何語，小閹抵死不承，遂杖斃之。是時濤幼，太后不疑其有他，所防者皇上也。或有訴苦之言出耳。」〔註17〕由此可見，慈禧對醇王府上下疑忌之深，防範之嚴。

在這樣的家庭和政治環境下，載灃形成了謙抑退讓、膽小畏事的性格，對其日後執政風格以及大清朝局和命運有著重要影響。

第二節　出使謝罪

光緒九年（公元 1883 年）正月五日，載灃生於北京西城太平湖醇王府內。

〔註16〕 王樹枏：《德宗遺事》，榮孟源、章伯鋒主編：《近代稗海》第二輯，第 249～250 頁，四川人民出版社 1985 年版。

〔註17〕 王樹枏：《德宗遺事》，榮孟源、章伯鋒主編：《近代稗海》第二輯，第 268～269 頁，四川人民出版社 1985 年版。

愛新覺羅·載灃（1883～1951），字伯涵，號靜雲，晚年自號書癖，改名載靜雲，道光帝之孫，醇親王愛新覺羅·奕譞第五子，光緒帝載湉異母弟。載灃雖是奕譞第五子，但由於奕譞長子、三子、四子夭亡，次子載湉被慈禧立爲皇帝已出醇王府，在醇王府中已是奕譞年齡最長的兒子，地位極其尊貴。生於光緒九年的他，在光緒十年一歲時，即被慈禧賞給不入八分輔國公並賞食全俸。光緒十五年（公元 1889 年），晉封爲八分奉恩鎮國公，賞食全俸。光緒十六年（公元 1890 年）十一月醇親王奕譞薨，年僅 7 歲的載灃承襲王爵。是年十二月，又被慈禧加恩賞食親王全俸。光緒二十六年（公元 1900 年）正月奉旨：著加恩在內廷行走。十二月，補授內大臣。二十七年（公元 1901 年）正月，補授閱兵大臣。

奕譞死後，載灃雖襲醇親王，且備受禮遇，但年紀尙幼，政治影響十分有限，醇王府門庭漸趨冷落，失去了往日的輝煌。光緒二十六年爆發的義和團運動以及隨後而來的八國聯軍的入侵，將年幼的第二代醇親王載灃推上歷史前臺，醇王府也開始重現往日的光輝。

光緒二十六年（公元 1900 年）五月，德國公使克林德在北京被清軍槍殺。十一月初三日，德國、法國、英國、美國、意大利、奧地利、俄國、日本、西班牙、比利時、荷蘭十一國公使將議和大綱草案交給清全權大臣奕劻（另一全權大臣李鴻章因病未與會）。三日後，清廷允准該議和大綱。議和大綱第一款規定：「原任德國克大使（即克林德）被害一事，欽派親王專使前赴德京。代表中國皇帝國家慚悔之意，……」〔註18〕大綱中只說「欽派親王前赴德京」，並未具體指明哪一個親王。後來，德國公使派參贊詢問擬派何人，奕劻、李鴻章答以未定。德參贊又詢問醇親王如何，奕劻、李鴻章答以尙謹愼，何不往來晤談。隨後，德國諸北京公使穆默、聯軍統帥瓦德西分別會見載灃，對其十分滿意，載灃本人也表示願意赴德，雙方達成初步意向。〔註19〕

需要指出的是出使德國在一定程度上是載灃積極爭取的結果。在辛丑條約簽訂的過程中，載灃始終關注著時局的發展。在十一國公使將議和大

〔註18〕 國家檔案局明清檔案館編：《義和團檔案史料》，下冊，第 839 頁，中華書局1979 年版。

〔註19〕 《全權大臣致行在軍機處電》，《醇親王使德往來文電選》，《近代史資料》總第 74 期，第 32～33 頁。

綱交給奕劻的當日，載灃即見到議和大綱草案全文。他在是當日的日記中記載：「朱有基拜見，捧和議章程十二條款到，言本日開議，和議由電馳奏行在，請旨定奪。」〔註 20〕二十日，載灃在給奕劻請安後，主動到德國使館，會晤德國公使穆默。〔註 21〕這是雙方第一次接觸。二十六日，穆默致信載灃，告知於二十八日申初回拜。〔註 22〕二十八日，在蔭昌、張翼德隨同下，載灃在寶翰堂接待了穆默等四人，小酌之後，涉園款遊。〔註 23〕十二月初一日午後，在三名德國士兵的迎送下，載灃到德國使館會晤德國公使穆默、德軍統帥瓦德西等人。「聽軍樂，用果酌，打球，留記照相」〔註 24〕初七日，載灃在蔭昌的隨同下，至中海儀鸞殿，會晤瓦德西、穆默等人，並「觀洋藝，聽洋樂」〔註 25〕此外，德國方面與載灃還有多次往來。可見，能夠成為謝罪專使，與載灃主動出擊，與德國接觸，得到德國的認可有直接關係。

　　光緒二十七年（公元 1901 年）四月，懲辦禍首及賠款各節已基本議定，德方催辦專使赴德道歉一事。德外部告知駐德公使呂海寰，「至專使來德道歉，現可舉行，屆時當以優禮接待。」〔註 26〕德國駐北京公使也催促奕劻、李鴻章，希望載灃早日成行。光緒二十七年四月十九日（公元 1901 年 6 月 5 日），清廷正式任命載灃為赴德頭等專使。因載灃「年歲尚輕，交涉事宜向未閱歷」〔註 27〕，精心挑選前內閣侍讀學士張翼、侍郎銜蔭昌、德國軍官李希德爾隨往襄贊一切。〔註 28〕次日，清廷又頒發電旨，諄諄告誡，稱「醇親王載灃初次出洋，一切言動，諸宜謹慎，飲食起居，隨時調護。並著張翼等悉

〔註 20〕　愛新覺羅・載灃：《醇親王載灃日記》，第 18 頁，群眾出版社 2014 年版。
〔註 21〕　愛新覺羅・載灃：《醇親王載灃日記》，第 20 頁，群眾出版社 2014 年版。
〔註 22〕　愛新覺羅・載灃：《醇親王載灃日記》，第 20 頁，群眾出版社 2014 年版。
〔註 23〕　愛新覺羅・載灃：《醇親王載灃日記》，第 20 頁，群眾出版社 2014 年版。
〔註 24〕　愛新覺羅・載灃：《醇親王載灃日記》，第 21 頁，群眾出版社 2014 年版。
〔註 25〕　愛新覺羅・載灃：《醇親王載灃日記》，第 21 頁群眾出版社 2014 年版。
〔註 26〕　《盛宣懷轉呂海寰電》，《醇親王使德往來文電選》，《近代史資料》總第 74 期，第 34 頁。
〔註 27〕　《軍機處致奕劻、李鴻章電》，《醇親王使德往來文電選》，《近代史資料》總第 74 期，第 32 頁。
〔註 28〕　張翼是醇王府包衣，曾在王府飼馬，官至內閣侍讀學士。蔭昌早年留學德國，學習軍事，熟悉德國情形。李希德爾在中國多年，曾任北洋學堂教司，此次係隨瓦德西來華。

心照料，妥慎贊襄。禮畢即行回國，仍將外洋風土人情，隨地留心體察，而資閱歷。」〔註29〕

醇親王載灃——光緒皇帝之弟出使引起各國關注。日本公使小村致函奕劻、李鴻章：「醇親王使德，回路經美暨日本，政府因望旌節抵日，迎駕入京，藉伸同洲和好之誼，請奏明為要。」〔註30〕英國、比利時、美國、意大利等國也先後照會全權大臣奕劻、李鴻章，請求載灃順道造訪。清廷一一照准。

五月十九日，載灃向朝廷報告啟程日期。奏稱：「竊奴才恭承簡命，專使德國，業經具摺叩謝天恩。旋準全權大臣知照，準德國使臣照會，約於中曆七月二十日以前抵柏林，奴才當與全權大臣妥商一切。復準全權大臣遵傳電旨：醇親王載灃初次出洋，一切言動諸宜謹慎，飲食起居隨時調護。並著張翼等悉心照料，妥慎贊襄。禮畢即行回國。仍將外洋風土人情隨地留心體察而資閱歷。欽此。跪聆之下，欽感莫名。伏奴才以弱冠之年遽持使節，方慮儀文未習，樽俎貽羞。乃復渥荷溫綸，無微不至。自應仰承訓誨，益矢慎勤，舉凡外洋風土人情，隨時隨地留心體察，以期無負我皇太后、皇上委任之至意。茲定於五月二十七日率同參隨各員由京啟程，乘坐火車赴津，換輪南渡。……」〔註31〕

五月二十七日，載灃一行四十餘人自北京啟程。次日下午，自天津乘中國招商局「安平」號赴上海。六月初五日，載灃自上海乘「拜安」輪出洋，這位年僅19歲的親王開始遠涉重洋，履行向敵國悔罪的屈辱使命。

八國聯軍之役，北京城淪陷，慈禧、光緒倉皇西逃，清王朝可謂創深痛巨。從日記中可以看出，親眼目睹、親身經歷王朝沉重災難又與王朝休戚與共的載灃心情是極端沉重的。他在六月初二、初七日的日記中分別寫道：

> 巳初，開船，到法界金利源碼頭，沿途各國兵艦皆列隊聲炮致敬。碼頭支搭彩棚，督標以下各軍列隊來迎。執事官員衣冠齊楚，奔走於旌旗隊伍之間，整齊嚴肅，頗有可觀。中外人民萬目攢視，

〔註29〕 軍機處：《奉旨載灃初次出洋著張翼等悉心照料妥慎贊襄事》，第一歷史檔案館縮微膠捲，檔號 1-01-12-027-0316；《軍機處致全權大臣江電》，《醇親王使德往來文電選》，《近代史資料》總第74期，第36頁。

〔註30〕 《全權大臣致行在軍機處電》，《醇親王使德往來文電選》，《近代史資料》總第74期，第38頁。

〔註31〕 沈雲龍主編：《義和團檔案史料》，第1227～1228頁，文海出版社1960年版。

黃童白首，轂擊肩摩。中國生齒之繁，及東南財產之富，於此可見。

倘能教育有方，何難與歐洲諸邦齊驅並駕哉。〔註32〕

「德公司船過閩無定期，次來以裝茶故也。閩省宜茶，二、三十年前，出口之茶以數百萬計，後因印度各處種植茶而閩茶銷路漸窒，近復稍盛，然仍不如前。夫外人之考求種茶，可謂至矣。而閩茶出口者尚多，徒以閩省爲天生種植之地故耳。果能培植有方，何患不駸駸日上哉。是所望於有通商惠工之責者。」〔註33〕這位年輕的滿洲親王開始思考如何使這個老大帝國振衰起弊、「駸駸日上」，與歐美列強並駕齊驅。

六月十五日，途徑新加坡，載灃對坡北柔佛小國界居英屬殖民地之間而得以保全頗爲稱賞，他在日記中寫道：

坡島之北爲柔佛國，國奉回教，其北方毗鄰亦英屬也。聞其前王以強鄰逼處，不能不籌良策以圖自存，乃親赴英京交歡英士大夫。後得招之來國，使之裏理國政，柔佛雖小，得以不亡者，其前王之力也。〔註34〕

他覺得柔佛小國，彈丸之地，尚能在夾縫中得以生存，中國這樣的泱泱大國只要應對得宜，定然能重振國威。

七月初九日涉世未深、浮想聯翩的載灃抵達意大利的那波利，迎接他的是一場不大不小的現實考驗。是日，載灃忽然收到呂海寰電報：

廿七，德皇在白廳坐見；王爺行三鞠躬禮；遞書致頌。其參贊隨同入見者，均照中國臣下觀君禮節叩首。據云，此次係賠禮，非尋常聘使可比，不知曾與穆使商及否。惟大局攸關，時甚迫促，海現力爭，能否挽回，未敢預必。乞王爺暨燕謀、午樓諸兄，速籌良策訓示爲盼。〔註35〕

參隨跪叩，中外皆無此例，實屬無理要求，德國意在折辱中國泄憤，情形顯然。面對突如其來的變故，載灃大爲緊張，「當即圖應付之策，以全國體」

〔註32〕　愛新覺羅・載灃：《醇親王使德日記》，《近代史資料》，總第 73 期，第 142 頁。

〔註33〕　愛新覺羅・載灃：《醇親王使德日記》，《近代史資料》，總第 73 期，第 143～144 頁。

〔註34〕　愛新覺羅・載灃：《醇親王使德日記》，《近代史資料》，總第 73 期，第 146～147 頁。

〔註35〕　《呂海寰致載灃電》，《醇親王使德往來文電選》，《近代史資料》總第 74 期，第 44 頁。

〔註 36〕。正籌議間，收到呂海寰處轉來的奕劻、李鴻章電報。電云：

（參隨跪拜一事）除已商請穆使電達該國政府轉圜外，如彼仍

堅執，只好由執事轉告醇邸，止帶廕昌一人往見，張翼可令稱病，

其餘各參贊均令先赴別國等候，亦不得已之辦法。否則國書可以緩

遞，斷不能忍此大辱，以後各員等將何顏再赴別國乎。〔註 37〕

載灃當即覆電奕劻、李鴻章：「適接電，意相符合，倘難挽回，自當遵電辦理。」
〔註 38〕

由於駐德公使呂海寰患病赴瑞士調養，由參贊廕音泰與德國外部進行緊
急磋商。德外部以「德皇以戕使欺慢德國甚深，恐難挽回，廕昌能否免禮仍
未定」，「中國與德國係平行，所以見德皇亦須行華禮」等語搪塞，交涉毫無
結果。〔註 39〕

七月十二日，德外部大臣又面告廕因泰，稱「德皇十四日禮拜二午時接
見，事已預備齊全，定期諒難更改，且親王、宰相及各大臣均飭令伺候」，如
載灃「因病不到」，德皇「以為藐視」，「益見中國無重敦舊好之意，深恐另生
枝節」〔註 40〕。德方禮單擬定載灃行三鞠躬禮，其它人行跪拜禮。廕因泰據
理力爭，德外部大臣稱「或改為請安，如何？但此係私意，尚未知宰相能照
准否，明晨聽信。」〔註 41〕

時間緊迫，載灃進退兩難，既怕有辱國體，又怕完不成使命，一面派李希德
爾先赴柏林，代與德外部商洽，一面覆電廕音泰：「改為請安，與向例仍屬不符，
本爵不能擅專，仍須請旨遵行。恐誤接見之期，事出兩難，本爵只得力疾前來，
以表我國家至誠修好之意。務祈婉商外部，格外見原，以顧全兩國交誼。」〔註 42〕

〔註 36〕 《醇親王使德日記》，《近代史資料》，總第 73 期，第 151 頁。

〔註 37〕 《寄柏林呂使》，顧廷龍、戴逸主編：《李鴻章全集》第 28 冊，電報（八），
第 408 頁，安徽教育出版社 2007 年版。

〔註 38〕 《載灃致全權大臣電》，《醇親王使德往來文電選》，《近代史資料》總第 74 期，
第 45 頁。

〔註 39〕 參看呂海寰：《庚子海外紀事》，第 412、413 頁，毛祖模編錄手稿本，文海出
版社 1974 年版。

〔註 40〕 呂海寰：《庚子海外紀事》，第 414 頁，毛祖模編錄手稿本，文海出版社 1974
年版。

〔註 41〕 呂海寰：《庚子海外紀事》，第 415 頁，毛祖模編錄手稿本，文海出版社 1974
年版。

〔註 42〕 呂海寰：《庚子海外紀事》，第 556～557 頁，毛祖模編錄手稿本，文海出版社
1974 年版。

十三日，載灃正欲啓程赴德京，接廕音泰電：

> 據稱德皇已有訓條，十四日禮節一律停止，王爺只可說因病不來，請安一層能否通融尚未得宰相回音，恐亦難辦。李希德爾已往見德皇，王爺力疾來德祈暫緩。〔註43〕

事情陷入僵局，載灃只得暫駐巴在爾，並致電奕劻、李鴻章，請其代奏，向朝廷請示。

奕劻、李鴻章雖然也認為德方所定禮節單圖「屈辱過甚，令人難堪」，但還是主張對德妥協，提出「如德廷肯改期，仍須前謁，以完約款而昭大信。事畢促令回華，不必再往各國，庶免訾笑。」〔註44〕

七月十五日，由於德方「堅執前說，絲毫不能移易」〔註45〕，李希德爾無功而返。

十七日，清廷指示載灃，要他「相機因應，期於顧全大局，仍於國體無傷。事畢後，是否再往他國，亦即酌定，請旨辦理」〔註46〕，並致電駐英公使羅豐祿，「著該大臣切託外部電達德外部，婉切商改，務期循通禮而修舊好。想英、美、日本篤念邦交，必能代為轉圜也。」〔註47〕次日，清廷致電奕劻、李鴻章，「望即堅託各公使出為調停，並與穆使婉切商議，託其轉圜。一面電知呂使與德外部再行磋商，總以磨得一分是一分。如實不能挽回，應與照會議明，此次專使原為道歉，姑為通融酌允，以後仍按照各國通行之禮，不得援此次為例。」〔註48〕此時，清廷已打算接受參隨跪拜的苛刻禮節。奕劻、李鴻章覆電云：「查丙申鴻章使俄，德皇派員邀請赴德，即係坐受國書。蓋其傲慢成性，不足計較。嗣後歡宴、閱兵，均無失禮。此次為謝罪而來，實非亨利往日可比。尊處所糾者坐受，醇意所怪者參贊跪拜，似應酌中定論，如

〔註43〕 呂海寰：《庚子海外紀事》，第557～558頁，毛祖模編錄手稿本，文海出版社1974年版。

〔註44〕 《全權大臣致西安行在軍機處電》，《醇親王使德往來文電選》，《近代史資料》總第74期，第47頁。

〔註45〕 《載灃等致全權大臣電》，《醇親王使德往來文電選》，《近代史資料》總第74期，第48頁。

〔註46〕 《軍機處致全權大臣電》，《醇親王使德往來文電選》，《近代史資料》總第74期，第48頁。

〔註47〕 《軍機處致出使英國大臣羅豐祿等電》，《醇親王使德往來文電選》，《近代史資料》總第74期，第48頁。

〔註48〕 《軍機處致全權大臣電》，《醇親王使德往來文電選》，《近代史資料》總第74期，第49頁。

德肯改期，醇王進見可酌帶金楷理、廕音泰等傳譯，張翼、廕昌等仍照前電，或託病，或暫避他處，以免拜跪受辱。」〔註49〕

七月二十二日，事情出現轉機。呂海寰得知德皇七月二十七日出巡，最近幾天尚可接見，事情尚有轉機，於是與德外部大司員克博梅進行磋商。克博梅稱載灃到柏林，德皇一定接見。跪拜禮一事可由載灃照會德外部，轉懇德皇邀免。如德皇不允，即可照李鴻章、奕劻電辦法，攜金楷理、廕音泰遞國書。〔註50〕當天下午，德領事也面見載灃，稱「現接外部來電，問王爺能否起身，以速爲宜。」並稱「德皇允其接見，遞書只帶午樓一人，餘均別殿伺候」。〔註51〕是日晚十一時，載灃啓節，次日申初抵達波茨哈姆宮。

七月二十四日上午，載灃率張翼、廕昌持花圈至德太后墓致敬。十二點半，載灃帶廕昌一人作翻譯至德皇新行宮，呈遞國書，德皇坐受。國書說：

> ……乃上年五月，義和拳匪闌入京師，兵民交哄，貴國使臣克林德竟至被戕殞命。……朕自維薄德，未能先事預防，保護多疏，疚心曷極，已於該使臣死事地方，敕建銘誌之坊，用以旌善癉惡，昭示後來。

> 兹派醇親王載灃爲欽差頭等專使大臣，親齎國書，前往貴國呈遞。該親王分屬近支，誼同休戚，特令竭誠將命，以表朕慚悔之意。

〔註52〕

德皇答辭說：「貴醇親王駕臨本國，既非因有喜慶，亦非尋常問好，原爲痛悼慰唁之事而來。前我駐紮北京使臣克林德，在京都地方被中國官兵戕斃，似此違背公法，實屬罕見，各國聞之，無不引爲大恥。……但似此所爲，均在當時主持此事諸臣，罪無可逭。現雖遣使致歉，彼等亦難辭咎。惟望諸臣日後辦事遵守公法，勿違各國文教通行之俗。尤願中國大皇帝日後辦理國政，嚴飭臣下，謹守此法……」〔註53〕

〔註49〕　《寄西安行在軍機處電》，顧廷龍、戴逸主編：《李鴻章全集》第28冊，電報（八），第416頁，安徽教育出版社2007年版。

〔註50〕　參見《呂海寰致載灃電》，《醇親王使德往來文電選》，《近代史資料》總第74期，第50頁。

〔註51〕　《載灃致呂海寰電》，《醇親王使德往來文電選》，《近代史資料》總第74期，第50頁。

〔註52〕　《醇親王使德日記》，《近代史資料》，總第73期，第139頁。

〔註53〕　《醇親王使德日記》，《近代史資料》，總第73期，第139～140頁。

禮成，德皇遣馬隊將載灃等送歸舊行宮。雖出使道歉經歷波折，但最終總算「大局保全，國體無傷」，載灃如釋重負，「憂悶之心，爲之舒爽」〔註54〕。此後二十多天，載灃應邀至各處參觀考察。八月初三日，載灃致電奕劻、李鴻章，告以德外部多次提出「若往歐洲英、意、比，有違專誠之旨，該皇深不謂然」，「擬德事畢後即行前赴美、日，順途回國」。〔註55〕八月初七日，清廷電告載灃：「在德使事既畢，著即起程回華，以慰遠繫。美、日、意、比各國使事暫從緩議，此時均毋庸前往。」〔註56〕

八月十八日，載灃同張翼、蔭昌到德外部辭行，是日深夜乘車離開柏林。經一個多月的跋涉，十月六日，載灃一行回到北京。

載灃出使謝罪是列強城下之盟的一部份，是中國歷史上屈辱的一頁。載灃此行雖無太大亮點，但尚不辱使命，贏得中外的好評。輿論認爲他「謙抑」、「彬彬有禮」，與人交往中應對得體，有這樣的親王實在是大清之福。香港總督夫人也盛讚載灃「態度謙恭可親」，「才華橫溢。」〔註57〕這次出使大大提高了載灃的政治地位，此後，他爲中外各種政治勢力矚目，即將成爲晚清政治拼圖中極其重要的一環。

第三節　初預要政

光緒二十七年（公元1901年）十月，載灃使德歸來，十一月，慈禧頒發懿旨：「大學士榮祿之女，指爲醇親王載灃之福晉。」〔註58〕據王照記載：

> 榮祿女早有豔名，太后常召之入宮，認爲養女。某親王先已訂婚，係勳舊將軍希元之女。太后勒令退婚，改訂榮女。某王之太側福晉入宮苦求太后曰：「我之兒婦已向我磕過頭，毫無過失，何忍退婚，教人家孩子怎麼了？」太后堅執不許，希公女聞而仰藥死。某

〔註54〕《載灃致北京醇王府函》，《醇親王使德往來文電選》，《近代史資料》總第74期，第52頁。

〔註55〕《醇親王使德往來文電選》，《近代史資料》總第74期，第53～54頁。

〔註56〕軍機處：《奉旨著載灃即日啓程回華美日等使事暫緩議事》，第一歷史檔案館縮微膠捲，檔號1－01－12－027－0453。又見《醇親王使德往來文電選》，《近代史資料》總第74期，第54頁，與原檔文字略有出入。

〔註57〕【澳】喬·厄·莫里循著，【澳】駱惠敏編，劉桂梁等譯：《清末民初政情內幕》，第268頁，知識出版社1986年11月。

〔註58〕第一歷史檔案館：《載灃等王公親貴履歷》，《歷史檔案》，1988年第01期。

> 親王既被此牢籠，惟視太后爲聖明，日見親任。太后用以抵制慶王，
> 亦如崔玉貴以抵制李蓮英。蓋凡老臣老奴，皆務妥慎，對於干犯禮
> 義之端，不敢有一字唯諾。故太后皆防其掣肘而預制之也。若某親
> 王之童駭，則可玩之於股掌之上。〔註59〕

毫無疑問，這裡「某親王」就是載灃。王照一段短短的文字，將慈禧的霸道冷酷，希元女兒的堅貞剛烈，載灃的見利忘義刻畫的淋漓盡致。但這只是王照的杜撰，事實上並無其事。清朝制度，皇族子女的婚嫁，由皇帝批定，稱爲「指婚」。慈禧垂簾聽政時期，皇族子女婚嫁，照例由慈禧批定，故而不大可能出現載灃先訂婚約，慈禧勒令退婚，爲其改訂的情況。實際情況是光緒二十六年四月十五日（1900年5月14日），慈禧爲載灃指婚，福晉爲內閣學士福懋之女。聯軍攻陷北京後，福懋女殉難。載灃聞知消息，十分痛心，在日記中寫道：「伉儷虛名，夫妻休想。未睹卿容，遽爾永別焉。記曰：且夫佳偶虛名，心哀原聘本年七月聯軍入都之變。傳聞畫室橋福宅姑娘，先奉○○懿旨指爲余之福晉，尚未栓婚通聘者，今已殉難，年方十七歲。惜哉！慟乎！特記。」〔註60〕一場浩劫無情打碎了一個十幾歲少年對愛情的美好憧憬。載灃與福懋之女雖一面未見，但日記中洋溢著他對未婚妻的眷念，以及對其不幸殉難的悲痛惋惜。以此觀之，載灃還有有情有義，頗具性情的一面。

榮祿女爲慈禧養女，深得其喜愛。將自己喜愛的重臣之女指爲載灃福晉，表明慈禧已有重用載灃的打算，預示著載灃將來的飛黃騰達。光緒三十二年（公元1906年），載灃這枚棋子終於派上了大用場。是年七月初六日，慈禧諭令：「考察政治大臣回京條陳各摺件，著派醇親王載灃、軍機大臣、政務大臣、大學士，暨北洋大臣公同閱看，請旨辦理。」〔註61〕慈禧讓載灃參預如此重大的政治事務，意在讓其與瞿鴻機等牽制奕劻、袁世凱，達到政治力量的平衡。

初八日，奉命各大臣開第一次會議，先將發下的載澤、戴鴻慈、端方三人所上各摺，依次傳閱。由於摺文甚長，及傳閱完畢，天色已晚，不及議而散。

〔註59〕 王照：《方家園雜詠紀事》，榮孟源、章伯鋒主編：《近代稗海》，第一輯，第21～22頁，四川人民出版社1985年版。
〔註60〕 愛新覺羅・載灃：《醇親王載灃日記》，第6頁，群眾文藝出版社2014年版。
〔註61〕 第一歷史檔案館：《光緒宣統兩朝上諭檔》，第32冊，第123頁，廣西師範大學出版社1996年10月版。

次日，軍機大臣退值後，又與諸王大臣先後至外務部公所會議。這次會議，奕劻、袁世凱、徐世昌等與孫家鼐、鐵良、榮慶等圍繞是否立憲以及立憲緩急展開了激烈爭辯。慶親王奕劻權勢正盛，如果實行立憲，設立責任內閣，內閣總理大臣非他莫屬。他率先發言，主張「決定立憲，從速宣佈，以順民心而副聖意」。大學士孫家鼐當即站起身來，表示反對，言「變之太大、太驟，實恐有騷然不靖之象」，應該「革其叢弊太甚諸事，俟政體清明，以漸變。」軍機大臣徐世昌係奕劻、袁世凱一黨，反駁孫家鼐：「逐漸變更之法，行之既有年矣，而初無成效。蓋國民之觀念不變，則其精神亦無由變，是則惟大變之，乃所以發起全國之精神也。」孫家鼐也不示弱，認為在國民程度不及的情況下實行立憲，「恐無益而適為厲階，仍宜慎之又慎乃可。」張百熙和袁世凱有姻親關係，不同意孫家鼐的看法，認為「國民程度，全在上之勸導」，如果「俟國民程度高，乃立憲法，此永不能必之事也」，主張「先預備立憲而徐施誘導，使國民得漸幾於立憲國民程度」。見孫家鼐勢孤，榮慶給他幫腔說：「今方宜整飭紀綱，綜覈名實，立居中馭外之規，定上下相維之制，行之數年，使官吏盡知奉法，然後徐議立憲，可也。若不察中外國勢之異，而徒徇立憲之美名，勢必執政者無權，而神奸巨蠹，得以棲息其間，日引月長，為禍非小。」榮慶的話正中瞿鴻機下懷，他連忙附和說：「惟如是，故言預備立憲，而不能遽立憲也。」載灃最後發言說：「立憲之事，既如是繁重，而程度之能及與否，又在難必之數，則不能不多留時日，為預備之地矣。」至此，諸王大臣意見大略相同，次日面奏慈禧、光緒，請行憲政。〔註62〕

這次會議討論立憲問題的背後，是奕劻、袁世凱派與反奕劻、袁世凱派兩股政治力量之間的鬥爭較量。鬥爭的結果看似各有勝負，雙方都有所退讓，實質是反奕劻、袁世凱一派取得了勝利，奕劻「決定立憲、從速宣佈」的主張被折扣為「多留時日」的「預備立憲」。在這次會議上，載灃支持了反奕劻、袁世凱一派，發言中主張「多留時日」，否定了奕劻「從速」的意見，是很合慈禧「聖意」的。

奕劻、袁世凱派與反奕劻、袁世凱派在立憲緩急問題上的博弈剛告結束，馬上又在官制改革上圍繞責任內閣等問題展開了新的爭奪。載灃鮮明地站到

〔註62〕　參看《立憲紀聞》，中國史學會主編：《中國近代史資料叢刊·辛亥革命》（四），第14～17頁，上海人民出版社1981年版。

反奕劻、袁世凱一派，與袁世凱、端方就組織責任內閣、裁撤八旗發生激烈衝突。袁世凱致其兄袁世勳的書信中描述了衝突的情況，說：

> 本月初六奉詔入京，在政務處共議立憲，弟主張立憲必先改組責任內閣，設立總理，舉辦選舉，分建上下議院，則君主端拱於上，可不勞而治。不料醇王大起反對，不辨是非，出口謾罵。弟云：「此乃君主立憲國之法制，非余信心妄議也。」振貝子亦云，他曾出洋考察立憲國，政治井然，皆由內閣負責任所致。醇王聞言益怒，強詞駁詰，不勝，即出手槍擬向余射放，幸其邸中長史深恐肇禍，緊隨其後，見其袖出手槍，即奪去云。就此罷議而散，弟即匆匆反津。
> 〔註63〕

幾天後，載灃又與端方發生衝突，據《申報》記載：「十二日，改訂官制王大臣會議時，醇邸因與端午帥意見小有齟齬，迨議及裁撤八旗等事，醇邸屬聲責以辦理不公，遂爾大起衝突，幾至用武，幸經同人勸解始息。」〔註64〕

關於載灃與袁世凱衝突一事有人提出質疑，認為性格儒弱的載灃不會做出這麼激烈的事情，這種看法自然有其道理，但有足夠的史料表明在官制改革中的確與人發生了激烈衝突，且影響不小。光緒三十三年，載灃進入軍機處，在召見時，光緒重提官制改革載灃與人衝突舊事。據《申報》載：「醇親王在軍機大臣上學習行走，已見初九日明諭。初十日召見時，皇上諭云：『前次派汝會議釐訂宮制，幾與各大臣齟齬，未免外滋物議，幸聖母未予過問。此次簡汝為軍機，繫屬我之股肱，汝須留心學習，會同各樞臣，和衷共濟，勿使驕傲性情，貽人譏誚，庶為有用之材。』醇邸唯唯而退。」〔註65〕可見載灃並非只有儒弱的一面，他也有衝動任性的一面，與袁世凱衝突不是不可能的。但從《申報》記載來看，載灃與袁世凱等人只是在言語上發生了激烈衝突，遠未到要動武的程度，袁世凱所說難脫張大其詞的嫌疑，不足為信。

載灃接連與袁世凱、端方發生衝突，頗遭非議，載灃也感到壓力，「自稱年輕閱歷尚淺，不肯與議」〔註66〕。

〔註63〕 轉引自張國淦：《北洋軍閥的起源》，杜春和、林斌生、丘權政編：《北洋軍閥史料選輯》上冊，第49頁，中國社會科學出版社1981年版。

〔註64〕 《政府會議要是彙志》，《申報》，光緒三十二年八月二十七日（公元1906年10月12日），第三版。

〔註65〕 《申報》，光緒三十三年五月二十日（1907年6月30日），第一張第三版。

〔註66〕 《醇邸力辭參議官制》，《申報》，光緒三十二年九月初二日（公元1906年10月19日），第一張第三版。

　　光緒三十二年九月二十日，清廷頒佈了裁定官制的上諭。上諭稱：「……軍機處爲行政總匯，雍正年間本由內閣分設，取其近接內廷，每日入值承旨，辦事較爲密速，相承至今，尚無流弊，自毋庸復改。內閣軍機處一切規制，著照舊行。……各旗營……著毋庸更改。」〔註67〕

　　從載灃在參預官制改革的活動中，可以看出他在骨子裏是反對進行削弱皇權、取消滿人特權的改革的。

　　從官制改革的結果來看，慈禧也不願意皇權受到大的削弱，載灃的表現應該是能從她那裏獲得政治加分的。

第四節　丁未政潮，醇王得利

　　光緒三十三年（公元 1907 年），奕劻、袁世凱一派與清流派瞿鴻機、岑春煊發生火併，史稱「丁未政潮」。

　　奕劻（公元 1836～1918），字輔廷。乾隆皇帝第十七子慶僖親王永璘之孫。嘉慶二十五年（公元 1820 年），永璘去世，其子綿慜承襲郡王。道光十六年（公元 1836 年），綿慜去世，道光帝降旨將綿志之子奕采過繼給無子嗣的綿慜，由其承襲封號。二十二年（公元 1842 年），奕采因服中納妾奪爵，道光令永璘第五子綿悌承襲封號。不久，綿悌犯事，降鎮國將軍。二十九年（公元 1849 年），綿悌去世，以綿性子奕劻爲後。三十年（公元 1850 年）襲輔國將軍。咸豐二年（公元 1852 年），晉封貝子。十年（公元 1860 年），晉封貝勒。同治十一年（公元 1872 年），加郡王銜，授御前大臣。光緒十年（公元 1884 年），奕訢被慈禧罷斥，奕劻受命管理總理各國事務衙門；晉封爲慶郡王。翌年，受命爲總理海軍會辦大臣。光緒二十年（公元 1894 年），慈禧太后六十大壽，懿旨封奕劻爲慶親王。

　　奕劻雖得到慈禧的信任，但長期受到端郡王載漪等近支皇族的壓制，其眞正發跡始於義和團運動和八國聯軍入侵之後。

　　戊戌變法激化了慈禧與光緒的矛盾，最高權力的爭奪使二者水火難容。光緒二十五年（公元 1899 年）十二月，慈禧立端郡王載漪之子溥儁爲皇子，意圖廢黜光緒帝，此舉遭到列強的反對。爲震懾列強，驅逐洋人，達到以溥

〔註67〕　第一歷史檔案館：《光緒宣統兩朝上諭檔》，第 32 冊，第 197 頁，廣西師範大學出版社，1996 年 10 月版。

僭取代光緒的目的，以載漪、剛毅等為首的「主撫派」利用義和團運動，導演了一齣圍攻使館、對八國宣戰的瘋狂鬧劇。戰爭的結果是北京淪陷，慈禧攜光緒倉皇西逃。庚辛議和，「主撫派」遭到毀滅性打擊，除剛毅已病死、李秉衡戰死外，英年、趙舒翹被賜令自盡，毓賢、啟秀、徐承煜被正法，載漪、載瀾被定為斬監侯，發往新疆，永遠監禁。與之相對，以榮祿、奕劻為首的「主剿派」迅速得勢。榮祿重入軍機，並任首席軍機大臣。根據《議和大綱》第十二款的規定，清廷諭令改總理衙門為外務部，並「班列六部之前」，以慶親王奕劻為外務部總理大臣。光緒二十九年，榮祿卒，奕劻奉諭入值軍機處。此後，在長達八年時間裏，奕劻領袖軍機處，成為清末最後幾年最大的權臣。

　　榮祿死後，袁世凱探得慶親王奕劻將入軍機，立即派楊士琦給奕劻送去一張十萬兩的銀票。奕劻故作推辭，對楊說「慰廷太費事了，我怎能收他的。」楊說：「宮保知道王爺不久必入軍機，在軍機處辦事的人，每天都得進宮伺候老佛爺，而老佛爺左右，許多太監們，一定向王爺道喜討賞，這一筆費用也就可觀。所以這些微數目，不過作為王爺到任時零用而已，以後還得特別報效。」〔註68〕奕劻遂欣然收下。此後，袁世凱「完全仿照外省的首府、首縣伺候督撫的辦法」，對奕劻「月有月規，節有節規，年有年規」〔註69〕，供奉不斷。為拉近和奕劻關係，袁世凱還和其長子載振結拜為兄弟。載振（公元1876～1948），字育周。奕劻長子。14歲即賞頭品頂戴，18歲選在乾清宮行走，19歲封為二等鎮國將軍。光緒二十八年，載振被慈禧派為清朝赴英國致賀英君加冕的頭等專使，並賞加貝子銜。載振此行先赴英國致賀，繼而訪問比利時、法國，然後橫渡大西洋訪問美國，再至日本，考察了各國政治、法律、教育、商務等制度，撈取了很大的政治資本。二十九年，清政府正式設立商部，「載振因才具開展，又經出洋留心考察，簡派為該部尚書」〔註70〕。載振此時年僅27歲。三十二年，商部改為農工商部，仍以載振為尚書。袁世凱過生日，奕劻去爵署名，為之祝壽。載振更是稱袁世凱為四哥，自稱如弟。奕劻、載振父子與袁世凱的關係可見一斑。

　　庚子之役後，慈禧有些心灰意懶，日常政事多由奕劻主持，而奕劻則視袁世凱為最可信賴的人，時常向其問計，奕劻、袁世凱勢力大張，投靠奕劻

〔註68〕劉厚生：《張謇傳記》，第128頁，上海龍門書局1958年版。
〔註69〕劉厚生：《張謇傳記》，第128頁，上海龍門書局1958年版。
〔註70〕朱壽朋：《光緒朝東華錄》，總第5112頁，中華書局，1958年12月版。

父子、袁世凱門下成了陞官發財的捷徑。胡思敬在其《國聞備乘》中說：

> 　　光緒末年，小人階之以取富貴者捷徑有二：一曰商部，載振主
> 之，一曰北洋，袁世凱主之，皆內因奕劻而借二楊為交通樞紐。當
> 世凱初蒞北洋，梁敦彥方任津海關道，凌福彭任天津府，朱家寶任
> 天津縣，楊士驤、趙秉鈞均以道員在直隸候補。不二三年，敦彥官
> 至尚書，家寶、士驤均躋節鎮，福彭升藩司，秉鈞內召為警部侍郎。
> 其非北洋官吏而攀附以起者，嚴修以編修在籍辦天津學堂，遂擢學
> 部侍郎；馮汝騤與世凱聯姻，遂擢江西巡撫；吳重憙為世凱府試受
> 知師，遂擢河南巡撫。唐紹儀舊從世凱駐朝鮮，甲午之變，出死力
> 護之以歸，故遇之加厚，既奪盛宣懷路政畀之，郵傳部開，又用為
> 侍郎，一手把持部務，案卷、合同盡為所匿，尚書張百熙雖屬世凱
> 姻婭，不能與之抗也。紹儀既得志，復引用其同鄉梁如浩、梁士詒、
> 陳昭常等皆列要位。士驤又引其弟士琦入商部。徐世昌久參世凱戎
> 幕，鐵良亦嘗從之練兵，既入軍機，始稍稍攜貳。世凱不由科目出
> 身，遇投帖稱「門生」者，大喜，必力援之。定成晚入其門，遂長
> 大理院。方其勢盛時，端方、陳夔龍、陳璧、袁樹勳無不附之。

〔註71〕

奕劻的貪黷好貨以及奕劻、袁世凱勢力的擴張引起他們政敵瞿鴻磯、岑春煊
的不滿。瞿鴻磯（公元1850～1918），湖南善化（今長沙）人。深得慈禧賞識，
先後任工部尚書、軍機大臣、政務處大臣、外務部尚書等要職。瞿鴻磯以清
流自居，是奕劻、袁世凱在政治上的死敵。光緒三十二年（公元1906年）官
制改革，奕劻、袁世凱設立內閣的方案被否定，瞿鴻磯起了不小的作用。岑
春煊（公元1861～1933），原名春澤，字雲階，廣西西林縣人，壯族，雲貴總
督岑毓英之子。光緒二十六年（公元1900年）八國聯軍進犯京津地區，岑春
煊率兵「勤王」有功，得到慈禧賞識，成為清末重臣，與袁世凱勢力抗衡，
史稱「南岑北袁」。

　　光緒三十三年（公元1907年）三月，東三省官制發表，總督為徐世昌，
奉天巡撫為唐紹儀，署吉林巡撫為朱家寶，署黑龍江巡撫為段芝貴，四人皆
為奕劻、袁世凱一黨。不久，天津一家報紙披露，段芝貴購得歌妓楊翠喜獻

〔註71〕　《北洋捷徑》，胡思敬《國聞備乘》，卷三。

給載振，並送白銀十萬兩給奕劻才得以候補道超擢巡撫，消息一經傳出，朝野上下，一片譁然，言官更是「相約集議，互相遞劾」。〔註72〕

瞿鴻禨、岑春煊認為時機已到，借機發難，準備一舉扳倒奕劻。瞿鴻禨暗許引進，岑春煊以赴川就任為名，由上海乘船沿長江西下，行至漢口，棄船登岸，乘車北上，自行進京覲見慈禧。三月二十一日，奉旨補授郵傳部尚書，留京供職。

岑春煊在「謝恩召對之時，首先攻擊慶親王之貪污無能」。〔註73〕慈禧知岑春煊與奕劻不和，欲調和二者，對岑春煊說：「慶（按：原文缺兩字，似應為「親王」二字）公忠體國，辦事實心，而時事之艱均甚於恭親王時，汝應去見。」次日召對，又問：「去否？」岑春煊敷衍說：「已去，尚未見邸堂，即在值處道歉，並邀府深談。」〔註74〕三月二十五日，岑春煊同鄉、御史趙啓霖具摺奏劾段芝貴、奕劻、載振，摺稱：

> ……上年貝子載振往東三省，道過天津，段芝貴夤緣充當隨員，所以逢迎載振者更無微不至，以一萬二千金於天津大觀園買歌妓楊翠喜獻之載振，其事為路人所知，復從天津商會王竹林措十萬金，以為慶親王奕劻壽禮，人言籍籍，道路喧傳，奕劻、載振等因為之蒙蔽朝廷，遂得署理黑龍江巡撫。……段芝貴以無功可紀、無才可錄並未曾引見之道員，專恃夤緣，驟躋巡撫，可謂無廉恥。在奕劻、載振父子，以親貴之位，蒙倚畀之專，惟知廣收賂遺，置時艱於不問，置大計於不顧，可謂無心肝。不思東三省為何等重要之地，為何等危迫之時，改設巡撫為何等關係之事，此而交通賄賂，欺罔朝廷，明目張膽，無復顧忌，真孔子所謂是可忍孰不可忍者矣！〔註75〕

奏上，慈禧、光緒大怒，奕劻伏地請嚴查。是日，清廷派載灃、孫家鼐查辦楊翠喜一案，諭稱：「有無其事，均應徹查。著派醇親王載灃、大學士孫家鼐

〔註72〕「齊東野語」，陳旭麓、顧廷龍、汪熙等主編：《辛亥革命前後——盛宣懷檔案資料選輯之一》，第54頁，上海人民出版社1979年出版。

〔註73〕劉厚生：《張謇傳記》，第140頁，上海龍門書局1958年版。

〔註74〕「齊東野語」，陳旭麓、顧廷龍、汪熙主編：《辛亥革命前後——盛宣懷檔案資料選輯之一》，第54頁，上海人民出版社1979年出版。

〔註75〕趙啓霖：《奏為糾參署理黑龍江巡撫段芝貴夤緣親貴物議沸騰請聖裁事》，第一歷史檔案館縮微膠捲，檔號：03－5478－156，縮微號：414－0903。

確切查明，務期水落石出，據實覆奏。」〔註76〕慈禧又面諭載灃、孫家鼐：「應說實話，我自有道理。」〔註77〕

載灃奉詔後原打算認真查辦，指著詔書最末「水落石出」四字對孫家鼐說：「聖意在此。」後見到世續，世續說：「此何事也，而可輕發語耶？」實是警告載灃此事關係重大，不可草率。膽小怕事的載灃遂把事情推給孫家鼐。孫家鼐老奸巨猾，對人說：「政局視吾一舉足為輕重，此外人無知之言也。吾一言一動影響皇上安危甚巨，每念及戰戰兢兢之不暇，豈敢稍涉疏忽？今日之事，懲治慶邸，圈禁其子，博輿論之歡欣鼓舞固自易易，然慶邸親臣也，非常熟比，無詞可令出京。」孫還說：「吾老何足惜，但不能為己市直，而為上樹怨。且今之與項城為敵者，未必能制其死命，懼無以持其後。」〔註78〕查辦大臣態度如此，結果可想而知。四月初六日，慈禧根據載灃、孫家鼐奏報，諭將趙啟霖革職。諭稱：「……現據查明，楊翠喜實為王益孫，即王錫英買作使女，現在家內服役。王竹林，即王賢賓，充商務局總辦，與段芝貴並無往來，實無措款十萬金之事。調查帳薄，亦無此款，均各取具親供甘結等語。該御史於親貴重臣名節所關，並不詳加訪察，輒以毫無根據之詞，率行入奏，任意污蔑，實屬咎有應得。趙啟霖著即行革職，以示懲儆。」〔註79〕四月十一日，發生了孫中山領導的潮州、黃岡起義，慈禧任命岑春煊為兩廣總督，實際上將他趕出京城。

慈禧覽趙啟霖奏摺之初，盛怒之下，考慮將奕劻開出軍機處，曾詢問瞿鴻機，「奕劻年老，設遽不起，爾試思誰可繼其任者」。瞿鴻機對以「請依故事，用近支宗親，因舉醇王」。〔註80〕後瞿鴻機不慎將談話內容泄露，消息被英國《泰晤士報》登載。駐華英國公使夫人在慈禧太后招待遊園之際，面詢此事，慈禧好不尷尬，當場矢口否認。因為此事為瞿所獨聞，慈禧斷定為瞿鴻機泄密，對其大生惡感。袁世凱乘機重金收買惲毓鼎，由其具摺參劾瞿鴻

〔註76〕 第一歷史檔案館：《光緒宣統兩朝上諭檔》，第 33 冊，第 43 頁，廣西師範大學出版社，1996 年 10 月版。

〔註77〕 「齊東野語」，陳旭麓、顧廷龍、汪熙主編：《辛亥革命前後——盛宣懷檔案資料選輯之一》，第 54 頁，上海人民出版社 1979 年出版。

〔註78〕 劉體智：《異辭錄》，第 202 頁，中華書局，1988 年版。

〔註79〕 第一歷史檔案館：《光緒宣統兩朝上諭檔》，第 33 冊，第 49 頁，廣西師範大學出版社，1996 年 10 月版。

〔註80〕 參看汪詒年纂輯：《汪穰卿先生傳記》，第 227 頁，2007 年 6 月版。

機。其奏云：「……瞿鴻磯平日與《京報》館主筆往來甚密，通國皆知。朝廷慎密之謀，暗通消息，往往事未宣佈，而報紙先已流傳。其心所欲言，則授意言官奏陳。……聞之士大夫群謂其陰結外援，分佈黨羽，為保守祿位之計，言之鑿鑿，必非無因。似此鬼蜮之行，豈可久居政地！……」〔註81〕

五月九日，清廷諭令罷免瞿鴻磯。諭稱：「惲毓鼎奏參樞臣懷私挾詐，請予罷斥一摺，據稱協辦大學士、外務部尚書、軍機大臣瞿鴻磯，暗通報館，授意言官，陰接外援，分佈黨羽……瞿鴻磯久任樞垣，應如何竭忠報稱，頻年屢被參劾朝廷曲予寬容，猶不知戒慎。所稱竊權結黨、保守祿位各節，姑免深究。……瞿鴻磯著開缺回籍，以示薄懲。」〔註82〕同日，又諭：「惲毓鼎奏參瞿鴻磯暗通報館、授意言官各節，著交孫家鼐、鐵良秉公查明，據實覆奏。」〔註83〕

五月十七日，孫、鐵覆奏，稱「該侍讀學士惲毓鼎所奏雖出有因，尚未能遽定此案」，認為「瞿鴻磯擇交不善，防閑未能周密，亦或有之，若云用人行政大端敢於預為洩露，臣等以為瞿鴻磯斷不至糊塗至此」，提出「瞿鴻磯業經奉旨開缺回籍，可否免其置議之處，恭候聖裁」〔註84〕。奏上，奉旨「知道了」。〔註85〕

奕劻也不自安，五月七日上奏，稱「月餘以來，竭蹶任事，左支右絀，顧此失彼。若再因循戀棧，必至諸務廢弛，庶政不修，外侮內訌，乘機竊發」請求「開去軍機大臣要差，俾得專心辦理部務」〔註86〕。

初七、初八兩日，慈禧多次召見孫家鼐、鹿傳霖、世續，商議改組軍機處。慈禧有意讓奕劻退出軍機處。孫家鼐力阻，言奕劻「為當時交涉熟手，

〔註81〕 惲毓鼎：《奏為特參軍機大臣瞿鴻磯隱謀竊權分佈黨羽請立予罷斥事》，第一歷史檔案館縮微膠捲，檔號：04－01－12－0655－054，縮微號：04－01－12－125－1424。

〔註82〕 第一歷史檔案館：《光緒宣統兩朝上諭檔》，第 33 冊，第 76 頁，廣西師範大學出版社，1996 年 10 月版。

〔註83〕 第一歷史檔案館：《光緒宣統兩朝上諭檔》，第 33 冊，第 76 頁，廣西師範大學出版社，1996 年 10 月版。

〔註84〕 孫家鼐、鐵良：《奏為遵旨查明瞿鴻磯參款請毋庸置議事》，第一歷史檔案館縮微膠捲，檔號 03－5482－010，縮微號 414－1725。

〔註85〕 第一歷史檔案館：《光緒宣統兩朝上諭檔》，第 33 冊，第 85 頁，廣西師範大學出版社，1996 年 10 月版。

〔註86〕 奕劻：《奏請開去軍機大臣要差專理部務事》，第一歷史檔案館縮微膠捲，檔號 03－5481－062，縮微號 414－1611。

萬不可動，動則無人接手，於事無益」。廷議兩日，最終決定留奕劻在軍機處，而令載灃進班學習。〔註87〕

　　瞿鴻禨、岑春煊在這場是與非、清與濁、貪與廉的鬥爭中爲何失敗？陶湘在給盛宣懷的密報中道出了此中的奧秘：「楊、段事均實在者……醇（指醇親王載灃——筆者加）與慶（指慶親王奕劻——筆者加）積不相容，外間以爲必有風潮，殊不知國體攸關，豈能不顧？所以今日革侍御，明日罷尙書，雖褒貶迥然，究其歸則一也。」〔註88〕道理非常簡單：對於慈禧而言，奕劻雖貪墨，終是皇族懿親，是自己人；瞿鴻禨、岑春煊雖清廉，終爲漢人，是外人。慈禧曾試圖調和兩方，在調和失敗，二者不能同時爲自己所用時，慈禧最終選擇保奕劻而棄瞿、岑。

　　查辦楊翠喜案，給載灃提供了政治出彩的一次機會。慈禧早知奕劻貪瀆，但顧念他與李鴻章辛丑議和力保自己，又要依靠他處理內政外交，故而對其貪污受賄睜一隻眼，閉一隻眼。此次楊翠喜案，奕劻、載振父子收受賄賂，使得段芝貴由一道元驟然躋身封疆大吏，做的實在太離譜。事情爲報紙揭破，輿論大嘩，奕劻父子身爲皇族，醜名遠播，大損朝廷顏面。慈禧極爲震怒，決心處置奕劻，又恐載灃、孫家鼐畏懼奕劻權勢，敷衍塞責，草率了事，所以面諭二人，「應說實話，我自有主張」。載灃若爲王朝計，查辦奕劻可以除一貪庸蛀蟲；若爲自己計，查辦奕劻，可以爲自己去除一政治障礙，進一步贏得慈禧的信任和賞識，博得政治聲譽，樹立良好的政治形象。查辦奕劻還可去掉袁世凱的政治靠山，從而打擊袁氏勢力。但載灃膽小畏事，不敢擔當，跟隨孫家鼐，將楊翠喜案葫蘆了之，錯失一展示自己政治才能的良機，暴露了他無膽、無識、無主見的致命政治缺陷。

　　此次政爭是奕劻、袁世凱與瞿鴻禨、岑春煊兩派的一次大火併，結果兩敗俱傷。瞿鴻禨、岑春煊一派從此一蹶不振。奕劻、袁世凱一派也沒撈到好處，載振被迫辭去御前大臣、領侍衛內大臣、農工商部尙書等一切差缺，奕劻雖還任軍機領袖，但在一定程度上失去了慈禧的信任。載灃在查辦楊翠喜案中乏善可陳，卻成爲政爭的最大獲益者，開始進入最高權力中樞。慈禧讓載灃進入軍機處，一來讓他在軍機處歷練，二來牽制奕劻，一旦時機成熟，

〔註87〕　參看「齊東野語」，陳旭麓、顧廷龍、汪熙主編：《辛亥革命前後——盛宣懷檔案資料選輯之一》，第 60 頁，上海人民出版社 1979 年出版。

〔註88〕　「齊東野語」，陳旭麓、顧廷龍、汪熙主編：《辛亥革命前後——盛宣懷檔案資料選輯之一》，第 54 頁，上海人民出版社 1979 年出版。

即讓他取代奕劻，領袖軍機。費行簡說，慈禧「設不死者，劻必罷矣」〔註89〕，是很有見地的。

第五節　成爲監國攝政王

同治十三年（公元 1875 年）十二月，19 歲的同治帝病逝。同治無子，兩宮太后慈安與慈禧召集王公大臣會議立嗣，以懿旨令醇親王奕譞之子，年僅 4 歲的載湉入嗣咸豐皇帝，承繼大統。雖然隨後兩宮又降懿旨，「俟嗣皇帝生有皇子，即承繼大行皇帝（同治皇帝）爲嗣」〔註 90〕，但光緒五年（公元 1879 年）閏三月還是發生了同治老師吳可讀「屍諫」，要求爲同治立嗣的事件。四月初十日，慈禧、慈安不得不再降懿旨：「皇帝受穆宗毅皇帝付託之重，將來誕生皇子，自能愼選元良，續承統緒，其繼大統者爲穆宗毅皇帝嗣子。」〔註91〕

戊戌變法激化了慈禧與光緒的矛盾，最高權力的爭奪使二者已是水火難容。慈禧發動政變，囚禁光緒帝。隨後，慈禧夥同載漪圖謀廢掉光緒，遭到列強與劉坤一等大臣的反對。慈禧、載漪並沒有放棄，光緒二十五年（公元 1899 年）十二月，慈禧以光緒名義發佈上諭，「以多羅端郡王載漪之子溥儁永繼爲穆宗毅皇帝（即同治帝——筆者加）之子，欽承慈訓，封載漪之子溥儁爲皇子以綿統緒。」〔註 92〕慈禧意圖明確，先立溥儁爲大阿哥，然後設法廢掉光緒帝，讓溥儁繼位。

庚子之役後，載漪被定爲禍首，革爵遣戌，永遠監禁。載漪被定爲禍首，其子溥儁難再立於「大阿哥」之位。光緒二十七年（公元 1901 年）十月，慈禧發佈懿旨：「溥儁著撤去大阿哥名號，並即出宮，加恩賞給入八分銜俸，毋庸當差。至承嗣穆宗毅皇帝一節，關係甚重，應俟選擇元良，再降懿旨，以純統緒，用昭愼重。」〔註93〕

〔註89〕　費行簡：《慈禧傳信錄》卷下，第 83 頁，崇文書局 1918 年 11 月版。

〔註90〕　朱壽朋：《光緒東華錄》第 1 冊，第 4 頁，中華書局 1958 年 12 月版。

〔註91〕　第一歷史檔案館：《光緒宣統兩朝上諭檔》第五冊，第 150 頁，廣西師範大學出版社，1996 年 10 月版。

〔註92〕　第一歷史檔案館：《光緒宣統兩朝上諭檔》第二十五冊，第 396～397 頁，廣西師範大學出版社，1996 年 10 月版。

〔註93〕　第一歷史檔案館：《光緒宣統兩朝上諭檔》第二十七冊，第 217 頁，廣西師範大學出版社，1996 年 10 月版。

此後，在較長的時間裏，嗣統人選問題被擱置起來。

光緒三十四年（公元 1908 年）二十日，慈禧太后頒發懿旨：「醇親王載灃之子溥儀，著在宮內教養，並在上書房讀書。」〔註94〕同日懿旨又命：「醇親王載灃授爲攝政王。」〔註95〕載灃聞命，「叩辭至再，未邀俞允，即命攜之入宮。萬分無法，不敢再辭，欽遵於申刻由府攜溥○（原文如此，應爲『儀』）入宮」。〔註96〕

二十一日晚，光緒帝崩。慈禧懿旨命溥儀入承大統，承繼同治帝爲嗣，併兼承光緒帝之祧。懿旨又命：「著攝政王載灃爲監國，所有軍國政事，悉秉予之訓示，裁度施行。俟嗣皇帝年歲漸長，學業有成，再由嗣皇帝親裁政事。」〔註97〕

慈禧的如意算盤是：溥儀繼統，承嗣同治，兼祧光緒，同治、光緒二帝的後嗣問題同時解決；「秉其訓示」的載灃爲人是個聽話的好孩子，不會對其權力構成威脅；在慈禧的支持和扶助下，經若干年，載灃可逐漸駕馭局面。慈禧的安排好像是毫無疏漏，盡善盡美，但慈禧顯然是過高估計了自己的生命力，二十二日，慈禧即病危，懿旨：「昨經降旨，特命攝政王爲監國，所有軍國政事，悉秉予之訓示，裁度施行。現予病勢危篤，恐將不起。嗣後軍國政事，均由攝政王裁定，遇有重大事件，必須請皇太后懿旨者，由攝政王隨時面請施行。」〔註98〕是日未刻，慈禧卒於儀鸞殿。大清王朝在匆忙慌亂中完成了皇權交接。

關於光緒之際皇權交接的過程說法很多，其中以胡思敬、溥儀、蕭一山的說法較有代表性。這些說法皆有問題，真實情形須要考證。

（一）胡思敬說

胡在其所著《國聞備乘》中說：「孝欽病危，張之洞請定大計，孝欽頷之。

〔註94〕第一歷史檔案館：《光緒宣統兩朝上諭檔》第三十四冊，第 243 頁，廣西師範大學出版社，1996 年 10 月版。

〔註95〕第一歷史檔案館：《光緒宣統兩朝上諭檔》第三十四冊，第 247 頁，廣西師範大學出版社，1996 年 10 月版。

〔註96〕溥儀：《我的前半生》，第 16 頁，群眾出版社 1979 年版。

〔註97〕第一歷史檔案館：《光緒宣統兩朝上諭檔》第三十四冊，第 247 頁，廣西師範大學出版社，1996 年 10 月版。

〔註98〕第一歷史檔案館：《光緒宣統兩朝上諭檔》第三十四冊，第 251 頁，廣西師範大學出版社，1996 年 10 月版。

翼日，出奕劻勘易州陵工，密詔世續及之洞入內，諭以立今上為穆宗嗣。……世續、之洞恐皇后再出垂簾，因合詞奏曰：『國有長君，社稷之福，不如逕立載灃。』孝欽戚然曰：『卿言誠是，然不為穆宗立後，終無以對死者。今立溥儀，仍令載灃主持國政，是公義私情兩無所憾也。』之洞曰：『然則宜正其名。』孝欽曰：『古有之乎？』之洞曰：『前明有監國之號，國初有攝政王之名，皆可援以為例。』孝欽曰：『善，可兩用之。』之洞又曰：『皇帝臨御三十餘載，不可使無後，古有兼祧之制，似可仿行。』是時德宗固無恙也。太后默然不言，良久目之洞曰：『凡事不必泥古，此事姑從汝請，可即擬旨以進。』策既定，電招奕劻回京，告以謀。奕劻叩頭稱善。遂於十一月某日頒詔明告天下。袁世凱不預定策之功，自知失勢，偽稱足疾，兩人扶掖入朝。」〔註99〕

胡說有多處明顯錯誤。

1、支開奕劻說不能成立。胡思敬說慈禧病危，先支開奕劻，然後安排皇位及皇權繼承問題。欲弄清這種說法是否確實，有必要對慈禧病危時間作一考察。

光緒三十四（公元1908年）年夏秋間，慈禧時有不適，眠食失宜。九月，開始出現腹瀉等症狀。此後，經施煥、張仲元、李德源、戴家瑜等診治，慈禧不僅未能痊癒，且有加劇之勢。十月，由於萬壽節（十月初十日）過於忙碌，慈禧身體狀況進一步惡化。

萬壽節次日，慈禧在同張之洞談話時表達了對自己和光緒帝的身體情況的憂慮，曰「皇上病日加劇，頭班用藥不效，予因日來受賀、聽戲勞倦，亦頗不適，你看如何？」張曰：「臣家有病，呂用賓看看尚好。」慈禧諭曰：「叫他明日來請脈。」〔註100〕

十二、十三兩日，慈禧因「感冒傷風」，停輟常朝。慈禧性本好強，連續兩天輟朝非同尋常的。十三日，慈禧、光緒仍未臨朝。是日，慈禧命奕劻驗收普陀峪工程。十四日，奕劻請訓赴東陵查看普陀峪萬年吉地工程。十五日，奕劻啟程。〔註101〕十四日，奕劻請訓，赴東陵查看普陀峪萬年吉地工程。慈

〔註99〕 榮孟源、章伯鋒：《近代稗海》，第1冊，281～282頁，四川人民出版社，1985年8月版。

〔註100〕 （清）杜子良撰：《杜子良醫書四種　德宗請脈記》，第7頁，京華印書局印刷。

〔註101〕 參看許恪儒：《許寶蘅日記》，第一冊，第216、217頁，中華書局2010年版。

禧病重引起很大的恐慌，惲毓鼎在日記中記：「朝士驚惶，慮有非常之變。且聞樞臣討論道光戊戌、咸豐辛酉故事。」〔註102〕

十五、十六日，慈禧雖召見臣工，但身體已十分虛弱，惲毓鼎在《崇陵傳信錄》中記載：「十六日，尚書傅良自東陵覆命，直隸提學使傅增湘陛辭，太后就上於瀛臺，猶召二臣入見，數語而退。太后神殊憊，上天顏黯淡。」〔註103〕

十七日，慈禧未召見軍機。

十八日，慈禧未召見軍機，本傳日本侯爵國島直大等覲見亦撤去，據許寶蘅記載，原因是光緒「不能坐」〔註104〕。

十九日，慈禧病危。張仲元密告鹿傳霖等：「張仲元密告慈脈氣弱極，恐脫。」〔註105〕

通過以上梳理，可以得出結論，慈禧出現病危狀況是在十月十九日。慈禧令奕劻赴東陵勘驗是在十月十三日，在慈禧病危之前看，所以所謂慈禧病危，有意支開奕劻，然後安排皇權交接的說法是不能成立的。

2、張之洞請定大計是子虛烏有。「孝欽病危，張之洞請定大計，孝欽頷之。翼日，出奕劻勘易州陵工。」慈禧令奕劻勘驗萬年吉地工程是在光緒三十四年（公元1908年）十月十三日。由此來推，張之洞請定大計的時間是十二日，但據許寶蘅日記記載，十二日慈禧因「感冒傷風」，並未召見樞臣。〔註106〕十二日張之洞根本沒有見到慈禧，如何請定大計？

3、溥儀入嗣繼統，溥儀監國的決定不是同一時間作出的。據胡描述，讓溥儀入嗣同治兼祧光緒、載灃攝政監國的決定是在同一天做出的。事實上這些決定是在兩天作出的，十月二十日決定溥儀入宮教養、在上書房讀書，載灃攝政。二十一日決定溥儀入嗣同治兼祧光緒，載灃監國。

4、「是時德宗固無恙也」不是實情。讓溥儀入宮教養、在上書房讀書，載灃攝政時，光緒已然病危。決定溥儀入嗣同治兼祧光緒，載灃監國時光緒已經駕崩。

〔註102〕《惲毓鼎澄齋日記》，浙江古籍出版社，2004年版，第792頁。
〔註103〕《庸言》，1914年第5期，第27頁。
〔註104〕許恪儒：《許寶蘅日記》，第一冊，第217頁，中華書局2010年版。
〔註105〕《鹿傳霖日記》，《文物春秋》，第66頁，1994年第3期。
〔註106〕許寶蘅在光緒三十四年十月十四日日記中記載：「前二日兩宮未御勤政殿，以太后感冒傷風，十二日慶、醇兩邸曾詣儀鸞殿問安。」（《許寶蘅日記》第1冊，第216頁。）

5、「袁世凱不預定策之功，自知失勢，偽稱足疾，兩人扶掖入朝」的說法與事實不符，且有醜化袁世凱的傾向。在安排皇位繼承和皇權交接的過程中，袁世凱不僅沒有失勢，且被慈禧委以重任，袁世凱在致其弟袁世彤的信中說：

> 皇上已於二十一日酉刻龍馭上賓，余奉懿旨於半夜入宮。太后本在病中，受些驚慟，愈形沉重，召余至榻前，親受懿旨，立載灃之子溥儀繼承大統，深恐宗室懿戚中有異議，命余在宮中彈壓，那知延至次日辰刻，余在醇王府中商承大統事，忽見內監奔來，報稱：「太后駕崩，有遺命請王爺與袁中堂入宮，共襄大事。」余與醇王雖有夙嫌，當時事到臨頭，只得盡釋前嫌，同行入宮。由醇王福晉親送新皇帝入宮，舉哀即位，年才四歲，遵太后遺命以皇父醇王為攝政王，抱新皇帝登基，受百官朝賀。〔註107〕

關於袁世凱足疾，許寶蘅在九月十三日日記中記載：「為項城擬請假摺，因足病請假五日。」〔註108〕可見所謂袁世凱因不預定策之功，偽稱足疾，兩人扶掖入朝是對袁世凱的醜化。

6、「遂於十一月某日頒詔明告天下。」昭告天下的時間是十月而不是十一月。

（二）溥儀說

溥儀在《我的前半生》中作如下描述：「正在籌劃著下一個步驟的時候，她自己病倒了，這時又忽然聽到這個驚人消息：袁世凱準備廢掉光緒，推戴奕劻的兒子載振為皇帝。不管奕劻如何會辦外交和會奉承，不管袁世凱過去對她立過多大的功，也不管他們這次動手的目標正是她痛恨的光緒，這個以袁世凱為主角的陰謀，使她馬上意識到了一種可怕的厄運——既是愛新覺羅皇朝的厄運，也是她個人的厄運。因此她斷然地做出了一項決定。為了實現這個決定，她先把奕劻調開，讓他去東陵查看工程，然後把北洋軍段祺瑞的第六鎮全部調出北京，開往淶水，把陸軍部尚書鐵良統轄的第一鎮調進來接防。等到奕劻，這裡一切大事已定：慈禧宣佈了立我為嗣，封我父親為攝政

〔註107〕張國淦：《北洋軍閥的起源》，杜春和等編《北洋軍閥史料選輯》上冊，第64頁，中國社會科學出版社1981年版。
〔註108〕許恪儒：《許寶蘅日記》，第一冊，第207頁，中華書局2010年版。

王。但是爲了**繼續籠絡住**這位有八國朋友的慶王，給了他親王世襲的恩榮。」
〔註 109〕

　　溥儀的說法有幾處明顯錯誤：

　　1、根本沒有把第六鎮全部調出北京，開往淶水，把第一鎮調進北京接防這回事。第一鎮初駐保定，光緒三十一年（公元 1905 年）十二月十五日，袁世凱與鐵良會奏，擬分撥該鎮一協移駐北京仰山窪，「以資拱衛而便徵調」〔註110〕，獲得清廷批准。光緒三十二年（公元 1906 年）十一月十四日，鐵良奏請將陸軍第一鎮全鎮調駐北京仰山窪，奏稱：「京旗業經成鎮，兩協分駐京保，統制等員照料誠恐難周，且京師爲根本重地，旗兵舊繫禁旅，若將全鎮移京填駐以資拱衛而便徵調，較尤合宜。」〔註111〕奉旨依議〔註112〕。光緒三十三（公元 1907 年）年九月二十、二十一日第一鎮奉命開拔，移駐北京仰山窪。光緒三十三年第一鎮已移駐北京，怎麼會在光緒三十四年又奉調進京接防？

　　2、光緒三十四（公元 1908 年）年十月，第六鎮統制爲趙國賢，並非是段祺瑞；第一鎮統制是袁世凱舊部何宗蓮，鐵良並不直接指揮第一鎮。光緒三十二年（公元 1906 年）署陸軍第六鎮統制王世珍奉旨署陸軍部右侍郎，經練兵處奏請，清廷以廣東潮州鎮總兵趙國賢署陸軍第六鎮統制。〔註113〕宣統元年三月，兩廣總督張人駿以粵省新軍成鎮在即，請准趙國賢赴粵統率，遭到拒絕。朱批云：「趙國賢現在充京畿第六鎮統制，未便遽易生手，所請著毋庸議。」〔註114〕宣統元年（公元 1909 年）十一月，趙國賢奉命赴廣東潮鎮鎮總兵本任，段祺瑞始充第六鎮統制官〔註115〕。光緒三十一年（公元 1905 年）第一鎮成軍，鳳山任首任統制。光緒三十三年（公元 1907 年），鳳山出任專司陸軍各鎮訓練大臣，第一鎮統制由何宗蓮署理，不久改爲實授。

　　3、奕劻親王世襲罔替不是慈禧所賜。慈禧死後，光緒三十四年（公元 1908 年）十一月初九日，溥儀登極。二十六日，大加封賞，奕劻「加恩著以

〔註109〕溥儀：《我的前半生》，第24～25頁，群眾出版社1979年版。

〔註110〕國家清史工程數字資源總庫，檔號03－5451－125，縮微號412－0722。

〔註111〕國家清史工程數字資源總庫，檔號03－6176－069，縮微號460－0127。

〔註112〕第一歷史檔案館：《光緒宣統兩朝上諭檔》第三十二冊，第246頁，廣西師範大學出版社1996年10月版。

〔註113〕國家清史工程數字資源總庫，檔號03－5970－113，縮微號447－0309。

〔註114〕國家清史工程數字資源總庫，檔號04－01－16－0300－104，縮微號04－01－16－056－2871。

〔註115〕陳寶琛等撰：《清實錄・宣統政紀》，第480頁，中華書局1987年版。

世襲罔替」〔註116〕。所謂慈禧為籠絡奕劻賜其親王世襲罔替純屬無中生有。

（三）蕭一山說

蕭一山在其所著《清代通史》中描述：「先是，慈禧自夏秋以來，時有不適，及疾甚，以帝無子，乃召軍機大臣世續、那桐、張之洞人，慶王適謁東陵，太后詢諸臣擇近支王子入宮讀書事，諸臣莫敢言。世續曰：『太后擬選儲，為社稷萬世計，此周文武之用心，甚盛甚盛。惟今內憂外患，交乘洊至，竊以為宜選擇年長者。』太后拍床怒罵曰：『此何等重事？而若敢妄言！』張之洞曰：『世續承太后垂詢，據所愚慮，約略言之，立儲自宜承宸斷。』太后默然良久，徐言載灃子溥儀尚可，但年稚耳，須教之，爾等議所可者。那桐曰：『載灃懿親賢智，使攝政，當無誤。』因引順治初睿親王輔導事證之。太后曰：『得之矣。』趣擬詔。之洞那桐曰：『奕劻東陵即旋，請翌晨進呈。』太后趣即下詔。次晨，奕劻輕輿抵宮門，諸人達太后意，奕劻攢眉曰：『方今國家多難，選儲似以年長者。』諸人邀奕劻入對自陳之。既見太后，索閱草詔，卒屏息未敢言，詔遂布。」〔註117〕

蕭一山說有如下明顯錯誤：

1、按蕭的說法，奕劻回到北京的前一日～十九日，慈禧召見軍機大臣世續等人，決定溥儀入宮教養，載灃攝政。事實上，這天慈禧並未召見軍機大臣。鹿傳霖日記記載：「兩宮均欠安，未召見。」〔註118〕許寶蘅日記也記載：「太后聖躬不豫，梁監傳諭，周身痛，昨日至今為進食，停起。」〔註119〕

2、那桐入軍機是在袁世凱被逐之後，此時尚不是軍機大臣，故而所謂那桐提議載灃攝政純屬子虛烏有。

3、奕劻回到北京後，並沒有馬上進宮，而是在光緒病危後才進宮。鹿傳霖日記記載：「邸辰回，未上。午後上病危，報邸，申刻來，同赴儀鸞殿慈聖寢宮請召見。」〔註120〕所謂「輕輿抵宮門」既不存在，後面的說法也就成疑了。

〔註116〕第一歷史檔案館：《光緒宣統兩朝上諭檔》第三十四冊，第295頁，廣西師範大學出版社1996年10月版。
〔註117〕蕭一山：《清代通史》，第四冊，總第2488～2489頁，中華書局1986年版。
〔註118〕《鹿傳霖日記》，《文物春秋》，第66頁，1994年第3期。
〔註119〕許恪儒：《許寶蘅日記》，第一冊，第217頁，中華書局2010年版。
〔註120〕《鹿傳霖日記》，《文物春秋》，第66頁，1994年第3期。

（四）皇權交接過程還原

光緒三十四年（公元 1908 年）十月十九日，光緒病危，已不能批閱奏摺，令軍機擬批。擬批之後，軍機奏：「以上十二件遵旨擬批，如蒙俞允，是否用朱筆恭代，請旨遵行。」〔註 121〕奏上，「內奏事口傳派醇親王恭代批摺」〔註 122〕。是日，清廷發急函促奕劻速歸。二十日辰刻，奕劻回到北京，但並未入值。午後二點鐘，光緒昏厥〔註 123〕，鹿傳霖等將消息報告給奕劻。申刻，奕劻至軍機處，與鹿傳霖等軍機大臣等同赴儀鸞殿，請求慈禧召見〔註 124〕。經過與奕劻等商議，慈禧太后頒發兩道重要懿旨：一、「醇親王載灃之子溥儀，著在宮內教養，並在上書房讀書」〔註 125〕；二、「醇親王載灃授爲攝政王」〔註 126〕。兩道懿旨後都有小字注解，云：「是日樞靈已散，十二鐘後皇太后召見於寢宮，特降此旨。」〔註 127〕此注解正是安排皇位繼承是因光緒病危，在光緒病危之後的證明。

二十一日晚，光緒帝崩。慈禧懿旨命溥儀入承大統，承繼同治帝爲嗣，併兼承光緒帝之祧。懿旨云：「前因穆宗毅皇帝未有儲貳，曾於同治十三年十二月初五日降旨，大行皇帝生有皇子，即承祧穆宗毅皇帝爲嗣，現在大行皇帝龍馭上賓，亦未有儲貳，不得已以攝政王載灃之子承繼穆宗毅皇帝爲嗣，併兼承大行皇帝之祧。」〔註 128〕懿旨又命：「著攝政王載灃爲監國，所有軍國

〔註 121〕葉志如總主編：《光緒宣統兩朝上諭檔》，第 34 冊，第 242～243 頁，廣西師範大學出版社 1996 年版。

〔註 122〕葉志如總主編：《光緒宣統兩朝上諭檔》，第 34 冊，第 243 頁，廣西師範大學出版社 1996 年版。

〔註 123〕惲毓鼎在光緒三十四年十月二十一日日記中記載：「巳刻嗣香前輩由西苑歸，來訪，始知昨日二點鐘聖躬發厥，一時許始蘇。」（惲毓鼎：《澄齋日記》，第 345 頁，浙江古籍出版社 2004 年版。）

〔註 124〕鹿傳霖在光緒三十四年十月二十日日記中記載：「邸辰回，未上。午後上病危，報邸，申刻來，同赴儀鸞殿慈聖寢宮請召見。派醇邸爲攝政王，醇王子入宮教養，代批摺件。」（《鹿傳霖日記》，《文物春秋》，第 66 頁，1994 年第 3 期）

〔註 125〕第一歷史檔案館：《光緒宣統兩朝上諭檔》第三十四冊，第 243 頁，廣西師範大學出版社 1996 年 10 月版。

〔註 126〕第一歷史檔案館：《光緒宣統兩朝上諭檔》第三十四冊，第 247 頁，廣西師範大學出版社 1996 年 10 月版。

〔註 127〕第一歷史檔案館：《光緒宣統兩朝上諭檔》第三十四冊，第 247 頁，廣西師範大學出版社 1996 年 10 月版。

〔註 128〕第一歷史檔案館：《光緒宣統兩朝上諭檔》第三十四冊，第 246 頁，廣西師範大學出版社 1996 年 10 月版。

政事,悉秉予之訓示,裁度施行。俟嗣皇帝年歲漸長,學業有成,再由嗣皇帝親裁政事。」〔註129〕二十二日,慈禧亦病危,懿旨:「昨經降旨,特命攝政王爲監國,所有軍國政事,悉秉予之訓示,裁度施行。現予病勢危篤,恐將不起。嗣後軍國政事,均由攝政王裁定,遇有重大事件,必須請皇太后懿旨者,由攝政王隨時面請施行。」〔註130〕是日未刻,慈禧卒於儀鸞殿。大清王朝在匆忙慌亂中完成了皇權交接。

慈禧爲什麼會選擇溥儀繼統?在當時歷史條件下,繼承大統者必須具備三個基本條件:

一、繼統人須尚未成年。只有這樣才不會在「法」理上要求慈禧馬上歸政。皇太后垂簾聽政,是皇帝未成年的權宜之計,一旦皇帝成年,皇太后就應歸政皇帝。慈禧從維持自己的地位和權力出發,把「未成年」作爲選嗣的一個基本前提。

二、必須是皇族最近支。道光皇帝曾孫溥雪齋對皇族宗室有詳細說明:「在宗室中尚有『近支宗室』和『遠支宗室』之分:皆有『輩數』可考,即按……奕、載、溥、毓、恒、啓……等輩次,皆是從康熙傳下來的後裔。在近支宗室中,還有『帶偏旁的』與否之分:如奕字輩的人,在奕字下用帶『言』旁的字,如奕訢、奕譞……;載字輩下用帶『氵』旁的字,如載洵,載濤……:溥字輩用『單人旁』;毓字輩用『山』旁……,一目了然,都是『最近支』的宗室。如奕劻,雖是奕字輩,但奕字下不用言字旁的字,說明他雖屬『近支』而非『最近支』。」〔註131〕嗣皇帝從最近支中出是滿清的「家法」,整個清代,皇嗣人選無不出自最近支宗室。慈禧選擇的繼統人選也從未出最近支的範圍,從載湉到大阿哥溥儁,再到溥儀,無不如此。

三、嗣統人必須是「溥」字輩。同治十三年(公元1874年)十二月,19歲的同治帝病逝。同治無子,慈安與慈禧召集王公大臣會議立嗣,以懿旨令醇親王奕譞之子,年僅4歲的載湉入嗣咸豐皇帝,承繼大統。隨後兩宮又降懿旨,「俟嗣皇帝生有皇子,即承繼大行皇帝爲嗣」〔註132〕。懿旨雖隱含由同

〔註129〕第一歷史檔案館:《光緒宣統兩朝上諭檔》第三十四冊,第247頁,廣西師範大學出版社1996年10月版。

〔註130〕第一歷史檔案館:《光緒宣統兩朝上諭檔》第三十四冊,第251頁,廣西師範大學出版社1996年10月版。

〔註131〕溥雪齋:《晚清見聞瑣記》,中國人民政治協商會議全國委員會文史資料研究會編,《晚清宮廷生活見聞》,第52頁,文史資料出版社1982年12月版。

〔註132〕朱壽朋:《光緒東華錄》第1冊,第4頁,中華書局1958年12月版。

治嗣子繼承大統的意思，但並不明確。光緒元年正月內閣侍讀學士廣安上摺請求飭下王公大學士六部九卿，會議頒立鐵券，以保證將來所立同治嗣子能繼承大統。摺云：「惟奴才嘗讀宋史，竊有感焉。昔太祖遵母后之命，傳弟而不傳子。厥後太宗偶因趙普一言，傳子竟未傳姪，是廢母后成命，遂起無窮斥駁。使當日後以治命鑄成鐵券，如九鼎泰山，萬無轉移之理，趙普安得一言間之。……即請飭下王公大學士六部九卿會議頒立鐵券。」〔註133〕廣安摺上，慈禧傳旨申飭。懿旨云：「前降旨俟嗣皇帝生有皇子，即承繼大行皇帝為嗣，業經宣示，中外咸知。茲據內閣侍讀學士廣安奏請飭廷臣會議頒立鐵券等語，冒昧瀆陳，殊堪詫異，廣安著傳旨申飭。」〔註134〕光緒五年（公元1879年）閏三月又發生了吏部主事吳可讀的「屍諫」，要求要求明確將來大統由同治繼子承繼。吳奏摺云：「竊以為兩宮皇太后一誤再誤，為文宗顯皇帝立子，不為我大行皇帝立嗣。既不為我大行皇帝立嗣，則今日嗣皇帝所承之大統，乃奉我兩宮皇太后之命而受之文宗而非受之於大行皇帝也，而將來大統之承亦未奉有明文必歸之承繼之子，即謂懿旨內既有承繼為嗣一語，則大統之仍歸繼子自不待言，罪臣竊以為未然……惟有仰乞我兩宮皇太后再行明白降一諭旨，將來大統仍歸承繼大行皇帝嗣子。嗣皇帝雖百斯男，中外及左右臣工均不得以異言進，正名定分，預絕紛紜。」〔註135〕慈安、慈禧諭令「前於同治十三年十二月初五日降旨，俟嗣皇帝生有皇子，即承繼大行皇帝為嗣，此次吳可讀所奏，前降旨時即是此意，著王大臣、大學士、六部九卿、翰詹科道，將吳可讀原奏摺會同妥議具奏」〔註136〕。四月初十日，禮親王世鐸等會奏，稱：「繼統與建儲文義似殊而事體則一，建儲大典非臣子所敢參議，則大統所歸豈臣下所得擅請，我皇上天眷誕膺以文宗之統為重，自必以穆宗之統為心，將來神器所歸，必能斟酌盡善，守列聖之成憲，示天下無私……前者穆宗龍馭上賓時業經明降諭旨，俟嗣皇帝生有皇子即承繼大行皇帝為嗣，懿訓煌煌，周詳慎重，是穆宗毅皇帝將來繼統之義已早眹於皇太后前降諭旨之中，何待臣下奏請。吳可讀以大統所歸請旨豫定，似與我朝家法未能深知，

〔註133〕國家清史工程數字資源總庫，檔號03－7423－003，縮微號552－0145。
〔註134〕第一歷史檔案館：《光緒宣統兩朝上諭檔》，第一冊，第18頁，廣西師範大學出版社1996年10月版。
〔註135〕國家清史工程數字資源總庫，檔號04－01－02－0155－007，縮微號04－01－02－007－2168。
〔註136〕第一歷史檔案館：《光緒宣統兩朝上諭檔》第五冊，第132頁，廣西師範大學出版社1996年10月版。

而於皇太后前此所降之旨，亦尙未能細心仰體，臣等公同酌擬，應請毋庸置議。」〔註137〕

雖然如此，慈禧、慈安還是再降懿旨：「皇帝受穆宗毅皇帝付託之重，將來誕生皇子，自能愼選元良，續承統緒，其繼大統者爲穆宗毅皇帝嗣子。」〔註138〕明確了由同治嗣子繼承大統，也就是嗣子在帶「溥」字的宗室成員中出。

除符合上面三個基本條件外，溥儀還具有得天獨厚的兩個優勢：他是光緒帝之侄，慈禧太后義女之子。其實早在光緒二十七年（公元1901年）慈禧已開始嗣統的佈局。慈禧指婚載灃後，西方即猜測，如果載灃有子，其子將會繼承皇位。還有西方報紙稱慈禧在指婚時曾有讓載灃子繼承皇位的許諾。〔註139〕關於此事，美國人何德蘭在其所著《慈禧與光緒：中國宮廷中的生存遊戲》中寫道：「有一件人人皆知的事情是，慈禧太后除了她其它的職責之外，還承擔了她所有外甥侄子、甥女侄女的婚姻安排。她最寵信的一位滿族官員是榮祿，而此人也的確是近年來最傑出的滿人之一，不過極爲守舊，因而同外國人很少往來。因爲醇親王的未婚妻在拳民之亂時投井自殺了，慈禧太后就把榮祿扶了正的偏房所生的女兒許給了他。」接著，他記述他夫人的話說：「我曾在宮裏覲見太后時、在康格夫人那裏參加午宴時、在大公主的一次盛宴中、在載振福晉的一次茶點上和在許多格格福晉的府中見過醇親王福晉好幾次。她很是文靜、小巧，用她那雙大而黑的眼睛看人時幾乎有些像孩子。她行動很小心謹愼，又有這樣的父母，想來也許很聰明。她在這些個公眾場合需要顯得特別高貴和穩重是不足爲奇的，因爲她和大公主是與慈禧太后的宮廷有密切關係的人當中惟一屬於皇室近支的，是道光帝的嫡派後裔。她身材矮小，但很漂亮，而且如我剛才所說，文靜而不愛說話。她愛自己的父親，自然也愛慈禧太后。慈禧太后把她許配給了心愛的外甥醇親王，並在他們結婚的時

〔註137〕第一歷史檔案館縮微膠捲，檔號04-01-01-0940-026，縮微號04-01-01-138-0599。

〔註138〕第一歷史檔案館：《光緒宣統兩朝上諭檔》第五冊，第150頁，廣西師範大學出版社1996年10月版。

〔註139〕1908年11月16日，《紐約時報》題爲《清國獨裁者慈禧逝世，北京政局令人關注》的新聞專稿中說：「今天早上8點鐘，清廷頒佈詔書，宣佈溥儀王子殿下已登基成爲新皇帝。溥儀是大清帝國攝政王醇親王的兒子，今年才三歲。這項詔書是依照皇太后在醇親王成親時所做成的承諾而頒佈的。上星期五頒佈的一項詔書宣佈溥儀爲清國皇位繼承人。」見鄭曦原編：《帝國的回憶》，第152頁，當代中國出版社2007年版。

候答應由他的兒子承襲帝位。」〔註140〕慈禧把榮祿女兒許配給醇親王載灃，並承諾讓其子繼承帝位，一方面是感念榮祿庚子年的大功，一方面也是因為對榮祿這個女兒十分喜愛。馬戛尼爾在《清室外記》中說：「以慈禧太后之威嚴，當其前者，靡不震懾失次。其敢抗聲而言者，宮廷內外不過動人。而監國福晉為其一，自幼膽量即大，慈禧有一日謂榮祿曰：『你的姑娘很頑皮，無論什麼人，她都不放在眼裏，連我都不怕。』但慈禧甚喜之，故以之嫁醇王。」〔註141〕

慈禧又是緣何讓載灃監國攝政？載灃之所以能在眾皇族中脫穎而出監國攝政，是因為和其它親貴相比，載灃有自己獨特的優勢。

首先，載灃有無比優越地位。載灃是慈禧外甥、義女婿，慈禧對他青睞有加，加意培植。載灃還新君溥儀生父、大行皇帝光緒御弟、世襲罔替親王、軍機大臣，還是慈禧外甥、義女婿，地位無比尊貴，有利於震懾皇室臣僚及控制政治局面。另外，讓載灃父監子國恐怕也是吸取了清初多爾袞攝政的教訓，這樣安排可以在一定程度上減少皇帝與攝政王之間的權利衝突。

其次，在皇族近支中，載灃已屬翹楚。早在清入關之前，清太祖天命和清太宗天聰、崇德年間，就已經開始重視皇子的教育。到了康熙朝形成了一套制度，諸皇子 6 歲開始在上書房讀書，接受嚴格的教育。其它皇室成員包括諸皇孫、皇曾孫、皇玄孫也接受同樣的教育。同治絕嗣，慈禧令載湉繼位，專門為培養皇子而設的上書房讀書制度無法延續，皇室成員素質迅速下降。光緒中葉，徐致祥就曾向惲毓鼎斷言「國亡不久矣」。惲毓鼎驚問其故。徐說：「吾久在朝列，遍觀近支皇族中，無一明白有英氣者。上既無嗣，異日承大統、執國政者，必不出此貴族，安能望其守祖宗之基業乎？」〔註142〕和那些「年十六七，即華服駿馬，出而馳逐，目不讀聖賢之論，耳不聞正人之言」〔註143〕的其它近支子弟比較起來，好學、廉潔、謹慎的載灃已屬是佼佼者。

其實，慈禧對載灃並不滿意，讓其攝政是無奈的選擇。光緒三十二年（公元 1906 年），慈禧召集大臣商議立憲，「廷議兩日，更無眉目。……慈聖遂問及醇邸，邸即碰頭奏稱：『奴才實在年幼無知，不敢妄陳。』慈聖即長歎曰：

〔註140〕（美）何德蘭著，晏方譯：《慈禧與光緒：中國宮廷中的生存遊戲》，第 116 頁，中華書局 2004 年 10 月版。
〔註141〕馬戛尼爾：《清室外記》，第 136、137 頁，珠海出版社 1995 年 12 月版。
〔註142〕惲毓鼎：《惲毓鼎澄齋日記》，571 頁，浙江古籍出版社 2004 年 4 月版。
〔註143〕惲毓鼎：《惲毓鼎澄齋日記》，574 頁，浙江古籍出版社 2004 年 4 月版。

『如何汝亦可如此？汝即不知，可問大眾。』言外彷彿汝再如此無用，親貴竟無人，所以長歎也。邸即惶恐碰首，所以後來即未預議。」〔註144〕從這段記述中可以清楚的看出載灃的不敢任事和慈禧對載灃的失望，但蜀中無大將廖化作先鋒，在慈禧眼中，「日常生活很有規律，內廷當差謹慎小心」〔註145〕的載灃已是皇族中的優秀者，在家無令子的情況下，不用載灃又有何人能用？

可以看出，慈禧選擇溥儀繼統、載灃攝政，主要是出於維護個人權力的考慮。由於慈禧出乎自己意料的過早死去，一夜之間，載灃從傀儡變成了掌舵人，而他不是那塊料，也根本沒有做好執政的準備。

〔註144〕 「齊東野語」，陳旭麓、顧廷龍、汪熙主編：《辛亥革命前後》，第29頁，上海人民出版社 1979 年 5 月版。

〔註145〕 載濤：《載灃與隆裕的矛盾》，中國人民政治協商會議全國委員會文史資料研究會編：《晚清宮廷生活見聞》，第79頁，文史資料出版社 1982 年 12 月版。

第二章　調整上層統治結構

第一節　驅逐袁世凱，壓制奕劻

　　載灃執政後，一些人就預測必對袁世凱有所處分。執政伊始，載灃雖對袁世凱有所冷遇，但還是施以寬容。十一月二十六日，載灃以宣統名義，連發三諭，大加封賞，被賞的王公大臣達三十一人，其中袁世凱賞加太子太保銜。賞用紫韁。〔註1〕此次封賞是載灃執政後爲穩固統治安定人心而採取的重大舉措，從中可以看出，到這個時候載灃並沒有處置袁世凱的打算。載灃的意圖是既限制袁世凱，又使用袁世凱，與袁世凱進行合作。

　　對於奕劻，載灃更是優禮有加，親寫硃諭（因值大喪，用藍筆書寫），旌表奕劻功績，賞賜親王世襲罔替。諭云：「慶親王奕劻公忠體國，懋著賢勞，庚子以來，顧全大局，殫心輔弼，力任艱難，厥功甚偉，應加優賞，用獎勳猷，加恩著以親王世襲罔替。王其敬承恩命，毋得固辭。」〔註2〕

　　奕劻、袁世凱的政敵本來希望載灃執政後能夠對奕劻、袁世凱大加裁抑，甚至殺掉袁世凱，不料載灃沒有對奕劻、袁世凱加以任何處分，不免大失所望，紛紛進言上書，要求處置袁世凱。善耆、載澤及一般御史先後向袁世凱發起攻擊。

　　善耆，滿洲親貴中的佼佼者，同治五年（公元1866年）在北京出生，爲

〔註1〕　第一歷史檔案館：《光緒宣統兩朝上諭檔》第三七冊，第294～295頁，廣西師範大學出版社1996年10版月。
〔註2〕　第一歷史檔案館：《光緒宣統兩朝上諭檔》第三七冊，第295頁，廣西師範大學出版社1996年10月版。

第十代肅親王，在光緒朝歷任崇文門稅監、步軍統領、民政部尙書。善耆謙抑廉潔，與驕橫貪婪的載洵等人截然不同。在崇文門稅監、步軍統領、民政部尙書任上頗有政績。費行簡評價說，「清季諸王之賢，殆莫如善耆者矣。」〔註3〕孫寶瑄在《忘山廬日記》中也對善耆大加讚賞，稱：「得材幹之人易，得廉潔之人難；得廉潔之人易，得廉潔而能體下情之人難。使天下辦事人盡如肅王，何患不百廢俱興焉！」〔註4〕

載澤，初名載蕉，字蔭坪，爲宗室遠支奕根第七子。光緒三年（公元1877年）三月，奉旨過繼給惠親王綿愉庶長子奕詢爲嗣，照例承襲奉恩輔國公。載澤「幼而通敏，強於記憶，讀一書接一人終身弗亡」〔註5〕，頗得奕譞的憐愛。光緒十年（公元1884年）十月，奕譞爲載澤破格乞恩，准其在上書房讀書。十一年（公元1885年）四月，奉旨賞穿黃馬褂。十二年（公元1886年）二月，派在內廷行走。十五年（公元1889年）正月，賞食鎭國公俸。二十年（公元1894年）正月，晉封鎭國公。二十一年（公元1895年）閏五月，補授正黃旗蒙古副都統。二十三年（公元1897年）二月，署理鑲白旗蒙古副都統。二十四年（公元1898年）三月，署理鑲紅旗滿洲都統。三十一年（公元1905年）六月，派出考察政治大臣。次年回國，奏請改行立憲政體。三十三年（公元1907年），補授度支部尙書。

善耆、載澤二人作爲滿洲親貴，都有很大的政治野心，和載灃相比，他們並沒有得到慈禧的特別青睞和重用。載澤雖出洋考察政治，但光緒三十二年（公元1906年）官制改革，連一個侍郎也沒撈到。直到光緒三十三（公元1907年），慈禧爲了限制奕劻，才令載澤、善耆分任度支部、民政部尙書。民政部尙書遠不能塡飽善耆的胃口。陶湘在給盛宣懷的密報中說：「肅邸想政府而得民政，仍發牢騷，然又聊勝賦閒，近來知部事艱難，部款支絀，大爲掃興，進部兩日，各事未辦，《北京日報》所登，皆隔靴搔癢之談也。近聞頗有東三省總督之思想。」〔註6〕

〔註3〕沃丘仲子：《當代名人小傳》卷下，第15頁，沈雲龍主編：《近代中國史料叢刊三編》第八輯，文海出版社1986年版。

〔註4〕孫寶瑄：《忘山廬日記》，第425頁，上海古籍出版社1983年版。

〔註5〕沃丘仲子：《當代名人小傳》卷下，第8頁，沈雲龍主編：《近代中國史料叢刊三編》第八輯，文海出版社1986年版。

〔註6〕「齊東野語」，陳旭麓、顧廷龍、汪熙主編：《辛亥革命前後——盛宣懷檔案資料選輯之一》，第60頁，上海人民出版社1979年出版。劉厚生：《張謇傳記》，第140頁，上海龍門書局1958年版。

　　載灃監國攝政後，善耆、載澤躍躍欲試，欲排斥奕劻、袁世凱，掌控政柄。奕劻是皇族，輩分又高，資格又老，且有列強支持，撼之不易，而袁世凱是漢人，又有戊戌年出賣光緒帝的案底，拿他說事較易動聽，故而他們把袁世凱作為攻擊的突破口。他們向載灃進言：「此時若不速作處置，則內外軍政方面，皆是袁之黨羽；從前袁所畏懼的是慈禧太后，太后一死，在袁心目中已無人可以鉗制他了，異日勢力養成，消除更為不易，且恐禍在不測（大意是說袁心存叛逆）」〔註7〕。載澤還引經據典地說：「昔晉趙盾不能討弒君之賊，史書趙盾弒其君。今大行皇帝之事天下稱冤，皇上年幼，爾攝政，其母自遺伊戚。」〔註8〕言下之意，載灃若不殺袁世凱即與趙盾同類。載澤妻姐——隆裕皇太后也稱光緒帝留有殺袁遺詔，要求載灃誅殺袁世凱。載灃自己也感覺袁世凱是一個巨大的威脅，遂決定處置袁世凱。載灃初擬殺掉袁世凱，遭到奕劻、張之洞的反對。奕劻的話特別令載灃洩氣，他說：「殺袁世凱不難，不過北洋軍如果造起反來怎麼辦？」〔註9〕就在載灃猶豫不決之時，御史趙炳麟、陳田加入攻擊袁世凱的隊伍。

　　趙啟霖、江春霖、趙炳麟等一幫御史，本就視奕劻、袁世凱若仇讎。趙啟霖被罷免後，光緒三十四年（公元 1908 年）九月，御史江春霖奏劾袁世凱「交通親貴」、「把持臺諫」、「引進私屬」、「糾結疆臣」、「遙執兵柄」、「陰收士心」、「歸過聖朝」、「潛市外國」、「僭濫軍賞」、「破壞法權」、「驕貴驕子」、「遠庇同宗」十二款罪，奏摺並連及奕劻父子。〔註10〕光緒見疏，痛哭流涕，但因為慈禧的緣故，將摺留中而不敢發。〔註11〕

　　十二月十一日，御史趙炳麟、給事中陳田聞風奏參袁世凱。趙炳麟奏稱，袁世凱「機械變詐，善構骨肉」，「包藏禍心，罔知大義」，並云「昔人云：破山中賊易，破朝中朋黨難，自古已然，於今尤甚。善為治者，整綱飭紀，防患未然。今日袁世凱黨羽雖多，幸皆富貴利達之人，世凱一出軍機，必皆解

〔註7〕　《載灃與袁世凱的矛盾》，中國人民政治協商會議全國委員會文史資料研究會編：《晚清宮廷生活見聞》，第 52 頁，文史資料出版社 1982 年 12 月版。

〔註8〕　《趙柏岩集·宣統大事鑒》卷1，第3頁。

〔註9〕　溥儀：《我的前半生》，第 23 頁，群眾出版社 1979 年版。

〔註10〕　江春霖：《奏為軍機大臣外務部尚書袁世凱權勢太重列款上陳事》，第一歷史檔案館縮微膠捲，檔號 04－01－12－0667－024，縮微號 04－01－12－127－2442；江春霖：《劾軍機大臣袁世凱權勢太重疏》，《梅陽江侍御奏稿》，奏議卷二。

〔註11〕　趙炳麟：《趙柏岩集·宣統大事鑒》，第 636 頁，文海出版社 1969 年版。

散，若待其黨根底固結，謀定後動，他日監國攝政王雖欲去之，亦無可如何。至是時，惟有敢怒不敢言，俯首聽其所爲而已。」〔註12〕陳田則奏稱袁世凱「梟桀之才，機詐之謀，攬權獨工，冒進無等」，「勢傾中外，疆臣多其黨羽，此後無人敢與齟齬，勢將指鹿爲馬，變黑爲白」，又稱袁世凱「久握軍符，恃兵而驕」，「入議官制，氣凌朝貴，動搖樞臣，頗有唐室藩鎮朱溫入朝之風」，「尾大不掉，可爲寒心」。〔註13〕奏上，載灃決定嚴懲袁世凱。上諭已經擬好，有「跋扈不臣，萬難姑容」八字，準備將袁世凱褫職編管，後架不住世續力爲袁世凱開解，載灃又改變主意，頒發上諭：「軍機大臣、外務部尚書袁世凱，夙承先朝屢加擢用，朕御極後，復予懋賞，正以其才可用，俾效驅馳。不意袁世凱現患足疾，步履維艱，難勝職任。袁世凱著即開缺，回籍養痾，以示體恤之至意。」〔註14〕

袁世凱被罷黜之後，袁世凱的政敵乘勝追擊，又把矛頭指向其同黨。在溥倫的授意下，御史謝遠涵奏參郵傳部尚書陳璧「虛糜國帑，徇私納賄」，語極嚴厲，有「時至今日，財用之貧匱至矣。而以內外交迫之故，仍不得不設官籌款，以謀全國之交通。無論官款民資，同是國家膏血，孤注一擲，全在於茲。當其事者應如何力求撙節，使涓滴皆歸實用，乃該部取之盡錙銖，用之如泥沙」等語，並牽涉龍建章、關庚麟、葉恭綽等多人。〔註15〕

載灃對陳璧素有惡感，據惲毓鼎說是因爲有三件事：第一件，載灃原定郵部爲府第，前往查看，知陳璧爲拓建花園，用強力驅逐小戶，又見署中有數幢洋樓，對陳璧產生了不好的印象。第二件，載灃命陳璧勘察光緒陵寢，涉旬日猶不行；覆命之日，欲迎合載灃，謂：「若派其辦陵工，他人用百萬者，璧只用四十萬而已足。」不料大拂載灃之意，面斥其玩視光緒山陵，草率苟簡，全無心肝。第三件，陳璧到郵傳部後，大肆賣缺賣差。有一個書記生，最得陳璧寵信，深悉內幕。光緒三十四年冬，陳璧忽發脾氣，將該書記生斥

〔註12〕 趙炳麟：《奏爲密陳用人大計以奠國本而杜後患事》，第一歷史檔案館縮微膠捲，檔號04－01－13－0421－027，縮微號04－01－13－034－1508。

〔註13〕 陳田：《奏爲樞臣袁世凱結黨營私居心叵測據實糾參事》，第一歷史檔案館縮微膠捲，檔號04－113－0421－030，縮微號04－01－13－034－1528。

〔註14〕 參看《端方密函》，《近代史資料》，第43期，第212頁；第一歷史檔案館：《光緒宣統兩朝上諭檔》第三十四冊，第325頁，廣西師範大學出版社1996年10月版。

〔註15〕 參看《掌四川道監察御史謝遠涵奏大員虛糜國帑徇私納賄據實糾參摺》，《政治官報》，宣統元年正月十八日第四百五十八號。

革。該人大怒,遂將陳璧賣缺賣差各數目以及借洋款扣頭,詳開一單呈送載澧。〔註16〕

故而,載澧覽謝遠涵奏摺後大怒,立即召見軍機大臣,意欲先將陳璧革職,仍聽候查辦。後來經某軍機大臣力求,才答應先行查辦。十二月二十三日,載澧頒發上諭:「有人奏大員虛糜國帑徇私納賄一摺,著派大學士孫家鼐、那桐秉公查辦,勿稍徇隱,據實具奏,原摺著抄給閱看。」〔註17〕陳璧大為恐懼,為了自保,「便衣偷入署中,至庶務處與其心腹三四人關門改造賬目,凡三日夜而後成」。〔註18〕查了半月,孫、那未能得到陳璧「虛糜國帑」、「徇私納賄」的任何證據,但二人迎合載澧意旨,還是以「鐵路局局務人員薪水過高」為由將「虛糜國帑」的罪過坐實,而徇私納賄一節實在無法坐實,只好說陳璧「用人冒濫」,並補充說「私門干謁,暮夜營求,臣等亦何從查」,言下之意陳璧徇私納賄想必會有的,只是無從查證罷了。〔註19〕

宣統元年(公元1909年)正月十六日,載澧根據孫家鼐、那桐所奏,諭將陳璧交部議處。兩天後,將陳璧革職。

閏二月初二日,御史江春霖又上奏彈劾袁黨成員唐紹儀、嚴修、楊士琦、蔡乃煌、馮汝騤、朱家寶,奏稱:

> 「竊維我皇上御極、攝政王監國之初,首罷軍機大臣、外務部尚書袁世凱,忠義之士同聲稱快,而其黨羽乃散佈謠言,以惑中外。……而據近日所聞,世凱開缺之後,奉天巡撫出使大臣唐紹儀往來密電甚多,學部侍郎嚴修之請收回成命,實受世凱之子克定囑託,各處造謠則農工商部侍郎楊士琦及蘇松太道蔡乃煌居其大半,江西巡撫馮汝騤、安徽巡撫朱家寶,亦多附和,而劣迹更難枚舉」,又稱「當斷不斷,必受其亂」,主張借京察之機,大罷袁黨。〔註20〕

〔註16〕 參看《端方密函》,《近代史資料》,第43期,第211頁。

〔註17〕 第一歷史檔案館:《光緒宣統兩朝上諭檔》第三十四冊,第356頁,廣西師範大學出版社,1996年10月版。

〔註18〕 參看《端方密函》,《近代史資料》,第43期,第211頁。

〔註19〕 參看《大學士孫家鼐等查覆郵傳部尚書陳璧參款摺》,《政治官報》,宣統元年正月十八日第四百五十八號。

〔註20〕 江春霖:《奏請罷黜袁世凱餘黨事》,第一歷史檔案館縮微膠捲,檔號04-01-12-0682-001,縮微號04-01-12-130-2173;《梅陽江侍御奏稿》,卷二。

是日，載灃以民政部右侍郎趙秉鈞聲名平常，諭將其原品休致。趙秉鈞也是袁世凱一黨，此次考績免官者僅趙秉鈞一人。五月二十一日，命唐紹儀開缺。七月十六日，將黑龍江民政使倪嗣沖革職。

面對政敵的傾軋，袁世凱黨羽不甘束手待斃，各施神通，設法自保。袁世凱被罷，楊士驤恐禍及己身，拒見袁世凱以撇清關係，又賄賂張翼，求其替自己在醇王府上下疏通，還迎合載灃，率先在直隸清理財政，並具摺上奏，大談剔除中飽、撙節恤民。載灃覽奏，對其大加讚賞，在奏摺上硃批：「所奏甚是，能善體朝廷軫念民艱至意，方不愧封疆大吏之任，勉之，勉之。」〔註21〕在召見楊士驤時，載灃又對其大加褒獎，謂：「卿辦事切實，後當益奮，憲政尤宜速辦，爲各省模範。」〔註22〕楊士驤儼然成了各省督撫的表率。楊士驤死後，載灃諭令追贈太子少保銜。

袁世凱死黨徐世昌更成爲眾矢之的，不安於位。徐世昌以退爲進，奏請開缺。載灃對於徐世昌的奏請甚爲遊移，經世續、鹿傳霖力陳東三省事情緊要，才決定免其開缺。徐世昌仍然感到不安，乞求奕劻營求內調，正趕上陳璧被革，於是得以入都掌郵傳部。徐世昌得此肥缺，如魚得水，不僅平安渡過危機，而且權勢日隆，先授協辦大學士，後又入軍機處，躋身最高權力圈。

御史們還把攻擊矛頭指向袁世凱一黨的後臺——奕劻。

江春霖向載灃進言，稱「世凱雖去，奕劻尚留，打草驚蛇，縱虎還山，爲禍更急」。〔註23〕掌京畿道監察御史趙炳麟密奏載灃，稱「袁世凱雖罷，其黨內有慶親王爲之應，外有楊士驤濟其財，仍然固結如舊，萬一朝政偶有疏虞，遇事挾持，監國攝政王必束手受制。今欲立於不敗之地，則直隸總督不可不調，應請英斷在心，不動聲色，先將楊士驤設法調開，另選有聲望不避嫌疑而居心忠義可恃者，授爲直督，則北洋之財不致爲袁氏私人耗盡，而黨羽可期解散。至於慶親王，朝廷如何處置，聖心自有權衡，非臣下所敢擬議矣。」〔註24〕載灃當日即召見趙炳麟，詢問道：「爾言關係極重，究應如何布

<hr>

〔註21〕《攝政王賞識直督清查差傜之奏》，《申報》，宣統元年閏二月十五日（公元1909年4月5日），第一張第四版。

〔註22〕「專電」，《申報》，宣統元年三月初二日（公元1909年4月21日），第一張第四版。

〔註23〕趙炳麟：《趙柏岩集‧宣統大事鑒》，第636～637頁，文海出版社1969年版。

〔註24〕趙炳麟：《奏爲國勢孤危朝廷有轉移風氣之權宜等密陳管見事》，第一歷史檔案館縮微膠捲，檔號04－01－13－0421－034，縮微號04－01－13－034－1565。

置？」趙炳麟對曰：「世凱罷官而罪名不著，天下疑攝政王排漢，姦人拘之，使民解體，爲患滋大。當宣佈德宗手詔，明正世凱之罪；黜逐奕劻，以靖內奸；任張之洞獨相，以重漢人之權；起岑春煊典禁衛軍；召康有爲、安維峻、鄭孝胥、張謇、湯壽潛、趙啓霖授皇帝讀並爲攝政王顧問，以收海內物望；實行立憲，大赦黨人，示天下以爲公。」載灃連連點頭，表示贊同，旋召見張之洞商榷。張之洞與岑春煊、康有爲皆不合，力保奕劻持重，宜加信用，非彼不能鎮安皇室，趙炳麟所奏多紛更不可用。趙炳麟之議遂寢。從此以後，載灃再也沒有召見趙炳麟。〔註25〕

　　雖然沒有罷黜奕劻，但可以看出，攝政之初，載灃還是動了處置奕劻的念頭的。就在載灃一步步削奪奕劻權力的時候，一場虛驚改變了載灃對奕劻的態度。原來，因「朝政亂，宗室多違言，頗有浸潤於隆裕之前者」，「外間哄傳滿洲八大臣聯名請隆裕垂簾」，後雖證明純屬子虛烏有，但載灃仍然「無日不惴惴」，轉而拉攏奕劻，「欲倚之以防隆裕」。〔註26〕隨著局勢的日益嚴峻，載灃越來越離不開奕劻，不僅打消了罷黜奕劻的念頭，而且轉而庇護他。宣統二年（公元 1910 年），御史江春霖彈劾奕劻。載灃稱其「毫無確據」、「繆妄已極」，令其回原衙門行走。〔註27〕

　　載灃驅逐袁世凱，壓制奕劻造成了清王朝最高統治集團的重大分裂，政治影響至爲深遠。載灃將袁世凱開缺後，孫寶瑄聞訊，「不勝駭然」。他在日記中寫道：「庚子以前，李合肥之世界也；庚子以後，袁項城之世界也。合肥既死，項城又去位，不審更推何人支此殘局？」〔註28〕英泰晤士報記者莫理循認爲驅逐袁世凱，「這是個愚蠢的錯誤，是缺乏愛國心之舉」〔註29〕載灃將唐紹儀開缺，棄置不用，泰晤士報記者莫理循稱之爲「這是繼罷黜袁世凱之後又一次毫無愛國之心的、愚蠢的舉措。」〔註30〕

〔註25〕趙炳麟：《趙柏岩集・宣統大事鑒》，第 637～638 頁，文海出版社 1969 年版。
〔註26〕參看《監國預防隆裕》，胡思敬：《國聞備乘》，卷四。
〔註27〕第一歷史檔案館：《光緒宣統兩朝上諭檔》第三十六冊，第 16 頁，廣西師範大學出版社 1996 年 10 月版。
〔註28〕參看孫寶瑄：《忘山廬日記》，第 1286 頁，上海古籍出版社 1983 年版。
〔註29〕竇坤等譯著：《〈泰晤士報〉駐華記者莫理循直擊辛亥革命》，第 83 頁，海峽出版發行集團、福建教育出版社 2011 年版。
〔註30〕竇坤等譯著：《〈泰晤士報〉駐華記者莫理循直擊辛亥革命》，第 64 頁，海峽出版發行集團、福建教育出版社 2011 年版。

據《申報》報導，袁世凱之失勢，英國報紙「皆謂係擾亂之預兆」〔註31〕。袁世凱雖逃過一劫，但與載灃等人徹底鬧翻。奕劻雖保住祿位，但勢力大絀的他與載灃等人貌合神離。此一舉錯，不僅擴大了滿漢矛盾，且加深了滿洲親貴之間的矛盾，本已十分衰弱的大清王朝變得更加衰弱了。應該說，清朝統治階級中間裂隙的擴大，反映了統治者執政能力的弱化，為辛亥革命的成功打開了方便之門。

第二節　親貴用事，後宮干政

載洵公元（1886～1949），載灃胞弟。光緒十五年（公元 1889 年）晉輔國公，次年又晉鎮國公。二十八（公元 1902 年）襲貝勒。載濤（公元 1888～1970），載灃胞弟。光緒二十六年（公元 890）封二等鎮國將軍；同年晉升輔國公。二十八年（公元 1902）襲貝勒。光緒三十四年（公元 1908），載濤年僅 20 歲，載洵也不過 22 歲，二人只是「初學於貴冑學堂，少少習兵事」〔註 32〕，毫無經驗閱歷。載灃監國攝政後，對兩個弟弟關照有加，委之以要職肥缺。光緒三十四（公元 1908 年）十一月二十日，載灃將稽察守衛宮禁的要職交給載濤等。十幾天後，又派載濤充專司訓練禁衛軍大臣。同是兄弟，載灃也沒有厚此薄彼，將承修崇陵工程的肥缺交給了載洵。為了照顧弟弟，載灃有時甚至不顧自己的威信，朝令夕改。他先「派貝子溥倫等，於西陵附近地方，敬謹相度皇考德宗景皇帝山陵」，後又「著派載洵、溥倫、載澤、鹿傳霖敬謹承修，著慶親王奕劻會同辦理一切事宜。」〔註33〕前派溥倫等「敬謹相度」光緒皇帝陵，已有讓溥倫負責修建光緒陵的意思，後添派載洵，前後不一，不能不令人懷疑他假公濟私。宣統元年，載灃從善耆奏請，興辦海軍，諭派肅親王善耆、鎮國公載澤、兵部尚書鐵良負責籌辦。善耆對籌辦海軍十分上心，經過幾個月的努力，興辦海軍已有頭緒。五月二十八日，載灃忽發硃諭：「著派郡王銜貝勒載洵、提督薩鎮冰充籌辦

〔註31〕　《西報紀袁世凱開缺事》，《申報》，光緒三十四年十二月二十五日（公元 1909 年 1 月 16 日），第一張第四版。

〔註32〕　沃丘仲子：《當代名人小傳》卷下，第 5 頁，沈雲龍主編：《近代中國史料叢刊三編》第八輯，文海出版社 1986 年版。

〔註33〕　第一歷史檔案館：《光緒宣統兩朝上諭檔》第三十四冊，第 336～337 頁，廣西師範大學出版社 1996 年 10 月版。

海軍大臣，俟有成效，再候諭旨。此次遵籌海軍基礎王大臣所奏入手辦法，請另派大臣辦理原摺著鈔給閱看。」〔註34〕載灃讓載洵替代善耆籌辦海軍，是因為載洵「壓迫他，想要管海軍，其理由是奕譞管理過海軍，要子承父志」。載灃雖明「知這位貴介弟完全是外行，當然諸般推脫，但禁不住他聲色俱厲，非要不可；結果仍不得不勉強答應，先派他出洋考察一次海軍，然後再授為海軍大臣。」〔註35〕

　　宣統元年（公元1909年）五月二十八日，載灃以宣統名義頒發上諭，「著先行專設軍諮處，贊佐朕躬，通籌全國陸海各軍事宜，即著貝勒毓朗管理軍諮處事務。惟朕現在沖齡典學之時，尚未親裁大政，所有朕躬親任大清帝國統帥陸海軍大元帥一切權任事宜，於未親政以前，暫由監國攝政王代理，以合憲法」〔註36〕。次日，此諭墨跡未乾，載灃又發一諭，稱「朕適覽從前所擬官制草案，將來設立軍諮府時，係特簡大臣二員，昨日降旨先行專設軍諮處，自應簡派大臣二員管理，以期籌備完密」「著添派郡王銜貝勒載濤管理軍諮處事務，俟以後釐定軍諮府官制時，再候諭旨。」〔註37〕這道諭旨很是荒唐，理由很是牽強，軍諮處與軍諮府本就有一定差別，將來設立軍諮府須特簡大臣二員，不等於現在設立軍諮處也須特簡大臣二員。事情的真實原因是「載濤見載洵等已握兵權，恐遂失勢，爭於攝政王前，幾有不顧而唾之勢。王大窘，次日，復加派濤管理軍諮府。」〔註38〕

　　載洵、載濤不僅無才，而且無德。載洵才能平庸，貪黷好貨，操守較奕劻尤劣。《當代名人小傳》中載：

　　　　「洵行，偕薩鎮冰、鄭汝成等從。自西伯利亞歸，東省督撫迎迓於長春，索賄十萬。錫良憤拒之，程德全為調解，如數以賂，遂深德德全。奉撫將裁，立界以江蘇，洵力也，故其賀電首至。或曰，

〔註34〕　第一歷史檔案館：《光緒宣統兩朝上諭檔》第三十五冊，第251頁，廣西師範大學出版社1996年10月版。

〔註35〕　惲寶惠：《清末貴族之明爭暗鬥》，中國人民政治協商會議全國委員會文史資料研究會編《晚清宮廷生活見聞》，第65頁，文史資料出版社1982年12月版。

〔註36〕　第一歷史檔案館：《光緒宣統兩朝上諭檔》第三十五冊，第251頁，廣西師範大學出版社1996年10月版。

〔註37〕　第一歷史檔案館：《光緒宣統兩朝上諭檔》第三十五冊，第251頁，廣西師範大學出版社1996年10月版。

〔註38〕　胡思敬：《國聞備乘》，卷四。

此索逋券也。嗣復南下考察軍港，納賄尤富，滿載還京師。」〔註39〕

載洵還曾致函盛宣懷：「……而實有一言實覺靦然難宣者，則經濟之問題也。去歲因遍遊歐美歸，造築西式樓一座，共需十金，今屆觀成，修費勉湊大半，尚欠四五數，一時拼擋不易。因思平夙引爲知己者唯宮保閣下耳，擬請暫爲假貸，俾於接待德儲時不致誤事。唯平生從未向人啟齒，竊恐一經揭露，亦甚難堪，如蒙慨諾，即祈密函緘致，紉感無既。俟有充餘，再行繳納。」〔註40〕

向人借錢本不是什麼大不了的事，載洵遮遮掩掩，生怕別人知道，不是因爲他過於廉潔，而是因爲心懷鬼胎，名爲借，實爲索要。

費行簡對載濤操守評價頗高，稱：「濤出洋考察，從者爲良弼、李經邁。弼固旗籍賢士，教以絕饋遺、惠兵士。故所至未嘗納門包、索珍異。若校閱陸軍，則賞賚優渥，接士卒以禮貌。……雷震春授江北提督，入謁饋閽者千金，立奏劾褫其職。故清末王公賄賂不入者，惟濤與善者兩人。」〔註41〕其實，載濤並不像他說的那麼清廉。張曾疇，張之洞幕府，熟悉政壇內幕。他在給趙鳳昌的信中說：「洵、濤兩處攬權納賄，誠有其事。欲謀陵工差，一馬半兩馬即可得。有一巡警員，以六千金爲贄於洵之門下，即派收支差。」〔註42〕張雖重在說載洵，但從中可以看出載濤的手也並不乾淨。盛宣懷服喪開侍郎缺後，亟謀復出，其侄盛文頤爲其在京探聽消息。盛文頤在致盛宣懷的信中說：

……兩弟從此大權在握矣。蓮帥、菊帥之所以安如磐石者（蓮帥飾終典禮如此之憂，出人意外）兩介弟之力也……兩弟則既愛財，又愛馬，欲念不甚大，而兩介弟之總管更易交結，只要派一可靠之人進京運動，一拍即合。明知長者素不肯爲，無如即使略費數文，轉瞬仍可取回。即以其人之道還治其人之身，偶一爲之，恐無後患。〔註43〕

〔註39〕 沃丘仲子：《當代名人小傳》卷下，第 6 頁，沈雲龍主編：《近代中國史料叢刊三編》第八輯，文海出版社 1986 年版。

〔註40〕 《載洵致盛宣懷函》，陳旭麓、顧廷龍、汪熙主編：《辛亥革命前後——盛宣懷檔案資料選輯之一》，第 75～76 頁，上海人民出版社 1979 年版。

〔註41〕 沃丘仲子：《當代名人小傳》卷下，第 7 頁，沈雲龍主編：《近代中國史料叢刊三編》第八輯，文海出版社 1986 年版。

〔註42〕 《張曾疇致趙鳳昌》，國家圖書館善本部：《趙鳳昌藏劄》，第 3 冊，第 122 頁，國家圖書館出版社 2009 年 10 月版。

〔註43〕 《盛文頤致盛宣懷函》，陳旭麓、顧廷龍、汪熙主編：《辛亥革命前後——盛宣懷檔案資料選輯之一》，第 74～75 頁，上海人民出版社 1979 年版。

可以看出，在貪財受賄方面，載濤與載洵實是一路貨色，他們的差異只是五十步與一百步而已。載灃任人唯親，重用兩個弟弟，大失人心。御史江春霖曾上奏勸諫，語極沉痛。江春霖，字杏村，福建莆田人。光緒二十年（公元 1894 年）進士，選庶吉士，授檢討。二十九年（公元 1903 年），轉御史，以直言著稱。其奏稱「道路傳聞，臣僚議論，涉及二王者頗多，而監國攝政王之令聞亦爲稍減」，又謂「伏念德宗景皇帝同氣之親，監國攝政王及二王而已，景皇帝以神器付之，皇上沖齡踐阼，軍國重事，監國攝政王主之，二王輔之，治同其樂，亂同其憂，國事及家事也，國之不保，家於何寄？臣且勿論其它，但論戊申十月以前，士大夫奔走於誰之門，包苴入於誰之家，有顧及二王者乎？今之夤緣干進者，不過以事權所在，欲求富貴，不得不思變計耳。」奏摺最後說：「不意歲未及周，物議沸騰，竟有出於愚計之外者。臣不禁爲祖宗三百年天下效賈生痛哭流涕長太息矣！風聞之語雖不足憑，無病之呻殊難自己，陛下諒臣愚忠，敢懇勿露臣章，召誡二王，有則改之，無則加勉。」〔註44〕

　　載灃覽奏後是否告誡載洵、載濤不得而知，即使告誡了，僅僅告誡又有何用？

　　貝勒毓朗是另一顆政壇紅星。毓朗，生於同治三年（公元 1864 年），定愼郡王溥煦之子。光緒十二年（公元 1886 年）十二月考封三等鎭國將軍，二十八年（公元 1902 年）七月授鴻盧寺少卿，三十年（公元 1904 年）九月授光祿寺卿，三十一年（公元 1905 年）三月授內閣學士兼禮部侍郎銜，九月授巡警部左侍郎，三十三年（公元 1907 年）十二月襲多羅貝勒。毓朗與載灃在貴冑學堂同學，且爲親貴出洋留學第一人，載灃監國後，頗受重用。光緒三十四年（公元 1908 年）十一月，任稽察守衛禁宮大臣。十二月初三日，任專司訓練禁衛軍大臣；十三日補授步軍統領。宣統元年（公元 1909 年）閏二月，任貴冑政法學堂總理。五月，任管理軍諮處事務大臣。宣統二年（公元 1910 年）七月，進入軍機處，任軍機大臣。毓朗爲人不露鋒芒，但其對宣統政局的影響不容小視。《當代名人小傳》說：「時濤、洵兄弟競言維新，實則多朗

〔註44〕 江春霖：《奏爲貝勒載洵載濤各掌海軍軍諮事務士大夫奔走夤緣物議沸騰請召誡二王事》，第一歷史檔案館縮微膠捲，檔號 04－01－12－0677－126，縮微號 04－01－12－129－2625；江春霖著：《梅陽江侍御奏稿·奏議二》中《劾洵濤二貝勒書》中內容與原奏略有出入。

主持，然素平謹，若與人無迕者，故世鮮指目。」毓朗威信不高，「或有謂其城府深阻，善排異己者，雖不可知，而在樞府日固，不能絕饋遺，日饞事載濤，眾皆卑其風節。」〔註45〕

當然，在政壇上最紅的還是載澤。《當代名人小傳》載：「戊申，德宗崩，宣統立，載灃監國。澤妻為太后妹，灃行政間乖后意，恒賴澤力調停，於是勢要冠親貴。……每論政，獨斷即行，視勛、灃輩蔑如也，故說者謂外國司法獨立，中國則財政獨立也」。〔註46〕

除載洵、載濤、毓朗、載澤外，當政的主要親貴還有溥倫。溥倫，出生於同治八年（公元 1869 年），字彝庵。道光帝嗣曾孫，光緒七年（公元 1881年）襲貝子。二十年（公元 1894 年），加貝勒銜。溥倫福晉為佛祐女，佛祐為桂祥子，桂祥為慈禧弟。慈禧十分器重溥倫，曾考慮讓其進入軍機處，後因奕劻為領袖軍機，載灃又先入軍機處，若溥倫再入，太過刺目，事情才作罷論。三十三年（公元1907年）籌備資政院，與孫家鼐共同擔任總裁。宣統三年（公元1911年）任奕劻內閣農工商大臣。

載灃「任用親貴，猜忌漢人，天下失望」〔註47〕。宣統元年（公元1909年）六月初五日，御史胡思敬上奏，稱任用親貴，「賞罰既不能施，則駕馭之術有時而窮」，「無論為樞府，為部院，但有一宗親位置其中，同僚箝口畫諾，皆成伴食閒員」，認為這樣，「小人無知者，疑皇上以天下為一家之私，不信漢並不信滿，各懷一自外之私，推卸仔肩，匿情而思遁，由是國家漸成孤立之勢，而一二黨徒或且散佈謠言，煽惑海外人心，其關繫於宗社民生者，甚可畏也」。請求載灃「稍示裁抑之心」。〔註48〕胡思敬所奏切中要害，但載灃置之不理。

載灃任用親貴太過露骨，引起輿論的普遍不滿。宣統二年（公元1910年）十月，載灃任命溥倫、載澤為纂擬憲法大臣。外間認為憲法為立憲國君民共守之法，不設漢大臣以副之，只用一二親貴執掌，不無議論。載灃微有所聞，與某軍機大臣談及此事，振振有詞地說：「本監國用人行政一秉大公，即如信

〔註45〕沃丘仲子：《當代名人小傳》卷下，第 18 頁，沈雲龍主編：《近代中國史料叢刊三編》第八輯，文海出版社 1986 年版。

〔註46〕沃丘仲子：《當代名人小傳》卷下，第 8～9 頁，沈雲龍主編：《近代中國史料叢刊三編》第八輯，文海出版社 1986 年版。

〔註47〕《趙柏岩集‧宣統大事鑒》，卷一，第 4 頁。

〔註48〕參看胡思敬：《請裁抑親貴摺》，《退廬疏稿》，卷一。

用親貴，亦係量能授職，因才器使，倘各親貴實係無能，自當隨時撤換，免致貽誤，如其才有可用，則本監國亦決不爲浮言所惑，妄行更動。」《民立報》以「監國用親貴之決心」爲題進行了報導，並在題目下加上「親貴都有學問」「監國一秉大公」，暗諷載灃任用親貴，壓制漢人。〔註49〕

隆裕皇太后、老福晉（載灃生母）、載灃福晉干政是載灃執政時期政局的又一大特點。隆裕，慈禧內侄女，都統桂祥女。光緒十五年（公元1889年），被慈禧立爲皇后。三十四年（公元1908年），溥儀繼位，被尊奉爲皇太后，徽號「隆裕」。隆裕貴爲皇太后，在皇家中的地位比載灃還要尊崇，慈禧懿旨又賦予她國家要事的參與權，對宣統朝的政局有著舉足輕重的影響，性格懦弱的載灃經常受到隆裕的掣肘，不能按照自己的意志做事。隆裕時常干預朝廷重臣的任免。直隸總督端方被御史李國傑參劾，載灃本不欲嚴懲，但由於隆裕堅持罷免端方，再加上樞臣也多主張將端革職，載灃無法，只得將端方革職。宣統二年五月，載灃命毓朗、徐世昌爲軍機大臣。沒幾天，隆裕迫令載灃將此二人撤去。載灃初開始婉言請稍從緩，隆裕復以言語相逼。載灃不得已，以太后不應干預用人行政之權爲對，隆裕一時也無可奈何，事情才不了了之。〔註50〕

老福晉（載灃生母）劉佳氏，生於同治六年（公元1867年），爲奕譞第二側福晉。劉佳氏爲奕譞生育三子，即載灃、載洵、載濤。另有一女，三歲時夭折。劉佳氏爲人善良，但命運坎坷，連遭打擊。光緒二十三年（公元1908年）四月，慈禧命載濤過繼奕謨爲嗣。劉佳氏對子女感情很深，接到載濤出嗣懿旨，哭得死去活來，幾次昏厥過去。經過這次刺激，劉佳氏精神開始有些不正常了。不久，慈禧又命載洵過繼奕志爲嗣，劉佳氏再受打擊。第三次精神上的打擊是慈禧在載灃已經訂婚的情況下，又強行爲其「指婚」，劉佳氏既不敢不從，又覺愧對女家，愧疚憤懣之情鬱結在胸，精神病再次發作。對劉佳氏打擊最大的是溥儀入宮。劉佳氏視長孫如掌上明珠，溥儀一生下來就留在劉佳氏身邊撫養。據溥儀的乳母王焦氏講，劉佳氏每夜都要起來一二次，來到溥儀床邊看看，甚至因害怕木底鞋的響聲驚動溥儀，索性連鞋都不穿，

〔註49〕　參看《監國用親貴之決心》，《民立報》，宣統二年十一月初十（公元1910年12月11日）。

〔註50〕　參看載潤：《隆裕與載灃之矛盾》，全國人民政治協商會議全國委員會文史資料研究委員會編：《晚清宮廷生活見聞》，文史資料出版社1982年版。

就這樣看著溥儀長到 3 歲。突然聽到慈禧要接溥儀到宮中，立即昏厥過去。從此以後，劉佳氏精神病更加容易發作，這樣時好時犯地一直到她去世。〔註51〕正因為如此，載灃對劉佳氏百依百順，有求必應，為夤緣之徒，開一倖進之門。《凌霄一士隨筆》有載：

> 自載灃監國後，北府（原注：俗稱醇王府為北府）聲勢驟隆。
> 太福晉（原注：載灃生母）頗暗中干政。宣懷謀擢尚書，介府中管事人某通殷勤。士詒為雲沛畫策，亦留意斯途，且欲為特別設法。
> 而宣懷捷足先登，兼有載澤之助，雲沛僅恃奕劻，遂相形見絀。
> 〔註52〕

《凌霄一士隨筆》還記載了因載灃秉承老福晉之意重用載洵、載濤與張之洞發生衝突的有關情況。「時命載洵籌辦海軍，載濤訓練禁衛軍，管理軍諮處。張力諫，灃曰：『此太福晉意也。』張曰：『何不改畀他項優差，軍事實非所宜。』灃不可。張退而發病嘔血，以至不起。」〔註53〕

載灃福晉，晚清重臣榮祿女，被慈禧太后收為義女。光緒二十七年（公元 1901 年），經慈禧指婚，嫁於載灃。為人強悍，載灃很是怕她。馬戛尼爾在其所著得《清室外記》中寫道：「監國攝政王之困難，非盡由於隆裕，其福晉尤使之難堪。此婦人頗有才智，放蕩無忌，使監國陷於沉悶憂鬱之境，且甚畏懼之。自歐美風尚傳至中國，婦女多講自由者，監國福晉亦染此風。其舉動恒供報紙最好之資料，為社會之笑談。其聲勢上頗如西方爭選舉權之女子。京中各處酒樓、戲館、商店、集會之中，均有其足跡，到處皆聞其清脆之聲音·見其活潑之神態，終日遊樂，曾無稍倦之時，北京人稱之曰『八妞兒』，因其為榮祿之八女也。監國性情謹慎，見其福晉之逾越禮法，濫費無度，深為憂鬱，然亦無如之何。且彼時至戲園，並不帶從者，唯與其承繼之兄弟名良桂者同行。良桂亦京中有名之紈褲流氓也。每逢廟會及城外市集，或賽馬之處，無不到者。必有多人跟隨其後，指而目之。時至洋貨店中親自購物，購畢則令記帳，俟監國還之。有一次，監國見其太失體統，仗膽責之曰：『汝常至南城各處，並不帶領從人，殊於禮制有礙。』彼答曰：『歐洲皇后、王妃皆係如此。予慕其文明而傚之，不必汝來干預！』……當革命軍初起時，監

〔註51〕 參看溥儀：《我的前半生》，群眾出版社 1979 年版。
〔註52〕 《凌霄一士隨筆》，《國聞周報》第八卷，第四十六期。
〔註53〕 徐凌霄、徐一士：《凌霄一士隨筆》，第 518 頁，山西古籍出版社 1997 年版。

國福晉方擬往遊上海。因聞上海之繁華，不勝欣慕，故欲往一遊。若非朝廷忽改，必已成行，則上海報紙不憂寂寞矣！彼之情形，從不知有危險，具一種婦女之勇敢心。其自由與傲夫，大似美國之婦人。」〔註 54〕載灃福晉還干涉政事。費行簡所著《當代名人小傳》中說：「其妻亦交通內外，務鬻爵納賄，……且面上恒有傷痕，或謂是益其妻納人賄，囑灃升以官，灃有難色，妻以是創之也。」〔註 55〕盛宣懷在北京的坐探其侄盛文頤在致盛宣懷的信函中說：「攝政貌似精明，實則權均操之於濤、洵，從中總機關尚在八姑奶奶（載灃福晉）。」〔註 56〕從中可見載灃福晉對載灃執政干涉是多麼的嚴重。

　　泰晤士報記者莫理循用「極不明智」、「愚蠢」來評價載灃重用滿洲親貴的行為，並指出後宮干政對改革造成的困擾。他說：「中央政府從未像現在這樣急需增強力量，也從未像現在這樣在處理各省獨立方面如此的懦弱。京城高官中，滿漢人數懸殊極大是另一個不安定的因素。攝政王最近的政策極不明智，他試圖加強滿人的權力，結果卻適得其反。他分別任命兩個弟弟擔任陸軍大臣和海軍大臣，但這兩個年輕的親王均毫無經驗和能力，沒有受過專業訓練，因而引起廣泛的不滿，受到報界異乎尋常的大肆抨擊。有謠傳說這一任命受到婦人的影響，人們認為皇帝背後實際掌權的是攝政王的繼母。攝政王的生母已經去世。在已故光緒皇帝，也就是他的哥哥去世後，其父的第二個妻子繼之成為握有大權的遺孀。她並不關心國家的福祉，卻利用其影響力為自家謀利益。宮內女性成員反覆干政，以無知和無能引領國家的發展，這是擺在正努力推進改革的中國面前的主要困境之一。直言不諱的御史們已坦率地對此任命提出了批評。觀察這一愚蠢的策略如何繼續下去是饒有趣味的。」〔註 57〕

　　奕劻、載澤、載濤、載洵、善耆、溥倫、隆裕、載灃福晉、載灃生母，各自植黨、爭權奪勢，相互傾軋，哄鬧不已。載澤、善耆、載洵、載濤、溥倫等年輕親貴與奕劻爭；載澤倚仗妻姐隆裕皇太后的勢力與以載灃為靠山的

〔註 54〕馬戛尼爾：《清室外記》，第 137 頁，珠海出版社 1995 年 12 月版。

〔註 55〕沃丘仲子：《當代名人小傳》卷下，第 3 頁，沈雲龍主編：《近代中國史料叢刊三編》第八輯，文海出版社 1986 年版。

〔註 56〕《盛文頤致盛宣懷函》，陳旭麓、顧廷龍、汪熙主編：《辛亥革命前後》，第 74 頁，上海人民出版社 1979 年 5 月版。

〔註 57〕竇坤等譯著：《〈泰晤士報〉駐華記者莫理循直擊辛亥革命》，第 64～65 頁，海峽出版發行集團、福建教育出版社 2011 年版。

載洵、載濤兄弟爭；載灃生母與載灃福晉爭；載洵與善耆爭，軟弱無能的載灃控制不了局面，出現了政出多門的局面。政出多門，是宣統政局的怪圈，難以緩解。面對革命、立憲的大勢紛紜，宣統政治是莫之能解了。

第三節　張之洞之死與滿漢聯盟的解體

載灃剛剛登上攝政王王位時，出於穩固政權的需要，不得不倚重政治經驗豐富、政治影響力相當大的張之洞（據說光緒曾經有「惟此人爲始終可靠之密諭」）。〔註58〕張之洞也對清廷竭盡忠誠，在慈禧死後的幾日裏「入宮議事，無間晝夜」〔註59〕。張之洞還主持制訂了監國攝政王禮節，使得大清王朝有了正常運轉的規範。清廷連遭大喪之後，能夠保持政局的大體平穩，張之洞功不可沒。故而張之洞死後，上諭祭文中說：「自兩宮之淹棄，彌臣職之憂勞，匕鬯不驚，共球無恙。」〔註60〕《申報》曾登載說：「攝政王近見樞臣，益和顏悅色，與商各事，仍由慶邸主持，而尤重張相。」〔註61〕可見，載灃監國之初，對張之洞頗爲倚重，所謂載灃「推心以任之洞」〔註62〕雖不免言過其實，其對張的倚重卻是不容置疑的。

載灃與張之洞之間的嫌隙始於載灃處置袁世凱。對於殺袁，張之洞以「主少國疑，不可輕於誅戮大臣」爲由，明確表示反對，並反覆開陳。張之洞後對人言：「主上沖齡踐阼，而皇太后啓生殺黜陟之漸，朝廷有誅戮大臣之名，非國家之福。吾非爲袁地步，乃爲朝局計也。」〔註63〕

在滿洲貴族加緊排漢的背景下，袁世凱的去職使得張之洞陷入孤立無助的困境。此時軍機處中共有五人，奕劻、世續、那桐（載灃驅逐袁世凱出軍機處而以那桐代之）爲滿人，張之洞和鹿傳霖爲漢人。奕劻以親王之尊領班軍機，地位最高，權力最重。世續與那桐是同譜，私交甚密。鹿傳霖年高志衰，威望又不甚高，在軍機處僅伴食而已。張之洞與奕劻，一漢一滿，一清

〔註58〕《（張曾疇）附函致（趙鳳昌）》，國家圖書館善本部：《趙鳳昌藏劄》第七冊，第125～126頁，國家圖書館出版社2009年版。

〔註59〕胡鈞撰：《張文襄公（之洞）年譜》，卷六，第十五頁。

〔註60〕胡鈞撰張文襄公（之洞）年譜》，卷六，第十五頁。

〔註61〕「專電」，《申報》，宣統元年十一月十二日（公元1908年12月5日），第一張第三版。

〔註62〕《張袁相惡》，胡思敬：《國聞備乘》，卷四。

〔註63〕胡鈞撰：《張文襄公（之洞）年譜》，卷六，第十七頁。

一濁，多有摩擦。世續對張之洞「退有後言」，那桐表面上對張之洞虛與委蛇，背後亦多不滿之詞。再加上張之洞「於『恕』字欠缺，不圓到，往往於小事上吹毛求疵，鬧皮氣」，以致「夫己氏等暗中密定，不及覺察矣。」〔註64〕

更為要命的是，張之洞漸漸失去了載灃的信任。光緒三十四年（公元1908年）十二月，載灃已開始懷疑張之洞了。這個月月底，張之洞因畏風頭痛，兩次請假三日，未曾入值。載灃「疑有他意，密露始終倚重，決無更動之意。」〔註65〕張之洞也明顯感到了載灃對自己的懷疑，向載灃告退。載灃對張之洞好言慰留，謂國事艱難如此，全賴大家協力贊助，如身體遇有不適，可隨便歇息數天，亦不必請假。雖然張之洞的告退未獲載灃的允准，但二人之間已出現明顯的隔閡。胡思敬認為張之洞之所以失去載灃的信任是因為保薦易順鼎。據他記述：

> 張之洞晚年篤念故舊，頗以煦煦為仁，凡附之求官者，必百計經營，饜所欲而去。安徽蕪湖道缺出，屢為易順鼎言之。載灃曰：「聞易某湖南詩人，能作詩固佳。蕪湖缺繁，恐妨事。」卒不予，久之始放臨安開廣道。自是每有大事，之洞雖極力諫爭，亦不見納，蓋疑其不盡出於公也。〔註66〕

此說從另外一個角度說明了載灃對張之洞的猜忌。

為了維護大清王朝的統治，張之洞向來主張平滿漢畛域。早在光緒二十七年（公元1901年），張之洞《遵旨籌議變法謹擬整頓中法十二條》中就有「籌八旗生計」一條，允許旗人自謀生計，「凡京城及駐防旗人，有願至各省隨宦遊幕、投親訪友以及農、工、商各業，悉聽尊便。僑寓地方，願寄籍應小考、鄉試者，亦聽其便。」光緒二十九年（公元1903年）夏，張之洞奉詔入觀，同年十月二十六日陛辭請訓，面奏慈禧，力請化除滿漢畛域，以遏亂萌。抱冰弟子記云：「陛辭時，面奏數百言，力請化去滿漢畛域，以彰聖德而遏亂端。如將軍都統等，可兼用漢人。駐防旗人犯罪，用法與漢人同，不加區別，其大端也。慈聖霽顏納之曰『朝廷本無畛域之見，乃無知者妄加揣測

〔註64〕　參看《（張曾疇）附函致（趙鳳昌）》，國家圖書館善本部：《趙鳳昌藏劄》第七冊，第125頁，國家圖書館出版社2009年版。夫己氏，某人。夫己氏等在這裡指奕劻、世續、那桐等人。

〔註65〕　《（張曾疇）附函致（趙鳳昌）》，國家圖書館善本部：《趙鳳昌藏劄》第七冊，第125頁，國家圖書館出版社2009年版。

〔註66〕　《張文襄闇於知人》，胡思敬著《國聞備乘》，卷三。

耳。』次年，遂改陸軍官制，用都統、參領等名目，乃定旗民一律用刑新章。」
〔註67〕

載灃的政治理念卻和張之洞大相徑庭。光緒二十七年（公元 1901 年），
載灃赴德國謝罪，有鑒於德皇族之威勢，禁衛軍之精強，特請教於威廉亨
利。亨利教以攬握兵權，整頓武備，為第一要著。載灃遂將亨利的話牢記
在心。惟慈禧在世，對皇族統馭甚嚴，不得稍行其志。及至成為監國攝政
王，在大局粗定之後，他就迫不及待地開始實施其政治理想了。光緒三十
四年（公元 1908 年）十二月初三日，設禁衛軍，諭派貝勒載濤、毓朗，尚
書鐵良為專司訓練禁衛軍大臣。宣統元年（公元 1909 年）正月二十七日，
諭派肅親王善耆、鎮國公載澤、尚書鐵良、提督薩鎮冰等辦海軍，並命慶
親王奕劻總核稽查。五月二十八日諭：「著先行專設軍諮處，贊佐朕躬通籌
全國陸海軍各軍事宜。即著貝勒毓朗管理軍諮處事務。」〔註68〕是日還以
貝勒載洵、薩鎮冰為籌辦海軍大臣。二十九日，添派貝勒載濤管理軍諮處
事務。五月間，載灃還發佈上諭，明定皇帝為大清帝國統帥海陸軍大元帥，
在皇帝親政之前，由攝政王代理一切。張之洞對於設立軍諮處、籌辦海軍
以及設海陸軍大元帥等諸事皆不贊成，對於載灃的任人唯親更是深為憂
慮。「軍諮府之設，爭之累日。不能入」〔註69〕海陸軍大元帥之設，張之洞
雖「極不為然而無從爭起」，因為載灃等人「密而不商」不讓張之洞參與決
策，使得張之洞「鬱狂氣發」。〔註70〕

張之洞與載灃還在簡派朱恩紱、開缺升允、簡派唐紹儀為津浦路督辦幾
件事上發生了衝突。載灃和慶親王奕劻主張簡派朱恩紱以三品卿督辦沿江沿
海製造各局。經張之洞力爭，始改為以三品卿銜考察。陝甘總督升允疏請展
緩立憲，載灃硃批斥之。升允自奉硃批斥責後，以攝政王不辨賢奸，因上疏
乞病假，疏言：「臣患外感既重，內憂復熾，以致有目不能識黑白，有耳不能
分雅鄭，有鼻不能辨臭薌。」張之洞以為升允所言雖過當，在旗員究屬正派，
宜留任。奕劻因升允曾在光緒三十三年（公元 1907 年）彈劾自己與袁世凱，

〔註67〕 《抱冰堂弟子記》，《張之洞全集》卷二百二十八，第二十三頁。
〔註68〕 第一歷史檔案館：《光緒宣統兩朝上諭檔》第三十五冊，第 251 頁，廣西師範
　　　　大學出版社 1996 年 10 月版。
〔註69〕 《張之洞抑鬱而死》，胡思敬著：《國聞備乘》卷四。
〔註70〕 《曾疇（張曾疇）書劄》，國家圖書館善本部：《趙鳳昌藏劄》第七冊，第 131
　　　　頁，國家圖書館出版社 2009 年版。

對其銜恨已久，借機主張將其開缺。載灃因厭惡升允語皆刺己，遂是奕劻言，將其開缺。

張之洞與載灃等人的最大一次衝突是因爲唐紹儀。《張文襄公年譜》記載：

> 五月稍，津浦鐵路總辦道員李德順等以營私舞弊爲給事中高潤生所劾，有旨革職永不敘用，並以呂海寰失於覺察開去督辦鐵路大臣，而兩貝勒（指載洵、載濤）薦唐紹怡可用。監國以問公，公曰：「不可，輿情不屬。」曰：「中堂，直隸紳士也。紳士以爲可則無不可者。」曰：「豈可以一人之見而反輿情？輿情不屬，必激變亂。」曰：「有兵在！」公退而歎曰：「不意聞此亡國之言！」翼日，監國以硃書付公，命擬旨，公又持不可，以命慶邸，承指惟謹。公曰：「不可爲矣！」〔註71〕

因唐紹儀而起的衝突使得張之洞與載灃的關係徹底惡化，衝突中張之洞說：「若派三省決不承認。」載灃態度極強硬，詰問張之洞：「汝即是直隸人，若有旨派定，汝亦不遵旨乎？」〔註72〕張之洞鬱悶至極，氣得在內廷即咯血兩口，病即有此而生。經此衝突，張之洞對載灃爲首的清廷已徹底絕望，曾云「我已入膏肓，自念時局，心已先死矣。」〔註73〕張之洞遂於六月初四日請假五日。初九日續假五日，十四日續假十日，二十四日續假十日。七月初三日，張之洞又奏請續假二十天。摺上，載灃閱後大爲驚訝，說：「何以又續假廿日之多？」那桐答：「年高病久，未能即愈，不能不寬假調養，似宜優詔慰之，以安其心。」〔註74〕這樣才有七月初四日的溫諭，諭旨云：「張之洞因病續假，朝廷實深厪念。著再賞假二十日，安心調理，假滿即行銷假，照常入值。」〔註75〕可見載灃對張之洞疑忌之深。八月十四日張之洞奏請續假，並囑門人陳曾壽備遺摺，口授大意。十七日，胃納銳減。十八日，服藥而吐，

〔註71〕 胡鈞撰：《張文襄公（之洞）年譜》，卷六，第十九頁。唐紹怡即唐紹儀，以「怡」易「儀」，爲避宣統帝溥儀諱。

〔註72〕 《張曾疇致趙鳳昌》，國家圖書館善本部：《趙鳳昌藏劄》第三冊，第36～37頁，國家圖書館出版社 2009 年版。

〔註73〕 《張曾疇致趙鳳昌》，國家圖書館善本部：《趙鳳昌藏劄》第三冊，第36頁，國家圖書館出版社 2009 年版。

〔註74〕 《曾疇（張曾疇）書劄》，國家圖書館善本部：《趙鳳昌藏劄》第七冊，第130頁，國家圖書館出版社 2009 年版。

〔註75〕 第一歷史檔案館：《光緒宣統兩朝上諭檔》第三十五冊，第321頁，廣西師範大學出版社 1996 年 10 月版。

飲食亦吐。十九日稍愈，命具疏請開去差缺。二十日索閱疏稿，伏枕改數字，命速遞。二十一日奏請開去各項差缺。疏入，在大學士世續請求之下，載灃才勉強至張府探望。此時的張之洞已氣息奄奄。面對這位爲大清國鞠躬盡瘁的老臣，載灃並沒有特別慰勞，僅輕描淡寫地說：「中堂公忠體國，有名望，好好保養。」張之洞說：「公忠體國所不敢當，廉正無私不敢不勉。」意欲最後諷諫載灃要「廉正無私」，不要任人唯親。載灃走後，陳寶琛進去問：「監國之意若何？」張之洞歎息道：「國運盡矣！蓋冀一悟而未能也！」〔註76〕亥刻，張之洞撒手人寰。可歎張之洞，臨死之時還告誡病榻前的後人要「勿負國恩」。

六月間，張之洞的侄孫婿李焜瀛聽說他有病，前去探望。張問李：「你聽外間有什麼消息？」李答：「各省排滿風氣很盛。」張沉吟說：「據我看來，不是漢人排滿，那簡直是滿人在排漢呀？」說到這裡，張在桌上，找到一張紙給李看，是一首詩，題爲《讀香山新樂府》，原詩如下：

誠感人心心乃歸，君臣末世自乖離；

須知人感天方感，淚灑香山諷喻詩。

王樹枏爲該詩加按語曰：

宣統元年，監國將以洵貝勒辦海軍，濤貝勒管理軍咨，時之洞已入軍機、兼管學部，見監國如此，乃面諍曰：「此國家重政，應於通國督撫大員中，選知兵者任其事。洵、濤年幼無識，何可以機要爲兒戲？」監國不聽，之洞力爭之；監國頓足色然曰：「無關汝事！」之洞感憤成疾，遂以不起，此詩即爲是而作。第二句作「君臣末世自乖離」有謂君臣二字太顯，恐公以此貫禍，乃改「臣」爲「民」，而不料遂成民國之讖也。噫！〔註77〕

張之洞已經感到如此下去，大清王朝的覆亡將爲時不遠。直至此時，這位忠誠的老臣還希望能諷諫載灃，冀其能以誠感人，收拾人心，使王朝起死回生。此詩流傳甚廣。

在此之前，張之洞還有一首《讀宋史》，也是有感於滿人排漢之作。詩云：「南人不相宋家傳，自詡津橋驚杜鵑。辛苦李虞文陸輩，追隨寒日到虞淵。」

〔註76〕胡鈞撰：《張文襄公（之洞）年譜》，卷六，第22頁。

〔註77〕張之洞著，龐堅校點：《張之洞詩文集》，第185頁，上海古籍出版社2008年版。

〔註 78〕詩的第一句是說宋朝不用南方人爲相的掌故。宋開國伊始，宰相皆爲北方人。第二句典故出自《邵氏聞見錄》。據載：「康節先公……治平間，與客散步天津橋上，聞杜鵑聲，慘然不樂。客曰：『何也？』康節先公曰：「不三五年，上用南士爲相，多引南人，專務變更，天下自此多事矣！」〔註 79〕原典故說邵雍他在洛陽天津橋上聞杜鵑叫聲，而知天下將亂，這裡暗指滿人排斥漢人。第三句和第四句指出南宋時對朝廷忠心耿耿，起到中流砥柱作用的恰恰都是南方人。該詩飽含了張之洞對滿洲權貴排漢的不滿和憤懑之情，也有對他們愚蠢行爲的嘲諷之意。

　　張之洞死後，汪榮寶爲之作一輓聯：「匡時苦費調停策，絕筆驚看諷喻詩。」〔註 80〕隱括兩首詩之意，一時流傳甚廣。

　　病榻之上的張之洞，枕邊放著一部《張居正全集》，不時翻閱。他不斷稱讚張居正的相業。他不僅羨慕張居正的「相業」，實際上更羨慕張居正死後的「文忠」的諡法。他在遺折中說：「臣受孝欽顯皇后特達之知，雖宋宣仁皇后之於蘇軾，未能遠過。」委婉表達希望能如蘇軾，得到一個「忠」字的諡號。〔註 81〕

　　張之洞死後，爲實現其遺願，張曾疇託人運動，結果失敗。張曾疇在給趙鳳昌的信中說：

> 二十二日，鄙人即謁崧公以「正」字、「忠」字託其運動要津三處。崧欣然即行。那意極好，而慶、世不洽。想不到繼左湘陰之後也！即以法越之戰保護東南之事而論，亦應援劉忠誠之例得一封爵。榮文忠僅在樞廷，不過隨扈而行，尚論功得爵，此竟陳說不行，無可如何矣。監國毫無主張，慶、世平日積嫌，那委蛇週旋，背後亦多不滿意之詞，欲張公道，戛戛乎！〔註 82〕

〔註 78〕　張之洞著，龐堅校點：《張之洞詩文集》，第 146 頁，上海古籍出版社，2008年版。

〔註 79〕　（宋）邵伯溫，邵博撰，王根林校點：《歷代筆記小說大觀・邵氏聞見錄・邵氏聞見後錄》，第 110 頁，上海古籍出版社 2012 年版。

〔註 80〕　韓策、崔學森整理，王曉秋審訂，第 65 頁，《汪榮寶日記》，中華書局 2013年版。

〔註 81〕　《張之洞事跡述聞》，《文史資料選輯》，第九十九輯，第 81～82 頁。

〔註 82〕　《張曾疇致趙鳳昌》，國家圖書館善本部：《趙鳳昌藏劄》，第 3 冊，第 36～37頁，國家圖書館出版社 2009 年 10 月版。

據說，張之洞臨死前一日，清廷已擬定特諡「文忠」或「文正」，當其遺摺呈上後，因其中有「不樹黨援，不殖生產」二語，觸及親貴之忌，於是改諡「文襄」〔註83〕。

　　袁世凱去職後，張之洞是最具影響力的漢大臣，重用、籠絡張之洞對於維繫滿漢聯盟至為重要。然而，載灃不信任張之洞，使張之洞受到排擠，抑鬱而終。如果說載灃為首的清廷驅逐袁世凱還情有可原（袁既有背叛光緒的案底，又有張揚跋扈的劣跡），那麼他們對張之洞的排擠則是毫無道理的。張素有清望，對朝廷很是忠誠，又沒有案底。正因為如此，張之洞被冷落排擠、抑鬱而死對滿漢聯盟影響更為巨大。張之洞死後，鹿傳霖、戴鴻慈、徐世昌等漢大臣在軍機處和後來設立的奕劻責任內閣中僅充伴食，其它漢大臣就更不須說了。「君使臣以禮，臣事君以忠」為特徵的滿漢聯盟的解體，成為滿清在兩年之後滅亡的一個重要原因。

第四節　亂機已兆

　　載灃執政不到一年，驅逐袁世凱，氣死張之洞，重用載洵、載濤等年輕親貴，朝政混亂，社會矛盾加劇，亂機已開始顯現。

　　宣統元年（公元 1909 年）七月，頤和園八品苑副永麟憤載灃用人行政失當，憂宗社將亡，上書諫諍，不食數日而死。他在上書中首先指出推行新政以來，加捐加稅，民不堪命，激變亡國之禍即在眼前。他說：「今以國家新政，鉅款難籌，政府無點金之方，司農有仰屋之歎，會議加捐加稅，取給民間，本不得已之苦衷，捨此別無良策。然以臣愚見，大創之後，元氣已傷，繼以水旱偏災，米珠薪桂，小民之生計已屬萬難，若再加以繁重之國課，吏胥藉端生事，騷擾苛求，浮冒徵收，或相千百。設使一朝激變，外人必籍口保護教堂、使館，陽以重兵駐守，陰行其反客為主之謀，找兵剿撫，亂民自是催枯振落，臣恐亂民肅清之日即外人實行領土之時。」

　　朝廷上下猶在厝火積薪。「民間之困苦流離，泣涕哀號，委身溝壑者亦日見其多」，而「各省創建學堂以及營盤衙署，動輒數萬、數十萬，或數百萬、數千萬，其餘巧立名目支用浩繁」。「封疆大吏、部院重臣居然舞弊營私，侵吞浮冒，賄賂公行，司空見慣。即或偶然發覺，其夤緣請託彌縫最工，查無

〔註83〕吳慶坻：《蕉廊脞錄》，卷二。

實據者有之，情有可原者有之，案情實係重大，僅擬革職處分，聊以塞責，該員竟坐擁厚貲，逍遙法外，寡廉鮮恥，相與效尤，因而官場之僭越驕奢、貪婪橫暴、肆無忌憚者，惟日不足」。如再因循數年，大局不堪設想。

中國地大物博，森林、礦產、漁業以及路政、商務本應認眞講求，我國都不甚注意，外人則視爲奇貨可居，百計營謀，或運動權要，或勾結劣紳，要求合辦。等到已立合同，才覺得被欺太甚，再設法廢約，已非易事。即使幸運挽回，「在彼辦則爲金穴，在我辦則如獲石田」。究其原因，「實被一『弊』字害之也」〔註84〕。應該馬上剔除積弊，採訪逋臣、廢員、僑民留學生中眷念祖國、才堪大用者，虛心納言，推誠相待，用盡其長，開無盡不竭之利源，則中國強盛可計日而待，不必只在加捐上打主意。

文學不以造就賢才爲本而崇尚浮華，武備不以固結軍心爲本而徒具形式，融合滿漢流爲空談，澄敘官方不誅貪婾，如此下去，必將人心瓦解而內潰。

此時載灃執政已經半年有餘，王朝狀況不僅未見絲毫好轉，而且進一步惡化了。苛捐雜稅依舊，官吏貪污中飽依舊，滿漢矛盾依舊，民不堪命，軍心動搖，一場大的政治災難正在醞釀。作爲一個下層小吏，永麟清楚地知道清廷眾怨所集，已坐到了火山口上，隨時有覆滅的危險。儘管對載灃無比失望，永麟仍希望能用自己的死換取他的醒悟。永麟死後，僅命交部從優議敘，並未採納永麟的建議。諭稱：「司幄銜頤和園八品苑副永麟條陳時事，遽爾捐軀，秉性忠誠，殊堪嘉憫，著交部從優議卹。」〔註85〕在日記中

載灃對永麟死諫未著一字，可見並未當回事。永麟的忠誠是可敬的，也是可悲的，冥頑不靈的載灃根本不值得他這麼去做。

對載灃的政治表現，列強也大感失望。法國駐華公使館代辦藩蓀納在給外交部長的信中說：

> 光緒和皇太后兩宮駕崩，大權落到先帝的弟弟醇親王手中；此事至今已過去八個多月了。
>
> 這段時間已足以使我們瞭解新政府的傾向。
>
> 人們對攝政王曾寄託很大的希望。遣退袁世凱的舉動給人們、即使是反對這個措施的人們的印象是，帝國元首是一個剛毅果斷的

〔註84〕 趙炳麟：《趙柏岩集·宣統大事鑒》，第643頁，文海出版社1969年版。
〔註85〕 葉志如總主編：《光緒宣統兩朝上諭檔》，第35冊，第336頁，廣西師範大學出版社1996年版。

人。今天,我們應當承認這個印象是錯誤的。攝政王這個抱著崇高的善良願望的年強人就他個人而言是無私的,然而出於無知、膽怯和軟弱,他把握不了政府,也沒有找到一個能人以他的名義去把握政府。

......

攝政王面對各省政務,因為愛惜他的民望而顯得軟弱無力,而在他的家族面前,他的態度更加怯懦。

由上面述及的人員所組成的軍機處在幕後卻由某種家族參政院所代替,各種事務均由攝政王、他的兄弟和幾個「窮親戚」處理掉了。

攝政王本人極其老實,他很快就被家族中那些貪得無厭的人所壓倒。開始他還鬥爭,後來便厭倦了。據說宮裏成了大吵大鬧的場所,載洵、載濤二位宗室要求為自己開闢財源。

......

就這樣,攝政王在自己家裏不得不容忍他在各部門所追究的流弊。

另一方面,我們看到了這種自相矛盾的景象,一個通過財政改革、軍事改組等途徑,其綱領和原則都以中央集權為目的的中央政府,實際上面對各省卻絕對地無能為力,不能迫使他們執行自己的意願。

最具有遠見卓識的中國人為這種局面抱憾。他們真心的祈求出現一個有意志力的、善於治理的人。

中國已經產生過幾個這樣的人物。恭親王、李鴻章甚至袁世凱都是這樣的國務活動家。然而目前我們卻看不到有誰表現出了擔當起中國政府第一號角色的能力。這是一個實際存在的危險,使我的大多數同行都身份憂慮。〔註86〕

執政僅一年,局勢開始向不好的方向發展,載灃尚在夢裏,絲毫不覺大亂之機已兆。

〔註86〕「藩蓀納致外交部長先生」,章開沅、羅福惠、嚴昌洪主編:《辛亥革命史資料新編》第7卷,第153～154頁,湖北人民出版社2006年版。

第三章　載灃與預備立憲

第一節　推行憲政的舉措

　　光緒三十四（公元 1908 年）十一月九日，宣統繼位。次日，載灃即以溥儀名義頒發上諭，重申九年立憲期限，稱「仍以宣統八年爲限，理無反汗，期在必行。內外諸臣，斷不准觀望遷延，貽誤事機，尚其激發忠義，淬厲精神，使憲政成立，朝野乂安。」〔註1〕

　　根據《逐年籌備事宜清單》，光緒三十四年籌備事宜有九項，分別是：一、籌辦諮議局。二、頒佈城鎮鄉地方自治章程。三、頒佈調查戶口章程。四、頒佈清理財政章程。五、請旨設立變通旗制處，籌辦八旗生計，融化滿漢事宜。六、編輯簡易識字課本。七、編輯國民必讀課本。八、修改新刑律。九、編訂民律、商律、刑事民事訴訟律等法典。〔註2〕從八月一日宣佈預備立憲算起，光緒三十四年的籌備時間只有五個月，又遇到光緒、慈禧駕崩，耽誤了一些時間，籌備任務更加繁重。十一月二十四日，載灃諭設變通旗制處，派貝子溥倫、鎮國公載澤、大學士那桐、侍郎寶熙、熙彥、達壽總司變通旗制

〔註1〕第一歷史檔案館：《光緒宣統兩朝上諭檔》第三十四冊，第 274 頁，廣西師範大學出版社 1996 年 10 月版；《重申仍以宣統八年爲限實行憲政諭》，故宮博物院明清檔案部編：《清末籌備立憲檔案史料》上冊，第 68～69 頁，中華書局 1979 年版。

〔註2〕參看《憲政編查館資政院會奏憲法大綱暨議院選舉法要領及逐年籌備事宜折附清單》，故宮博物院明清檔案部編：《清末籌備立憲檔案史料》上冊，第 61 頁，中華書局 1979 年版。

處，會同軍機處王大臣辦理，又諭「其餘本年應行籌辦之事，各該衙門著一律按照單開各節，迅速舉辦。」〔註3〕十二月四日，宣佈變通旗制宗旨「在於變通應該之制度，盡力妥籌教養之方及一切生計，總期自強自立之意，所有錢糧兵餉，仍均照常，毋使八旗人等妄生疑慮。」〔註4〕

為督促各衙門認眞籌備，光緒三十四年（公元 1908 年）十二月十一日，憲政編查館根據諭旨奏准在館內設立了考核專科，專管考核督促中央地方各衙門應行籌備各事。規定各衙門每半年將籌辦成績臚列奏聞，並報憲政編查館核查。憲政編查館每年分別好壞彙奏兩次，催促各衙門兩次。如有逾限不辦，或陽奉陰違，或有名無實，指名奏參。如辦理不妥，指令更正。〔註5〕載灃還添派人員，以加強憲政編查館工作。宣統元年（公元 1909 年）四月初三日，憲政編查館奏派參議勞乃宣兼充考核專科總辦，參議楊度和吳廷燮、章宗祥、錢承鋕兼充會辦，趙炳麟爲幫辦。〔註6〕十二月，達壽被任命爲憲政編查館提調。

光緒三十四年（公元 1908 年）十二月二十七日，憲政編查館奏《核議民政部奏城鎮鄉地方自治並另擬選舉章程》一摺。至此，光緒三十四年應該籌辦的各項事宜全部完成。

宣統元年二月以後，一些省區陸續將第一屆籌備憲政成績奏報，載灃命憲政編查館將各省成績與規劃方案詳細比較，「以便分別殿最，宣示中外，用昭核實而資觀感」〔註7〕。爲統一思想，防止有人進言阻撓預備立憲，再次頒發上諭，宣示「朝廷一定實行預備立憲，維新圖治」，要求「大小臣工皆當共體此意，翊贊新猷」，並特意誡勉言官，謂「其有言責諸臣，亦當愼體朕殷殷求言之至意，於一切新政得失利病，剴切敷陳，俾臻上理。倘敢私心揣摩，意存嘗試，摭拾浮言，淆亂聰明，亦有應得之咎也。」〔註8〕

〔註3〕第一歷史檔案館：《光緒宣統兩朝上諭檔》第三十四冊，第 287 頁，廣西師範大學出版社 1996 年 10 月版。

〔註4〕第一歷史檔案館：《光緒宣統兩朝上諭檔》第三十四冊，第 310 頁，廣西師範大學出版社 1996 年 10 月版。

〔註5〕參見一檔檔案，憲政編查館考察籌備憲政檔，7 號，轉引自侯宜傑著：《二十世紀初中國政治改革風潮》第 173 頁，中國人民大學出版社 2009 年 8 月版。

〔註6〕參見一檔檔案，憲政編查館考察籌備憲政檔，7 號，轉引自侯宜傑著：《二十世紀初中國政治改革風潮》第 173 頁，中國人民大學出版社，2009 年 8 月版。

〔註7〕《憲政篇》，《東方雜誌》，第 6 年第 5 期。

〔註8〕第一歷史檔案館：《光緒宣統兩朝上諭檔》第三十五冊，第 63 頁，廣西師範大學出版社 1996 年 10 月版。

　　直隸和兩江總督在各省督撫中居於領袖地位，載灃希望他們能夠在預備立憲中起到表率作用，在他們的奏摺中朱批勉勵。二月十四日，他在端方謝恩折中批道：「規模宏遠，應變有方，固卿之所長，朕心深爲嘉許，再加以事事認眞，速爲預備三江憲政，期底完美，尤朕之厚望於卿也。」〔註9〕次日，又在楊士驤《臚陳第一年籌備事宜由》、《設憲政籌備處由》、《遵章籌辦地方自治由》、《本署設立會議廳由》等摺片上批示：「畿輔重地，凡關於一切預備憲政事宜，皆當切實籌備，以期依限無誤，俾作各省模範，切毋鬆懈。」〔註10〕閏二月初四日，載灃又頒上諭：「自此宣諭以後，內則責成各該部院衙門堂官，外則責成各省督撫大吏，舉凡應辦要政及一切關於預備立憲各事宜，皆當次第籌畫，督率所屬官員，認眞辦理，以上副朝廷倚畀之隆，下以慰薄海蒼生之望。如能各盡其職，定必優加賞。倘敢敷衍因循，空言塞責，放棄責任，上以諉過於朝廷，下以累及民庶，朕惟治以應得之咎，決不姑從寬待也。」〔註11〕與二月十五日上諭相比，前諭重在思想、言論，此諭重在行動。總之，要大小官吏獻言獻策，認眞籌辦憲政、新政，不能阻撓，不得敷衍。

　　儘管載灃三令五申，諄諄告誡，還是有人試圖阻止立憲，陝甘總督升允就是很典型的一個。升允（1858～1931）字吉甫，號素庵。升允爲人耿直，不畏權貴，忠於朝廷，但政治上保守，反對預備立憲。慈禧死後，升允尋找向載灃進言的機會，以勸其取消預備立憲。載灃對升允很不放心，在其《奏爲頒賞大清會典謝恩事》奏摺上朱批：「知道了。陝甘省份一切關於各項新政及預備立憲事宜，須妥速籌辦，毋託空言爲是。是適覽謝摺，順便批諭示知。」宣統元年（公元1909年）三月，升允奏稱「立憲爲時會所趨，非兩聖本意」，並要求進京覲見。載灃知道他進京是爲了阻撓立憲，不允其請，並面諭軍機大臣，言升允所奏「殊不可解」，「既謂三年前創意立憲爲時會所趨，現在時艱日亟，較從前時會所趨尤迫，朝廷苦衷當爲天下臣民所共諒」，升允「如確

〔註9〕　軍機處隨手登記檔，宣統元年閏二月十三日，檔案編號 03－0330－1－1301－071，原檔頁碼 03－0330－1－281。

〔註10〕　軍機處隨手登記檔，檔案編號 03－0330－1－1301－073，原檔頁碼 03－0330－1－290。

〔註11〕　第一歷史檔案館：《光緒宣統兩朝上諭檔》第35冊，第88頁，廣西師範大學出版社 1996年10月版。

有所見，儘可具摺直陳，不便形諸奏牘者，不妨隨時用公函、公電詳達軍機處代奏」。〔註12〕

升允接電即奏陳憲政種種弊竇，毋輕率從事。載灃認為他「違反潮流，且詆抗懿旨」，「於奏疏上飭之」〔註13〕。升允認為載灃不體諒自己的一片忠心，奏請開缺，稱：「⋯⋯嗣是以來，常忽忽若有所失，目熟視而無睹，耳傾聽而不聞，口鼻尤不辨香臭，粗糲肉糜啖之而已。又常中夜起立，繞室彷徨，喃喃自語。雖亦服驅邪定中之劑，安神降氣之方，然醫者能第察有象之寒溫，而難喻無形之痛楚，藥石徒進，毫末無功。」〔註14〕升允明說自己「熟視而無睹」、「不辨香臭」，實是暗諷載灃不分好壞，不辨忠奸。載灃惡其所奏「皆刺己也」，諭以「茲據該督奏陳立憲利弊並即懇請開缺，迹近負氣，殊屬非是，本應嚴懲，姑念該督久任封圻，尚無大過，著照所請，即行開缺。」〔註15〕

十月十三日，擔心「積習相沿」，官員「但以一奏塞責」，載灃又一次頒發上諭，告誡說：

> 須知此項要政，上稟前謨，下慰民望，關係至為重大。自茲以往，益當振刷精神，認真整飭，無取乎虛文粉飾，徒事鋪張。若揆諸現在情形，辦理或有窒礙，亦准其剴切臚陳，並妥籌善法，仍一面持以毅力，務底於成，斷不可遇事畏難，互相諉過。方今時事多艱，朝廷宵旰憂勞，無時或息。爾內外諸臣，受國厚恩，理宜殫竭血誠，擔負責任，倘稍涉虛假，將來憲政不克依限實行，試問能當此重咎否耶？即著憲政編查館將所奏成績，隨時稽核，如查有措辦遲逾，或因循敷衍，毫無實際者，據實參奏，朕惟有懍遵上年八月初一日諭旨，按照溺職例懲處，紀綱具在，決不姑寬。〔註16〕

〔註12〕 參看軍機處：《發甘陝總督升允電》，第一歷史檔案館縮微膠捲，檔號 1－01－13－001－0038。

〔註13〕 趙炳麟：《趙柏巖集·宣統大事鑒》，第646頁，文海出版社1969年版。

〔註14〕 升允：《奏為因病開缺事》，第一歷史檔案館縮微膠捲，檔號04－01－12－0675－032，縮微號04－01－12－129－1115。

〔註15〕 第一歷史檔案館：《光緒宣統兩朝上諭檔》第三十五冊，第229頁，廣西師範大學出版社1996年10月版。

〔註16〕 第一歷史檔案館：《光緒宣統兩朝上諭檔》第三十五冊，第433頁，廣西師範大學出版社1996年10月版。

總的說來，載灃在監國攝政的前一年多的時間裏，預備立憲尚在淺水區，對預備立憲是認真、積極的。然而，隨著預備立憲進程的逐漸深入，尤其是隨著諮議局和資政院成立，載灃對預備立憲的態度開始轉變。

第二節　壓制諮議局、資政院

光緒三十二年（公元 1906 年），端方等考察回國後，即建議先立州府縣議會，在此基礎上設立省議會。〔註 17〕次年，釐訂官制大臣載澤等擬出《各省官制通則》，經奕劻等核定上奏，經清廷諭准，在東三省先行開辦，直隸、江蘇等地擇地先為試辦。《通則》第三十三條要求「各省應就地方情形，分期設立州府廳縣議事會、董事會，其細則由民政部議訂奏訂後通行各省辦理。」〔註 18〕

光緒三十三年（公元 1907 年）九月十三日，清廷發佈上諭：除在京師設立資政院外，「並著各省督撫均在省會速設諮議局」，使各省「有採集輿論之所，俾其指陳通省利弊，籌計地方治安，並為資政院儲材之階」〔註 19〕

光緒三十四年（公元 1908 年）六月二十四日，清廷批准頒佈了憲政編查館會同資政院擬制的《各省諮議局章程》及《諮議局議員選舉章程》，諭令「各省督撫迅速舉辦實力奉行，自奉到之日起，限一年內一律辦齊」〔註 20〕

《各省諮議局章程規定》諮議局擁有「議決本省應興應革事件」、「議決本省歲出入預算事件」、「議決本省歲出入決算事件」、「議決本省稅法及公債事件」、「議決本省擔任義務之增加事件」、「議決本省權利之存廢事件」、「議決本省權利之存廢事件」等權限，在某種意義上具有了地方議會的性質。但《章程》還規定諮議局對督撫行文用「呈」，用語有「呈候」、「呈請」、「報告」

〔註 17〕　參看《請改官制以為立憲預備摺》，《端敏忠公奏稿》，卷六。原奏稱：「至於一省之議會，實有參與立法之權。現國會未能驟開，而省會必當先辦，臣等以為宜侯各府州縣議會成立後，再由議員中選出，大縣二人，中小縣一人，暫充為省會議員，使立法機關草創成立。」

〔註 18〕　《各省官制通則》，故宮博物院明清檔案部編：《清末籌備立憲檔案史料》上冊，第 510 頁，中華書局 1979 年版。

〔註 19〕　《著各省速設諮議局諭》，故宮博物院明清檔案部編：《清末籌備立憲檔案史料》下冊，第 667 頁，中華書局 1979 年版。

〔註 20〕　《諮議局及議員選舉章程均照所議辦理著各督撫一年內辦齊諭》，故宮博物院明清檔案部編：《清末籌備立憲檔案史料》下冊，第 684 頁，中華書局 1979 年版。

等，督撫對諮議局用「令」、「批答」，用語有「批准」、「命令」等。清廷設計的這種制度完全閹割了憲政的基本精神。在這種制度之下，督撫和諮議局完全是一種上下級關係，作為「議會之先聲」的諮議局成了以督撫為首的行政機構的附庸，諮議局的權力的實現便沒有了保障。〔註21〕

清政府對於資政院制度的設計與諮議局如出一轍。根據《章程》，作為「準議會」的資政院擁有的立法權極為有限，憲法不得與議，即使是其它法律的制訂和修改也是「由軍機大臣或各部行政大臣先期擬定具奏，請旨於開會時交議」，資政院能做的僅只是對若干具體的法律修訂「亦得自行草具議案」而已。

資政院與行政衙門的關係也是不對等的。資政院議決的事件須「由總裁、副總裁分別會同軍機大臣或各部行政大臣具奏」，「資政院會議時，軍機大臣及各部行政大臣得親臨會所，或派員到會，陳述所見」的規定顯然有令行政衙門干預、監督資政院會議的用意，「資政院議決事件，若軍機大臣或各部行政大臣不以為然，得聲敘原委事由，咨送資政院覆」，「資政院於軍機大臣或各部行政大臣咨送覆議事件，若仍執前議，應由資政院總裁、副總裁及軍機大臣或各部行政大臣分別具奏，各陳所見，恭候聖裁」，而「資政院於各衙門行政事件，及內閣會議政務處會議事件，如有疑問，得由總裁、副總裁咨請答覆。若軍機大臣或各部行政大臣認為必當秘密者，應將大致緣由聲明」，也就是資政院對於行政衙門有所質疑時，行政衙門只要象徵性地解釋一下就行了。《章程》還規定「軍機大臣或各部行政大臣如有侵奪資政院權限，或違背法律等事，得由總裁、副總裁據實奏陳，請旨裁奪」，這樣即使行政衙門有侵奪資政院權限，或違背法律的情形，資政院也無權彈劾，僅能據實奏陳，請皇帝（監國攝政王）裁奪，至於如何裁奪，對侵權違法的行政衙門有無懲處、如何懲處那就只能隨皇帝（監國攝政王）的意思了。〔註22〕

憲政編查館為什麼會這樣設計？原因很簡單，清政府既想籠絡立憲派，以防其走向自己的對立面，出現「川壅而潰」的災難性結果，又害怕失去對

立憲派的有效控制，出現大權旁落的可怕局面。故而在「寬予之地，俾其暢行無阻」的同時，「遙築堤防，不容溢出於界限之外」〔註23〕。

憲政編查館設計的諮議局、資政院制度抽去了憲政核心和本質的東西，從這種意義上看，說其缺乏立憲的誠意是毫不爲過的。《各省諮議局章程》第二十七條規定：「本省督撫如有侵奪諮議局權限，或違背法律等事，諮議局得呈請資政院核辦。」〔註24〕對於督撫侵奪諮議局權限或違背法律的行爲沒有任何懲處的具體規定，這也爲後來一些督撫公然違背《章程》埋下了伏筆。

載灃執政，不改慈禧時代「遙築堤防」的宗旨，對諮議局、資政院懷有深深戒心。各省諮議局開議前一天，他以宣統皇帝名義發佈上諭，告誡「各該諮議局議員，於地方利弊情形，均當切實指陳，妥善計劃，務各恪遵前懿旨，勿挾私心，以妨公益。勿逞意氣，以紊成規。勿見事太易，而議論稍涉囂張。勿權限不明，而定法致侵越。……至開局以後，各該督尤應欽遵定章，實行監督，務使議決事件，不得逾越權限，違背法律。……著將此諭敬謹繕錄，懸掛各省諮議局議場，一體欽遵。」〔註25〕諭旨用一種大人訓誡尚不懂事的小孩般的語氣，一口氣用了四個「勿」，連給諮議局套上四個緊箍咒。不僅如此，還諭令各省督撫要當好諮議局的監護人，時時對之「監督」，要耳提面命。

諮議局開局、資政院開院後，地方督撫與諮議局、資政院與軍機大臣屢起衝突，對這些衝突的處理更能反應出載灃對諮議局、資政院以及立憲的態度。

諮議局章程第二十一條第四款規定諮議局有「議決本省稅法及公債事件」的權力〔註26〕。湖南巡撫楊文鼎無視章程規定，不經湖南諮議局議決就向朝廷奏請試辦公債一百二十萬兩。經度支部議後，載灃諭准楊文鼎所奏。宣統二年（公元 1910 年）九月初四日，湖南諮議局致電資政院，稱：「局章第二十一條第四項得議決本省稅法及公債事件，楊撫未交局議，遽奏請發行公債

〔註23〕　《憲政編查館等奏擬訂各省諮議局並議員選舉章程摺》，故宮博物院明清檔案部編：《清末籌備立憲檔案史料》下冊，第 668 頁，中華書局 1979 年版。
〔註24〕　《各省諮議局章程》，故宮博物院明清檔案部編：《清末籌備立憲檔案史料》下冊，第 678 頁，中華書局 1979 年版。
〔註25〕　第一歷史檔案館：《光緒宣統兩朝上諭檔》，第三十五冊，第 378 頁，廣西師範大學出版社 1996 年 10 月版。
〔註26〕　參看《各省諮議局章程》，故宮博物院明清檔案部編：《清末籌備立憲檔案史料》下冊，第 676 頁，中華書局 1979 年版。

票一百二十萬兩,顯係侵權違法,萬難承認。」四天後,楊文鼎致電資政院,辯稱:「此項公債既經奏奉諭旨照准,諮議局是否有更改奏案之效力,且上年湖南(應爲湖北)、安徽奏辦發行公債亦未交局議決,湘省事同一律,合併聲明。」九月二十五日,湖南諮議局致電對楊文鼎的說法予以駁斥,稱:「楊撫電雲上年湖北、安徽奏辦發行公債亦未交局議等語,查鄂、皖奏辦公債時,諮議局尚未成立,何得援以爲例!」十月初七日,資政院上奏湖南發行公債事件,稱「其爲侵奪權限、違背法律……請飭下該撫仍將發行公債原案交該諮議局照章議決」,並稱「該撫於局章顯有明文規定之處故意違背,有心嘗試,情節較重,應否量予處分,出自聖裁,非臣院所敢擅擬。」〔註27〕載灃以皇帝名義諭令:「資政院奏湘省發行公債未交諮議局議決有違定章請旨裁奪一摺,此次湖南發行公債係奏經度支部議准之件,該撫未先交諮議局議決,繫屬疏漏,既經部議,奉旨允准,著仍遵前旨辦理,嗣後各省有應交諮議局議決之案,仍著照章交議。」〔註28〕楊文鼎在公債案中視諮議局蔑如,肆意違法侵權,載灃對其不消說懲處,連一句斥責的話都沒說,其祖護督撫、壓制諮議局和資政院的意圖再明顯不過了。

載灃對這一事件的處理有失公允,引起了資政院議員的極大不滿。有議員憤怒地表示:「立憲國精神全在法律,督撫違背法律而不予處分,則資政院可以不必設,憲亦可以不立。」〔註29〕有的議員則更是公開質疑清廷立憲的眞實性,稱「就是天天說立憲,亦是假立憲,何救於亡?最可恨者,行政大臣任意蹂躪資政院、諮議局章程,萬一人心解體,何以立國!」〔註30〕有人義憤地提出「似此無法可守,不如就請皇上解散資政院!」〔註31〕

此事尚未平息,載灃對廣西高等警察學堂限制外籍學生等議案的處理又引起了更大的風波。

十月十九日,資政院上奏了三項議案,分別是:江西統稅改徵銀元案、廣西高等警察學堂限制外籍學生案和雲南鹽斤加價案。資政院章程第二十三

〔註27〕 《資政院請旨裁奪公債案原奏》,《申報》,宣統二年十一月初三日(1910 年 12 月 4 日),第一張第五版。

〔註28〕 第一歷史檔案館:《光緒宣統兩朝上諭檔》第三十六冊,第 383 頁,廣西師範大學出版社 1996 年 10 月版。

〔註29〕 《資政院第一次常年會議場速記錄》,第十五號。

〔註30〕 《資政院第一次常年會議場速記錄》,第十五號。

〔註31〕 《資政院第一次常年會議場速記錄》,第十五號。

條規定「各省諮議局與督撫異議事件，或此省與彼省之諮議局互相爭議事件，均由資政院覆議，議決後，由總裁、副總裁具奏，請旨裁奪」〔註32〕，但載灃和軍機處並沒有按照資政院章程辦事，對資政院議覆的「廣西高等警察學堂限制外籍學生案」和「雲南鹽斤加價案」分別諭以「資政院奏覆議廣西高等警察學堂招生辦法請旨裁奪一摺，著民政部察核具奏」、「資政院奏覆議雲南鹽斤加價一案請旨裁奪一摺，著督辦鹽政大臣察核具奏」〔註33〕。

載灃和軍機大臣此舉引起資政院議員的更大不滿。次日晚上，議員討論應對辦法。這兩個違背資政院章程的諭旨的第一責任人是攝政王載灃，但由於他代皇帝攝政，是皇權的象徵，諮議局議員不能直接針對他，於是就把鬥爭矛頭指向副署了諭旨的軍機大臣。

二十一日，資政院開會時，議員易宗夔首倡彈劾軍機大臣：「資政院系國家立法機關，凡立憲之國皆係三權鼎立。……現在這兩道閣抄……既是軍機大臣擬旨，軍機大臣副署，則軍機大臣有應負之責任。軍機大臣豈不知道這個立法機關是獨立的麼？既然知道為獨立的機關，就不能將立法機關所議決的案子交行政衙門去察核，可見軍機大臣是侵資政院的權，違資政院的法了（拍手拍手）。本議員倡議對於此事應該按照院章第二十一條上奏彈劾軍機大臣為是。」〔註34〕易宗夔的提議得到了大多數議員的贊成。議員吳賜齡說：「此次彈劾案如軍機大臣自己見得不是，就應自己辭職；若以資政院為不是，就應請解散資政院，斷無調和之理。」〔註35〕議員黎尚雯也說：「我們與軍機大臣勢不兩立。」〔註36〕但部份欽選議員表示反對。議員陶峻起立說：「本院顯然有二派，不過一派是民選的，一派是欽選的。據本院看來，議院責任在於維持國家的安寧，軍機大臣不負責任，置國家安寧於不問，我們百姓就危險，所以民選議員要彈劾他。但如果國家亡了的時候，試問欽選議員還能坐在這個地方嗎」？〔註37〕經過表決，到會124人中有112人贊成，議案以絕對多數通過。「經眾議員指定趙炳麟、沈林一、邵羲、藉忠寅、孟昭常、李文熙六

〔註32〕　《各省諮議局章程》，故宮博物院明清檔案部編：《清末籌備立憲檔案史料》下冊，第678頁，中華書局1979年版。

〔註33〕　第一歷史檔案館：《光緒宣統兩朝上諭檔》，第三十六冊，第413頁，廣西師範大學出版社1996年10月版。

〔註34〕　《資政院第一次常年會議場速記錄》，第二十號。

〔註35〕　《資政院第一次常年會議場速記錄》，第二十號。

〔註36〕　《資政院第一次常年會議場速記錄》，第二十號。

〔註37〕　《資政院第一次常年會議場速記錄》，第二十號。

人起草彈劾軍機摺。沈林一託故委卸，不認起草，被眾大詈。」〔註38〕二十四日，奕劻令民政部、鹽政處加班議奏。當日，載灃以皇帝名義連下兩諭「度支部奏遵旨速議粵省諮議局議請示期禁賭一摺，著依議」、「民政部奏查明廣西高等警察學堂招生辦法與奏定章程相符一摺，知道了。」〔註39〕廣西、雲南兩事的處理結果均依資政院所議，但這個結果還是經過行政衙門的議覆的，奕劻、載灃此舉只是將錯就錯，並沒有對朝廷侵權違法的過失有任何糾正，自然難以消除資政院議員的怨氣。十一月十七日，資政院將摺稿上奏。同日，奕劻、那桐、徐世昌等人奏請辭職，以退為進，迫使載灃作出選擇。朱爾典在給格雷的信中說：「於是攝政王被迫在兩者之間進行抉擇：一方是近二百年來一直起著內閣作用的軍機處，一方是影響很大、剛產生幾個月的資政院。」〔註40〕朱爾典判斷，「已有清楚的跡象表明朝廷準備向資政院那批人作一次清算」。因為在與奕劻和那桐的會談中，他們「曾強烈抱怨那些缺乏經驗的平民代表們地位過高，透露朝廷將有可能解散本屆資政院，在新的章程下設立一種新的機構取而代之」。奕劻還透露，

> 「廷已決定不再對資政院那幫人損害清朝同列強的關係等閒視之」。「那桐認為，資政院議員跋扈囂張的原因很大程度上得歸咎於該院總裁溥倫的軟弱無能，應當把他撤職或任命一位精明強幹的副手助他一臂之力」〔註41〕

由於諭旨由軍機大臣草擬，由載灃以皇帝名義下發，如果承認軍機大臣有錯，載灃亦難辭其咎。故而載灃一面用溫諭慰留軍機大臣，一面強詞奪理，不無斥責的說：「設官制祿及黜陟百司之權為朝廷大權，載在先朝欽定憲法大綱，是軍機大臣負責任與不負責任暨設立責任內閣事宜朝廷自由權衡，非該院總裁等所得擅預，所請著毋庸議。」〔註42〕載灃的蠻橫態度激起了資政院的更

〔註38〕《議員之彈劾熱》，《民立報》，宣統二年十月二十二日（公元 1911 年 1 月 12 日）。

〔註39〕第一歷史檔案館：《光緒宣統兩朝上諭檔》第三十六冊，第 420 頁，廣西師範大學出版社 1996 年 10 月版。

〔註40〕「朱爾典致格雷爵士函」，《辛亥革命史資料新編》第 8 卷，第 48 頁，湖北人民出版社 2006 年版。

〔註41〕「朱爾典致格雷爵士函」，《辛亥革命史資料新編》第 8 卷，第 48～49 頁，湖北人民出版社 2006 年版。

〔註42〕第一歷史檔案館：《光緒宣統兩朝上諭檔》第三十六冊，第 476 頁，廣西師範大學出版社 1996 年 10 月版。

大不滿。十八日，資政院會議一開始，議員李素率先發言，提出解散資政院，稱：「昨日硃諭俱已見過，請議長今日不必開議，請旨解散資政院就是了。……看昨日硃諭的意思似乎以本院爲不知大體擅行干預，我們何必自己取辱？」〔註43〕議員易宗夔接著發言說：「這個硃諭比不得以前的諭旨。從前的諭旨，我們有可用說話的地方，因爲軍機大臣擬旨，軍機大臣署名；這個硃諭是攝政王自己用朱筆寫的，而軍機大臣沒有署名，使我們沒有說話的地方。」議員邵羲指出：「天下斷沒有以君主對待國會的，以君主對待國會，就不是立憲精神。」〔註44〕議員羅傑接著說：「若軍機大臣躲在皇上背後，使皇上與人民對待，是專制政體辦法，不是立憲政體辦法。」〔註45〕議員們議論紛紛，有主張再行彈劾軍機大臣者，有主張彈劾軍機大臣個人者，有主張仍請明定軍機大臣責任者，有主張全體辭職者，有主張請旨解散資政院者，有人提出請攝政王收回成命，否則全體辭職。經過辯論，多數通過了具奏明定軍機大臣責任案。次日開會討論奏稿時，議員們又產生了嚴重分歧，有些人反對以軍機處爲對象，主張彈劾軍機大臣個人，不行就解散資政院。有人提出了修正案。結果原奏稿被否定，通過了修正案。二十三日，請速設責任內閣的奏稿被通過。二十四日，載灃諭飭憲政編查館趕緊編訂內閣官制的命令。此諭一下，資政院奏稿便失去意義，遂作罷論。

　　彈劾軍幾案表面上是資政院與軍機大臣的矛盾與衝突，實質上卻是資政院與朝廷的對抗。頒發誘發彈劾軍機的兩道諭旨是載灃的重大失誤，所頒發諭旨竟與預備立憲時期的最重要的法律《資政院章程》相牴觸，這反映出整日把預備立憲掛在嘴上的載灃及那些軍機大臣對預備立憲是多麼的無知，也反映出他們對資政院及其權利的極端輕視，資政院不能不憤起爲爭取應有的地位、維護應有的權力而鬥爭。由於皇帝神聖不可侵犯，資政院只能繞開代理國政的載灃，以彈劾軍機大臣的方式來進行鬥爭。這個事件使載灃陷入十分尷尬的境地，糾正錯誤有損朝廷顏面，不糾正錯誤則喪失人心。在當時的時代、當時的情況下，載灃別無選擇，只能將錯就錯。錯誤事實上是由載灃與軍機大臣共同犯下的，在「朕即法律」的專制主義思維模式慣性之下，朝廷怎麼會犯錯？朝廷的任何舉動都是絕對正確合理的，而任何形式的反對或

〔註43〕　《資政院第一次常年會議場速記錄》，第二十七號。
〔註44〕　《資政院第一次常年會議場速記錄》，第二十七號。
〔註45〕　《資政院第一次常年會議場速記錄》，第二十七號。

質疑都有犯上之嫌。況且，如果承認有錯，軍機大臣自認有責任，載灃也難辭其咎，如何處理？事情既然不能按照道理辦，載灃只有選擇對資政院無理壓制。彈劾軍几案是朝廷的一大醜事，不照章辦事，載灃為首的朝廷喪失的不僅是信譽，而且還有人心。

實際上，從朝廷的角度說，資政院和諮議局是在預備立憲期間出現的，只是諮議機構，並不是獨立的立法機關。資政院的議員們自己沒有領會清楚，自己把自己的權限擴大了。載灃不願意檢討，理由在這裡。罷免軍機大臣事件，在大權統於朝廷、庶政公諸輿論的情況下，只能是一場鬧劇，不可能有更好的結果。所謂真立憲與假立憲的爭論的關鍵就在這裡。這個事件說明，立憲派的期望值太高了，他們的要求清廷不可能答應，他們與朝廷分道揚鑣的機會到來了。

第一次資政院常年會期間，資政院、諮議局與軍機大臣、部院大臣以及地方督撫屢有衝突，甚至將矛頭指向朝廷，令載灃十分憂慮。他在日記中記載：「聞近來資政院議員中，頗有不遵院章、不守範圍者，可憂。」〔註46〕他交諭軍機大臣，謂「本年資政院與各省諮議局開議屢起糾葛，將來恐有非常之衝突，應俟本年閉議後會同憲法大臣將所有院章與局章再行詳細劃分權限，以免明年開議時再有此種現相」。軍機大臣退後當即轉諭溥倫、載澤遵照辦理。〔註47〕

宣統三年六月初一日，載灃諭改資政院章程。諭稱：「資政院章程前於光緒三十四年由資政院總裁會同軍機大臣具奏，復於宣統元年經資政院會奏續擬院章，並將前奏各章改訂，頒布施行，現在已閱兩年，時勢又有不同，核與新頒法令未盡吻合，亟應將資政院院章修改，以免窒礙而利推行，著資政院總裁、副總裁會同內閣總協理大臣悉心斟酌，妥速改訂，奏候朕欽定頒行。」〔註48〕

與舊章相比，新章對資政院、諮議局權限多有限制。

原章第二十四條：「各省諮議局如因本省督撫有侵奪權限，或違背法律等事，得呈由資政院核辦。前項核辦事件，若審查屬實，照第二十一條（原章

〔註46〕 愛新覺羅・載灃：《醇親王載灃日記》，第 372 頁，群眾文藝出版社 2014 年版。
〔註47〕 《諭交修改資政院與諮議局章》，《廣益叢報》，1910 年，第 255 期，第 2 頁。
〔註48〕 第一歷史檔案館：《光緒宣統兩朝上諭檔》第 37 冊，第 148 頁，廣西師範大學出版社 1996 年 10 月版。

第二十一條規定：軍機大臣或各部行政大臣如有侵奪資政院權限，或違背法律等事，得由總裁據實奏陳，請旨裁奪。前項奏陳事件，非有到會議員三分之二以上之同意，不得議決）辦理。」新章全刪。該修改取消了諮議局的呈請，資政院的核辦之權，削弱了諮議局對督撫的監督權限，有利於督撫對諮議局進行控制。

原章第三十二條：「資政院臨時會於常年會期以外遇有緊要事件，由行政各衙門，或總裁副總裁之協議，或議員過半數之陳請，均得奏明恭候，特旨召集遵行。」新章第三十一條改爲：「資政院於常年會期以外遇有緊要事件由特旨召集臨時會。」該修改取消了資政院陳請召開臨時會的權限。

原章第二十二條：「資政院於各省政治得失人民利病有所咨詢，得由總裁副總裁箚行該省諮議局申覆。」新章第二十二條改爲：「資政院於各省政治得失人民利病有所咨詢，得由總裁副總裁箚行該省諮議局申覆。除前項咨詢事件外不得向各省諮議局行文。」此修改意在減少資政院與諮議局之間的聯繫，以免他們相互呼應，形成合力。

原章第二十三條：「各省諮議局與督撫異議事件，或此省與彼省之諮議局互相爭議事件，均由資政院核議議決，後由總裁副總裁具奏請旨裁奪。」新章第二十三條改爲：「各省諮議局與督撫異議事件，或此省與彼省之諮議局互相爭議事件，除關於行政事，宜咨送內閣核辦外，其餘均由資政院核議議決後，由總裁副總裁咨會國務大臣具奏請旨裁奪。」此修改對資政院核議諮議局與督撫異議事件及省與省諮議局爭議事件的權限加以限制。

原章第三十八條：「資政院會議，應由總裁副總裁先期將議事日表，通知各議員，並咨送行政衙門查照。」新章第三十七條改爲「資政院會議，應由總裁副總裁先期將議事日表，通知各議員，並咨送行政衙門查照。議事日表以特旨及奏請交議事件列前，其因緊急事件改定議事日表者，由須得政府之同意。」〔註49〕此修改是爲了限制資政院的議事權限。

對資政院章程的修改，引起了立憲派的很大不滿，進一步加劇了他們與政府的矛盾。

除了從規章制度上對資政院進行限制，載灃還用十分守舊的世續代替溥倫，出任資政院長。世續對憲政一無所知，在資政院只是擺設，在控制資政

〔註49〕《資政院奏議決改訂資政院院章摺》，《內閣官報》，1911年，第93號，第98～100頁。

院方面毫無作為。載灃任命世續作爲資政院院長除了引起立憲派的反感外，沒起到任何作用。

第三節　對第一二次國會請願運動的應對

　　光緒三十二年（公元 1906 年）七月十三日清廷頒發上諭，宣佈預備立憲後，立憲人士大喜過望，立即著手組織立憲團體。當月，鄭孝胥、張謇等成立憲政研究會。是年九月初四日，在兩廣總督岑春煊的大力支持下，在憲政研究會的基礎上成立預備立憲公會，舉鄭孝胥爲會長，張謇、湯壽潛爲副會長，其成員包括江浙工商界的許多重要人物，並和官場有著千絲萬縷的聯繫，在各立憲團體中勢力最爲龐大。

　　遠在海外的梁啓超、楊度等人也不甘落後，籌畫成立屬於自己的立憲團體。楊度向梁啓超建議：「夫政黨之事萬端，其中條理非盡人而喻，必有一簡單之事物以號召之，使人一聽而知，則其心反易於搖動，而可與言結黨共謀。以弟思之，所謂簡單之事，莫開國會若也。」他認爲「事事挾此意以論之，如此者二三月，則國會問題必成社會上一簡單重要之問題，人人心中有此一物，而後吾人起而乘之，即以先謀開國會爲結黨第一要事，斯其黨勢必能大張。蓋先舉事而後造輿論，不若先造輿論而後舉事，此格蘭斯登之法也」〔註50〕。楊度的設想得到了梁啓超的贊同，他在致楊度的一封信中寫道：「至專提倡開國會，以簡單直捷之主義，求約束國民心理於一途，以收一針見血之效，誠爲良策，弟當遵此行之。」〔註51〕

　　後來，楊度與梁啓超分道揚鑣，另組憲政公會，以湖南紳士熊範輿爲會長。光緒三十三年（公元 1907 年）九月初九日，熊範輿等人聯名向清廷呈請速開國會。熊範輿等說：「夫今日之中國，本千鈞一髮之際，危急存亡之秋，以言乎外，則機會均等之政策並起於列強，以言乎內，則革命排滿之風潮流行於薄海，禍機已兆，後患難言，及今不圖，恐三數年後，燎原莫救，即欲行今日之計，亦不可得。職等目擊時艱，不勝悲憤，竊以爲非即開設民選議院，則孤立之患不除，外憂終不能彌，獨裁之弊不去，內患終不能平。」他

〔註50〕《復梁啓超函》，劉晴波主編：《楊度集》，湖南人民出版社 2008 年版。
〔註51〕梁啓超：《與皙兄書》，《梁任公先生年譜長編》，第 259 頁，上海人民出版社 2009 年版。

們提出「於一二年內即行開設民選議院」，認為這樣「庶列強知中國之不可以侮，人民知國家之尚有可圖，外無相逼而來之憂，內無鋌而走險之患。」〔註52〕光緒三十四年（公元 1908 年）六月初二、十三兩日，預備立憲公會鄭孝胥、張謇、湯壽潛等兩次致電憲政編查館王大臣，稱：「近日各省人民請願國會相繼而起，外間傳言樞館將以六年為限，眾情疑懼，以為太緩。竊謂今日時局，內憂外患，乘間並發。必有旋轉乾坤之舉，使舉國人之心思耳目皆受攝以歸於一途，則憂患可以潛彌，富強可以徐圖。……若限期太遠，則中間之變態百出，萬一為時勢所阻，未能踐行，是轉因慎重而致扤軏……願王爺、中堂、宮保上念朝事之艱，下順兆民之望，乘此上下同心之際，奮其毅力，一鼓作氣，決開國會，以二年為限。」〔註53〕

六月初四日，政聞社也致電憲政編查館，稱：「開設國會一事，天下觀瞻所繫，即中國存亡所關。非宣佈最近年限，無以消彌禍亂，維繫人心。」「近聞有主張七年、十年者，灰愛國者之心，長揭竿者之氣。需將賊事，時不我留。乞速宣佈年限，期以三年，召集國會。」〔註54〕河南、江蘇、安徽、湖南、直隸、吉林、山東、山西、浙江等省代表也先後到京呈遞請願書。立憲派的要求得到了一些朝廷大臣、地方督撫以及出使各國大臣的支持。八月初一日，憲政編查館和資政院將《憲法大綱》、《議院法要領》、《選舉法要領》及《逐年籌備事宜清單》上奏。當日清廷頒佈上諭：「……自本年起，務在第九年內將各項籌備事宜一律辦齊，屆時即行頒佈欽定憲法，並頒佈召集議員之詔。」〔註55〕九年預備後召開國會雖與立憲派期望相差甚遠，但和原來的遙遙無期相比還是有了一定進步，立憲派總算有了盼頭，國會請願運動暫告一段落。

宣統元年（公元 1909 年）八月，各省諮議局開幕的前夕，立憲派的國會請願運動又開始復活了。國會請願運動復活的一個重要原因是以載灃上臺以後倒行逆施，舉措乖方，政治形勢愈形惡化。

〔註52〕 故宮博物院明清檔案部編：《籌備立憲檔案史料》下冊，第 610、616 頁，中華書局 1979 年版。

〔註53〕 《東方雜誌》，第 5 年第 7 號，《記載》，《憲政篇》。

〔註54〕 《社報》，《政論》第 5 號，第 1、2 頁。

〔註55〕 故宮博物院明清檔案部編：《籌備立憲檔案史料》上冊，第 68 頁，中華書局 1979 年版。

立憲派請願速開國會還因爲以載灃爲首的清廷壓制諮議局。孟森撰文說：「自國與國相較，而後政體有優劣。自舉國有優勝劣敗之懼，而後欲變專制政體爲立憲政體。立憲與專制之所異，百凡皆其枝葉，惟輿論乃其根本。法定輿論之機關，惟有議會。數月以來，有已成立之諮議局，有將成立之資政院。國民之諮議局之見厄於政府，資政院又爲非驢非馬之議會，俱不可恃，因有聯合請願國會之舉。」〔註56〕

立憲派認識到，「以樞臣之老耄，疆臣之畏葸不前，但足以亡國有餘，絕不足以喚起沉痾，挽回危局，共臻於立憲之一境。」〔註57〕有人憤怒地說：「以政府社會各方面之見象觀之，國不亡無天理。」〔註58〕但他們對清王朝尚未死心，還想扶大廈於將傾，故而張謇說：「我輩尚在，而不爲設一策，而坐視其亡，無人理。」〔註59〕張謇等立憲派將縮短預備立憲年限、速開國會當作改良政府、使之起死回生的最後一粒丹藥。

第一次國會請願運動就是由張謇等人發起的。宣統元年（公元 1909 年）八月三十日，即諮議局開幕的前一天，張謇「與瑞中丞（江蘇巡撫瑞澂）、及雷繼興（雷奮）、孟庸生（孟昭常）、許久香（許鼎霖）諸君議，由中丞聯合督撫請速組責任內閣。由諮議局聯合奉、吉、黑、直、東、浙、閩、粵、桂、皖、贛、湘、鄂十四省諮議局，請速開國會。……聯合督撫由瑞任之，聯合各省諮議局由余任之。」〔註60〕

在張謇等人的運動之下，各省代表先後到上海。從十一月初六日起，先期到滬的各省代表每日午後在預備立憲公會事務所集議召開談話會一次（初七、初八兩日休會），籌備正式大會。至十三日共集議 6 次，議決正式代表會日期、彙集各省請願國會簽名薄、此次簽名以諮議局議員爲限、推舉呈稿起草員、以直隸孫洪伊領銜、擬定進京代表團規約等重要事項。〔註61〕至十一

〔註56〕心史：《憲政篇》，《東方雜誌》第 6 年第 13 期，第 446 頁。

〔註57〕《論政府無立憲之能力》，《大公報》，宣統元年十一月初一日（1909 年 12 月 13 日）。

〔註58〕張謇研究中心、南通市圖書館編：《張謇全集》，第六卷，第 627 頁，江蘇古籍出版社 1994 年 10 月版。

〔註59〕張謇研究中心、南通市圖書館編：《張謇全集》，第六卷，第 627 頁，江蘇古籍出版社 1994 年 10 月版。

〔註60〕張謇研究中心、南通市圖書館編：《張謇全集》，第六卷，第 625 頁，江蘇古籍出版社 1994 年 10 月版。

〔註61〕參看《東方雜誌》，宣統元年（1909 年）第十三期，《憲政篇》。

月十四日,直、奉、吉、黑、晉、魯、豫、鄂、湘、贛、皖、浙、閩、粵、桂、蘇等 16 省代表五十多人陸續到達上海。次日,正式召開代表大會,通過了談話會所議決的事情,討論了呈稿。十八日晚上,代表召開了最後一次會議,推定進京代表,通過經張謇修改後的呈稿。會後,進京代表即離開上海,取道北上。

各省諮議局請願速開國會代表到京後,於十二月初六日上午到都察院呈遞請願書。都御史拒不接見,僅派一經歷回覆請願代表說:「待堂官會議後再行酌奪,初八日必能回覆。」各代表怏怏而退。兩天後正值臘八,都察院衙門放假,眾代表如約再至都察院未能得到明確的答覆。一個經歷以個人身份告訴請願代表「大約公呈必為代遞,至於定準何日代遞則尚不敢必」,「凡遇代奏事必先會議其有礙與否,如無礙亦待十日後方肯代奏。茲閱請願書尚無妨礙,須月之十八日方能上呈。」〔註62〕

十二月十八日,都察院在探得各軍機大臣的意旨後始將請願書代遞。

如何應對國會請願,載灃有些舉棋不定,十二月二十六日,曾與軍機大臣商議縮短辦法,結果「一時難得要領」〔註63〕國會請願書呈遞後,載灃「初擬不定年限,視籌備遲速為斷」。有軍機大臣提出異議,認為「九年係先帝所定,定不可背,且籌備亦非九年不可完全」。載灃「頗韙之」。〔註64〕

十二月二十日,載灃以皇帝名義頒發上諭。上諭說:

> 據都察院代遞直隸各省諮議局議員孫洪伊等呈請速開國會一摺,披覽均悉。具見愛國悃忱,朝廷深為嘉悅。……惟我國幅員遼闊,籌備既未完全,國民智識程度又未畫一,如一時遽開議院,恐反致紛擾不安,適足為憲政前景之累。非特朕無以慰先朝在天之靈,試問爾請願代表諸人,其何以對我四萬萬國民之眾乎?朕開載布公,無所隱飾。總之,憲政必立,議院必開,所慎籌者,緩急先後之序耳。夫行遠者必求穩步,圖大者不爭近功,現在各省諮議局均已舉行,明年資政院亦即開辦,所以為資政院基礎者,具在於此。

〔註62〕 《國會團呈遞請願書紀詳》,《申報·緊要新聞一》,宣統元年十二月十六日(1910 年 1 月 26 日),第一張第三、四版。

〔註63〕 「專電」,《申報》,宣統元年十一月二十七日(1910 年 1 月 8 日),第一張第三版。

〔註64〕 「專電」,《申報》,宣統元年十二月二十二日(1910 年 2 月 1 日),第一張第四版。

但願各臣民各勤職務，計日程功，毋驚虛名而隳實效。茲特明白宣
示，俟將來九年籌備業已完全，國民教育普及，屆時朕必毅然降旨，
定期召集議院，庶於勵精圖治之中，更寓慎重籌維之意。〔註65〕
立憲派對於朝廷拒絕速開國會是有足夠的思想準備的。張謇在為請願代表餞
行時就曾說：「設不得請而至於三，至於四，至於無盡，誠不已，則請亦不已，
未見朝廷之必忍負我人民也。」〔註66〕十二月十四日，請願代表通告各省諮
議局時也說：「茲事體大，端非一呈所能得效。」〔註67〕

宣統元年（公元 1909 年）十二月二十七日，在京請願代表開會，議決主
要事件有：

再上書及去留辦法。一、議決第二次遞呈，擬在明年二月底舉
行。二、議決凡出京代表，皆負有組織同志會，及運動一般人民繼
起請願義務。三、議決各省組織同志會。四、議各省紳商學界各團
體及一般人民，凡加入同志會者，期以明年四月間，一面上書督撫
請其代奏，一面各舉代表來京，約四月二十以前會齊，呈由都察院
代奏。五，議通電海外華僑，請各舉代表來京，與各省人民同時請
願。並由閩、粵設法派人前往鼓吹。或事件迫促四月趕不到，至遲
以六月為限。六、通告各省諮議局，如有開臨時會者，即將請願速
開國會提作議案，呈請督撫代奏。七、議預備呈稿及上攝政王書（擬
同時上），如各省有能任起草之事者，由各代表各就所知，分頭請作，
脫稿之後即函寄到京，以便擇用。至遲以正月底為限。八、印成之
血書與呈稿，各代表回省者，應酌分帶去，廣為傳佈。九、議公推
一二人整理上海會議及北京會議速記錄，編定後刊印分寄各省諮議
局及各團體。十、議各省代表續認之經費，請照數從速繳齊。十一、
議決組織請願即開國會同志會。十二、議決組織報館，發行日報。
十三、議決成立諮議局聯合會，草擬諮議局聯合會章程，定每年六
月召開會議。〔註68〕

〔註65〕 第一歷史檔案館：《光緒宣統兩朝上諭檔》第三十五冊，第 523～524 頁，廣
西師範大學出版社 1996 年 10 月版。

〔註66〕 張謇：《送十六省議員詣闕上書序》，《國風報》第 1 年第 2 期，第 122 頁。

〔註67〕 《記國會請願代表進行之狀況》，《東方雜誌》第 7 年第 2 期，《中國時事彙錄》，
第 27 頁。

〔註68〕 參看《記國會請願代表進行之狀況》，《東方雜誌》第 7 年第 2 期，記載第三，
第 27～29 頁。

宣統二年（公元 1910 年）五月初十日，各省請願開國會代表 80 多人赴都察院呈遞請願書，請爲代奏。當天，都院收到直省諮議局、直省商會、蘇州及上海商會、南洋雪蘭峨二十六埠中華商會、澳洲華僑、直省教育會、直省政治團體、直省紳民及旗籍、東三省紳民代表的 10 份請願書。

　　五月十五日，都察院將國會請願書代遞。載灃不願作出決斷，把事情推給軍機大臣，讓他們拿出意見。軍機大臣們也不願承擔責任，面請將請願書交政務處議，取決多數人意見。載灃亦以爲然，遂將原摺抄交政務處會議。會議政務處連議數日，毫無結果。領袖軍機大臣奕劻奏請召見政務處王大臣，讓他們各抒己見，然後定議。五月十九日，載灃諭令「會議政務處王大臣均著於本月二十一日預備召見」〔註 69〕。汪榮寶推測此次召見必爲速開國會一事。他在日記中記載：「……所謂『叫大起也』。向例非有大事，不爲此鄭重之舉。庚子宣戰之議，即以是年五月二十一日叫大起決定者。今朝廷別無何等緊急問題，此舉必爲對付國會速設請願無疑也。」〔註 70〕

　　五月二十日早五時，善耆電召汪榮寶往其住處一談。汪氏料定必爲咨詢國會問題，他也很願意向善耆陳述自己的見解，以備採擇，立即前往。善耆略述當日會議情形及軍機大臣宗旨。汪榮寶謂：「召集國會爲立憲政體題中應有之義，何必斷斷於三五年遲早之間。人心難得而易失，藉此激發輿情，亦未嘗非絕好之政策。應請以資政院議員任滿之日，改設上下議院。此時計之，不過提早三年，而人心必當大奮，朝廷何憚而不爲。」善耆亦「甚以爲然，而決其必不能行」。汪榮寶又提出兩條建議：（一）請設立責任政府；（二）請實行欽定憲法，先設憲法講筵，親臨講習。汪當即草成說貼一件。善耆囑咐汪榮寶抄寫兩份，打算第二天與載澤一起計議。〔註 71〕

　　五月二十一日早晨，各部院大臣齊集政務處，預先會議國會期限能否縮短。各大臣意見不一，有贊成者，有反對者，有中立者，而以中立者居多。贊成派以肅親王善耆和鎮國公載澤爲首，反對派以法部尚書溥頲爲首，中立派則以陸潤庠爲首。「會議數小時之久，言論龐雜，迄無頭緒，而上頭已經叫

〔註 69〕第一歷史檔案館：《光緒宣統兩朝上諭檔》第三十六冊，第 168 頁，廣西師範大學出版社 1996 年 10 月版。

〔註 70〕韓策、崔學森整理，王曉秋審訂：《汪榮寶日記》，第 165 頁，中華書局 2013年版。

〔註 71〕韓策、崔學森整理，王曉秋審訂：《汪榮寶日記》，第 165 頁，中華書局，2013年版。

起，遂即紛紛入內，其結果則仍反對派占優勝而已」。〔註72〕載灃本人也從「近來亂事迭出」得出「人民資格不齊，若果國會速開，誠恐徒滋紛擾」的結論〔註73〕。於是「定議須俟九年籌備完全，方可議開國會」。〔註74〕鑒於會議的氛圍和載灃的態度，善耆並未發表自己的意見。

確定堅持九年預備立憲期限後，載灃與大臣們又在諭旨措辭上做起了文章。「某中堂及某軍機則力主以嚴旨震嚇以免曉曉不休，並力陳二次之請願實由於去冬之溫旨褒嘉以助其氣。朝廷既迫於先朝之成命，則應力禁人民之再求」，「某中堂甚不以此議為然，謂國會期限雖不能縮短，而民心不可失，民怨不可積，仍須婉言對付，以免釀生意外枝節」〔註75〕，載灃則認為「措詞總以動人感聽為得體」〔註76〕。軍機大臣擬進數稿，載灃皆不滿意。五月二十一日會議後，載灃親將諭旨修改幾處，始行發表。諭旨謂：

> 「朕纘述前謨，定以仍俟九年籌備完全再行降旨定期召集議院。爾等忠愛之忱，朕所深悉。惟茲事體大，宜有秩序，宣諭既明，毋得再行瀆請。」〔註77〕第二次請願再遭拒絕，立憲派大為失望和不滿。鄭孝胥在日記中寫道：「人心去矣！初無以維繫之，而遽絕之，可乎？」他從金仍珠密電中得知：「密聞此策乃慶邸以詢於項城，而袁教之者。」憤憤寫道：「袁教之，徐贊之，亂必成矣。國民已怨朝廷之無能，朝廷猶以國民為無知。是非曲直，誰能判之。」〔註78〕

清廷發佈拒絕速開國會上諭後，請願代表馬上開會，議決如下事項：

一、代表團組織之變更。主要內容包括請願代表不再以諮議局議員為限，在京的各界代表一律加入；選舉孫洪伊等10人為職員；選舉雷奮等8人為編輯。二、代表之去留。各省駐京代表多多益善，代表如有特別事情需要出京

〔註72〕 《國會請願最後之解決》，《申報》，宣統二年五月二十六日（1910 年 7 月 2日），第一張第三版。

〔註73〕 《大公報》，宣統二年四月二十七日（1910 年 6 月 4 日）。

〔註74〕 《東方雜誌》，宣統二年（1910 年）第六期，記載第一，《中國大事記》。

〔註75〕 《樞府與代表呈遞後之近狀》，《申報》，宣統二年五月二十日（1910 年 6 月 26 日），第一張第四版。

〔註76〕 《彙報》，宣統二年六月初二日（1910 年 7 月 8 日）。

〔註77〕 第一歷史檔案館：《光緒宣統兩朝上諭檔》第三十六冊，第 170～171 頁，廣西師範大學出版社 1996 年 10 月版。

〔註78〕 中國國家博物館編，勞祖德整理，《鄭孝胥日記》，第 1297 頁，中華書局 2005 年版。

時，每省必須有人常駐北京負責接洽。三、代表團之經費。各省諮議局舊認各款統限六月內繳齊，新定之款統限六七月內繳齊。四、同志會總部之變更又支部之擴張。北京同志會不再使用總部字樣，更名爲北京國會請願同志會；同志會職員暫由代表團職員兼任；各省城特別設立全省同志分會，各府廳州縣分會由省分會督促成立；省分會應將國會與人民之關係編成白話印刷品，分發府廳州縣，廣爲演說。五、代表團選派專員分往各地遊說聯絡。所派專員負責督促府廳州縣分會的成立、演說、趕辦簽名冊，並隨時應變，以構成請願實力爲第一要義。六、回省各代表之職務。包括催交代表團新舊經費，募集國民公報捐款，遊說聯絡。七、三次請願之準備。三次請願定於明年二月舉行；三次簽名須普及於農工商各界，人數每省至少須百萬以上；簽名冊形式由北京事務所擬定，分寄各省分會，轉各府廳州縣分會照辦；簽名冊限十二月彙齊，送交北京代表團事務所；明年二月請願時，府廳州縣各須派一二代表到京。近省至少須派代表百人以上，遠省也至少派五十人以上；八、各團體均須預備種種請願時之實力，於明年以前須有間接請願辦法三種，即代表團向資政院上請願書、各省諮議局及各團體同時向資政院上請願書、各省諮議局及各團體同時呈請督撫代奏。〔註79〕

　　就在立憲派準備第三次國會大請願的時候，第二次日俄協約的簽訂加快了他們行動的步伐。

第四節　第二次日俄協約與易換樞臣

　　光緒二十六年（公元 1900 年），俄國借庚子事變之機強佔東三省。光緒二十八年（公元 1902 年）三月初一日，中俄雙方在北京簽訂《交收東三省條約》。條約第二條規定，「由簽字畫押後，限六個月撤退盛京省西南端至遼河所駐俄國各官軍，並將各鐵路交還中國；再六個月，撤退盛京其餘各段之官軍暨吉林省內官軍；再六個月，撤退其餘之黑龍江省所駐俄國各官軍。」〔註80〕光緒二十九年（1903 年）三月，第二次撤兵期滿，俄國拒不履行條約，並提出七條要求：一、中國不得將東三省之地讓與他國或租貸與他國；二、自

〔註79〕參見《東方雜誌》，第 7 年第 6 期，《中國大事記》，第 84～86 頁。
〔註80〕王芸生主編：《六十年來中國與日本》，第 136 頁，生活・讀書・新知三聯書店 1980 年版。

－91－

營口至北京電線，中國宜許俄國別架一線；三、無論欲辦何事，不得聘用他國人；四、營口海關稅，宜歸華俄道勝銀行收儲，稅務司必用俄人，並以稅關管理檢疫事務；五、除營口外不得開爲通商口岸；六、蒙古行政悉當仍舊；七、北京事變以前，俄國所得利益，不得令有改變。〔註81〕俄國將東三省視爲禁臠，不允許其它列強沾潤的做法遭到美、英、日的強烈反對。六月初八日，日本正式就此問題向俄國提出交涉。六月二十日，俄皇頒發詔令，授阿萊克塞夫爲遠東大總督，加強對東三省的控制。俄國此舉進一步激化了與美、英、日等國的矛盾。此後數月，日俄雙方多次交涉，沒有達成一致。十二月二十日，日本外務大臣小村電令駐俄公使栗野，對俄國政府發出最後通牒。十二月二十三日，日海軍襲擊駐於旅順的俄國艦隊，日俄戰爭爆發。經過一年半廝殺，戰爭以俄國在陸海兩處的完敗告終。光緒三十一年八月初七日，日俄雙方在美國的調停下締結《樸資茅斯條約》。條約第五條規定：「俄國政府以中國政府之允許，將旅順口、大連灣並其附近領土領水之租借權內一部份之一切權利及所讓與者，轉移與日本政府，俄國政府又將該租界疆域內所造有一切公共營造物及財產，均移讓於日本政府。兩締約國互約前條所定者，須商請中國政府承諾。」第六條規定：「俄國政府允將由長春（寬城子）至旅順口之鐵路及一切支路，並在該地方鐵道內所附屬之一切權利財產，以及在該處鐵道內附屬之一切煤礦，或爲鐵道利益起見所經營之一切煤礦，不受補償，且以清國政府允許者，均移讓於日本政府。兩締約國互約前條所定者，須商請中國政府承諾。」〔註82〕十二月二十二日，中日簽訂《中日會議東三省事宜條約》。該條約第一款規定：「中國政府將俄國按照日俄和約第五款及第六款允讓日本國之一切概行允諾。」〔註83〕

　　東三省向來被清廷視爲龍興之地，又密邇京師，一旦有失，禍不可測。光緒三十二年（公元 1906 年）九月二十日，清朝廷派載振、徐世昌等人赴東三省，名爲查辦案件，實爲對東北進行全面考察，尋求挽救之法。十一月二十日，載振、徐世昌等人返京，具摺痛陳東三省形勢之兇險，奏請「特設東

〔註81〕王芸生主編：《六十年來中國與日本》，第四卷，第 159 頁，生活・讀書・新知三聯書店 1980 年版。

〔註82〕王芸生主編：《六十年來中國與日本》，第四卷，第 202 頁，生活・讀書・新知三聯書店 1980 年版。

〔註83〕王芸生主編：《六十年來中國與日本》，第四卷，第 220 頁，生活・讀書・新知三聯書店 1980 年版。

三省總督一員，予以全權，舉三省全部應辦之事，悉以委之。除外交事件關係重要者，仍令與外務部咨商辦理外，其財政、兵政及一切內治之事，均令通籌綜攬，無所牽掣；就三省要地，分建行省，俾不專駐一省，得以隨時往來巡視。其總督之下應設奉天、吉林、黑龍江巡撫各一員，專理三省民事吏事，仍受督臣節制，其權限應略視內地各省權限爲輕，不得與督臣並行。凡有奏件，均須由督臣領銜，方許入告，所有三省用人行政，悉聽總督主持。」〔註84〕光緒三十三年（公元 1907 年）三月初八日，清廷諭令改盛京將軍爲東三省總督，兼管三省將軍事務，隨時分駐三省行臺。奉天、吉林、黑龍江各設巡撫。以徐世昌爲東三省總督，兼管三省將軍事務，並授爲欽差大臣。奉天巡撫以唐紹儀任之，吉林巡撫以朱家寶署理，黑龍江巡撫以段芝貴署理。

　　徐世昌認爲開辦東三省銀行是治理東三省的第一要著。上任之初，他便與奉天巡撫唐紹儀聯銜奏請息借洋款，開設銀行。二人奏稱：「欲治東三省，必先於整頓財政入手。欲整頓財政，必先以開拓銀行入手。銀行者，濟困之府，生利之源，整齊圜法之樞紐，但非如各省之官銀號，僅以數十萬之成本所能補苴輟拾者也。三省財賦久絀，斷無此大宗鉅款。若聽其失敗，則商困於稅，貨棄於地，外人逼處，何以待之。再四籌商，惟有息借洋款一法。……今者親體三省現狀，非此實無補救之法，擬請與歐美各國籌商息借二三千萬兩或三四千萬兩，即用於開拓三省銀行，凡內地之富商，外洋之僑旅，儲蓄匯兌，便利靈通，一面減免雜捐，振興實業，俾使圜法一律，得以操縱貨產，抵制灌輸，而後移民、築路、屯墾諸政可以次第舉行。」〔註85〕徐世昌深知借洋款開設銀行關係甚大，在具摺奏請前分別致函軍機大臣奕劻、鹿傳霖，請求他們「賜予維持」、「力爲主持」〔註86〕。即使如此，清廷並沒有允准此奏，光緒三十三年（公元 1907 年）六月十三日諭：「東三省興辦一切要政自應寬籌款項以資整頓，惟息借洋款至二三千萬之多，關係甚巨，必須預籌該省所興之利確有把握足以抵還方免後患，該督等受恩深重，責任匪輕，務將興辦各要政詳愼妥籌，陸續議借，隨時奏明辦理，勿稍大意。」〔註87〕兩個月後，徐世昌在《上政府條議》中再次強調借款開設銀行的重要性，稱「銀

〔註84〕 徐世昌：《密陳統籌東三省全局摺》，《退耕堂政書》卷七。
〔註85〕 徐世昌：《密陳擬借洋款籌辦實業摺》，《退耕堂政書》卷九。
〔註86〕 徐世昌：《上慶邸》、《致鹿中堂》，《退耕堂政書》卷三十五。
〔註87〕 第一歷史檔案館：《光緒宣統兩朝上諭檔》第三十三冊，第 111 頁，廣西師範大學出版社 1996 年 10 月版。

行既立，然後三省之圜法可期劃一，三省之鈔票可期暢行，輾轉生法，挹注不窮，其有築路開礦、經營實業諸事，均取資於此。俟生利日豐，並可取爲練兵行政之用，計無便於此者。……竊以爲宜斟酌借法，若一切杜絕，使辦事者無所措手，敷衍因循，終歸於不救也。」〔註88〕清廷諭以「其借款一條，仍遵六月十三日諭旨，詳愼妥籌，陸續議借，務須確有把握，隨時奏明辦理」〔註89〕，再次拒絕了徐世昌借洋款開辦銀行的請求。

修築鐵路，打破日俄對東三省鐵路的壟斷，是徐世昌籌東的另一重要手段。

光緒三十二年（公元 1906 年）十一月，徐世昌等在《密籌東三省全局摺》中提出修築新齊鐵路的主張，他說「至新民北出一枝，縱貫東蒙，直達齊齊哈爾，尤爲北滿第二幹路。此路若成，則南北銜接一氣，足與東清鐵道彼此抗衡。……末途之贖，此眞最亟，三省運命視爲轉移，失今不圖，後將無及，所謂抵制外力者，此也。」〔註90〕光緒三十三年（公元 1907 年）二月，盛京將軍趙爾巽致電軍機處，籌議東三省事宜，也提出「新民至法庫門，再至遼源洲抵齊齊哈爾，應建一鐵路，以聯絡蒙疆，收回利權」。二人所論不謀而合，可見在東北修建幹路已成爲爲當務之急。

就在中國設法挽救東三省危機的時候，美國也在設法進入中國東北。美國「鐵路大王」哈里曼試圖建立一個寰球運輸系統，聯結日本、中國東北三省、西伯利亞與歐洲的鐵路，東與太平洋航線西與大西洋航線相銜接。光緒三十一年（公元 1905 年），哈里曼曾與日本首相桂太郎達成初步諒解，由日美共同管理南滿鐵路。不久，日方通知哈里曼，此項協約作廢。哈里曼的計劃宣告失敗。

光緒三十二年（公元 1906 年），根據哈里曼的推薦，美國政府任命司戴德爲駐奉天總領事。在司戴德來中國之前，哈里曼就中國鐵路問題和他進行了商談。哈里曼認爲，雖然收買南滿鐵路計劃失敗了，但可以另從中國方面取得讓與權，在南滿鐵路以外修築新的鐵路線。於是，司戴德上任後即向東三省總督徐世昌和奉天巡撫唐紹儀提出，由京奉鐵路上的新民屯第一步修築

〔註88〕 徐世昌：《上政府條議》，《退耕堂政書》卷三十三。
〔註89〕 第一歷史檔案館：《光緒宣統兩朝上諭檔》第三十三冊，第 121 頁，廣西師範大學出版社 1996 年 10 月版。
〔註90〕 徐世昌：《密陳統籌東三省全局摺》，《退耕堂政書》卷七。

鐵路至法庫門（新法鐵路），以後逐次向北延長至齊齊哈爾和璦琿。徐、唐二人正有借資築路，藉以抵制日俄在東北的勢力的想法，因此很快同意了司戴德的建議。唐紹儀還建議由美國貸款2000萬美元，成立一個東三省銀行，經營鐵路和其它實業的投資活動，並在東三省實行幣制改革。六月十八日，雙方就修築法新路、組建東三省銀行達成初步協議。因時值美國爆發金融危機，哈里曼力不從心，不得不將此事展期。唐紹儀轉而與英商保齡公司洽商。九月二十二日，雙方簽訂草約，議定法新路資金由中英公司籌集。日本政府藉口此線與南滿鐵路平行，有害日本利益，竭力反對。〔註91〕英國政府雖垂涎關外鐵路利益，但爲維護英日同盟，對保齡公司也不予支持，法新路計劃隨即中輟。

　　光緒三十四年（公元 1908 年），美國金融危機暫告平息，司戴德和唐紹儀恢復了關於成立東三省銀行的談判，並達成協議，規定美國出資 2000 萬美元，用於開發東北的農礦森林，修築自京奉線至璦琿的鐵路和改革幣制。司戴德旋奉召回國磋商。隨後，清朝外務部尙書袁世凱派唐紹儀以答謝美國「退還」部份庚子賠款爲名，赴美接洽借款，並就德國提議的中、美、德建立「同盟」問題進行試探。日本爲防止中美「合作」，搶先於十一月初七日，即唐紹儀抵達華盛頓的當天與美國達成協議（即「羅脫——高平換文」），以承認列強在華機會均等、維護太平洋「現狀」和「中國之獨立及領土完整」等空頭保證（其中包括保證日本對菲律賓無侵略野心），使美國默認了中國的「現狀」，即默認了日俄兩國在東北的優勢地位。日、美在犧牲中國的基礎上達成的這一妥協，使唐紹儀的使命也歸於失敗。

　　宣統元年（公元 1909 年），塔夫脫繼任美國總統，積極推行「金元外交」，力圖爲日益增長的美國金融資本在中國取得投資場所。爲了挫敗競爭對手，實力雄厚的美國摩根銀行、坤洛公司、第一國民銀行和花旗銀行在美國政府的慫惥下，組成銀行團，並任命司戴德爲銀行團代表，取道倫敦，前來北京。他的任務是與英、法、德三國銀行團交涉，力爭參加「湖廣鐵路」借款，爲

〔註91〕　一九零五年十一、十二月，中日北京談判「會議節錄」第十一號有如下記載：
　　　　「中國政府爲維持東省鐵路起見，於未收回該鐵路之前，允於該路附近不築平行幹路及有損於該路利益之枝路。」（王芸生：《六十年來中國與日本》，第4 卷，第 226 頁）。這本是一項不具法律效力的會議記錄，但日本侵略者強指爲「秘密議定書」，與條約具有同等效力，並一再據以阻止中國在東北自行築路。

美國資本在華中取得堅固的立足點。同時，受哈里曼（爲收買東省鐵路，他已赴歐洲遊說）委託，設法取得中國東北鐵路的讓與權。

七月初四日，司戴德到達北京。當時，清政府爲挽救危局，採納東三省總督錫良等人的建議，在東北繼續實行「厚積洋債、互均勢力」的政策〔註92〕，企圖引進英、美資金，修築自葫蘆島經錦州、洮南、齊齊哈爾直至璦琿的鐵路，「以固邊陲而消隱禍」〔註93〕。錫良甚至認爲「東省生路只此錦璦一路，東省生機只有均權一法」〔註94〕，成敗在此一舉。哈里曼對這一計劃極感「興趣」，認爲該線東距南滿鐵路百餘英里，日本當不致再以「平行線」爲由，提出反對。因此，司戴德不僅向錫良一口承允貸款，而且表示「勿慮日俄干預」。雙方交涉順利，八月十九日擬訂了《錦璦鐵路借款草合同》。爲了使這一計劃具有「國際的」性質，司戴德與英國保齡公司駐京代表法倫許達成諒解，決定該路由美國銀行團投資，由保齡公司承造〔註95〕。協議達成後，錫良隨即電告北京，請求批准。

諾克斯於九月二十四日，首先將國際管理滿洲各鐵路的方案告知英國，想先取得英國的贊同。英國於十月十三日對此答覆說：原則上並不反對滿洲各鐵路的國際化管理，但認爲以暫緩提出爲明智，而且有必要讓日本也參加錦璦鐵路的建造。也就是說作了委婉謝絕的答覆。儘管如此，諾克斯仍然在十一月初五至初九日，向日、俄、中、德、法等五國提出了滿洲鐵路中立化方案。

結果，諾克斯的滿洲鐵路中立方案不僅未被列強所採納，而且起了促使日俄接近的作用。

十一月初五日，俄國外交大臣伊茲沃爾斯基通過美國駐彼得堡代理大使，收到了諾克斯的滿洲鐵路中立化方案。第二天，他就召見日本駐俄臨

〔註92〕 中國科學院歷史三所主編：《錫良遺稿》，第 2 卷，第 959～960 頁，中華書局 1959 年版。

〔註93〕 郵傳部參議廳編：《郵傳部奏議類編・續編》，路政，第 91～92 頁。

〔註94〕 中國科學院歷史三所主編：《錫良遺稿》，第 2 卷，第 1008 頁，中華書局 1959 年版。

〔註95〕 王鐵崖編：《中外舊約章彙編》，第 2 冊，第 603～604 頁，生活・讀書・新知三聯書店 1982 年版；《美國對外關係文件》，1910 年，第 232～234 頁；中國科學院歷史三所主編：《錫良遺稿》，第 2 卷，第 959～960 頁，中華書局 1959 年版。

時代理大使落合謙太郎，提議「在對美國作出答覆之前，希望與日本政府協商」。在日本，小村壽太郎外相在十一月初八日通過美國駐東京大使收到了諾克斯的提案，當天即訓令駐彼得堡落合臨時代理大使，讓他答覆俄國政府說：「在對美國作出答覆之前，預先互披胸襟交換意見，並協商保護兩國共同利益之辦法，此乃帝國政府所期望者。」俄國大使就此問題訪問小村外相，強調「目前有必要更加密切日俄兩國之關係。」小村在十一月十八日也認為：「目前進一步密切日俄兩國之關係，乃帝國政府之夙願……，上述共同之意旨或許不無以滿洲鐵路問題為動機而出現取得促進之結果。」〔註96〕

宣統二年（公元1910年）五月二十八日，日俄簽署第二次日俄協定，該協定由三條公開協定和六條秘密協定組成，重點是在秘密協定。光緒三十三年秘密協定追加條款所規定的分界線，成了劃定兩國具有特殊利益的各地區的分界線，並且約定出現侵犯上述特殊利益事件時，兩締約國為維護利益而採取共同行動，或相互給予支持。

日俄第二次協約的簽訂引起了中國國內的大震動。

清外務部接駐京日俄兩使開送日俄新約條件，即譯呈載灃閱看。載灃對時局深感憂慮，面諭軍機大臣說：「日俄在東三省，法在滇，德在魯，大有喧賓奪主之勢，而外部及各督撫絕無抵制之策，常此敷衍，將來益難挽救，嗣後各樞臣於各處交涉務須格外注意，隨時考核襄贊，以保主權。」言畢，「唏噓久之」。〔註97〕

載灃感到再這樣下去後果不堪設想，但懦弱無能的他沒有足夠的勇氣和魄力採取斷然措施挽救危局。

六月底，載濤赴歐美考察軍政歸來，乘京奉鐵路專車至京後，並不回自己的府第休息，即赴長壽宮覲見隆裕皇太后，詳細奏陳各國軍政之完備及中國處境之危急，亟應力圖挽救。隆裕聽後，「為之唏噓不置」〔註98〕在載灃召

〔註96〕《日本外交文書》，第42卷，第一冊，第724～736頁，轉引自（日）信夫清三郎編：《日本外交史》，天津社會科學院日本問題研究所譯，商務印書館1980年版。

〔註97〕《攝政王注意交涉》，《申報》，宣統二年六月十七日（1910年7月23日），第一張第五版。

〔註98〕《濤貝勒奏對述聞》，《申報》，宣統二年七月初六日（公元1910年8月10日），第一張第五版。

見時，載濤「瀝陳中國積弱之原因，謂此時危象畢露，不可不亟圖挽救，設朝野上下仍以苟且偷安爲事，則時機一誤，其爲患有不忍言者」〔註99〕。爲了使國家擺脫危機，載濤主張「剪割辮髮，以一新天下之耳目」，「然後著手於一切根本上之解決，以期漸臻上理」〔註100〕。面對嚴重的外患，載濤主張大力整頓陸海軍，而「整頓海陸軍非先從組織責任內閣、定一統一之政策不可」。他在七月初二日的政務處會議上提出：「此後改用軍事政策當從全國一致入手，萬不可枝枝節節。假如整頓陸海軍不能全恃海陸軍兩部及軍諮處，其餘關於國民教育及財政問題，均需合謀進行，故第一須組織責任內閣以爲提綱挈領之辦法，否則互相掣肘，互相推諉，國事決無轉機之一日。」〔註101〕載濤力主急進，與保守大臣的衝突在所難免。七月初五日，載濤與軍機大臣世續在御前會議上發生了激烈爭執。在當日的會議上，載濤提出擴充軍備，世續公開提出反對。他說：「吾國無海軍勢固不可，辦理過早亦不可，如欲敵外，一時無此能力，僅治內亂，已成之陸軍亦已足用，兵貴及鋒而用，現雖勉強補成，而用在數十年之後，兵已老矣。應俟財力充裕，須用兵力時再行興辦海軍，擴充陸軍，此時盡可從緩。」〔註102〕此外，世續和吳郁生在剪辮問題上也和載濤意見相左。

載濤「憤甚」，要載灃將世續趕出軍機處。〔註103〕載灃本人對世續也早已心存不滿。宣統元年議辦海軍，張之洞主張從緩，世續也隨聲附和，大拂載灃之意。後議內務府改革，世續是內務府旗人，又管內務府多年，對於裁改內務府員缺及改革等事竭力反對，致使內務府改革被擱置。世續的意思是自己是內務府旗人，對於改革該府各事即不應太苛刻。載灃聽說後，十分不高興，對人說：「世相如此抗議，實屬瞻徇情面，袒庇私人，且身爲朝廷重臣，應如何秉公持政，乃敢濫存私見，置大局於不顧，若不即定去留，勢必貽誤

〔註99〕 《濤貝勒奏對述聞》，《申報》，宣統二年七月初十（公元1910年8月14日），第一張第三版。

〔註100〕 《濤貝勒遊歷回國後之議論》，《申報》，宣統二年七月初八（公元1910年8月12日），第一張第四版。

〔註101〕 《濤貝勒提議組織責任內閣》，《申報》，宣統二年七月十一日（公元1910年8月15日），第一張第三版。

〔註102〕 「專電」，《申報》，宣統二年七月十六日（公元1910年8月20日），第一張第三版。

〔註103〕 「專電」，《申報》，宣統二年七月十六日（公元1910年8月20日），第一張第三版。

要政，後慮何堪設想。」〔註104〕宣統元年（公元 1909 年）十一月以後，載灃多次想把世續趕出軍機處，由於奕劻力保，才沒有付諸行動。這次世續又反對改革，尤其是反對擴充軍備，載灃終於忍無可忍，下決心令其出軍機。吳郁生是世續門生，由世續引入軍機處，鮮有建樹，又因反對剪髮得罪載濤，故而載灃決定令其與世續一起退出軍機處。

從七月初十日起，一連數日，載灃住在三所，與奕劻、載濤等人商議世續、吳郁生的替代者。載灃初開始打算讓載濤入軍機處，後來考慮到載濤是自己的胞弟，究嫌不便，因此改派毓朗入軍機處。毓朗是載濤政治上的影子，載濤政治勢力開始進入軍機處。另一軍機人選曾考慮過直隸總督陳夔龍、兩江總督張人駿、湖廣總督瑞澂，陳夔龍等力辭，奕劻力保徐世昌，載灃、載濤對徐世昌頗有好感，於是定議。

七月十三日，載灃頒發硃諭五道，「大學士世續著開去軍機大臣，專辦內閣事務」，「吳郁生著以侍郎候補，毋庸在軍機大臣上學習行走」，「貝勒毓朗著授軍機大臣」，「協辦大學士徐世昌著補授軍機大臣，於明日預備召見」，「郵傳部尚書著唐紹儀署理，未到任以前著沈雲沛暫行署理」〔註105〕。

此次易換樞臣對宣統政局產生了重大影響。那桐在日記中說：「朝局一變，殊出意外。」〔註106〕此次調整，是滿族年輕親貴對老一代親貴的一次重大勝利，以奕劻、世續為首的保守派受到沉重打擊，以載濤、毓朗為首的改革急進派勢力大增，此後預備立憲年限的縮短和責任內閣的成立都與此不無關係。除此之外，經過此次調整，袁世凱死黨徐世昌重入軍機處，很快和奕劻、那桐結為一黨，日後對袁世凱在政治上重新崛起起到重要作用。

第五節　宣佈縮短預備立憲期限

日俄第二次協約的簽訂加重了立憲派的危機感。宣統二年（公元 1910 年）七月十一日，國會請願代表團開會集議，最後議決：

〔註104〕《政府人物大更調原因之一》，《申報》，宣統二年七月二十二日（公元 1910 年 8 月 26 日），第一張第四版。

〔註105〕第一歷史檔案館：《光緒宣統兩朝上諭檔》第三十六冊，第 253～255 頁，廣西師範大學出版社 1996 年 10 月版。

〔註106〕北京市檔案館：《那桐日記》，第 638 頁，新華出版社 2006 年版。

一、代表團自辦事件：（一）將原定九月代表團上書資政院陳請
速開國會改爲請願，速催各代表來京；（二）日俄新約關係中國存亡，
應質問政府對待辦法，通告國民，徵求意見。

二、向諮議局聯合會提出：（一）國會不開，各省諮議局不得承
認新租稅，並限制本省民選資政院議員不得承認；（二）各省諮議局
於今年常會上應只限要求速開國會一個議案，不達目的，各局同時
解散。〔註107〕

八月二十六日，因資政院開院在即，國會請願代表團召開特別會議，商議第
三次請願開國會辦法。會議議決五條辦法：「一、上書監國；一、上書政務處；
一、呈請資政院議決具奏；一、聯合各省請督撫代奏；一、面叩監國陳明危
急情形，不見不止。」〔註108〕

九月初五日，國會請願代表團至攝政王府呈遞書請願，「嗣因監國已赴三
所，回事處未便接收。代表等公議辦法，酌留六人在府前露宿以俟，其餘歸
寓，趕辦上資政院請願書及政務處書。烏廳丞恪議，聞代表露宿，特派委員
勸解，並爲代覓宿處，代表不允，後由肅邸恭身往慰，並任初六日進三所代
陳，代表方將書交肅邸而歸。」〔註109〕

初七日，請願代表團上資政院書，請求資政院「迅賜提議，於宣統三年
內召集國會，並請提前議決代奏」〔註110〕。

九月十七日，資政院內立憲派議員方還、陶鎔、羅傑、雷奮、易宗夔、陳
樹楷、於邦華等提議擱置其它議案，先行討論速開國會，遭到一些欽選議員的
反對。九月二十日，資政院開會討論地方學務章程議案時，一些議員請議開國
會。有議員想堅持原議程，對學務章程發表意見，「語未畢，均止之，聲浪大
作。」〔註111〕會議不得不改變議程，開始討論奏請速開國會問題。「議長依照
發議表，依次指令議員羅傑、江辛、尹祚章，……均起而發議。議長將本案用
起立表決法，表決於眾。全體起立贊成，案可決。」〔註112〕議員汪榮寶得意

〔註107〕　參見《國會請願之近狀》，《東方雜誌》，第7年第8期。
〔註108〕　《第三次請願國會方法》，《憲政日刊》，宣統二年九月二日（公元1910年10
　　　　　月4日）。
〔註109〕　《第三次國會請願上書記》，《國風報》，第1年第25期。
〔註110〕　《東方雜誌》，宣統二年第十一期，《中國大事記》。
〔註111〕　《資政院第一次常年會第九號速記錄》，宣統二年九月二十日記錄。
〔註112〕　《資政院第一次常年會第九號速記錄》，宣統二年九月二十日記錄。

之極，「大呼大清國萬歲！今上皇帝陛下萬歲！大清國立憲政體萬歲！眾人和之，樓上旁聽之外國人亦各和之」〔註113〕。大會通過了請速開國會的議案。

九月二十六日，資政院奏請提前設立上下議院。奏稱：「竊惟世界政體所趨一軌，立憲者昌，不立憲者亡，歷史陳迹昭然可睹。而立憲政體之要義實以建設國會為第一」，又稱「今朝廷實行立憲，不啻三令五申，籌備不可謂不密，督責不可謂不嚴，而未嘗有成效之可言者，則以財政之未精確、法制之未統一，而實國會之不早建設有以致之也」。奏摺最後說：「臣等內審國情，外考成法，竊以為建設國會為立憲政體應有之義，既不可中止，何必斷斷於三五年遲早之間。人心難得而易失，時會一往而不還，今圖之猶可激發輿情，乂安大局，朝廷亦何憚而不為。」〔註114〕

一些地方督撫出於對現狀的不滿和對於王朝命運的憂慮，也紛紛奏請開國會成立責任內閣。地方督撫的不滿和憂慮主要在於：一、軍機大臣不負責任，政務紛亂。宣統元年十二月二十二日，吉林巡撫陳昭常奏請設立責任內閣，認為設立責任內閣可以收到「政務系統分明」、「施政方針確定」、「政務執行明敏」等效果。陳昭常認為，預備立憲之後，朝廷實行中央集權，「學部則統轄提學司焉，農工商部則統轄勸業道焉，民政部則統轄民政司或巡警道焉，度支部則統轄度支或藩司焉，法部則統轄提法司或臬司焉，不辦明政務之系統而欲以中央之權力支配各地方之官吏，在督府固竊議其侵權，在中央則實力有未逮」，設立責任內閣，「將全國之政務一一區分而條理之，如陸海軍行政權、外交行政權、財務行政權、司法行政權，皆宜握諸中央，其餘或委諸地方官吏，或委諸自治團體，其握諸中央者，由中央政府負其責，其委諸地方官吏及自治團體者，由官吏及團體負其責」，這樣「責任既極分明，機關自可效用矣」。陳昭常還認為「國家自舉行新政以來，非不雷厲風行，以冀振積弱之餘而臻富強之域，然其成效卒不大著者無他，施政無一定之方針也」，設立責任內閣後，「將全國之政務辨其孰為宜先，孰為可緩，然後綜計全國之歲入若干，歲出若干，某事可以某項彌補，某事必須另為籌畫，綱領既立，可隨事以進行，秩序爛然，自有條而不紊。」〔註115〕

〔註113〕　韓策、崔學森整理，王曉秋審訂：《汪榮寶日記》，第203頁，中華書局2013年版。
〔註114〕　溥倫、沈家本：《奏請提前設立上下議院事》，第一歷史檔案館縮微膠捲，檔號04－01－01－1095－068 縮微號04－01－01－167－2315。
〔註115〕　陳昭常：《奏為擬請設立責任內閣事》，第一歷史檔案館縮微膠捲，檔號04－01－02－0112－002，縮微號04－01－02－006－1134。

二、各省督撫敷衍塞責，預備立憲徒具形式。江蘇巡撫程德全在奏摺中痛陳憲政籌備實際情況，在江蘇，「巡警則機關不備，教育則節目多疏，陸軍尚擬緩成鎮之期，審判尚未睹建廳之實」。在全國，「明知事重費艱，萬難相副，而部臣姑以是責之疆臣，疆臣姑以是責之州縣，簿書之催促，文告之往來，相望於道，而實行者百不什一」，「即如憲政編查館奏定內外各衙門每屆六閱月將籌備成績臚列奏聞，內外臣工明知竭蹶應付不足言成績，然莫不遵章如限爲之奏報，於是形式粗具而精神全非，文告雖工而實效安在，此內外臣工宜共爲內疚不遑者矣」。〔註116〕，由於財政困難，預備立憲已難以爲繼。許同莘在日記中記載：「程雪帥抵任後，勵精圖治，事必躬親，蘇省吏治稍有起色，惟款項支絀。中丞語及新政則主實行，語及款項則云問藩司，而藩司則云，『諸事我皆贊成，惟向我要錢，我則反對』。官場以爲笑談。」〔註117〕其它各省情形也與江蘇類似。

三、財政困難，預備立憲難以爲繼。程德全認爲，「至於今日，若酌量爲之推緩，則朝廷恐有失信之嫌，若搜括以濟所需，則朝廷有爲斂怨之府，所謂岌岌不可終日者是也」，在「如財力困竭，政務掣擾」，要擺脫困境，惟有俯允人民開國會的請求，「捨此莫由」〔註118〕。

九月二十三日，東三省總督錫良、湖廣總督瑞澂、兩廣總督袁樹勳、雲貴總督李經羲、伊犁將軍廣福、察哈爾都統溥良、吉林巡撫陳昭常、黑龍江巡撫周樹模、江蘇巡撫程德全、安徽巡撫朱家寶、山東巡撫孫寶琦、山西巡撫丁保銓、河南巡撫寶棻、新疆巡撫聯奎、浙江巡撫增韞、江西巡撫馮汝騤、湖南巡撫楊文鼎、廣西巡撫張鳴岐、貴州巡撫龐鴻書等十九督撫聯名致電軍機處，請其代奏，請求「立即組織責任內閣」、「明年開設國會」。直隸總督陳夔龍、陝西巡撫恩壽雖沒有聯銜，但也分別奏請先設立責任內閣。〔註119〕四川總督趙爾巽爲四川諮議局代奏，請求「旨下資政院，於本年會期中編成議員選舉法頒佈宇內，刻期召集國會，以飭內政，以固民志」〔註120〕督撫中只

〔註116〕 程德全：《奏爲遵旨議奏御史趙炳麟奏請確定行政經費事》，第一歷史檔案館縮微膠捲，檔號04－01－01－1108－040，縮微號04－01－01－170－1285。
〔註117〕 近代史所藏檔案，《許同莘日記》，檔號甲622－11。
〔註118〕 程德全：《奏爲斟酌變通九年籌備各項事宜以利推行事》，第一歷史檔案館縮微膠捲，檔號04－01－01－1106－018，縮微號04－01－01－170－0222。
〔註119〕 參看陳寶琛等撰：《宣統政紀》，第764、765頁，中華書局1987年版。
〔註120〕 四川總督趙爾巽：《爲請刻期召開國會事》，第一歷史檔案館收電檔縮微膠捲，檔號2－04－13－002－0287，縮微號013－0408。

有兩江總督張人駿既反對設立責任內閣，又反對提前召開國會，可見召開國會、組織責任內閣已是大勢所趨，人心所嚮。

九月初六日，善耆到載灃府代遞代表團所上請願書，並向載灃詳細陳述各代表的政治熱情及學生流血事件，語氣十分誠摯。載灃聽後歎息不止，當諭俟明日朝議再行定奪。次日下午，載灃在三所招見軍機大臣詢問如何對待國會請願。毓朗主張速開國會，稱「民氣不可強壓，欲救中國之亡非速開國會實無他策可籌，因政府數人之籌畫決不如國會多數人協籌」。載灃「深嘉悅毓朗之忠心愛國」〔註121〕當日，載灃又召善耆進見，諭以「國會事已飭樞臣籌商，須縮短一二年以慰天下渴望」〔註122〕國會請願運動引起了隆裕皇太后的注意，她在長春宮召見載灃詢問國會請願情形。隆裕問：「呈遞請願書時有割股斷指事，信乎？」載灃曰：「有之，係奉天學生。」隆裕聽到奉天二字似有所動，不覺默然良久，曰：「伊等忠愛熱忱，諒非沽名，實迫於時勢為之耳。吾亦知此事關係重大，不可草率從事，惟聞廷臣中有意反對者亦屬不少，究竟有人能將國會速開之得失及利弊關係一一斷決否？若仍似是而非，懷挾私見，須當早自定見，切勿為浮言所撓。」載灃退出後，即在三所召見軍機大臣，將隆裕懿旨告訴他們，並飭速電各省督撫及各部大臣，將縮短國會期限問題詳細解釋，統限於半月以前十日以後電奏，以便博採眾論，從長計議。〔註123〕載洵、載濤力主速開國會，載洵「謂國會事極表同情」〔註124〕。請願書呈遞後，載濤「即往返奔走，極力贊成，思聯合各親貴王公大臣聯銜請願，惟連日遊說，政府中同志甚鮮」〔註125〕。他在致載洵的信中不無抱怨地說：「國會請願非不極力贊成，然孤掌難鳴，苦無同志，天下事不如意十居八九，信不我欺。」〔註126〕載濤還「密查反對速開國會各督撫，預備親自嚴劾」〔註127〕。

〔註121〕「第三次國會請願記」，《申報》，宣統二年九月十六日（公元 1910 年 10 月 18 日），第一張第三版。

〔註122〕「專電」，《申報》，宣統二年九月初八日（公元 1910 年 10 月 10 日），第一張第三版。

〔註123〕參見《太后亦有速開國會之意》，《申報》，宣統二年九月十九日（公元 1910 年 10 月 21 日），第一張第三、四版。

〔註124〕《贊成國會與反對國會者》，《申報》，宣統二年十月初四日（公元 1910 年 11 月 5 日），第一張第四版。

〔註125〕《親貴大臣之國會觀》，《申報》，宣統二年九月二十七日（公元 1910 年 10 月 29 日），第一張第四版。

〔註126〕《國會請願最後之五分鐘》，《申報》，宣統二年九月二十五日（公元 1910 年 10 月 27 日），第一張第三、四版。

親貴中只有奕劻竭力反對速開國會，一面連續請假五日，暫避國會會議，一面令人致電李經羲，「現在人民要求國會之熱度極高，公等宜稍鎮靜，請弗主持其事」。李經羲得電，宗旨為之一變，不願再領銜上奏，致電各督撫，稱「不立國會無辦事之腦，驟立國會無完全穩著，愚請內閣難於擇人，國會難於防弊，因此甚為躊躇，領銜之事仍推諸老」〔註128〕。奕劻還致某督，「朝廷尚無一定辦法，切忌魯莽，勿庸附和」〔註129〕。由於世續被趕出軍機處，奕劻孤掌難鳴，已難以左右預備立憲的局勢。

九月二十六日，載灃頒發諭旨：「本日資政院具奏，據順直各省諮議局及各省人民代表等陳請速開國會一摺，又據錫良及陳夔龍、恩壽電奏組織內閣欽頒憲法開設議院等語。著將原摺、電交會議政務處王大臣公同閱看，預備召見。」〔註130〕

九月二十七日，有消息傳出，朝廷已決定宣統五年召開國會，各省紛紛致電軍機處，請其代奏請求宣統三年即開國會。

福建諮議局電稱：「國事危急，國會關係存亡，一年內不召集，人心去，大局益不可問，閩九府兩州人民集省垣同聲哀吁，群情惶惶，本局不敢不據情逕達，懇奏請宣詔以慰天下。」〔註131〕

陝西諮議局、同志教育會電稱：「國會救危，祈代奏明年即開。」〔註132〕

貴州諮議局電稱：「國會為救亡第一政策，乞主持即開，以慰民望而維大局。」〔註133〕

湖南紳商軍學界陳炳煥等三千五百五十人聯名，電稱：「時事日急，迫不

〔註127〕 「專電」，《申報》，宣統二年九月二十三日（公元1910年10月25日），第一張第三版。

〔註128〕 《空中之國會與責任內閣》，《申報》，宣統二年九月十六日（公元1910年10月18日），第一張第三版。

〔註129〕 《親貴大臣之國會觀》，《申報》，宣統二年九月二十七日（公元1910年10月29日），第一張第四版。

〔註130〕 第一歷史檔案館：《光緒宣統兩朝上諭檔》第三十六冊，第370頁，廣西師範大學出版社，1996年10月版。

〔註131〕 福建諮議局：《為懇請宣詔召集國會事》，第一歷史檔案館收電檔縮微膠捲，檔號2－04－13－002－0309，縮微號013－0436。

〔註132〕 陝西諮議局、同志教育會：《為乞代奏明年即開國會事》，第一歷史檔案館收電檔縮微膠捲，檔號2－04－13－002－0308，縮微號013－0435。

〔註133〕 貴州諮議局：《為乞請主持即可國會事》，第一歷史檔案館收電檔縮微膠捲，檔號2－04－13－002－0307，縮微號013－0434。

及待，國會早開一日，即早收一日之效，人民盼望國會熱誠已達極點，務懇定議，以明年爲召集之期，萬勿疑慮。」〔註134〕

山西紳民電稱：「國會風聞議定宣統五年召集，時機危迫，懇主張明年即開。」〔註135〕

四川諮議局、教育會、農工商會等電稱：「國會爲中國存亡關鍵，近日上下一心，督撫聯銜代奏，上達聰聽，敬懇啓沃宸斷，決定宣統三年開會，以上奠邦基，下固民志。」〔註136〕

山東教育會等電稱：「時局危迫，民情悚惶，惟速開國會方慰民望，爲此合詞籲肯鼎力主持，勿再延緩，不勝激切待命之至。」〔註137〕

河南同志會電稱：「民望國會如饑望食，近聞有宣統四五年召集說，敷衍政策不足救國，懇明年即開。」〔註138〕

河南教育總會電稱：「非速開國會難救危急，懇主持明年召集。」〔註139〕

河南諮議局電稱：「國勢阽危，非責任內閣無以定大政方針，非速開國會，內閣終無責任，懇主持明年即開。」〔註140〕

江西諮議局電稱：「國會非速開無以救困，呈請撫部院代奏外，謹先電懇主持。」〔註141〕

湖北諮議局等電稱：「國是日非，國權漸盡，一日千變，人民泣血，國會不即開，國家必亡，萬不能稍遲。公懇主持即開以救危亡。」〔註142〕

〔註134〕湖南紳商軍學界陳炳煥等：《爲懇請定議以明年爲國會召集之期事》，第一歷史檔案館收電檔縮微膠捲，檔號2－04－13－002－0306，縮微號013－0433。

〔註135〕山西全體紳民：《爲懇請主張明年即可國會事》，第一歷史檔案館收電檔縮微膠捲，檔號2－04－13－002－0305，縮微號013－0432。

〔註136〕四川諮議局、教育會、農工商會等：《爲敬請宸斷宣統三年開國會事》，第一歷史檔案館收電檔，檔號2－04－13－002－0304，縮微號013－0431。

〔註137〕山東教育會等：《爲懇請主持速開國會勿再延緩事》，第一歷史檔案館收電檔縮微膠捲，檔號2－04－13－002－0303，縮微號013－0430。

〔註138〕河南同志會：《爲懇請明年即開國會事》，第一歷史檔案館收電檔縮微膠捲，檔號2－04－13－002－0302，縮微號013－0429。

〔註139〕河南教育總會：《爲懇請主持明年召集國會事》，第一歷史檔案館收電檔縮微膠捲，檔號2－04－13－002－0301，縮微號013－0428。

〔註140〕河南諮議局：《爲懇請主持明年即開國會事》，第一歷史檔案館收電檔縮微膠捲，檔號2－04－13－002－0300，縮微號013－0427。

〔註141〕江西諮議局：《爲懇請主持速開國會事》，第一歷史檔案館收電檔縮微膠捲，檔號2－04－13－002－0299，縮微號013－0426。

〔註142〕湖北諮議局等：《爲懇請主持即開國會事》，第一歷史檔案館收電檔縮微膠捲，檔號2－04－13－002－0298，縮微號013－0425。

　　吉林諮議局及各團體電稱：「國會實救亡上策，萬不可緩，乞立即召集以繫全國人心。」〔註143〕

　　九月二十八日下午，軍機大臣、各行政大臣均到東華門外會議政務處公同閱看資政院請開國會原奏並陳夔龍、恩壽、寶棻電奏，「閱畢彼此研究良久，大抵語多騎牆，無一決斷之詞，後經軍機大臣議定，若不稍爲縮短年限，難饜眾望，若遽予允許，又恐民氣愈張，擬爲調停之計，改爲宣統三年設立內閣，宣統五年召集國會，於當日入對，俟開御前會議即可請旨宣佈」。〔註144〕

　　十月初二日，載灃召開御前會議。軍機大臣毓朗發言時大致說：時事危迫，國會誠不可不速開，然不先定國事，則政府與國民遇事爭執，必不免紛擾。故必先設新內閣，及確定海陸軍進行政策，再開國會，庶君權不致爲民權所抑。載澤則謂：現在國稅地方稅未分，遽開國會恐人民爭執，且朝廷注重國防，人民注重實業，目下採輿論已多主張裁減海陸軍費，甚有主張停辦海軍者。故必先立新內閣明定國是然後再開國會，方免一切紛擾。爲今之計，應明定宣統五年召集國會，既不阻絕人民之請願，而乘此二年工夫可以確定各項要政辦法，並須立降明諭成立新內閣，故本日主要問題當先規定新內閣辦法。載灃極是二人之議，遂決定國會定限縮短三年。〔註145〕立憲派請求宣統三年召開國會的電報沒有起到任何作用。載灃爲首的清廷名爲籌備立憲，實質上是要利用這三年時間將更多的財權和軍權集中在自己手裏。

　　是日，汪榮寶作一書給溥倫，「力請再行提前一年，略言今日危急存亡之際，朝廷政策以鼓舞人心爲第一要義，又言多一日豫備，不過多一日敷衍，又言安危之機在此一舉，若發表之後再有更動，則朝廷之威信盡失，即大權之根本不堅，與其詒悔將來，何如審機於此日，又言若堅持五年，必令花團錦簇之舉消歸烏有，絕非得策。」〔註146〕

　　十月初三日，溥倫告訴汪榮寶，「昨日得書，反覆省覽，非常感動，今日詣三所謁監國，已竭力敷陳，攝政屈於群議，亦無如何」。溥倫又向軍機大臣

〔註143〕吉林諮議局及各團體：《爲乞請立即召開國會事》，第一歷史檔案館收電檔縮微膠捲。檔號 2－04－13－002－0297，縮微號 013－0424。

〔註144〕《國會問題種種》，《申報》，宣統二年十月初四日（1910 年 11 月 5 日），第一張第三版。

〔註145〕《民立報》，宣統二年十月初十日（1910 年 11 月 11 日）。

〔註146〕韓策、崔學森整理，王曉秋審訂：《汪榮寶日記》，第 209 頁，中華書局 2013年版。

等力爭，應者寥寥。最後惟聞上諭內召集議院改爲開設議院，並令會議政務處王大臣全行副署云云。〔註147〕

載灃又頒發上諭，稱：「此次縮定期限，係採取各省督撫等奏章，又由王大臣等悉心謀議，請旨定奪，詢屬斟酌妥協，折中至當，緩之既無可緩，急亦無可再急，即應作爲確定年限，一經宣佈，萬不可再議更張。……此後倘有無知愚氓，藉詞煽惑，或希圖破壞，或逾越範圍，均足以擾害治安，必即按法懲辦，斷不使於憲政前途稍有窒礙」。〔註148〕諭旨警告立憲派，如果膽敢再以開國會爲請，那就是「藉詞煽惑」、「希圖破壞」的「無知愚氓」，朝廷就不客氣了。稍作讓步之後，載灃爲首的清廷準備鎮壓國會請願運動了。

第六節　鎮壓國會請願運動

雖然載灃爲首的清廷決定宣統五年召開國會，預備立憲期限縮短三年，但與立憲派宣統三年開國會的要求尚有不小差距，不能滿足他們的願望。請願代表團在致《國會請願代表通問各省同志會書》中說：「某等承全國諸父老委託之重，匍匐都門，請求國會，積誠馨哀，一年於今三次上書……千氣萬力，得國會期限縮短三年，心長力短，言之痛心。……三年遙遙，夜長夢多，諸父老與有興亡之責，爲國憂勤，其何以圖之！」失望之情，溢於言表。但國會請願代表把朝廷不允即開國會歸咎於奕劻等大臣，說：「夫我皇上沖齡踐阼，監國攝政王負斧扆而朝，內處深宮，日月自有遺照之明。今茲主謀度必有一二昏耄老臣，勢居津要，陽爲老成持重之言，陰以遂其敷衍苟且、竊踞朝柄之私心。而新進得倖之臣又甚慮國會一開，人才勃興，或致搖撼其祿位，坐是遏抑撓阻，力主五年之說，相與揚波而助焰，是舉各督撫與人民之所要求明年開會者率皆一不審諦，徒取決於少數之廷臣，而廷臣仰承風旨，唯諾者十九，草具說帖，其敢有異論，相率畫諾，遂爲定議。」〔註149〕

經過討論，同志會向各省發出《通告書》，通告同志會行止及進行方略。具體內容爲：

〔註147〕韓策、崔學森整理，王曉秋審訂：《汪榮寶日記》，第209頁，中華書局2013年版。

〔註148〕第一歷史檔案館：《光緒宣統兩朝上諭檔》第三十六冊，第376～377頁，廣西師範大學出版社，1996年10月。

〔註149〕《東方雜誌》，第7年第11期，《中國大事記》，第157～158頁。

一、代表團。朝命勸諭解散，自不能再行存在，致招干涉。國會期限之縮短，揆之請願之初衷，實未圓滿，亦未便於一時之間，出而要求。蓋既爲事實上決無效力，誠不如暫時消滅代表團，異日再有要求，另行組織。

二、同志會。其宗旨不僅在請願，並爲灌輸一般國民之憲政知識而發，且原章規定，非國會成立後不得解散。此次所得請願之效果並未圓滿，自應存此機關在京總部，於代表團解散以後，政黨之基礎未立以前，即爲同人通信之所。

三、國會期限。上諭既定宣統五年，遽請收回成命，恐難達此希望，擬由種種方面督促之，稍緩須臾，或可要求四年春間或秋間召集。

四、憲法、議院法、選舉法及官制內閣組織法。此數項爲國會未開以前應行設備之事，自應要求趕早編定，並設法參與之。

五、政黨。各處函電皆屬改組政黨，茲事體大，不可不愼重將事。今議先擬綱要一通，已經舉人起草，月底發表，大概作一底稿，至如何組織，均祈海內賢達指示方針，如有函電，暫以北京《國民公報》內附設之同志會爲機關部。

六、各省之行動。代表團既奉散歸之命，不能再作要求。然直省中如有主張急進，仍繼續要求者，尤所切望。蓋一面促動政府，一面喚起民氣，微特可以爲將來倡議宣統四年召集國會之動機，且令一般國民希望憲政之熱度再進一步，亦未始非國利民福之舉。

〔註150〕

從《通告書》內容看，第一項遵清廷上諭解散代表團，第二項保留灌輸國民憲政知識的同志會，第四項要求清廷趕早編定憲法、議院法、選舉法、及內閣編織法，並積極設法參與，第五項草擬組織政黨綱要都表明說明立憲派在清廷在立憲問題上有所讓步的情況下，還是選擇了在立憲與朝廷繼續合作，而沒有選擇對抗。第三項和第六項把宣統四年召開國會當作奮鬥目標更說明總體上立憲派還對清廷抱有很大的幻想，還沒有與朝廷決裂的打算。

　　國會請願代表團雖奉命解散，但請願運動並沒有完全停止。東三省人民身處危境，對速開國會的要求尤為迫切。十一月初五日，奉天諮議局、教育總會、農務總會、商務總會、國會請願同志會、惠公公司、清真教、承德自治會和全省 46 州縣代表共 1 萬餘人赴總督府請願，東三省有感於東三省之危，答應代奏。十一月初十日，錫良具摺奏請宣統三年即開國會以救危亡，其奏稱：

> 　　竊本月初三、初五兩日，有各界紳民一萬餘人，手執請開國會旗制，伏泣於公署之前，求為代奏。……仍懇奏請明年八九月集議院以繫人心而維大局，情詞迫切，出於至誠。萬餘人伏地怨泣，至有傅顙流血、聲嘶力竭不能自己者。……臣蒞東以來，默察今日大勢，欲求所以捍三省之危亡者，一無可恃，所恃者民心不死，皆知崇戴朝廷耳。……總之，時危勢迫，為民人之大患，亦朝廷所深憫，何必靳此區區二年之間，不與百姓更始耶？……伏祈聖明俯允所請，再降諭旨，定於明年召集國會，大局幸甚！如以臣言為欺飾，請先褫臣職，另簡賢能大員，以紓邊禍。〔註 151〕

奏上，奉朱批：「縮改開始議院年限，前經廷議詳酌，已降旨明白宣示，不應再奏。東三省地方重要，該督有治事安民之責，值此時艱，尤應力任其難，毋許藉詞諉卸，致負委任。」〔註 152〕

　　十一月十九日，在全國學界同志會會長溫世霖、順直諮議局局長閻鳳閣和商會總理土竹林帶領下，各學堂學生數千人，遊行至督署請願。直隸總督陳夔龍本反對速開國會，但迫於壓力，代順直諮議局電奏，請求明年即開國會。載灃接到電奏，諭陳夔龍：「開設議院縮改於宣統五年，期限不為不近，所有提前預備事宜，至為繁賾，已慮趕辦不及，各省督撫呈奏，亦見及於此，豈能再議更張。著該督懍遵上次諭旨，剴切宣示，不准再行聯名要求瀆奏。」〔註 153〕陳夔龍接到電諭，即出示曉諭，並飭巡警道偵查，不准聚眾集議，又

〔註 151〕錫良：《奏為代奏奉天全省各界紳民因時局迫不及待呈請明年即開國會以救危亡事》，第一歷史檔案館縮微膠捲，檔號 03－9299－020，縮微號 667－2922。

〔註 152〕軍機處隨手登記檔，第一歷史檔案館縮微膠捲，檔號 03－0335－2－1302－303，縮微號 03－0335－2－156；錫良：《奏為代奏奉天全省各界紳民因時局迫不及待呈請明年即開國會以救危亡事》，第一歷史檔案館縮微膠捲，檔號 03－9299－020，縮微號 667－2922。

〔註 153〕軍機處：《奉旨請於明年開國會著遵上次諭旨不准再聯名瀆奏事》，第一歷史檔案館縮微膠捲，檔號 1－01－13－002－0269；陳寶琛等撰：《清實錄·宣統政紀》，第 807 頁，中華書局 1987 年版。

飭令請願同志會解散。載灃接到電奏，諭：「辦理尚屬認眞，著陳夔龍嚴飭各員，開導彈壓，如有不服勸諭糾眾違抗，著仍即懍遵十月初三日諭旨，查拏嚴辦，以保治安。」〔註154〕

十一月二十三日，載灃諭令取締、禁止國會請願，諭稱：

> 開設議院縮改於宣統五年，乃係廷臣協議請旨定奪，並申明一經宣示，萬不能再議更張，誠以事繁期迫，一切均須提前籌備，已不免種種爲難，各省督撫陳奏亦多見及於此。乃無識之徒不察此意，仍肆要求，往往聚集多人，挾制官長，今又有以東三省代表名詞來京遞呈，一再瀆擾，實屬不成事體，著民政部、步軍統領衙門立即派員將此項人等迅速送回原籍，各安生業，不准在京逗留。朝廷於無知愚民因迫於時艱，妄行陳說，已屢從寬宥，然豈有國民而不循理法者，深恐姦人暗中鼓動，藉詞煽惑，希圖擾害治安，若不及時防維，認眞彈壓懲辦，久必釀亂。此後倘有續行來京，藉端滋擾者，定惟民政部、步軍統領衙門是問，各省如再有聚眾滋鬧情事，即非安分良民，該督撫等均有地方之責，著即懍遵十月初三日諭旨，查拏嚴辦，毋稍縱容，以安民生而防隱患。〔註155〕

次日，載灃又令軍機處電寄錫良：「東三省來京要求國會人等，昨已奉旨飭民政部、步軍統領衙門派員送回原籍，希即妥爲安置，俾各安生業，毋令滋生事端，是爲至要。」〔註156〕是日，軍警將東三省請願代表「送」往原籍。

除直隸諮議局、東三省紳民請開國會外，奉天、直隸、四川等省學生也都散發傳單、罷課停學，要求速開國會。十二月初四日，載灃令軍機處電寄各省督撫，要求對學生請願防範鎮壓。諭稱：

> 前經降旨縮改於宣統五年開設議院，已明白宣示，作爲確定年限，不能再議更張。乃不安本分之徒，藉速開國會爲名，仍復到處鼓惑。各學堂學生多繫年幼無知，血氣未定，往往被其愚弄，輕發

〔註154〕軍機處：《奉旨遵諭偵查不准聚眾請願飭同志會解散著查拏嚴辦事》，第一歷史檔案館縮微膠捲，1－01－13－002－0272；陳寶琛等撰：《清實錄·宣統政紀》，第809頁，中華書局1987年版。

〔註155〕第一歷史檔案館：《光緒宣統兩朝上諭檔》第三十六冊，第489頁，廣西師範大學出版社1996年10月版。

〔註156〕軍機處：《爲東三省來京要求國會人等派員送回妥安事》，第一歷史檔案館縮微膠捲，檔號1－01－13－002－0275。

傳單，紛紛停課，聚眾要求。聞奉天、直隸、四川等省，均有此項
情事，恐他省亦在所不免。似此無端荒棄正業，奔走呼號，日久恐
釀生他變，貽害民生。學堂學生歷練未深，本不准干預國家政治，
曾奉先朝嚴諭，刊入文憑，懸為厲禁。乃歷時未久，復染囂張之習，
是皆由辦學人員管教不嚴所致。前已面諭學部尚書唐景崇，通飭各
省嚴行禁止。著各省督撫再行剴切曉諭，隨時彈壓，嚴飭提學使及
監督、提調、堂長、監學等，按照定章，隨時開導查禁，防範未然。
倘再有前項情事，立即從嚴懲辦，並將辦學人員一併重處，以儆其
餘。若或仍前玩愒，以致生事端，定惟該督撫等是問。〔註157〕

接到諭旨，陳夔龍立即飭令學堂復課，否則解散學堂，將學生押送回家。在
陳夔龍的高壓之下，天津、保定學生不得不停止了罷課。

　　十二月初五日，陳夔龍電奏清廷，稱天津、保定各校業已上課，載灃諭
陳夔龍：「辦理尚屬妥協，以後如再滋生事端，著遵前旨嚴行懲辦。」〔註158〕
十二月初七日晚，陳夔龍飭巡警道田文烈將溫世霖秘密逮捕。第二天，他電
奏朝廷，稱：「是溫世霖藉端生事，非特違害一方，且影響及於各省，實非尋
常滋事可比。夔龍為保衛自安，顧全大局起見，應否將溫世霖即溫子英從重
發往新疆，交地方官嚴加管束，以遏亂萌，而彌隱患之處。」〔註159〕次日，
載灃頒發上諭，「溫世霖著即發往新疆，交地方官嚴加管束，以遏亂萌而彌隱
患」〔註160〕在載灃的高壓之下，立憲派的國會請願活動被壓制住了，他們對
清政府不滿和離心性卻進一步增強了。

第七節　推出皇族內閣

　　宣統二年（公元1910年）十一月二十四日，載灃以宣統名義發佈上諭：

〔註157〕軍機處：《為學生停課速開國會事曉諭彈壓隨時開導查禁防範事》，第一歷史
　　　　檔案館縮微膠捲，檔號1－01－13－002－0284。
〔註158〕參看軍機處：《奉旨天津保定各學校開課著遵前旨嚴辦事》，第一歷史檔案館
　　　　縮微膠捲，檔號1－01－13－002－0285。
〔註159〕《收直隸總督致軍機處請奏電》（十二月初八），軍機處電報檔，轉引自韋慶
　　　　遠、高放、劉文源等編：《清末憲政史》，第353頁，中國人民大學出版社1993
　　　　年10月版。
〔註160〕第一歷史檔案館：《光緒宣統兩朝上諭檔》第三十六冊，第517頁，廣西師範
　　　　大學出版社，1996年10月。

「前經降旨，飭令憲政編查館修正籌備清單，著即迅速擬訂，並將內閣官制一併詳慎纂擬，候朕披覽詳酌。」〔註161〕設立責任內閣正式進入程序。

十二月十七日，憲政編查館大臣奕劻等具摺上奏，將修正後的清單呈上，得到了載灃的認可。清單擬定宣統二年釐定內閣官制，宣統三年頒佈內閣官制，設立責任內閣。〔註162〕

宣統三年正月初三日，載灃特召樞臣進見，諭商設立責任內閣、裁併吏禮兩部及縮小憲政編查館範圍等事。載灃對於以上諸政意在速成，各軍機大臣亦不敢稍持異議，當時即決定準於宣統三年三月內降旨設立內閣。〔註163〕二月，憲政編查館將內閣官制草案呈上，載灃進行了刪改，其中有一條云「凡政務經閣議決定後，可以立即施行」，載灃閱後用硃筆刪去。隨後，草案由李家駒改正，發交各部大臣閱看，定於二月二十二日在政務處呈遞說帖，而後定稿。〔註164〕

各部所遞說帖大多空洞無物，只有度支部尚書載澤、禮部尚書榮慶、學部尚書唐景崇的說帖說出了一些實質性的問題。載澤提出，「惟第十九條規定具奏事宜雖為保事權之統一，議論之紛歧，揆諸立憲國通例原無不合，但目前閣制甫經組織，議會方始萌芽，執行監督之機關尚未完備，似宜稍寬限制，凡例得奏事人員，仍許其徑行上奏，以廣言路而達下情。如恐於憲法原理稍有不符，則暫行章程中似不妨酌改。」〔註165〕榮慶提出，「一、內閣官制第七條，『對於各省長官及各藩屬長官，於其命令處分得令停止或撤銷之』，現在中央地方問題尚未解決，且地方遼闊，與日本情形不同，可否照第五條辦法，改為奏明停止或撤銷之。一、暫行辦事章程內於內外官制未經一律施行以前，言官得奏劾國務大臣於條奏國務不適用之等語，現在改訂之始，法律未備，

〔註161〕第一歷史檔案館：《光緒宣統兩朝上諭檔》第三十六冊，第490頁，廣西師範大學出版社，1996年10月。

〔註162〕憲政編查館：《呈遵擬議院未開以前逐年籌備事宜清單》，第一歷史檔案館縮微膠捲，檔號04－01－02－0013－009，縮微號04－01－02－001－0930。《清末籌備立憲檔案史料》上冊中「檔案附單原缺」的說法不確。

〔註163〕《新內閣成立之確期》，《申報》，宣統三年正月十一日（公元1911年2月20日），第一張第四版。

〔註164〕《新內閣發佈之動機》，參看《申報》，宣統三年二月二十五日（公元1911年4月4日），第一張第五版。

〔註165〕度支部：《度支部呈酌議內閣官制說帖》，第一歷史檔案館縮微膠捲，檔號04－01－02－0014－002，縮微號04－01－02－001－1072。

若過於限制建言之人，恐失朝廷兼聽兼觀之明，可否將例許言事之人彈劾官吏條陳時政兩事均暫仍舊制，但不得摭拾攻訐，淆亂是非，徒瀆聖聰。」〔註166〕唐景崇提出：「於『或商明內閣總理大臣』下增改如下：『或蒙特旨召見，亦得自行入對。』……第十二條下擬增一條……各部大臣得以其所見，無論何等事項可提出於內閣總理大臣請求閣議。」〔註167〕

二月二十二日，至會議政務處，軍機大臣奕劻、民政部尚書善耆、海軍部尚書載洵、軍機大臣毓朗、度支部尚書載澤、吏部尚書李殿林、軍機大臣徐世昌、軍機大臣那桐、學部尚書唐景崇、外務部尚書鄒嘉來、法部尚書紹昌、理藩部尚書壽勳、學部侍郎寶熙，齊集會議政務處，公閱閣制。〔註168〕草案經過修改，三月二十八日，民政部尚書善耆、海軍部尚書載洵、度支部尚書載澤、農工商部尚書溥倫、軍機大臣那桐、軍機大臣徐世昌、大學士陸潤庠、外務部尚書鄒嘉來、學部尚書唐景崇、陸軍部尚書蔭昌、法部尚書紹昌、郵傳部尚書盛宣懷、理藩部尚書壽勳等，在內閣會議集議，最後議定了新內閣暫行章程。〔註169〕

四月初十日，載灃批准頒佈了憲政編查館和會議政務處擬定的內閣官制和辦事暫行章程。內閣官制所附清單第九條規定：「內閣總理大臣得隨時入對。各部大臣就所管事件得隨時會同內閣總理大臣入對，或請旨自行入對。凡例應召見人員，於國務有所陳述者，由國務大臣帶領入奏。其蒙特旨召見，及法令有特別規定者，不在此限。」其第十四條規定：「關係軍機軍令事件，除特旨交閣議外，由陸軍大臣、海軍大臣自行具奏，承旨辦理後，報告於內閣總理大臣。」〔註170〕內閣辦事暫行章程所附清單第四條規定：「內閣總理大臣、協理大臣每日入對，各部大臣分班值日，如有召見及因事請對者，得會同內閣總理大臣或協理大臣入對。其關於各部主管事件，應由該部大臣加班入對者，得隨時會同入對。除前項會同入對事件外，各部大臣仍得請旨自行

〔註166〕禮部尚書榮慶：《略舉內閣官制數端淺見說帖》，第一歷史檔案館縮微膠捲，檔號04－01－02－0014－003，縮微號04－01－02－001－1076。

〔註167〕學部尚書唐景崇：《呈內閣官制說帖》，第一歷史檔案館縮微膠捲，檔號04－01－02－0014－005，縮微號04－01－02－001－1085。

〔註168〕參看《榮慶日記》，第188頁，西北大學出版社1986年版。

〔註169〕參看《榮慶日記》，第190頁，西北大學出版社1986年版。

〔註170〕故宮博物院明清檔案部編：《清末籌備立憲檔案史料》，上冊，第561、562頁，中華書局1979年版。

入對。」其第五條規定:「內外新官制未經一律施行以前,按照向例,得蒙召見人員於國務有所陳述者,由內閣總理大臣或協理大臣帶領入對。……各省將軍督撫,除請安請訓,及特旨召見外,其於國務有所陳述者,應先商明內閣總理大臣、協理大臣或主管各部大臣,會同入奏。」第六條規定:「關於國務奏陳事件,在內外官制未經施行以前,凡例應奏事人員,及言官奏劾國務大臣,仍得自行專摺入奏,候旨裁奪。凡關於一部之具奏事件,其要者,應會同內閣總理大臣、協理大臣具奏。其尋常例奏,可逕由該部大臣具奏,仍俟上奏後,抄稿咨送內閣查核。前項重要事件及尋常例奏事件,應由內閣總理大臣、協理大臣會同各部大臣分別規定,奏請聖裁。」其第七條規定:「按照內閣官制第十四條,由陸軍大臣、海軍大臣自行具奏事件,應由該衙門自行具摺呈遞,毋庸送交內閣。」其第八條規定:「內外行政各衙門,應奏不應奏事件,除陸軍部、海軍部外,由內閣總理大臣、協理大臣會同各部大臣另擬章程,奏請聖裁。前項章程未經奏定以前,所有內外循例具奏事件,照常具奏,候旨裁奪。其關係重要應行籌議事件,仍應具奏,候旨交付閣議,決定後,由內閣總理大臣、協理大臣請旨裁奪。遇有緊急事件,不及付閣議者,由內閣總理大臣、協理大臣隨時請旨辦理。」〔註 171〕這些規定在一定程度上聽取了載澤等人的意見,基本上完全剝奪了內閣總理大臣干預陸海軍的權力,使得皇帝(攝政王載灃)將海陸軍權牢牢掌握在自己手中;大臣奏事入對雖較以往有所不便,但並沒有受到實質性影響,有利於皇帝(攝政王)直接從大臣那裏瞭解情況,並控制、指揮大臣,限制了內閣總理大臣的行政權力,目的是防止其專擅弄權。這種制度之下,內閣總理大臣很難有效統轄各部,責任內閣徒具虛名。

同日,載灃諭令組織責任內閣,任命慶親王奕劻(滿)為內閣總理大臣,大學士那桐(滿)、徐世昌(漢)為內閣協理大臣,梁敦彥(漢)為外務大臣,善耆(滿)為民政大臣,載澤(滿)為度支大臣,唐景崇(漢)為學務大臣,蔭昌(滿)為陸軍大臣,載洵(滿)為海軍大臣,紹昌(滿)為司法大臣,溥倫(滿)為農工商大臣,盛宣懷(漢)為郵傳大臣,壽耆(滿)為理藩大臣。〔註 172〕

〔註 171〕 故宮博物院明清檔案部編:《清末籌備立憲檔案史料》,上冊,第 563、564頁,中華書局 1979 年版。
〔註 172〕 第一歷史檔案館:《光緒宣統兩朝上諭檔》,第三十七冊,第 88 頁廣西師範大學出版社 1996 年 10 月版。

在按資排輩的原則下，責任內閣基本上由原軍機大臣和各部尚書組成。原軍機大臣中，奕劻身份最尊，資歷最深，政治勢力龐大，又得到列強支持，載灃內政外交都離不開他，故而任命他爲內閣總理大臣。那桐資歷僅次於奕劻，雖才能平庸，但圓滑世故，又善於投機迎合，載灃對他只是小有不滿，還不至於將其棄置。徐世昌資歷較淺，但爲了平衡滿漢關係，載灃還是讓他入責任內閣，充一伴食之協理大臣。毓朗在軍機處資歷較淺，載灃又要用他來掌管軍諮府，故而未讓其入責任內閣。原各部尚書，李殿林、榮慶因吏部、禮部裁撤，在新內閣中自然無有位置。其它各部尚書，唯一一個沒有進入內閣的是原外務部尚書鄒嘉來。載灃對鄒嘉來在外務部尚書上的表現很不滿意，又欲借美國力量對抗日俄，所以讓曾經赴美留學、與美國人親善的梁敦彥入閣爲外務大臣。

　　光緒三十二年（公元 1906 年）官制改革，雖然外務部、陸軍部、度支部、農工商部等要害部門均掌控在滿人手中，但在各部、院總理大臣、會辦大臣、尚書、侍郎、都御使、副都御使、正卿共計 39 人中，滿 18 人，漢 20 人，蒙 1 人；各部、院首席大臣中滿 6 人，漢 6 人，蒙 1 人，形式上體現了滿漢平等。〔註173〕此次成立的責任內閣，在 13 名成員中，滿員 9 名（其中皇族 7 名），漢員四名，滿員比例比以前大大增加了，時人譏之爲「皇族內閣」、「滿族內閣」。

　　「皇族內閣」的成立使得載灃等滿洲親貴壓制漢人的意圖昭然若揭。惲毓鼎當天在日記中憤憤地寫道：「十三人中，而滿人居其九。九人中宗室居其

〔註173〕 光緒三十二年官制改革各部院組成情況如下：外務部：總理大臣奕劻（滿）、會辦大臣那桐（滿）、會辦大臣兼尚書瞿鴻機（漢）、左侍郎聯芳（滿）、右侍郎汪大燮（漢）；吏部：尚書鹿傳霖（漢）、左侍郎陳邦瑞（漢）、右侍郎唐景崇（漢）；民政部：尚書徐世昌（漢）、左侍郎毓朗（滿）、右侍郎趙秉均（漢）；度支部：尚書溥頲（滿）、左侍郎紹英（滿）、右侍郎陳璧（漢）；禮部：尚書溥良（滿）、左侍郎張亨嘉（漢）、右侍郎景厚（滿）；學部：尚書榮慶（蒙）、左侍郎嚴修（漢）、右侍郎達壽（滿）；陸軍部：尚書鐵良（滿）、左侍郎壽勳（滿）、右侍郎陰昌（滿）；法部：尚書戴鴻慈（漢）、左侍郎紹昌（滿）、右侍郎張仁黼（漢）；農工商部：尚書載振（滿）、左侍郎唐文治（漢）、右侍郎顧肇新（漢）；郵傳部：尚書張百熙（漢）、左侍郎唐紹儀（漢）、右侍郎胡燏棻（漢）；理藩部：尚書壽耆（滿）、左侍郎塈岫（滿）、右侍郎恩順（滿）；都察院：都御使陸寶忠（漢）、副都御使伊克坦（滿）、陳名侃（漢）；大理院：正卿沈家本（漢）。

六，覺羅居其一，亦一家也。宗室中，王、貝勒、貝子、公，又居六七。處群情離叛之秋，有舉火積薪之勢，而猶常以少數控制全局，天下烏有是理！其不亡何待？」〔註174〕倫敦《泰晤士報》也評論說：「此內閣不過為舊軍機處之化名耳。彼輔弼攝政王者咸注重於滿漢界限，而欲使滿人操政界之憂權，此誠愚不可及之思想。」〔註175〕日本大隈重信評論說：「其中有可注目者，則以梁敦彥任外尚，大有親美之趨勢。然梁者不過熟諳外交事務及能外國語言而已，其實際之外交權必仍在慶王也。此次內閣之中心點仍在慶王，那相、徐世昌、梁敦彥諸人即肅王亦有一種不可侮之勢力。惟令人可疑者，閣臣之中有皇族五人，揆之立憲國皇族不當責任之例，實不相符，殆亦有不得已者存歟？要之，此次之新內閣不過憲政籌備之一步，其真正之改革尚須俟諸今後。」〔註176〕

「皇族內閣」的成立令國人尤其是立憲派大為失望，「一般稍有知識者，無不絕望灰心於政府」〔註177〕。六月十日，奉天諮議局副議長袁金鎧等十九省的諮議局議長、副議長、議員 34 人聯名上呈，請都察院代奏，請求另行組織責任內閣。呈文稱：「君主不擔負責任，皇族不組織內閣，為君主立憲國唯一之原則，世界各國苟號稱立憲，即無一不求與此原則相吻合。……（天下臣民）一睹新發佈之內閣組織之總理，乃於東西各立憲國外開一未有之創例，方疑朝廷於立憲之旨有根（原文如此，疑漏了『本』字）取消之意，希望之隱變為疑阻，政府之信用一失，憲政之進行益難，未識朝廷何以處之。……仍請皇上明降諭旨，於皇族外另簡大臣組織責任內閣，以符君主立憲之公例，以厭臣民立憲之希望，不勝悚惶待命之至。」〔註178〕是日，載澧頒發上諭，斥責袁金鎧等人。諭稱：「黜陟百司，係君上大權，載在先朝欽定憲法大綱，並注明議員不得干預。值茲預備立憲之時，凡我君民上下，何得稍出乎大綱

〔註174〕 惲毓鼎：《惲毓鼎澄齋日記》，第 532 頁，浙江古籍出版，2004 年 4 月版。
〔註175〕 《慶親王歷史》，《申報》，宣統三年五月十二日（公元 1911 年 6 月 8 日），第二張第一版。
〔註176〕 《新內閣之內容與外論》，《申報》，宣統三年四月二十五日（公元 1911 年 5 月 23 日），第一張第六版。
〔註177〕 《時報》，宣統三年四月二十日（公元 1911 年 5 月 18 日）。
〔註178〕 奉天諮議局副議長袁金鎧等：《為皇族組織內閣不合君主立憲公例請旨另行組織事呈文》，第一歷史檔案館縮微膠捲，檔號 03－7475－059，縮微號 555－2534。

範圍之外，乃議員等一再陳請，議論漸近囂張，若不亟爲申明，日久恐滋流弊。朝廷用人，審時度勢，一秉大公，爾等臣民均當懍遵欽定憲法大綱，不得率行干請，以符君主立憲之本旨。」〔註179〕

所謂責任內閣的成立沒有改變政務紛亂的情況，反而進一步激化了統治集團內部的矛盾。奕劻「以爲閣制內所規定者責重而權微，加以內閣而外他種機關亦有上奏之權，其勢必至政令紛歧，欲謀統一甚屬不易」〔註180〕。載澤沒有當上內閣總理大臣，十分不滿，經常找載灃吵鬧。溥儀在《我的前半生》中說：「奕劻在西太后死前是領衡軍機，太后死後改革內閣官制，他又當了內閣總理大臣，這是叫度支部尙書載澤最爲憤憤不平的。載澤一有機會就找攝政王，天天向攝政王揭奕劻的短。西太后既搬不倒奕劻，攝政王又怎能搬得倒他？如果攝政王支持了載澤，或者攝政王自己採取了和奕劻相對立的態度，奕劻只要稱老辭職，躲在家裏不出來，攝政王立刻就慌了手腳。所以在澤公和慶王間的爭吵，失敗總是載澤。醇王府的人經常可以聽見他和攝政王嚷：『老大哥這是爲你打算，再不聽我老大哥的，老慶就把大淸斷送啦！』攝政王總是半晌不出聲，最後說了一句：『好，好明兒跟老慶再說……』到第二天，還是老樣子，奕劻照他自己的主意去辦事，載澤又算白費一次力氣。」〔註181〕面對載澤咄咄逼人的氣勢，奕劻憤恨不已，曾惱怒地：「必不得已，甘讓權於私友，決不任孺子得志也。」〔註182〕可見奕劻、載澤之間矛盾極深，已到了水火不容的地步。徐世昌也嫌責任內閣權力太小，戲稱該內閣爲「一半責任之內閣」〔註183〕。奕劻、那桐、徐世昌武昌起義爆發後竭力主張起用袁世凱，與他們對載澤等年輕親貴不滿不無關係。

實行共和制，是資產階級革命黨人的基本訴求。爲了避免這種局面的發生，立憲黨人要求盡快推行君主立憲制。攝政王載灃以及各大臣的作爲，既

〔註179〕 第一歷史檔案館：《光緒宣統兩朝上諭檔》，第三十七冊，第154頁，廣西師範大學出版社，1996年10月版；故宮博物院明淸檔案部編：《淸末籌備立憲檔案史料》，上冊，第579頁，中華書局1979年版。

〔註180〕 《組織新內閣種種》，《申報》，宣統三年四月二十四日（公元1911年5月22日），第一張第五版。

〔註181〕 溥儀：《我的前半生》，第24～25頁，群眾出版社1979年版。

〔註182〕 金梁：《光宣小記》，榮孟源、章伯鋒編：《近代稗海》第十一輯，第314頁，四川人民出版社1985年版。

〔註183〕 警民：《徐世昌》，第23頁，沈雲龍主編：《近代中國史料叢刊》第四輯，文海出版社1971年版。

不理睬革命黨人的政治訴求，又不能滿足立憲派的政治主張，在面臨辛亥革命即將發生的歷史大勢時，朝廷在政治舉措上手足失措，張皇應對，政治結局是可以預期的。

第四章　載灃與軍事

第一節　設立禁衛軍、軍諮處

載灃十分重視軍事，在軍事集權問題上毫不含糊，監國攝政不久，即連續採取了設立禁衛軍、代理海陸軍大元帥、設立軍諮處的重大舉措。

設立禁衛軍之議創始於掌遼瀋道監察御史趙炳麟。光緒三十三年（公元1907 年）三月，趙炳麟上奏，稱「光緒二十七年以後，端門內外多駐練兵，衛軍為之一變。惟今年駐此營，明年易彼營，制度未定，挑選無常，統自外僚，深駐內府，似非慎重根本之意」，提出「參用日本近衛師團之制，置禁衛軍都督一人，擇近支王公充補，直隸於君主，統領禁衛各軍，節制各旗都統及各項統領。置禁衛軍副長二人，擇忠勇之兵之將充補，幫助都督專司訓練禁衛各軍。應用步兵若干，騎兵若干，炮兵若干，輜重兵若干，軍樂隊若干，詳定額數，由禁衛軍都督會同陸軍部於各鎮練軍中挑選身材強武品行方正者充之，平時練習悉用新法，其各都統、各統領所轄之兵，一律挑選強壯，認真操練，每季由禁衛軍都統、陸軍部尚書合禁衛軍及各都統、各統領所轄之兵會操一次，賞其勤，罰其惰，務期兵歸有用，款不虛糜，數年之後，學堂有效，凡禁衛軍各都統、各統領諸軍，一律用徵兵之制，精益求精」，古稱「周廬千列，執戟百重』，此之謂也。」〔註1〕趙炳麟之意，建立一支由朝廷親自掌握的精銳部隊，除可以加強對朝廷的護衛之外，還可以強化朝廷對軍隊的控制，收到居中馭外的效果。奏上，清廷並沒有採納趙炳麟的建議。

〔註 1〕 趙炳麟：《奏請釐定禁衛軍制度事》，第一歷史檔案館縮微膠捲，檔號 03－5766
－003，縮微號 434－0229。

十一月十一日，御史趙炳麟又片奏請以攝政王總統禁衛軍以固根本。
此時載灃統治未穩，對宮禁守衛也相當不滿，覽奏後即交陸軍部議奏並下
政務處議。〔註2〕雖然陸軍部以體制攸關議駁，奕劻也「以體制攸關，頗不
謂然」，但政務處大臣大多認爲「民政部說帖本有裁定軍國政事字樣，且攝
政王代表皇上統帥全國海陸各軍，不特分際適合，並與君主立憲之制亦相
暗合」，議准了趙炳麟的奏請。〔註3〕十二月初三日，載灃諭令設禁衛軍，
派貝勒載濤、毓朗，尙書鐵良爲專司訓練禁衛軍大臣，「准其酌量由各旗營
兵丁內，拔取精壯，盡數認眞訓練，不准疏懈。此項禁衛軍，專歸監國攝
政王自爲統轄調遣。」〔註4〕

光緒三十四年（公元1908年）九月十五日，暫署江北提督徐紹楨奏請設
立海陸軍大元帥、軍諮府。徐紹楨主張設立軍諮府的主要理由有三：

一、各立憲國「將軍政事務及統帥事務分爲二端，一以屬於陸軍大臣，
一以屬於參謀本部，而其精神作用所注則在參謀本部之直隸於君主，由君主
親握全國海陸軍權，以爲最高統帥機關，而使武權常處於完全獨立之地位」，
而「我國自改設陸軍部以來，一切軍政應興應革事宜，辦理均不遺餘力，是
軍政事務固已確立機關，而於統帥事之要端，尙未特加組織。」

二、「依憲法之條例，凡徵兵事項及軍餉事宜皆遵照憲法法律及領（原文
如此，應爲『預』）算案以爲實施，而作戰計劃及國防計劃或因時變有須要求
於法律及預算之外者，憲政實行後，陸軍部臣亦爲國務大臣之一，對國會而
負責任即不免對國會而多所牽掣，非有最高之權力不對國會而負責任者，無
以疏通其困難而消弭其衝突之端」。

三、「現在軍諮處職掌大致與參謀部職掌相同，但僅爲陸軍部之屬官，權
力殊顯其不足。至於軍機處體制甚崇，庶幾近似，而又爲政權出納所自，揆
諸立憲辦法，或將推爲責任內閣，是武權一部仍不得不另立機關」。

徐紹楨認爲日本天皇之所以受日本軍人愛戴就是因爲日本天皇自爲大元
帥。如果中國皇帝頒示明諭，親任大元帥，「天下之觀聽一新，薄海之精神自

〔註2〕 第一歷史檔案館：《光緒宣統兩朝上諭檔》第三十四冊，第275頁，廣西師範
大學出版社1996年10月。
〔註3〕 《各御史分奏攝政禮節之評議》，《申報》，光緒三十四年十一月二十二日，第
一張第五版。
〔註4〕 第一歷史檔案館：《光緒宣統兩朝上諭檔》第三十四冊，第308～309頁，廣
西師範大學出版社1996年10月。

奮。我國全體軍民忠君愛國天性素深，一經引申，必將沛然若決江河，莫之能禦，非他國所可望塵者矣。」奏上，九月二十六日，奉朱批：「會議政務處議奏。」〔註5〕十二月十八日，會議政務處覆奏，稱：「查政權軍權，莫不統於朝廷大權之下。陸軍部奏定軍咨處章程，係遵旨暫歸陸軍部辦理，故暫名爲軍咨處，並聲明爲設立軍咨府始基，一俟規模大備，應否改爲軍咨府之處，由陸軍部奏明辦理。」〔註6〕奏上，得到了載灃的批准。

宣統元年（公元 1909 年）閏二月二十六日，陸軍部擬定了從宣統元年到八年的陸軍改革發展計劃，計劃預備立憲第二年釐訂軍諮府新官制，第三年籌備建設軍諮府事宜，第四年建設軍諮府。〔註7〕是日，載灃諭：「陸軍部遵議憲政預備陸軍應籌事宜分年酌擬綱要開單呈覽一摺，憲政編查館知道。」〔註8〕認可了陸軍部的計劃。

然而，陸軍部陸軍發展計劃剛剛通過三個月，載灃就在良弼等人的建議下以皇帝名義發佈上諭，宣佈由自己代理海陸軍大元帥一切事宜，並設立軍諮處。〔註9〕

海陸軍大元帥和軍諮處的設立是對軍隊原有權力結構的一次重大調整，對原有權力結構造成了很大衝擊，影響深遠。有清以來，管理軍事的中央機構是兵部，日常事務主要由尚書和左右侍郎來處理。在兵部之上還設有管部大臣，承皇帝或者太后意旨管理兵部。光緒三十二年（公元 1906 年），清政府下詔改革官制，兵部改爲陸軍部，練兵處亦併入，鐵良任陸軍部尚書，奕劻爲管部大臣。海陸軍大元帥和軍諮處設立後，奕劻、鐵良首當其衝。原來直接對慈禧太后或宣統皇帝（實際上是攝政王載灃）負責的是管部大臣奕劻，軍諮處設立後，出現了管部大臣、軍諮大臣都直接對皇帝（攝政王）負責的管理陸海軍的局面，管部大臣奕劻的地位十分尷尬。圓滑世故的奕劻對載灃兄弟集中軍事權力的用意洞若觀火，故而避其鋒芒，奏請辭去管部大臣。載灃順水推舟，以皇帝名義發佈上諭，准奕劻辭去管部大臣。上諭稱：「慶親王

〔註 5〕　參看徐紹楨：《奏爲敬陳建行改建軍諮府管見事》，第一歷史檔案館縮微膠捲，
　　　　　檔號 03－5622－013，縮微號 423－3375。
〔註 6〕　陳寶琛等撰：《宣統政紀》，第 84～85 頁，中華書局 1987 年版。
〔註 7〕　參看陳寶琛等撰：《宣統政紀》，第 198～199 頁，中華書局 1987 年版。
〔註 8〕　第一歷史檔案館：《光緒宣統兩朝上諭檔》第三十五冊，第 128 頁，廣西師範
　　　　　大學出版社 1996 年 10 月版。
〔註 9〕　參看第一歷史檔案館：《光緒宣統兩朝上諭檔》第三十五冊，第 251 頁，廣西
　　　　　師範大學出版社 1996 年 10 月版。

奕劻奏職任繁重，兼顧爲難，懇恩開去管理陸軍部事務以專責成一摺，慶親王奕劻老成謀國，志慮忠純，於所管各項重要差務，贊襄規畫，備著勤勞，茲據奏陳各節，情詞出於至誠，自應俯如所請，慶親王奕劻著准開去管理陸軍部事務，以示優加體恤之至意。」〔註 10〕奕劻開去管理陸軍大臣後，清廷決定不再另設管部大臣，將所有陸軍部事宜統屬於軍諮處，以免權限混淆。〔註 11〕這就使得軍諮處在某種意義上取得代皇帝（攝政王）管理陸海軍的權力，地位儼然凌駕於陸軍部之上，所以陸軍部尚書鐵良所受衝擊最大。

鐵良（公元 1863～1938）字寶臣，滿洲鑲白旗人。因頗具才識，深得榮祿的賞識，曾入榮祿幕府，充當幕僚。在義和團運動中，力主剿殺義和團。回鑾後擢至內閣學士，曾赴日本考查武備，歸國後晉兵部侍郎。光緒二十九年（公元 1903 年），清政府設置總理練兵處，以慶親王奕劻爲總辦，袁世凱爲會辦，鐵良爲襄辦，並會同袁世凱辦理京旗練兵事宜。光緒三十一年（公元 1905 年），授軍機大臣、兵部尚書、政務大臣等要職。光緒三十二年（公元 1906 年），清政府實行改革官制，改兵部謂陸軍部，練兵處亦併入，鐵良任陸軍部尚書。隨後，清廷將北洋六鎮中的一、三、五、六鎮都劃歸鐵良掌握，他在軍事方面的地位日益重要。鐵良堅執滿漢觀念，是滿人既有特權的堅定維護者。他嫉視袁世凱對北洋軍的影響，想方設法對其進行限制。在他的策劃下，北洋第一鎮兵士都用旗人，成爲「滿洲師」；以滿人鳳山爲近畿督練大臣，負責訓練北洋各軍。他還提拔良弼等一些滿族青年將領及日本士官學校畢業的學生，力圖打破袁系勢力對北洋軍的壟斷。鐵良潛心研究陸軍，是滿人中首屈一指的知兵大員。由他掌管陸軍，在袁系勢力受到制約的情況下，保持了北洋軍的整體穩定，他的存在對於北洋軍，對於整個陸軍，對於大清王朝都有不容低估的意義，說他是大清朝廷的一根重要柱石並不爲過。

軍諮處未設之前，所有籌餉練兵等陸軍各事均歸陸軍部主持。軍諮處設立後，秉承皇帝（攝政王）意旨管理陸海軍，權限很大，勢必會奪去原屬陸軍部的一些權力。故而鐵良對於設立軍諮處「甚不贊成」〔註 12〕。軍諮處既

〔註 10〕 陳寶琛等撰：《宣統政紀》，第 296 頁，中華書局 1987 年版。

〔註 11〕 《大公報》，宣統元年六月十四日（公元 1909 年 7 月 30 日）。

〔註 12〕 據宣統元年六月初三日（公元 1909 年 7 月 19 日）《大公報》載：「建設軍諮處日前已見明諭，聞某部尚書關於此事甚不贊成，故有乞休之意。」這裡某部尚書應指陸軍部尚書鐵良。

設，鐵良寄希望於能劃清陸軍部與軍諮處二者的權限，以免處處為軍諮處所掣肘。軍諮處設立不久，鐵良就「特飭司員將陸軍事宜通盤籌議，其權限有與海軍、軍諮兩處牽混之處，即行提出以待會同決議，劃分清晰，俾免窒礙」〔註13〕軍諮大臣載濤、毓朗也認為「軍諮處現已獨立，亟宜劃分辦事權限，以免將來臨事推諉」，「擬於日內會同陸軍部鐵尚書先將關於陸軍應行會籌專辦各件詳細劃清，俟洵、薩兩大臣回京後再行會議海軍事宜。」〔註14〕由於籌辦海軍大臣載洵、薩鎮冰出洋考察，軍諮處、陸軍部、海軍處之間的權限劃分一直沒有進行。軍諮處借機大肆攬權，其具體行動有：1、提出將本屆大操所有關於作戰一切問題均劃歸軍諮處管理。2、要求京外各衙門自文到之日起，凡關於軍事問題，遇有軍報、文件均須咨報軍諮處。3、要求所有各鎮、混成協、隊各項員弁之名冊，應即造送軍諮處，並嗣後凡有軍官之更易，軍隊之調遣以及所需軍械糧餉實在數目，除詳報陸軍部外，自應照送軍諮處一份，以便查核。4、奏定軍官學堂辦法。5、奏訂陸軍人員補官暫行章程。6、編訂中國海陸軍新章。7、擬增練全國陸軍，至宣統八年將陸軍編練擴充至50鎮。〔註15〕

載灃對鐵良也不甚滿意。六七月間，陸軍部電調各省新軍鎮、協暨督練公所得力軍官，齊赴陸軍部召開為期一月左右的陸軍改良大會，其會議大綱為：（一）改良各兵科操典（二）統一各省新軍軍語（三）剪裁協、標統等公費（四）研究軍食，或米或麵，必因時因地，務求合於軍人之習慣為適宜（五）酌定調防時限，既可習勞，又可免久駐其地，致生流弊（六）改良軍事監獄（七）組織軍事裁判獨立。〔註16〕載灃對於此舉頗不以為然，認為「近日陸軍部會議改良陸軍，所議各款尚屬完善，惟皆治標之法，非從根本上著想者」，提出「中國軍人程度最為幼稚，愛國心最為缺乏，故雖有堅甲利兵，難保不棄以資敵，甲子、庚午是其殷鑒」，告誡鐵良「此次會

〔註13〕《大公報》，宣統元年六月十二日（公元 1909 年 7 月 28 日）。

〔註14〕《大公報》，宣統元年七月十六日（公元 1909 年 8 月 31 日）。

〔註15〕參看《大公報》，宣統元年七月十四、八月初十、八月十一、八月二十二、十一月二十日（1909 年 8 月 29 日、9 月 23 日、9 月 24 日、10 月 5 日，1910 年 1 月 1 日）；《申報》，宣統元年九月十二、十月二十四（1909 年 10 月 25 日、12 月 6 日）。

〔註16〕參看《改良陸軍之大會議》，《申報》，宣統元年六月二十日（公元 1909 年 8 月 5 日），第一張第四版。

議務須籌一完善之方法，應使各軍人皆具有軍國民之資格，不宜徒在表面上著手，致蹈往日之覆轍」〔註17〕。

十一月十六日，鐵良藉口患齒痛牽及頭部請假五日，期滿續假五日。二十六日，鐵良續假十日。十二月初六日，鐵良奏請續假，並請派人署理陸軍部尚書。載灃覽奏擬即准所請。有軍機大臣「以該尚書籌辦部務數年以來，不無微勞」，認為「仍宜賞其體面」，請求稍緩令鐵良開缺。〔註18〕載灃這才頒佈上諭：「陸軍部尚書鐵良奏懇請續假，並請派員署缺一摺，鐵良著賞加一個月，毋庸派員署理。」〔註19〕一個月後，即宣統二年（公元1910年）二月初七日，載灃發佈上諭，准鐵良開去陸軍部尚書，令蔭昌補授。〔註20〕其實載灃內心早已屬意蔭昌，這也是鐵良開缺的原因之一。

載灃十分推崇德國陸軍。早在光緒二十七年（1901年）赴德致歉途中，他目睹同行德國軍隊紀律嚴明，訓練有素，對德國陸軍之強豔羨不已。他在在日記中寫道：「德兵附此船回德者，每日在船操練兩次。下午，各兵洗槍，呈其管帶驗查。至於其它軍器、軍裝亦逐日驗視，毋或稍懈。每逢禮拜休沐日，其管帶官亦必督率兵弁，戎服列隊操演。其軍中所蓄之犬，能送信、尋覓被傷之人，亦係素練而成。德國陸軍之精，歐洲稱最，於此可見矣。」〔註21〕在德期間，他先後參觀了著名的伏爾鏗船廠和克虜伯炮廠，「並觀德皇親帶馬隊操，指揮馳驟，下與將弁同勞」〔註22〕。又閱看合操，見「操場廣闊，退守進攻如臨大敵」，讚歎「亦一大觀也。」〔註23〕成為攝政王後，載灃欲做效德國，實現強軍強國的夢想。在他看來，曾留學德國學習軍事並在德國多年的蔭昌實在是能助其實現願望的最好人選。

蔭昌（公元1859～1934），字五樓，後改字午樓，滿洲正白旗人。幼年即被挑選出洋，在德國學習陸軍。光緒十一年（公元1885年），直隸總督李鴻

〔註17〕 參看《攝政王注重陸軍之本圖》，《申報》，宣統元年六月二十二日（公元1909年8月7日），第一張第二版。

〔註18〕 參看《大公報》，宣統元年十二月初十日（1910年1月20日）。

〔註19〕 第一歷史檔案館：《光緒宣統兩朝上諭檔》第三十五冊，第495頁，廣西師範大學出版社1996年10月版。

〔註20〕 參看第一歷史檔案館：《光緒宣統兩朝上諭檔》第三十五冊，第29～30頁，廣西師範大學出版社1996年10月版。

〔註21〕 《醇親王使德日記》，《近代史資料》，總第73期，第145～146頁。

〔註22〕 《醇親王使德日記》，《近代史資料》，總第73期，第158頁。

〔註23〕 《醇親王使德日記》，《近代史資料》，總第73期，第158～159頁。

章創辦天津武備學堂，蔭昌出任北洋武備學堂翻譯教習。後累遷候選知府、道員、武備學堂總辦。光緒二十七年（公元 1901 年），清廷授蔭昌侍郎銜正白旗漢軍副都統。是年，參贊載灃爲克林德被戕一事赴德國致歉。此後出任駐德公使。光緒三十二年（公元 1906 年）夏，江北提督劉永慶病故，以蔭昌繼任署理江北提督，加侍郎銜；九月二十一日清廷實行官制改革，將兵部改爲陸軍部兼管海軍事務，以鐵良爲尚書，蔭昌出任陸軍部右侍郎。「拉后以其狀貌不揚，靳不予重用，已擢侍郎，仍授使德大臣，練兵事轉畀之鐵良、鳳山等」〔註24〕。

爲了加強對陸軍的控制，載灃等人又採取趕鐵良、鳳山出京，取消近畿督練公所以及北洋六鎮歸陸軍部直接管轄等措施。鐵良開缺後，對載灃甚爲不滿，與榮慶結成一黨，終日車馬盈門，密謀請隆裕垂簾聽政。〔註25〕時外間哄傳滿洲八大臣聯名請隆裕垂簾，如孝欽故事。載灃「大懼，已而知爲謠言，然無日不惴惴。」載灃疑鐵良與謀，八月初四日突然頒發諭旨：「江寧將軍著鐵良補授。」〔註26〕此舉不僅大出鐵良意料，樞臣也頗感意外。次日召見，鐵良「力陳沉屙尚未大痊，江寧將軍事亦繁劇，斷難勝任，請朝廷另簡賢員」。載灃不允所請，鐵良只得赴任。〔註27〕

城門失火，殃及池魚，鐵良的失勢，累及鳳山。

鳳山（公元？～1911 年）字禹門，號茗昌，隸漢軍鑲白旗。鳳山才能平庸，卻爲鐵良所器重。爲抵制袁系勢力，鐵良薦引鳳山爲第一鎮統制。光緒三十二年（公元 1906 年），清廷將北洋四鎮收隸陸軍部。鐵良恐軍心不穩，奏請設立近畿督練公所，舉鳳山爲訓練近畿各鎮大臣。載灃等進行軍事集權，鐵良遭排擠，鳳山也未能幸免。有人參劾鳳山廣購金石書籍之類，載灃藉此擬將鳳山開缺，聽候查辦。某軍機大臣竭力奏保，說鳳山系滿員中老成宿將，

〔註24〕沃丘仲子：《當代名人小傳》卷下，第 27 頁，沈雲龍主編：《近代中國史料叢刊三編》第八輯，文海出版社 1986 年版。

〔註25〕參看國家圖書館善本部：《趙鳳昌藏劄》，第三冊，第 132 頁，國家圖書館出版社 2009 年版。宣統二年八月十三日（公元 1910 年 9 月 16 日）《申報》載：外間有謂鐵淹滯都中，殊不安詳，有意掀播時局，故朝廷有意遠之，此說未必確。

〔註26〕第一歷史檔案館：《光緒宣統兩朝上諭檔》第三十六冊，第 298 頁，廣西師範大學出版社 1996 年 10 月。

〔註27〕參看《鐵寶臣起用之原因》，《申報》，宣統二年八月十三日（公元 1910 年 9 月 16 日），第一張第四版。

因秉性忠直，以致物議沸騰，應請免其置議。〔註28〕鳳山才暫時躲過一劫。
載灃等人又謀將鳳山外放。宣統二年（公元 1910 年）八月十七日，荆州將軍
聯芳因病奏請開缺。次日，諭令鳳山出任荆州將軍，由蔭昌兼充訓練近畿各
鎮大臣。蔭昌出任訓練近畿各鎮大臣後即與載濤、毓朗商議並奏請裁撤近畿
督練公所，北洋六鎮統歸陸軍部直接管轄。隨後，由軍諮處具摺上奏。八月
二十三日，載灃發佈上諭：「軍諮處奏整頓畿輔陸軍各鎮一摺，據稱整飭軍政
當以畫一教育，嚴肅紀律爲本等語，所奏不爲無見，所有近畿陸軍第一、第
二、第三、第四、第五、第六各鎮，均著歸陸軍部直接管轄，其近畿督練公
所，著即裁撤。第三、第五兩鎮仍在東三省、山東照舊駐紮。第二、第四兩
鎮毋庸歸直隸訓練，仍在直隸駐紮，遇有調遣，准由該督撫等電商軍諮處、
陸軍部請旨辦理。」〔註29〕同日，載灃還發佈上諭：「現在近畿陸軍各鎮已有
旨歸陸軍部直接管轄，所有一切交代事宜，著由前訓練近畿各鎮大臣鳳山，
直隸總督陳夔龍妥速辦理。」〔註30〕直隸總督陳夔龍具奏力爭，他在折中稱：
「直隸爲畿輔屏翰，內政外交，胥資重鎮，現在外兵並未撤回，若二、四兩
鎮改歸部轄，督臣不能節制，平時既毫無事權，臨事必難遵約束，雖准電商
調遣，竊恐主客之勢既異，斷不能責以事事服從，況軍情瞬息萬變，遲回審
顧，貽誤孔多，可否將第二、第四兩鎮，仍暫由督臣就近節制，責令會同訓
練，期於官弁兵隊，聲息相通，遇有大宗徵調，電商軍諮處、陸軍部，請旨
辦理。尋常地方有事，仍由臣隨時調遣，以赴事機。」〔註31〕奏上得旨：「嗣
後遇有調遣，准由該督一面電商軍諮處、陸軍部請旨辦理，一面再電奏請旨
後，方可暫由該督節制，餘著仍懍遵前旨辦理。」〔註32〕

至此，載灃及其親信在形式上完全控制住了陸軍部及北洋六鎮。

第二節　試圖興復海軍

中日甲午戰爭中，清政府耗資無算、苦心經營的北洋艦隊全軍覆沒。光

〔註28〕《大公報》，宣統元年十月初三日（公元 1909 年 11 月 15 日）。
〔註29〕第一歷史檔案館：《光緒宣統兩朝上諭檔》第三十六冊，第 323～324 頁，廣西師範大學出版社 1996 年 10 月版。
〔註30〕第一歷史檔案館：《光緒宣統兩朝上諭檔》第三十六冊，第 325 頁，廣西師範大學出版社 1996 年 10 月版。
〔註31〕陳寶琛等撰：《宣統政紀》，第 743 頁，中華書局 1987 年版。
〔註32〕陳寶琛等撰：《宣統政紀》，第 743 頁，中華書局 1987 年版。

緒二十一年（公元 1895 年）二月，總理海軍事務衙門奏請裁撤總理海軍衙門、停撤經費。奏稱：「島艦失陷，時局艱難，遵議更定海軍章程，非廣購戰艦巨炮不足以備戰守；非合南北洋統籌不足以資控馭；非特派總管海軍大臣不足以專責成。目前各事未齊，衙門暫無待辦要件，擬請當差人員及應用款項，暫行停撤，以節經費。其每年應解海軍正款，亦請統解戶部收存，專爲購辦船械之用。」又奏：「海軍內外學堂，亦請暫行裁撤。」奉旨均依議行。〔註 33〕四個多月後，清廷准北洋大臣王文韶所奏，裁撤北洋海軍武職實缺，並將關防印信鈐記，一律繳銷。北洋海軍遂成了一個歷史名詞。

甲午戰敗，日本索款二萬萬兩（後又加贖遼費三千萬兩），約等於清王朝財政收入的三倍。清王朝無足夠的財政能力，只得舉債償還。在這種情況下，清政府一時無力大規模興復海軍，只能因陋就簡，消極應付。兩江總督劉坤一主張從緩設復海軍，認爲在「鉅款難酬」，「將才尤爲難得」的情況下，「不必遽復海軍名目，不必遽辦鐵甲兵輪，暫就各海口修理炮臺，添造木殼兵輪，或購製碰快艇、魚雷艇，以資防守。……總期先有人而後有船，俟款項充盈，不難從容購辦。」〔註 34〕直隸總督、北洋大臣王文韶也認爲「欲規復前此海軍之制，一鐵艦需款二、三百萬，一快船需款百，加以各項船艇粗具規模，亦非二三千萬不可。取諸庫帑，則羅掘已窮；多借洋款，則負累愈重。且用兵簡器，取精用宏，事同草創，非一時所能遽就。計惟有整理水師武備各學堂，簡選訓習，以儲備將才；嚴飭各練船認眞操巡，以嫻兵備；俟財力稍裕，即行漸次擴充。」〔註 35〕劉坤一、王文韶的意思是等清王朝財政狀況好轉之後再興復海軍，孰料六年之後簽訂的《辛丑條約》規定賠款四億五千萬兩白銀，使得清政府財政狀況雪上加霜，愈形困難。此後興復海軍雖屢經提起，但苦於無款，不得不一再擱置。

宣統元年（公元 1909 年）正月，肅親王善耆上奏，稱「近年東西各國如日美、如巴西、如英、如法、如義、如德均年增艦隊而航駛我國海面者尤相屬於道，若英、若法更有所謂常駐中國艦隊巡駛於我國領海，由此觀之，我新練之陸軍即與東西各國並駕齊驅亦難自固我圉，良以我國海岸自奉直以達閩廣，延亙幾一萬餘里，若無海軍以資控馭，則聯絡之策應不靈，餉械之轉

〔註 33〕張俠等編：《清末海軍史料》上，第 85 頁，海洋出版社 1982 年出版。
〔註 34〕張俠等編：《清末海軍史料》上，第 86 頁，海洋出版社 1982 年版。
〔註 35〕張俠等編：《清末海軍史料》上，第 86 頁，海洋出版社，982 年版。

輸不便，設遇要挾，非但海上財產盡在敵人權力之下，即設防自守，亦有顧此失彼之虞」，請求「將海軍事宜特簡大臣綜理其事，雖不必遽設專部，但責令該處切實籌辦，舉凡費用之如何集合，人材之如何搜集，官兵之如何教育，船艦之如何編制，廠塢之如何改良，根據地點之如何分配，海上法規之如何妥定，均應詳爲布置，俾將來財政稍裕，大治海軍之時，不致毫無基礎」〔註36〕。從善耆奏摺可以看出，他提出興復海軍的主要目的是維護海權和鞏固國防。

載灃監國後即有整頓海軍的想法，見到善耆興復海軍的奏摺，「夙夜籌畫」，「與各樞臣及鐵尚書詳細妥訂歷年籌備事宜，預定期限」，大致確定了宣統五年成立第一艦隊，宣統八年成立第二艦隊的宏偉計劃。〔註37〕正月二十九日，載灃頒發上諭：「肅親王善耆奏籌辦海軍基礎一摺，所奏不爲無見。方今整頓海軍，實爲經國要圖，著派肅親王善耆、鎮國公載澤、尚書鐵良、提督薩鎮冰，按照所陳各節妥愼籌畫，先立海軍基礎；並著慶親王奕劻隨時總核稽察，以昭愼重。俟規模大定，再候諭旨。」〔註38〕

載澤心中十分清楚，旨派他籌畫海軍基礎，實欲其統籌經費，而開辦海軍經費浩繁，度支又極其支絀，急切難籌，故請從緩。〔註39〕二月初二日，奏請收回成命。其奏稱：「……至籌備海軍，是屬兵謀，既未嘗習戰昆池，顧何敢預論橫海？況造端伊始，尤爲重要。撫躬循省，殊未能堪。伏乞聖明體念下情，准予收回成命，俾奴才得專力財政，藉圖報稱。」〔註40〕載灃興復海軍的決心已下，當然不會收回成命，當日頒發上諭，不允所請。上諭稱：「鎮國公載澤奏請收回成命一摺，海軍關係重要，亟應籌辦，以立始基，……著仍遵前旨，實力計劃，以期早日觀成，所請收回成命之處著毋庸議。」〔註41〕

〔註36〕善耆：《奏爲擬請早定海軍基礎以維時局敬陳管見事》，第一歷史檔案館縮微膠捲，檔號04—01—20—0021—002，縮微號04—01—20—002—2046。

〔註37〕參看「京師近事」，《申報》，宣統元年正月十七日（公元1909年2月7日）；「京師近事」，《申報》，宣統元年正月二十六日（公元1909年2月16日）。

〔註38〕第一歷史檔案館：《光緒宣統兩朝上諭檔》第三十五冊，第41頁，廣西師範大學出版社1996年10月版。

〔註39〕參看「專電」，《申報》，宣統元年二月初三日（公元1909年2月22日），第一張第四版。

〔註40〕張俠等編：《清末海軍史料》上，第94頁，海洋出版社，1982年版。

〔註41〕第一歷史檔案館：《光緒宣統兩朝上諭檔》第三十五冊，第44頁，廣西師範大學出版社1996年10月版。

載灃興復海軍的願望十分迫切，召見善耆、載澤、鐵良等時，諭以「中國海軍不能振興，必難與各國並駕馳驅，故海軍最爲緊要，須五年內辦有成效」，「於二年內必具基礎」〔註42〕。但他所指派的幾個籌辦海軍基礎大臣辦事卻極不給力，鐵良、載澤態度消極，一個「不置一詞」，一個「更不甚過問」，善耆雖「遇事頗喜主張」，但又「於海軍不甚熟悉」〔註43〕。最大的困難還在於財政困難，籌辦經費沒有著落。鐵良提出整頓鹽務，籌出之款專供海軍之用。不少人贊同鐵良的意見，並「已由澤公酌定辦法，擬照土藥例令簡重臣專司其事，各省運司統歸節制」。度支部左侍郎紹英卻大加反對，說：「鹽務爲本部入款大宗，恐於財政大有關礙。」此議遂被束之高閣。〔註44〕載灃對於籌辦海軍大臣經費難酬的說法頗不以爲然，說：「籌辦二字本須先行籌畫，然後妥辦，餘意只須內外各衙門竭力撙節，不患經費無著。」〔註45〕他諭令載澤：「國無海軍不能自立，此事決計興辦，速即採取各國成規妥爲籌辦，至經費一節尤應悉心籌畫，毋得擾民。」〔註46〕

經過幾個月的努力，籌辦海軍取得初步進展。五月二十二日，肅親王善耆等上奏籌辦海軍基礎辦法。具體辦法爲：一、畫一海軍教育，現有之四所海軍學堂，煙臺學堂改爲駕駛專門，黃埔學堂改爲輪機專門，福州前學堂改爲工藝，定額收學生，陸續擴充。就浙江之象山，設槍炮聯繫所、水雷練習隊。並擬於京師設立海軍大學。二、編制現有艦艇，分巡洋艦、沿海巡洋艦、練習艦、長江巡防艦、守口雷艇等，就現有艦艇，量爲編制，以立艦隊之基礎。三、開辦軍港，擇浙江象山先行開築，以爲海軍根據地。四、修整船塢、臺壘，即整頓大沽、上海、福建、黃埔之修船廠塢，以備修理船艇；整頓炮臺以爲海軍策應。〔註47〕

〔註42〕 參看「專電」，《申報》，宣統元年二月二日（公元 1909 年 2 月 21 日）；《籌辦海軍之最近聞》，宣統元年二月十二日（公元 1909 年 3 月 3 日），第一張第四版。

〔註43〕 參看《籌辦海軍之爲難》，《申報》，宣統元年二月十八日（公元 1909 年 3 月 9 日），第一張第三版。

〔註44〕 參看《邵侍郎反對以鹽款辦理海軍》，《申報》，宣統元年二月二十五日（公元 1909 年 3 月 16 日），第一張第四版。

〔註45〕 「專電」，《申報》，宣統元年二月三十日（公元 1909 年 3 月 21 日），第一張第三版。

〔註46〕 「專電」，《申報》，宣統元年閏二月初一日（公元 1909 年 3 月 22 日），第一張第三版。

〔註47〕 參看陳寶琛等撰：《宣統政紀》，第 281～283 頁，中華書局 1987 年版。

　　善耆對籌辦海軍大臣一職（將來就是海軍部尚書）覬覦已久，曾表示想辭去民政部尚書專辦海軍，對籌辦海軍大臣職位實志在必得。不料，載洵卻捷足先登。六天後，載灃頒發硃諭，諭稱：「著派郡王銜貝勒載洵、提督薩鎮冰充籌辦海軍大臣，俟有成效，再候諭旨。此次遵籌海軍基礎王大臣所奏入手辦法請另派大臣辦理原摺著抄給閱看。」〔註48〕善耆雖對海軍缺乏研究，但年甫四十的他不僅年富力強，而且歷任崇文門稅監、步軍統領、民政部尚書，政治經驗與才能都遠勝二十多歲的載洵，無疑是較爲合適的人選。載灃之所以委重任於載洵，除對載洵更信任外，還因爲載洵「壓迫他（載灃），想要管海軍，其理由是奕譞管理過海軍，要子承父志」，載灃雖明「知這位貴介弟完全是外行，當然諸般推脫，但禁不住他聲色俱厲，非要不可；結果仍不得不勉強答應，先派他出洋考察一次海軍，然後再授爲海軍大臣。」〔註49〕籌辦海軍大臣職位如此重要，載洵一鬧，載灃即私授給他，簡直視軍國大事如同兒戲。

　　六月初七日，載洵、薩鎮冰奏請成立籌辦海軍事務處，得到載灃的允准。六月十六日，籌辦海軍大臣載洵、參贊譚學衡以及正副科員並頭等書記官籌辦海軍事務處會齊，開始辦公，是日車馬甚盛。〔註50〕

　　海軍籌辦大臣的任命和海軍籌備事務處的設立使得籌備海軍有了專門的大臣和機構，加快了籌辦海軍的步伐。六月二十八日，載洵、薩鎮冰會同陸軍部奏定海軍入手辦法。辦法具體內容如下：

　　　　一、預算經費。甲、開辦經費擬先暫籌一千八百萬兩，內擬象山港闢建軍港、設立學堂及各項廠所工程，共需銀一百五十萬兩，添購二三等巡洋艦三艘，新式練船二艘，滅魚雷艇二艘，航海炮船十艘，約共需銀一千六百五十萬兩，惟現在財用窘絀，籌款維艱，所請各費亦宜分別先後領給，其闢建軍港經費一百五十萬兩，擬請飭部先行撥給五十萬兩，所餘一百萬兩俟明年再行撥給，其購船經

〔註48〕 第一歷史檔案館：《光緒宣統兩朝上諭檔》第三十五冊，第252頁，廣西師範大學出版社1996年10月版。

〔註49〕 惲寶惠：《清末貴族之明爭暗鬥》，中國人民政治協商會議全國委員會文史資料研究會編：《晚清宮廷生活見聞》，第65頁，文史資料出版社1982年12月版。

〔註50〕 《籌辦海軍近聞》，《申報》，宣統元年六月二十五日（公元1909年8月10日），第一張第四版。

費一千六百五十萬兩擬請四年勻撥。至改良廠塢、整頓炮臺需款尚巨，俟通盤籌計，核明確數，再請飭部酌撥。乙、常年經費除由各省所調船隻以及各省學堂原有經費不計外，立從撙節，擬每年暫籌二百萬兩，俟將來陸續擴充，再行隨時奏請添撥。

二、編練艦隊。甲、擬就北洋之「海圻」、「海籌」、「海容」、「海琛」、「飛鷹」等五船，並所擬添購之巡洋艦三艘、減魚雷艇二艘共十艘，及南洋之「辰宿」、「列張」，湖北之「湖鵬」、「湖隼」、「湖鷹」、「湖鶚」八雷艇，編為巡洋艦隊，以為梭巡洋面之用。其巡洋各艦，並應隨時派赴外國保護華僑。乙、擬以北洋之「通濟」及擬購之新式練船二艘、航海炮船十艘共十三艘，編為練習艦隊，常川出洋，練習風濤及巡緝沿海各省口岸。其「通濟」及新式練船專為各省海軍畢業生練習駕駛專科之用，航海炮船專為初級官員輪流練習管駕官應知應能各事宜之用。丙、擬就南洋之「建安」、「建成」、「江元」、「江亨」、「江利」、「江貞」六炮船，及湖北之「楚豫」、「楚觀」、「楚泰」、「楚同」、「楚有」、「楚謙」六炮船，共計十二艘，編為長江艦隊，分巡上下游，其原設之長江水師，仍令照常巡輯湖港河汊。丁、以上三艦隊各設統領一員，職視協都統，並擇資深望重才識兼優者一員為統制官，職視副都統，駐紮軍港並檢查三艦隊事宜。以上統制統領各官均應歸籌辦海軍處節制。戊、擬訪聘英國海軍能員一人為海軍顧問官，並幫同教練一切事宜，另聘英國海軍官數人，分充各練船教習。己、擬將南洋之保民一船一併留充海軍運船之用。

三、闢建軍港。查浙江象山港最占優勝，久為外人所垂涎，宜從速開作軍港，分設海軍公所、演武廳、操場、港務廳、軍械庫、修械廠、儲煤廠、醫院、燈樓、旗臺、鐵石碼頭次第興修，務求工堅料實，此為目前屯泊軍艦起見，是以僅擇刻不容緩者，先擬舉辦。至港內創築船塢炮臺，均需款甚巨，刻下限於財力，未能議及，俟將來款項稍裕，力能增添艦隊，再議展拓，由奴才等屆時籌擬，奏明辦理。

四、籌辦學堂。甲、擬在象山港建設海軍駕駛輪機學堂一所，仿英國最近辦法，以為各省海軍學堂之模範，並設槍炮魚雷水雷練

習所，酌聘外國駕駛、輪機、槍炮、魚雷、水雷各項專門教習數員，分科教授，俾各省畢業生得受完全劃一之教育。乙、各學堂挑選學生應仿照陸軍成案，按省分定額，以免省界畛域。丙、擬令煙臺、福建、江南、廣東等處原有之水師學堂一律認眞整頓，並歸籌辦海軍處管轄。丁、應設之海軍大學堂或設於軍港，或設於京師，俟妥籌辦法，再行賡續。

五、改良廠塢。查現在庫帑匱乏，既難籌建船塢，惟有先就現有之大沽、上海、福州、黃埔四處先爲整頓，以備各艦停泊修理之用，擬奏派熟悉海軍廠塢事宜者一員，督率經理，將應行整頓諸務實力籌辦，俾各省廠塢可互相應付，以資交濟。

六、整頓炮臺。查沿海沿江炮臺皆應與海軍聯爲一氣，乃能鞏固國防，擬請均由奴才等咨商軍諮處大臣，妥爲布置，並歸籌辦海軍處管轄，會同各省督撫經理，所有各臺將領官弁人員，均應由奴才等隨時考察遴派，分別裁留，期歸實用，各省原有炮臺款項均應照解，以免匱乏。嗣後各炮臺所用官兵擬以海軍人員充補，無事則資實驗以練人材，有事則收互相爲用之益。〔註51〕

六月二十九日，載洵、薩鎮冰奏先赴象山港舉行開港典禮，乘便巡閱各省軍艦、學堂、廠塢，回京覆命後再出洋考察海軍事宜，得到載灃的允准。〔註52〕七月初九日，載洵、薩鎮冰請訓出京，南下考察。載灃面諭二人，「設立軍港最爲緊要，通國總需五處海軍學堂，以設在南北洋爲便，酌留從前水師學生年輕者進堂，歸速成班，爾等查勘宜細，事竣速回。」〔註53〕十餘日後，載灃又電諭載洵、薩鎮冰：「興復海軍以軍港、軍械局爲最要，著詳細查勘，認眞考察，海軍人才現尙缺乏，並著留心諮訪，奏保錄用。」〔註54〕

〔註51〕 載洵、薩鎮冰：《奏爲遵籌海軍基礎辦法各條事》，第一歷史檔案館縮微膠捲，檔號04－01－01－1099－099，縮微號04－01－01－168－2192。

〔註52〕 參看載洵、薩鎮冰：《奏爲擬赴浙江象山乘便巡閱軍艦學堂廠塢並出洋考察事》，第一歷史檔案館縮微膠捲，檔號04－01－01－1099－103，縮微號04－01－01－168－2221。

〔註53〕 「專電」，《申報》，宣統元年七月十一日（公元1909年8月26日），第一張第四版。

〔註54〕 「專電」，《申報》，宣統元年七月二十八日（公元1909年9月12日），第一張第四版。

七月初十日，載洵、薩鎮冰等人乘「海圻」巡洋艦南下。十九日，載洵、薩鎮冰、閩浙總督松壽、浙江巡撫增韞在象山港西湖灣舉行了盛大的開港典禮。八月初十日，在閱視漢陽兵工廠暨漢陽煉鋼、煉鐵兩廠。翌日，載洵一行循京漢路啓程北上。載洵、薩鎮冰此行歷經直隸、浙江、福建、江蘇、山東、廣東、安徽、江西、湖北、河南等十省，考察了煙臺、南京、黃埔、福州四所水師學堂，又考察了江南製造局、福建船政局、石井製造局，巡視了虎門炮臺、江陰炮臺、鎮江炮臺，又巡視了高昌廟、福州等船塢。〔註55〕隨後，載洵、薩鎮冰啓程赴歐洲各國。載灃電諭二人，略謂籌辦海軍巡艦實爲始基，關係重要。該大臣等有鑒於此，不憚煩勞，親往東西洋考察所有兵艦以及槍械，何種爲新式，何種最合用，當不難得其要領，應俟考察完竣，再行訂購，勿稍冒昧，致涉糜費。〔註56〕經過四個月的考察，載洵、薩鎮冰在意大利定購炮艦一艘，命名爲「鯨波」；在奧匈帝國定購驅逐艦一艘，命名爲「龍湍」；在德國定購魚雷艇 3 艘及淺水炮艇兩艘分別命名爲「同安」、「建康」、「豫章」、和「江鯤」、「江犀」；在英國定購巡洋艦 2 艘，命名爲「肇和」、「應瑞」。宣統二年（公元 1910 年），載洵、薩鎮冰再次出國考察，在美國定購巡洋艦一艘，命名爲「飛鴻」；在日本訂購炮艦兩艘，分別命名爲「永豐」、「永翔」。載洵、薩鎮冰兩次出國考察，先後共定購軍艦 12 艘，除「鯨波」、「龍湍」、「飛鴻」3 艦民國初年因船款問題未交貨外，其餘的 9 艘艦艇，除江犀、江鯤宣統三年交貨來華外，其餘七艘都是在 1912 年民國後交貨來華。情況如下表〔註57〕

艦名	艦種	排水量（噸）	馬力（匹）	時速（節）	價格（銀萬兩）	建造國家	定購時間	到華時間
肇和	巡洋艦	2600	6000	20	88.7124	英國	1909 年	1912 年
應瑞	巡洋艦	2460	6000	20	86.1778	英國	1909 年	1912 年
同安	驅逐艦	390	6000	32	24.4717	德國	1909 年	1912 年
建康	驅逐艦	390	6000	32	26.5839	德國	1909 年	1912 年

〔註55〕　參看：載洵、薩鎮冰：《奏爲遵旨闢港巡閱海軍事竣謹將大概情形覆陳事》，檔號 04－01－18－0057－001，縮微號 04－01－18－009－2764。
〔註56〕　《電諭海軍大臣勿遽訂購械艦》《申報》，宣統元年九月二十一日（公元 1909年 11 月 3 日），第一張第三版。
〔註57〕　此表根據池仲祐：《海軍實記・購輪篇》製。

艦名	艦種	排水量（噸）	馬力（匹）	時速（節）	價格（銀萬兩）	建造國家	定購時間	到華時間
豫章	驅逐艦	390	6000	32	24.4717	德國	1909 年	1912 年
永豐	炮艦	780	1350	13.5	58.7724	日本	1910 年	1912 年
永翔	炮艦	780	1350	13.5	58.7724	日本	1910 年	1912 年
江鯤	淺水炮艦	140	500	12	9.0179	德國	1909 年	1911 年
江犀	淺水炮艦	140	500	12	9.0179	德國	1909 年	1911 年

籌辦海軍最大的難題是經費，載灃對此大力支持。載洵等在籌備海軍入手辦法中稱：「統計入手用款，約需開辦經費一千八百萬兩，常年經費二百萬兩，請飭下度支部迅速籌撥，並飭各省督、撫協同籌畫，以維大局。」摺內並開具清單，內開：「預算開辦經費內，擬闢建軍港、設立學堂及各項廠所工程等費，共需銀一百五十萬兩，請本年內先撥給五十萬兩，餘一百萬兩俟明年再行撥給。添購二、三等巡洋艦三艘，新式練船兩艘，滅雷艇二艘，航海炮船一艘，約共需銀一千六百五十萬兩，請分四年勻撥。」載灃硃批「依議。欽此。」〔註58〕六月十七日召見載澤，「垂詢海軍費甚詳甚久，並諭所擬創辦人丁捐終恐鉅款難集，徒事紛擾」。載澤感到為難，稱「此事需費過多，實在難於籌措」。載灃諭以「海軍勢在必興，你們速即妥商籌措」〔註59〕。

經政務處王大臣商議，決定海軍經費由各省協濟，遂致電各省督撫，大致說「海軍開辦費一千八百萬，由各省分四年攤認，其常年費二百萬由各省按年攤認」〔註60〕

各省先後覆電。其認籌經費情況如下：

> 直隸省認籌開辦經費一百二十萬兩，常年經費二十萬兩，「以上兩項皆係勉力籌認，尚無指定的款，俟奏准後當設法騰挪，移緩就急，分別按月籌解」。

〔註58〕 張俠等編：《清末海軍史料》下，第 671～672 頁，海洋出版社 1982 年版。
〔註59〕 《攝政王深慮人丁捐之擾民》，《申報》，宣統元年六月二十八日（公元 1909 年 8 月 13 日），第一張第三版。
〔註60〕 《各省分年攤認海軍經費紀聞》，《申報》，宣統元年七月十一日（公元 1909 年 8 月 26 日），第一張第四版。

　　奉天、吉林、黑龍江三省共認籌常年經費銀十萬兩,「擬在各款內竭力節省勻湊」。「其開辦經費,實在限於財力,仍請免籌」。

　　江蘇省認籌開辦經費銀一百二十萬兩,常年經費銀二十萬兩,「財政困難已極,惟有隨時設法騰挪湊解」。

　　廣東省認籌開辦經費銀一百二十萬兩,常年經費銀二十萬兩,自本年起按年籌解。

　　湖北省認籌開辦經費銀八十萬兩,常年經費銀十萬兩,當就司、關各庫隨時騰挪,自宣統二年起分批籌解。

　　浙江省認籌開辦經費銀一百萬兩,常年經費銀十五萬兩,按年協解。

　　山東省擬歲撥銀二十萬兩,四年共銀八十萬兩,充開辦經費,就各庫、局內除京、協各款外,斟酌輕重緩急,權為湊解。其常年經費擬認銀十五萬兩,在藩、運兩庫及膠關常稅項下分撥,按年籌解。

　　福建認定開辦經費銀八十萬兩,此項銀兩繫於萬分支絀之餘,為移緩就急之計,四年勻撥,恐難如期,曾與海軍大臣面商,請稍寬期限,分年勻解。承海軍大臣電囑,另籌數萬作為常年經費。閩本瘠區,已苦羅掘,茲勉遵另籌五萬兩為常年經費。

　　四川省認籌開辦經費銀八十萬兩,常年經費銀十萬兩。認籌各款倉卒應命,並無的款可指,只要移緩就急,設法騰挪。

　　河南省認籌開辦經費銀六十四萬兩,常年經費銀八萬兩,擬於耗羨稅、契礬稅、鹽斤加價項下籌措。

　　山西省認籌開辦經費銀六十萬兩,分四年勻解;常年經費銀五萬兩,統由司、道酌撥,限於財力,無可再加。

　　江西認籌開辦經費銀五十六萬兩,每年解銀十四萬兩;常年經費銀十萬兩。此項的款,如何騰挪,惟有將新舊政需用之款,分別先後裁停,以資湊濟。

　　廣西認籌開辦經費銀五十萬兩,分四年勻解;常年經費銀六萬兩,按年解撥,隨時設法騰挪,依期解足。

安徽認籌開辦經費四十八萬兩，分四年勻解；常年經費銀每年八萬兩，飭由藩司及皖南、北兩關按年分認措解。

陝西認籌開辦經費銀二十萬兩，分四年勻解；常年經費銀二萬兩，按年解報。後又電稱，如能寬假年限，擬認籌開辦經費銀四十萬兩，分作八年解清；其常年經費，仍每年認籌銀二萬兩。

湖南每年認籌開辦經費銀九萬兩，四年合銀三十六萬兩，暫指藩庫裁兵節餉二萬兩，糧庫南折銀二萬兩，長沙海關稅五萬兩。常年經費擬每年認籌銀四萬兩，在裁兵節餉及釐金項下籌解。因長沙關稅開關經費尚未歸清，度支部另湖南設法另行籌措。〔註61〕

八月二十一日，度支部上奏「籌撥海軍開辦及常年經費」一摺，稱「此項經費數巨期迫，雖經各省協同籌畫，而較原奏預算之數，尚屬不敷。惟是京外財力同一殫竭，部庫既積儲殆盡，各省亦羅掘俱窮，悉索之餘，止有此數」，請求「飭下籌辦海軍大臣，通盤籌畫，暫就認籌陸續解到之款，分別緩急，量力舉行。」〔註62〕

當日，載灃諭令度支部盡力設法籌畫海軍處經費。諭稱：「……茲據度支部覆奏，未能如數籌撥。部款支絀，自係實在情形；惟軍需重要，亦難視為緩圖。著照該部現籌數目暫為撥付，其餘不足之數，仍著該部盡力設法籌畫，俟有的款時，再行酌量撥給。」〔註63〕

籌措海軍經費的困難遠超出了載灃的想像，事實上連這些認籌的經費也根本沒有保障。江西由於銅元貶值，財政賠累已久，端方任兩江總督時就曾奏請改徵銀兩，緩解財政困難，未得到允准。興辦海軍，加劇了江西的財政困難。江西巡撫馮汝騤以預算不敷，請減解北洋海軍經費及協餉。其後，安徽巡撫朱家寶，也以庫款支絀，協餉與海軍經費難以兼籌，奏請暫停各項協餉。載灃未允馮、朱所請。

無奈之下，載灃等人考慮請求隆裕皇太后發內帑充撥海軍經費。宣統二年（公元1910年）六月初一日，載灃辦事後在三所特召樞臣商議此事。軍機大臣們認為海軍一舉存亡所關，不可希圖省費，致同虛設。然全數取之民間，

〔註61〕 張俠等編：《清末海軍史料》下，第673～676頁，海洋出版社1982年版。
〔註62〕 張俠等編：《清末海軍史料》下，第672頁，海洋出版社1982年版。
〔註63〕 第一歷史檔案館：《光緒宣統兩朝上諭檔》第三十五冊，第365頁，廣西師範大學出版社1996年10月版。

當此民力凋敝之際，實亦不勝擔負，惟有頒發內帑，以資補助，如有不敷，再由度支部籌撥。奕劻與吳郁生主之尤力。當即決定奏明隆裕皇太后，簡派專員將慈禧所遺庫帑澈底盤查，核計確數，酌量提撥，並擬特降明諭，布告天下，以服眾望。〔註 64〕載灃兩次向隆裕奏請，隆裕才允撥黃金三十萬兩作為海軍的款，其餘無論尚虧若干，均歸度支部籌措。〔註 65〕三十萬兩黃金，對於籌辦海軍而言僅是杯水車薪，難濟大事。

早在宣統元年（公元 1909 年）七月，大學堂總監督劉廷琛在奏對時就因財政困難經費難酬請暫緩舉辦海軍，其奏對略謂現在賠款疊疊，加以舉辦新政，須款孔殷，此時若不分別緩急，將來必致事皆掣肘，況近來民生凋敝，水旱頻仍，海軍興復雖已降有明諭，萬難罷議，然籌款艱難，度支空乏亦深可慮。擬請暫緩舉辦，並飭下樞部諸臣妥為籌議，必須指定的款，無累於國計民生，更須先將海軍經費列表預算，然後設法籌措，此時似不必視為急務。載灃不以為然，未有採納。〔註 66〕一年之後，財政愈形困難，又有人提出緩辦海軍。兩江總督張人駿奏稱：「國家財政支絀，籌辦各項新政已覺力有未逮，實無餘力再辦海軍，縱此時竭力籌措得樹基礎，以後常年經費定難繼續，且象山非建築軍港合宜之地，某非辦理海軍之才，果用此人照此辦理，必至徒糜鉅款，毫無效果。雖此項經費係由各省分攤，然值經濟困難之時，無非勉強羅掘，究其極仍吸取人民之脂膏。計自海軍處設立以來，業已逾年，用款二千萬，試問所辦何事？務請宸衷獨斷，飭令緩辦，或令簡賢才辦理。」〔註 67〕載濤也在政務處王大臣會議上提出：籌辦海軍宜循序辦理，不可操之過急，須先籌的款訓練全國陸軍，俟陸軍完備再從事於海軍，是為正辦，苟海陸同時並舉，中國財政斷難敷用。「各王大臣均以濤邸此論確有閱歷，而度支部尚書澤公尤深韙其言」。〔註 68〕

載灃就京內外大臣主張緩辦海軍、撙節財用、辦理憲政問題一事詢問載洵。載洵對稱：「斯時降旨緩辦海軍必為各國所輕視，至於撙節財用一事，固

〔註 64〕　參看《申報》，宣統二年六月初八日（公元 1910 年 7 月 14 日）。

〔註 65〕　參看《申報》，宣統二年七月初一日（公元 1910 年 8 月 5 日）。

〔註 66〕　參看《劉廷琛奏請緩辦海軍》，《申報》，宣統元年七月二十一日（公元 1909 年 9 月 5 日），第一張第四版。

〔註 67〕　「專電」，《申報》，宣統二年五月初十日（1910 年 6 月 16 日），第一張第三、四版。

〔註 68〕　參看《濤貝勒亦議緩辦海軍耶？》，《申報》，宣統二年七月二十日（公元 1910 年 8 月 24 日），第一張第四版。

屬當務之急，以臣之見，若內外大臣實行痛除虛糜，共守維持國脈之心，想數年省千數萬兩尚非難事。」〔註69〕緩辦海軍之議遂寢。

為了解決海軍經費，載洵致電各省，催解並請求增加經費。他在致浙江巡撫增韞的電文說：「海軍為自強要政，閣下體國公忠，必盼早日成立，現時不敷雖不甚巨，尚希鼎力籌措，於已認之數外務乞加籌開辦常年十五萬兩。」〔註70〕增韞電覆允再添籌十萬兩，但更多省份根本不願添籌。

雖然經費困難，籌辦海軍的步伐並沒有停止。十月二十五日，載洵、薩鎮冰奏擬設海軍第一艦隊並擬釐訂海軍部官制，其奏稱：「竊以為欲保海權，似宜將上年臣等所擬編之巡洋艦隊略為變通，增購戰鬥艦二艘，鋼甲巡洋艦二艘，魚雷獵船八艘，益以原有之巡洋各艦，合成一枝，名曰第一艦隊，以為續設各艦隊之模範。……又現在國會既已縮短期限，而頒佈官制及試辦年限亦經憲政編查館奏請提前，業蒙俞允在案。伏查臣處原為籌辦海軍處事務而設，尚非完全行政機關，今既官制提前，應請改為專部，以與各項行政機關事歸一律，其官制亦應早日釐訂，以專責成。」〔註71〕奏上，得到了載灃的允許。

十一月初三日，載灃諭准載洵等會同憲政編查館擬訂的《海軍部暫行官制大綱》〔註72〕，並諭令設立海軍部，任命載洵為海軍大臣，譚學衡為海軍

〔註69〕 參看《洵貝勒不欲緩辦海軍》，《申報》，宣統二年十月十八日（公元 1910 年 12 月 19 日），第一張第四版。

〔註70〕 《浙省加認海軍經費》，《申報》，宣統二年十一月初五日，第一張後幅第二版。

〔註71〕 載洵、薩鎮冰：《奏為擬設海軍第一艦隊並擬釐訂海軍部官制各情事》，第一歷史檔案館縮微膠捲，檔號 04－01－01－1113－046，縮微號 04－01－01－171－1064。

〔註72〕 該官制大綱具體內容為：海軍大臣一員，海軍副大臣一員，參議官若干員，參事官若干員，秘書官若干員，並分設八司一處。一、軍制司。司長一員，司副一員，內分駕駛、輪機、制度、考核、器械五科，每科設科長一員，科員錄事各若干。二、軍政司。司長一員，司副一員，內分製造、建築兩科，每科設科長一員，科員、藝師、藝士、錄事各若干員。三、軍學司。司長一員，司副一員，內分教育、訓練、謀略、調查、編譯五科，每科設科長一員，科員、錄事各若干員。四、軍樞司。司長一員，司副一員，內分奏咨、典章、承發三科，每科設科長一員，科員、錄事各若干員。五、軍儲司。司長一員，司副一員，內分收支、儲備、庶務三科，每科設科長一員，科員、錄事各若干員。六軍防司。司長一員，司副一員，內設偵測、銓衡二科，每科設科長一員，科員、錄事各若干員。七、軍法司。司長一員，司副一員。另設司法若干員，錄事若干員。八、軍醫司。司長一員，司副一員，內分醫務、衛生兩兩科，每科設科長一員，科員、錄事各若干員。主計處計長一員，副計長

副大臣。兩日後，載灃諭令薩鎮冰統制巡洋長江艦隊。〔註73〕薩鎮冰之所以被排擠，是因爲他在設立海軍部問題上與載洵意見相左。載洵主張設立海軍部，而薩鎮冰認爲海軍基礎尚未具備，設立海軍部徒糜經費，於事無補。故而在設立海軍部時，載洵向載灃密奏，力薦譚學衡，稱其「勘以補授海軍副大臣」〔註74〕。載灃將摺留中〔註75〕，採納了載洵的意見。就這樣，諳習海軍的薩鎮冰被排擠，代替他的譚學衡名聲甚劣，除了會諂事載洵外一無所長。

海軍部設立後，載洵、譚學衡等提出了不切實際的海軍發展計劃，據報導，他們「欲在七年以內（宣統元年至宣統七年）建造一等戰艦八艘，各等巡洋艦二十餘艘，各種炮艦二十艘，及第一、第二水雷艇隊各若干隻，並就全國設置四大軍港，以構成二十五萬噸內外之海軍勢力，一切經費約需一億五千八百四十萬兩。」〔註76〕在財政竭蹶的情況下，如此龐大的擴充海軍的計劃是嚴重脫離實際的。載洵「認爲時局日迫，強鄰環伺，海軍之成立實屬刻不容緩。在財政不敷的情況下，提出借外債數千萬，刻期編練成軍，並在南北洋開辦海軍大學，無論如何，年內必須實行。」〔註77〕對於載洵借債辦海軍的計劃，《字林報》評論說：「惟振興海軍第一阻力則爲經濟問題，按海軍經費向由度支部各省分任籌解，然往往愆期數月始能解到，故海軍處不得不常向度支部借款以濟眉急，據傳不日將借款以辦海軍事務，然中國急應改革之事甚多，均以乏款束手，深望中國勿爲此種不能生利之事而負債也。」〔註78〕

一員，内設會計、統計兩科，各設科長一員，科員、錄事各若干員。參看《海陸軍之新官制》，《申報》，宣統二年十一月二十一日（1910年12月22日），第一張第五版。

〔註73〕 參看第一歷史檔案館：《光緒宣統兩朝上諭檔》第三十六冊，第441、442、444頁，廣西師範大學出版社1996年10月版。

〔註74〕 參看載洵：《奏爲推舉譚學衡勘以補授海軍副大臣事》，第一歷史檔案館縮微膠捲，檔號04−01−16−0306−032，縮微號04−01−16−058−1418。

〔註75〕 參看軍機處隨手登記檔，宣統二年十一月初三日，第一歷史檔案館縮微膠捲，檔號03−0335−2−1302−296，縮微號03−0335−2−127。

〔註76〕 《海軍部計劃之遠大》，《申報》，宣統三年正月初四日（公元1911年2月4日），第一張第四版。

〔註77〕 參看《中國振興海軍談》，《申報》，宣統三年六月十九日（公元1911年7月14日），第一張第四版。

〔註78〕 《中國振興海軍談》，《申報》，宣統三年六月十九日（1911年7月14日），第一張第四版。

此時保路運動已經興起，載灃疲於應付，已無暇顧及海軍的事情了。

武昌起義爆發後，海軍對鎮壓革命曾起到了很有限的作用。頗具諷刺意味的是，宣統三年十一月，費了載灃不少心血的海軍反戈一擊，加入了革命陣營，成為推翻清王朝統治的一支力量。

第三節　編練陸軍

在日俄戰爭的觸動下，光緒三十年（公元 1904 年）六月二十八日，清廷諭令各省籌款練兵。諭旨謂：

> 自日俄開釁，中國勢處兩難，將來兩國戰事定後，一切因應必多棘手。現在各省空虛，西北邊防尤關緊要，近畿一帶非有數支勁旅難期鞏固。朝廷思維再四，上年特設練兵處，整齊軍制，以資籌畫。……惟軍制以整齊為要，尤以籌餉為先。數月以來，迭經諭令各直省通力合作，現雖陸續奏到，除安徽每年認解十萬，其餘各省雖有報解，不無敷衍之處，一切積弊多未認真剔除……茲特將此次練兵關係之重，密為宣示，各督撫膺茲重寄，素矢公忠，務須審大局之安危，知事機之緊迫，不分畛域，共濟艱難，以身作則，崇儉去奢，為屬吏倡率，各就本省財力，實心籌措。外銷之款，核實騰挪；中飽之數，從嚴釐剔；並歸併局所，裁汰冗員，清提陋規，力除糜費，以資挹注。每年勻出的款若干，以為練兵之用。……現在時艱日棘，除寬籌的款，速練勁兵，實無救急之策。……事關重要，不得稍有洩漏。並將籌辦情形，限一月內具奏。經此密切曉諭之後，倘竟視為具文，仍前敷衍，一奏塞責，恐該督撫難當此重咎也。
> 〔註79〕

八月初三日，清廷諭准練兵處奏擬定的陸軍營制餉章。該營制將陸軍分為常備、後備、續備三等。其常備軍制為：平時編制以兩鎮為一軍。每鎮步隊兩協，每協二標，每標三營，每營四隊。馬炮隊各一標，每標均三營，每營馬四隊，炮三隊。工程隊一營，每營四隊。輜重隊一營，每營四隊。步炮工每隊皆三排，每排三棚；馬隊二排，每排二棚；輜重隊二排，每排三棚。

〔註79〕 第一歷史檔案館：《光緒宣統兩朝上諭檔》，第三十冊，第98～99頁，廣西師範大學出版社1996年10月版。

各種隊伍每棚目兵十四名。計全鎮官長及司書人等 748 名，弁目兵丁 10436 名，夫役 1328 名，共 12512 名。〔註80〕是年，清政府提出編練 36 鎮陸軍常備軍的設想。光緒三十三年（公元 1907 年），陸軍部奏定全國編練陸軍三十六鎮計劃，三十六鎮計劃開始正式實施。具體計劃爲：

近畿四鎮。畿輔拱衛京師，宜宿重兵以操居中馭外之勢。現在已成四鎮，內一鎮移駐山東，又經東三省奏准調往一鎮，並混成一協。除俟各該省自編成鎮，或自籌的餉，再由陸軍部照原撥鎮數分別調回，及添練補足，以符定額。

直隸兩鎮、山東一鎮。山東直隸兩省，屏蔽畿輔，瀕臨渤海，應互相聯絡，以固神京右輔。現在直隸兩鎮業經編定。山東一鎮，係以近畿第五鎮移駐，應令該省另籌的款自編一鎮，將原鎮調回，或騰出第五鎮現餉，由陸軍部另編一鎮，即以原鎮改屬該省，均由督撫詳細參酌，咨商度支部陸軍部奏明辦理，仍以三年爲限。

江蘇兩鎮。江蘇值江海之衝，督撫分治蘇、寧，均稱要地。現在江寧已成一鎮，應令按照章制，認眞編練，以待考驗。江蘇已編步隊一協，馬炮隊各二隊，工程一隊，並擬編輜重一隊，應限三年編成一鎮。

江北一鎮。江北專設提督，屯駐清江，值東、豫、蘇、皖之衝，扼東南孔道。現已編成步隊一協，炮隊二營，應由南洋大臣會同江蘇、山東、河南、安徽四省巡撫、江北提督協籌的餉，限四年編成一鎮。

安徽、江西、河南、湖南各一鎮。此四省皆居腹地，各編一鎮，平時足資鎮攝，有事時並可出境相助。現在安徽已編成步隊一協，馬隊一營，炮隊二隊，工輜各一隊，軍樂半隊，江西已編成步隊一協，馬隊二隊，河南已編成步隊一協，馬炮隊各二營，軍樂一隊，湖南已編步隊一協，應統限四年一律編練足額。

湖北兩鎮。湖北居全國適中之地，宜厚兵力，以資策應。現已編成一鎮，又混成一協，應限三年編練足額。

浙江、福建各一鎮。浙江福建兩省地處海疆，必須聯絡一氣，以固東南門戶。現在浙江已編一協，據奏擬編一鎮，福建已成步隊一協，擬編步隊一協，炮隊一營，工程二隊，應均限二年各編足一鎮，以符定制。

〔註80〕 中國社會科學院近代史研究所中華民國史組編：《清末新軍編練沿革》，第 57 頁，中華書局 1978 年版；《東方雜誌》第 2 卷第 2 期，軍事第 55 頁。

　　廣東二鎮，廣西一鎮。廣東廣西兩省當海陸邊要，須通力合作，以固南服藩維。現在廣東已編混成一協，廣西已編步隊三營，炮隊一營，應限以五年一律編練足額。

　　雲南兩鎮。雲南控制西南邊徼，亟宜厚集兵勢，以資防守。現在已編步隊一協，炮隊二營，應限五年，籌餉添練，於限內編練足額。

　　貴州一鎮。貴州尚屬腹地，編設一鎮，足資分佈。現已編步隊一標，應限五年編練足額。

　　四川三鎮。四川爲長江上游，與滇藏接壤，且物產富實，較諸他省，款尚易籌。現在已編成一協，應限三年編足兩鎮。其餘一鎮，另由度支陸軍兩部商籌協撥，統於限內編練足額。

　　山西、陝西各以鎮。山西、陝西兩省，雖近西北諸邊，尚據山川形勢，各編一鎮，可以扼要分駐。現在山西擬編混成一協，已成步隊一協，陝西已編步隊一協，炮隊一隊，均應限三年一律編練足額。

　　甘肅兩鎮，新疆一鎮。甘肅新疆兩省，爲西北門戶，必須關內外聯絡一氣，以控邊陲。現在甘肅已編步隊一協，馬隊二營，炮隊各一營，應限五年編足兩鎮。新疆已編步隊一標，馬隊二營，炮隊一營，應限三年編足一鎮。

　　熱河一鎮。熱河爲京畿外輔，控引蒙旗，須專設一鎮，以資扼守。惟創始非易，應令該都統妥爲籌畫，限四年內編練足額。

　　奉天、吉林、黑龍江各一鎮。三省地方遼闊，亟需各編一鎮，俾資分佈。現在該省除奏調近畿一鎮及混成二協外，其自行編練者，惟吉林步隊一協，其餘均未編設。應責成該督撫等速行籌劃，統限二年一律編練足額。

　　由於財政困難，載灃攝政後又把相當大的一部份精力放到籌辦海軍上，陸軍編練進展緩慢。宣統元年至宣統二年五月，在將近一年半的時間裏，各省陸軍祇奉天改編一混成協，福建添練步隊兩營，其餘各省均未照章增練。宣統二年是三十六鎮計劃實施的第三年，按編練計劃，至該年應編練成二十一鎮，除去原已編練成的七鎮外，還須再練十四鎮，分別爲：山東一鎮，江蘇兩鎮，湖北一鎮，浙江一鎮，福建一鎮，四川兩鎮，山西一鎮，陝西一鎮，新疆一鎮，奉天一鎮，吉林一鎮，黑龍江一鎮。實際僅編練成四鎮，江蘇第九鎮，福建第十鎮，雲南地十九鎮，奉天第二十鎮，與計劃相去甚遠。

宣統二年陸軍編練具體情況如下表：〔註81〕

鎮名（附混成協及各省未編成鎮協的陸軍）	步隊		馬隊	炮隊	工程隊	輜重隊	駐紮地
	協	標					
第一鎮	第二協、第一協	第四標、第三標、第二標、第一標	第一標	第一標	第一營	第一營	京師北苑
第二鎮	第四協、第三協	第八標、第七標、第六標、第五標	第二標（缺一營）	第二標	第二營	第二營（缺一隊）	直隸省保定府 步隊第三協屯永平府 馬隊第二標屯撫寧府
第三鎮	第六協、第五協	第十二標、第十一標、第十標、第九標	第三標	第三標	第三營	第三營	吉林長春
第四鎮	第八協、第七協	第十六標、第十五標、第十四標、第十三標	第四標	第四標（缺一營）	第四營（缺一隊）	第四營	直隸馬廠
第五鎮	第十協、第九協	第二十標、第十九標、第十八標（調赴東三省）、第十七標（第十八標抽編）	第五標（缺一營）	第五標（缺一營）	第五營	第五營	山東省濟南府 步隊第十七協屯及馬隊一營濰縣

〔註81〕圖表來源：羅爾綱著：《晚清兵志》，第213～216頁，中華書局1997年版。

鎮名（附混成協及各省未編成鎮協的陸軍）	步隊 協	步隊 標	馬隊	炮隊	工程隊	輜重隊	駐紮地
第六鎮	第十一協 第十二協	第二十一標 第二十二標 第二十三標 （第二十四標調赴東三省）	第六標	第六標	第六營（缺一隊）	第六營（缺一隊）	京師南苑
第七鎮	第十三協	第二十五標 第二十六標	一營	第七標（二營山炮）	第七營（二隊）	第七營	江蘇省清江浦
第八鎮	第十五協 第十六協	第二十九標 第三十標 第三十一標 第三十二標	第八標	第八標	第八營	第八營	湖北省武昌
第九鎮	第十七協 第十八協	第三十三標 第三十四標 第三十五標 第三十六標	第九標	第九標（內二營山炮）	第九營	第九營	江蘇省江寧 第十八協司令部及第三十五標步隊十五鎮第三十六標屯江陰
第十鎮	第十九協 第二十協	第三十七標 第三十八標 第三十九標（二營） 第四十標（二營）	一營	一營（山炮）	第十營（二隊）	一隊	福建福州
第十一鎮	第二十一協	第四十一標 第四十二標	一營	一營（山炮）	一隊	一隊	湖北武昌 步隊四十二標屯漢陽

鎮名（附混成協及各省未編成鎮協的陸軍）	步隊		馬隊	炮隊	工程隊	輜重隊	駐紮地
	協	標					
第十二鎮	第二十三協	第四十六標　第四十五標	二營	二營（山炮）	第十二營（一隊）		江蘇蘇州
第十三鎮	第二十五協	第五十標　第四十九標		第十三標（二營）	第十三營	一隊	湖南省長沙府
第十四鎮	第二十七協	第五十四標　第五十三標	一營	一營（山炮）			江西省南昌
第十五鎮	第二十九協	第五十八標　第五十七標	二營	第十五標（二營）	一隊		河南開封
第十六鎮	第三十一協	第六十二標　第六十一標	一營	一營（山炮）	一隊	一隊	安徽安慶
第十七鎮	第三十三協	第六十六標（一營）　第六十五標	一隊	一隊（山炮）	一隊		四川成都
第十八鎮	第三十五協	第六十九標	三營	一營（山炮）	一隊		新疆省迪化
第十九鎮	第三十八協　第三十七協	第七十六標　第七十五標　第七十四標　第七十三標	第十九標（二營）	第十九標（二營）	第十九營	第十九營	雲南

鎮　名（附混成協及各省未編成鎮協的陸軍）	步　隊		馬隊	炮隊	工程隊	輜重隊	駐紮地
	協	標					
第二十鎮	第三十九協　第四十協	第七十七標　第七十八標　第七十九標　第八十標	三營	二營（山炮）	一隊	一隊	奉天省奉天
江寧混成協		一標	二隊				江蘇省江寧
浙江混成協		第一標（二營）第二標（二營）	一隊	二隊	二隊		浙江省杭州
山西混成協		二標	一營	一營（山炮）	一隊	一隊	山西省太原
陝西混成協		二標	二營（二隊）	一營（山炮）			陝西省西安
甘肅混成協		二標	一營	一營			甘肅省蘭州
廣東混成協		第一標　第二標　第三標（一營）		二營	一營	一營	廣東省廣州
廣西混成協		二標（四營）		一營			廣西省桂林

鎮名（附混成協及各省未編成鎮協的陸軍）	步隊		馬隊	炮隊	工程隊	輜重隊	駐紮地
	協	標					
奉天混成協		第三標 第四標	一營	一隊	一隊	一隊	奉天省奉天
伊犁混成協		一標	一標	一營			伊犁惠遠城
貴州陸軍		一標		一營（山炮）			貴州省貴陽
吉林陸軍	第一協	第一標 第二標					吉林省吉林
黑龍江陸軍		一標		二營			黑龍江省齊齊哈爾
熱河陸軍		第一標（二營）		第一營（一隊）			熱河

　　新軍編練困難重重，清政府內部對編練新軍有了很大的分歧。憲政編查館提出「軍隊擴充以餉項爲根本，似應商明度支部，酌核各省財力辦理，且中國幅員過廣，即練足三十六鎮之數，國力仍形單薄，如將來財力充盈，尚可隨時酌量擴充，似不必限定鎮數，轉礙軍事進步。」〔註82〕地方督撫紛紛提出從緩編練新軍。河南巡撫寶棻奏，「豫省陸軍現止混成一協，明年

〔註82〕趙爾巽：《奏爲川省財政支絀籌餉困難擬請援案減練陸軍一鎮事》，第一歷史檔案館，檔號 04－01－30－0215－003，縮微號 04－01－30－015－2400。

期當添練成鎮，綜計餉需一百八十萬餘兩，以豫省財力，斷難舉此，似又當酌量宜緩者矣」〔註83〕。湖南巡撫楊文鼎奏，「又籌備清單宣統三年以新軍成鎮需費爲最多，湘省彈壓地方，查挐匪類，向惟水陸防營是賴，姑留舊軍，暫緩新軍成鎮」〔註84〕。四川總督趙爾巽奏，「宣統三年應支各款以陸軍爲大宗，幾占全省歲出三分之一，除現正上緊籌辦之一鎮無論如何困難，期於編成，其餘一鎮因餉項無著，毫無基礎，就現時情勢論，與其竭澤供軍而不可必得，不如暫謀減練而徐待擴充計。惟有查照館部迭次議奏，援照廣東減練成案，請將其餘一鎮暫從緩辦，當能省籌銀三百六十，預備金尙不在內，實於國計民生大有裨益。」〔註85〕直隸總督陳夔龍奏稱「各省編練新軍，原以整軍經武，乃軍人既難合格，將領又復乏才，於是干城腹心之任，半以出洋學生承其乏，其中品地不齊，其不肖者無論矣，即有一二賢者，亦於軍事毫無歷練，坐此弊端百出，不可勝言。自年前安慶兵變後，曾幾何時，而新軍滋鬧之案，見於粵、見於蘇，又見於江北，雖肇事輕重不同，而軍心不靖，其象顯然，不有以整齊之，恐禍亂之萌，正未有已」，「目下兵學未興，將才尤少，兼之各省餉力，大都勉強支持」，提出「與其多養冗兵，釀不戢自焚之患，不如精錬勁旅，收以一當百之功，應請就各省已有兵隊，加意訓練，其尙未照章編足之處，暫勿迫以所難。」〔註86〕載灃覽奏，諭令陸軍部、軍諮處議奏。陸軍部覆奏陳夔龍摺謂：「自上年以來，各省陸軍只奉天改編一混成協，福建添練步兵兩營，其餘各省，均未照章增練，是軍諮處與臣部原屬體察各省情形辦理，各省所派陸軍人員，或用畢業學生，或用舊日將領，臣部從未繩以專章，至皖粵已事，苟使教育得法，將士任用得當，何至貽養兵釀亂之譏，應請飭下各督撫臣，按照定章，力任責成，認眞考核。」〔註87〕軍諮處覆奏趙爾巽摺也駁回其請，稱「查時勢所趨，非練兵不足以圖存，奏定三十六鎮，即全數成立，

〔註83〕陳寶琛等撰：《宣統政紀》，第701頁，中華書局1987年版。
〔註84〕陳寶琛等撰：《宣統政紀》，第796頁，中華書局1987年版。
〔註85〕趙爾巽：《奏爲川省財政支絀籌餉困難擬請援案減練陸軍一鎮事》，第一歷史檔案館縮微膠捲，檔號04—01—30—0215—003，縮微號04—01—30—015—2400。
〔註86〕陳寶琛等撰：《宣統政紀》，第611頁，中華書局1987年版。
〔註87〕陸軍部：《奏爲遵旨查核直隸總督陳夔龍敬陳管見摺事》第一歷史檔案館縮微膠捲，檔號04—01—01—1106—030，縮微號04—01—01—171—0779；陳寶琛等撰：《宣統政紀》，第612頁，中華書局1987年版。

兵力尚虞薄弱，而現在未成鎮各省仍不免意存觀望，川省出款雖繁，究屬庶富之區，今於本省應練鎮數遽請緩練全數之半，竊恐各省效尤，紛紛展緩奏定鎮數，……軍事何以進步，國勢何以日強，應仍請飭下該督就全省財政通盤籌畫，務將奏定之兩鎮趕緊練成。」〔註88〕陸軍部、軍諮處奏摺上後，奉跌批依議。

為保證編練經費，載濤奏稱：「擬請嗣後所有新軍、旗營、綠營、巡防隊並雜項隊伍及關乎新舊軍事之局廠、公所、學堂等項一切經費，均應按照光緒三十四年、宣統元年用過數目，一律專歸軍用，不准挪作他項用款。即關乎舊軍各項事宜，有應行裁改整頓者，亦應由軍諮處、陸軍部會商辦法，以圖改良，不得任意裁併，其舊有之款，仍當專歸軍事之用，不能挪移指撥，致誤軍需。」〔註89〕

陸軍部隨後也奏稱，「現在各省咨報預算宣統三年軍費總數目因軍事擴張，逾於光緒三十四年、宣統三年用過數目，自應以此次預算出款作為明年軍費確數，仍遵照軍諮處奏案，不准挪作他用，亦不准任意短少」，提出「就此次各省咨送預算實數，由臣部會商軍諮處，統籌全局，凡一切軍制軍需軍實之急待擴充及舊軍應行裁改各節，均為切實整理，嗣後由中央通籌挹注，但視國防之緩急，一泯從前省界之見，庶幾消弭畛域，統一軍儲，有裨國防，實非淺鮮」〔註90〕。雖然載灃支持了載濤、蔭昌的意見，但新軍編練未見絲毫起色。

裁撤綠營、歸併防營是編練陸軍的一項重要內容。根據宣統元年閏二月陸軍部擬定的宣統元年到八年的陸軍改革發展計劃，宣統二年籌擬陸續裁撤綠營、歸併防營辦法，宣統三年酌量裁撤綠營、歸併防營；宣統四年，續行裁撤綠營、歸併防營；宣統五年，續行裁撤綠營、歸併防營；宣統六年，續行裁撤綠營、歸併防營；宣統七年續行裁撤綠營、歸併防營；宣統八年綠營一律盡裁，防營一律歸併。〔註91〕

〔註88〕軍諮處：《奏為遵議四川總督趙爾巽奏請援案減練陸軍一鎮一摺請飭籌款編練事》，檔號03－7480－016，縮微號556－0204。

〔註89〕載濤：《奏為練兵籌餉籌劃國防敬陳管見事》，檔號04－01－01－1108－016，縮微號04－01－01－170－1061。

〔註90〕蔭昌、壽勳、姚錫光：《奏為擬就各省預算宣統三年軍費數目確定明年經費並通籌制用辦法事》，檔號04－01－01－1110－037，縮微號：04－01－01－170－2033。

〔註91〕參看陳寶琛等撰：《宣統政紀》，第198～200頁，中華書局1987年版。

宣統元年（公元 1909 年）十一月十八日，閩浙總督松壽、浙江巡撫增韞奏請裁撤綠營，騰餉編練陸軍。奏稱：「自咸豐軍興以後，削平粵撚各匪，全倚勇丁，而綠營坐耗口糧，全無實際，因循至今，迄未全裁」，「方今度支竭蹶，豈容虛耗庫帑，長爲漏厄」，「況陸軍部奏定全國陸軍之制，浙江應編一鎮，限二年成立，現已及期，衹以的款無著，深用躊躇，再四思維，惟有盡裁綠營，騰出餉項，以足成一鎮之額」。載灃覽奏，朱批：「該衙門妥議具奏。」〔註92〕

軍諮處接旨後，並沒有馬上議覆，而是致電浙江巡撫增韞，詢問綠營一律裁撤，是否有所窒礙。增覆電稱：「綠營雖有彈壓緝捕之責，然久成具文，確係毫無實際，且實餘之兵僅六千九百九十一名，分佈於浙江七十八廳州縣，每泛多則十餘人，少僅數人，且多老弱，各有身家，斷不至流爲匪盜，雖盡裁之，亦無慮。」〔註93〕

宣統二年（公元 1910 年）正月十五日，軍諮處覆奏，請求朝廷「俯如所請，即飭迅速編成一鎮，以應期限而重國防。其裁兵裁官，一切善後事宜，均責成該督撫等妥籌辦法，詳細奏明，請旨遵行。浙省辦理果能有利無弊，各省綠營事同一律，自當次第仿照施行，以期軍制之統一。」〔註94〕

宣統二年六月十八日，陸軍部奏定裁撤綠營辦法，具體爲：

一、所有各省綠營現存額缺，除水師應由籌辦海軍事務處酌核辦理外，其餘陸路各營，或分晰成數，次第裁汰，或出缺不補，以歸簡易，騰出餉項，專作編練陸軍之需。

二、至裁缺官弁，年在六十歲以內者，仍准留標候補，按照臣部奏定裁缺章程辦理。留標各員內有身體強壯，堪以研究軍事者，由各省督撫量其程度淺深，或酌予巡防隊差委，或送入各項學堂肄業，以資造就。如有自願歸田或營他業者，悉聽其便，給予數年廉俸以示體恤。

三、所裁兵丁令各省督撫體察現時情形，除沾染嗜好不安本分者應即革除，至老弱不堪，尚無別項情弊，仍應酌給恩餉數月，以便各自營生。其餘尚堪挑練之兵，或改充巡防，或改習警察，或徵入陸軍，均視其體力、資材、

〔註92〕 參看松壽、增韞：《奏爲浙省裁撤綠營騰餉編練陸軍事》，第一歷史檔案館縮微膠捲，檔號 04－01－18－0057－020，縮微號 04－01－18－010－0054。

〔註93〕 管理軍諮處事務：《奏爲暫設軍事會議處緣由事》，第一歷史檔案館縮微膠捲，檔號 04－01－01－1108－011，縮微號 04－01－01－170－1031。

〔註94〕 參看管理軍諮處事務：《奏爲暫設軍事會議處緣由事》，第一歷史檔案館縮微膠捲，檔號 04－01－01－1108－011，縮微號 04－01－01－170－1031。

志願，分別辦理。〔註95〕度支部也電咨各督撫，要求宣統三年減裁四成綠營餉項。各省開始擬定計劃，裁撤綠營。

九月二十四日，浙江巡撫增韞奏報浙江省綠營裁撤已辦理完竣。其裁撤綠營辦法為：一、改編。改編浙洋水師巡防隊及改編練軍、添派陸軍巡防隊、改編沿海炮臺。二、裁官缺。各官缺千把總以下與兵同裁，於七月初一日一律開缺。都守以上則留任兩月，酌加公費，辦理裁兵未盡事宜，於九月初一日一律開缺；裁缺者給十年恩俸及川資，飭司隨領隨放，俾便回裏；已委用者約七十餘員，候差者約尚有一百六十餘員，給予膳資，分撥水陸各巡防隊，量材委用。規畫開辦講武堂現，俾裁缺及候補各武員有志於向學者得以研究兵學，藉資造就。三、裁兵。綠營兵丁除挑編浙洋水師巡防隊各船及改編陸路巡防隊各營之外，其餘挑入陸軍、巡防隊、巡警，願領取恩餉，退出兵役者聽其自便。挑剩應裁之兵，發放恩餉，遣散歸農；營書照章考選，分別錄用。四、清收軍裝軍械。先登記造冊，不能使用的，可變價的變價，應銷毀的銷毀，可用的刀矛及前後膛槍，加以修理，給各州縣辦理巡警之用。五、清查馬匹。先派員率同馬醫分往各屬，將裁存各馬細加查驗，合用者烙印帶省，給還馬價，不合用者將馬給兵，抵銀八兩。六、清查營產。清查登記後，各衙署除先已撥作地方公益之用者，及各屬建設審判廳、省城改建巡警道衙門撥用數所外，寧波、溫州等處，仍須駐紮新軍，預為留備，其餘按照時值，招賣變價，充建築陸軍第八十三、四兩標營舍及開辦經費之用。〔註96〕載灃對浙江辦理裁撤綠營十分滿意，對增韞更是讚賞有加，硃批「該撫辦理妥協，殊勘嘉尚，勉之。」〔註97〕

宣統二年（公元1910年）十二月十七日，資政院奏呈議決試辦宣統三年全國歲入歲出總預算案清單，清單對綠營、防營餉項大加裁減。二十八日，載灃頒發上諭，諭稱：「……至裁減綠防各營，於各省現在地方情形有無妨礙，著陸軍部會同各省督撫悉心體察，熟權利害，從長計議，詳晰具奏。」〔註98〕

〔註95〕 參看陸軍部：《奏為籌備酌裁綠營辦法事》，第一歷史檔案館，檔號04－01－01－1108－012，縮微號04－01－01－170－1037。

〔註96〕 參看增韞：《奏為浙江省裁撤綠營辦理完竣事》，第一歷史檔案館縮微膠捲，檔號04－01－01－1108－021，縮微號04－01－01－170－1096。

〔註97〕 增韞：《奏為浙江省裁撤綠營辦理完竣事》，第一歷史檔案館縮微膠捲，檔號04－01－01－1108－021，縮微號04－01－01－170－1096。

〔註98〕 第一歷史檔案館：《光緒宣統兩朝上諭檔》第三十六冊，第556頁，廣西師範大學出版社1996年10月版。

各省督撫覆奏，反對資政院對綠營、巡防隊經費的裁減。湖南巡撫楊文鼎奏，「湘省會匪充斥，伏莽遍地，所有防綠各營，現時斷難一律裁減，近因粵省匪徒起事，人心浮動，更當防備」；山東巡撫孫寶琦奏，「東省地方緊要，防營萬難裁減，綠營節經裁汰，已成弩末，袛以防營過薄，新軍未成，若遽爾全裁，諸多棘手，所有防營餉項，請免核減，綠營亦免全裁」；黑龍江巡撫周樹模奏「江省縱橫數千里，現有之兵數，合新軍、防營並計，僅乃四千餘人，不惟不足以言國防，亦實恐難以制內匪，擬請俯念邊疆重要，暫免裁汰防營，以資保衛」；山西巡撫丁保銓奏「且體察地方情形，各路防營目前實難議裁，袛得仍照現行案辦理，俟各屬巡警完備，再行汰舊編新，以符成鎮原議」；河南巡撫寶棻奏「豫省地廣兵單，捕務緊要，原有防營萬難裁汰」；護理四川總督王人文奏「川省綠營已經提前裁撤，核減巡防軍隊，妨礙實多」；兩江總督張人駿奏「裁減綠防各營，諸多妨礙，所有防營悉仍其舊，俟鄉鎮巡警籌辦完備，再行議裁綠營，俟至宣統六年一次裁盡」。〔註99〕

武昌起義爆發後，陸軍部奏「請將三年預算案內各省奏明礙難裁撤之綠營、巡防隊均准免其裁減，並四年預算除直隸江贛等省照奏准各案辦理外，餘請一律援照暫免裁減。」〔註100〕載灃當天頒發諭旨：「所有宣統三年預算案內各省奏明礙難裁減之綠營、巡防隊均著免其裁減，並四年預算除直隸江贛等省仍照奏准各案辦理外，餘著一律暫免裁減。」〔註101〕

總的來說，由於經費困難，載灃執政期間，清王朝在編練陸軍方面乏善可陳的，新軍編練計劃基本陷入停滯狀態，裁撤綠營、巡防隊則進一步削弱了清王朝的武裝力量。

〔註99〕 陳寶琛等撰：《宣統政紀》，第 924、947、950、959、979、988、993 頁，中華書局 1987 年版。
〔註100〕 蔭昌等：《奏為遵議各省各省綠營巡防隊擬請一律緩裁事》，第一歷史檔案館縮微膠捲，檔號 03－7840－075，縮微號 556－0403。
〔註101〕 第一歷史檔案館：《光緒宣統兩朝上諭檔》第三十七冊，第 257 頁，廣西師範大學出版社 1996 年 10 月版。

第五章　載灃與清末的鐵路政策

　　清末最後幾年，清政府的鐵路政策經歷了由鼓勵商辦到幹路國有、借債修路的轉變過程。一些學者對這一轉變的時間、原因以及清政府在推行幹路國有中的失誤進行了探討。

　　關於轉變時間：芮坤改認爲「儘管在各省掀起自辦鐵路高潮時，清政府給予了支持，但到 1908 年前後，其政策開始發生變化，轉而支持借債造路主張。1908 年，清政府任命張之洞爲粵漢鐵路督辦大臣，12 月又命其兼督鄂境川漢鐵路。同年，盛宣懷被任命爲郵傳部右侍郎。這表明清政府已改行以利用外資爲主的籌資築路政策。」〔註 1〕崔志海認爲 1908 年之前，郵傳部繼續鼓勵鐵路商辦。但自 1908 年之後，郵傳部對商辦鐵路的態度發生明顯轉變，由積極扶持到消極否定，直至最後宣佈收歸國有。〔註 2〕二人觀點基本一致，都認爲鐵路政策轉變關鍵節點是 1908 年。

　　關於推出幹路國有的原因：馬陵合認爲盛宣懷建立官僚壟斷集團的野心加速了幹線國有政策的出臺，而立憲派的社會輿論宣傳推動了幹線國有政策的出臺。〔註 3〕崔志海認爲促使郵傳部政策發生轉變的原因是多方面的，列強的鼓動和施壓可以說是其中的一個因素。但 1908 年郵傳部政策的轉變，主要還是出於國內實際考慮，是前一時期鐵路政策的一個邏輯發展。此外，郵傳

〔註 1〕　坤改：《論晚清的鐵路建設與資金籌措》，《歷史研究》1995 年第 04 期。
〔註 2〕　崔志海：《論清末鐵路政策的演變》，《近代史研究》，1993 年 03 期。
〔註 3〕　馬陵合：《論清末鐵路幹線國有政策的兩個促動因素》，《社會科學研究》1996 年第 1 期。

部及出使人員調查外國鐵路以國有居多，也影響了這一時期鐵路政策的轉變，是清政府採納幹路收歸國有政策的原因之一。〔註4〕

關於幹路國有推行中的失誤：孫自儉認爲，「由於政策執行前的準備工作不充分，既沒有做廣泛的宣傳和說服工作，也未通過資政院和諮議局的認可，而用專制的方式強制收回國有；當國有政策遭到反對時，不是靈活化解危機，而是一意孤行，堅持強硬手段，當發現決策中的錯誤時，卻拒絕任何修改，最後導致後果無法收拾。合理的政策加上正確的執行，才能取得良好的效果。」〔註5〕陳廷湘認爲，清政府對於保路運動的應對失誤主要有三：一、鐵路國有政策發佈和實施盲目，激動保路風潮；二、政府內互不通情，導致應對的反向結果；三、官員徇私猜忌，導致平息措施失效。〔註6〕陳曉東認爲清政府在推行幹路國有過程中有三個未善：清政府未把幹路國有、湖廣鐵路借款案交資政院和有關諮議局議決；違背《公司律》，企圖劫奪商路公司股本；清政府拒聽川省督臣勸諫，不肯讓步，逼其鋌而走險。〔註7〕

關於清末鐵路政策的轉變，還有進一步探討的餘地，如：1908 年清政府已經開始轉變對商辦鐵路的態度，並讓張之洞主持粵漢鐵路借款，爲什麼直到 1911 年才推出幹路國有簽訂四國借款合同？是什麼延緩了借款談判的進程？除了湖南湖北兩省拒款廢約的鬥爭之外，有沒有來自清政府內部的因素？盛宣懷和郵傳部並不是政策的最終決策者，他們的政治主張只有得到最終決策者的認可才能上升爲國家意志，是什麼原因促使最終決策者決定幹路國有？最高決策者爲什麼草率地推出幹路國有政策？幹路國有、四國借款爲什麼不交諮議局、資政院議決？清廷爲什麼始終沒有讓步直至矛盾徹底激化局勢失控？在這個過程中最高決策者是如何做的？爲什麼這麼做？這些都是值得探討的問題。

本章擬從考察載灃在鐵路政策轉變過程的作爲入手，就這些問題展開探討。

〔註4〕 崔志海：《論清末鐵路政策的演變》，《近代史研究》，1993 年 03 期。

〔註5〕 孫自儉：《晚清幹路國有政策再認識——以政府決策爲中心》，《蘭州學刊》2010 年第 8 期。

〔註6〕 陳廷湘：《1911 年清政府處理鐵路國有事件的失誤與失敗——以四川爲中心的保路運動歷史再思考》，《四川大學學報（哲學社會科學版）》，2007 年第 1 期。

〔註7〕 陳曉東：《清政府鐵路「幹路國有政策」再評價》，《史學月刊》，2008 年第 3 期。

第一節　張之洞主持下的粵漢、川漢鐵路借款問題

光緒二十六年（公元 1900 年）六月，盛宣懷與合興公司商訂了粵漢鐵路借款合同。合同第十七款規定「美國人不能將此合同轉與他國及他國人」〔註8〕。第十八款規定：「原約第七款本聲明鐵路工程，應以三年為限，一律告竣，倘遇意外不測之事，並因戰務阻止，總之，非美國公司力量所可挽回者，自當酌展期限。茲議由簽定核準此續約之日起，除此款前列各項事故外，以五年為限，造成全路。」〔註9〕後合興公司違反合同，不依合同規定期限築路，並將公司六千股中的四千股暗售給比利時人。光緒三十一年（公元 1905 年），在張之洞的主持下，通過交涉，中國政府將粵漢鐵路修築權從合興公司手中收回。

粵漢路的修築權是收回來了，然而國內資金匱乏，怎麼修築？借債實際上成了唯一的出路。是年九月二十七日，張之洞致電外務部，提出借英款修路的設想，張之洞之所以主張借英款修路，是因為在收回粵漢鐵路修築權時，合興公司「知中國財力艱窘，故迫中國以極短促之交款期限，意在使中國屆期不能款不能交，即可藉口全翻成局。」〔註10〕在張之洞因鉅款難籌，日夜焦慮之時，在漢口英總領事法磊斯的介紹下，港英政府借與中國一百一十萬英鎊，解了中國政府的燃眉之急。但英國人也決不是救世主，不會給中國人提供免費的午餐。作為回報，英國人提出「兩湖境內日後除中國自行籌款修路外，如須向外洋借款，當先向英國詢商，開價與他國所開扣息相同，先盡英國銀行籌辦。如他國所開息扣等項較英國所開公道便宜，仍由中國酌擇公道便宜者，另行籌借。」〔註11〕

光緒三十三年（公元 1907 年），為修造湖北境內粵漢鐵路，張之洞向英駐漢口總領事法磊斯商借二百萬英鎊，大略辦法已議有眉目。光緒三十四年（公元 1908 年）六月，清廷任命張之洞為督辦粵漢鐵路大臣，同年十

〔註 8〕　《呈鐵路總公司與美國合興公司商訂粵漢鐵路借款詳細合同清單》，檔號：03－6697－152，縮微號：508－0634。
〔註 9〕　《呈鐵路總公司與美國合興公司商訂粵漢鐵路借款詳細合同清單》，檔號：03－6697－152，縮微號：508－0634。
〔註10〕　《密陳磋商借款情形片》，苑書義等主編：《張之洞全集》第三冊，第 1829 頁，河北人民出版社 1998 年版。
〔註11〕　《密陳磋商借款情形片》，苑書義等主編：《張之洞全集》第三冊，第 1829～1830 頁，河北人民出版社 1998 年版。

二月，又令其兼辦鄂境川漢鐵路。九月，張之洞照會英駐漢口總領事法磊斯，提出再借一百五十萬英鎊，用來修築湖南境內鐵路。〔註 12〕英國政府遂派濮蘭德與張之洞談判。在談判過程中濮蘭德堅持先訂合同條款，不肯開價，又力爭工程師於購料用款必須簽字，公然違反此前「先開價」以及「工程師不得干預他事，凡鐵路公司一切等事，均由中國自主」的約定。宣統元年（公元 1909 年）正月二十三日，濮蘭德負氣威脅說，「如不允工程師簽字，借款事千萬不辦。如有他國欲辦，可先請他國辦」，「不僅粵漢路不辦，他路亦不能辦！」〔註 13〕

談判陷入僵局之後，英國公使朱爾典送節略至外務部，法磊斯也致電張之洞，請求其繼續與濮蘭德進行談判。張之洞答應再與濮蘭德會商一次，但提出三個條件：

> 一、總工程師只管分內應辦工程之事，餘事不得干預；購料用人，不能簽字。
>
> 二、各條大概均仿照津浦合同辦理，不得於津浦合同所准權利之外，另有要求；惟經理購料一層，須先侭中國自有自造材料購用。在合同內，切實聲明照津浦合同。原文須略加更改。
>
> 三、合同條款大概，既均仿津浦辦理，必須於兩日內商議決定。決定後在三日內與他國各密開息扣價值當面揭封，不得藉詞支延。
>
> 〔註 14〕

二月十五日上午，濮蘭德至公所，態度強硬霸道，稱：借款事如照津浦合同辦理，中英公司決不肯辦。經中方再三詢問，濮蘭德切實聲明，決意退出。當日下午，張之洞即與德國德華銀行柯達士商議借款辦法。德國早已想將觸角伸入長江流域，德商得此機會，同意均仿照津浦合同辦理，息扣較津浦路爲優，柯達士並寫立函單爲據。是日晚，濮蘭德要求展限一日。中方告知濮蘭德已與德國開商，既請展期，允以一日爲限。至十六日夜，濮蘭德並未回信。張之洞遂函覆德方，允認其所立函單爲據。〔註 15〕張之洞認爲這樣就能

〔註 12〕參看《致漢口英國法總領事》，苑書義等主編：《張之洞全集》第十一冊，第 9678 頁，河北人民出版社 1998 年版。

〔註 13〕參看《致漢口英國法總領事》，苑書義等主編：《張之洞全集》第十一冊，第 9689 頁，河北人民出版社 1998 年版。

〔註 14〕《與梁崧生》，王樹枬：《張文襄公全集》，第 221 卷，第 23～24 頁。

〔註 15〕《與梁崧生》，王樹枬：《張文襄公全集》，第 221 卷，第 25～26 頁。

借德國的力量「破英人之狡謀，均長江之勢力」。中德雙方同時約定：如英商據約力爭，則兩湖粵漢借款仍向英議借，而以鄂境川漢借款屬之德商。

英國得知中德定議的消息，「援案極力爭辯，並由英政府向中國駐英大臣強詞駁詰」。張之洞表示「如改派他家英商來商，肯按照現與德商所定辦法辦理，亦可與商鄂境川漢借款」。儘管英方「數月之間，詭譎百出，枝節橫生，恫喝要挾」，但張之洞「堅持定見，隨機應付」。英方無計可施，只得退讓，改派滙豐銀行代表熙禮爾與中方談判。英方提出「中英公司係英、法兩國商人合股所設，今該公司既不與聞借款，滙豐純係英國銀行，仍願與法商會理銀行合辦。」〔註16〕英方的提議得到中方認可。中方遂與英、法、德三國銀行達成協議：英、法、德三國銀行合借兩湖粵漢、鄂境川漢兩路款項定額五百萬英鎊；粵漢路用英總工程師，川漢用德總工程師。

宣統元年（公元1909年）四月初七日，美國駐華公使柔克義到外務部提出交涉，說：「一千九百零四年外務部曾有公文致前康（康格）大臣，許以將來建築川漢鐵路，如籌借外款，先儘英、美商借。現聞該路向英、法、德三國訂借，特命向貴部聲明前案。鄙意如將美國增入，通融辦理，諒美國政府或可見允。」〔註17〕五月二十八日，柔克義先生在與梁敦彥晤談中，又再次提出借款一事。梁敦彥稱張之洞尚無答語，無法商討此案。

四月十四日，柔克義再次造訪外務部，詢問梁敦彥能否對美國初七日照會參加川漢鐵路借款一事否予以答覆。梁敦彥答稱：「此案業已轉咨張中堂，惟尚無答語。」四月十八日，費萊齊奉美國政府之命再赴中國外務部進行交涉，要求對有關照會予以答覆，外務部仍復以尚未收到張之洞答語。同日，費萊齊向外務部提出照會：「日前本國公使柔克義先生與本署大臣已累次向貴大臣聲明，貴部於一九〇四年允諾如中國修築川援鐵路感資金不足時，當通知英、美兩國資本家。美國政府認爲，此諾言即保證美、英兩國資本在此項事業中享有任何借款之優先權。本大臣相應提及，自聞英、法、德三國銀團有與貴國成立合同借款修築此鐵路之後，美國政府即往照會英國政府，促其注意中、英、美三國間原有之約言，並聲明，美國從未有過何種行動足被認爲美國曾有放棄此項權利之意。據悉有關此案諸照會業已轉咨川漢鐵路張中

〔註16〕　參看《密陳磋商借款情形片（定稿未奏）》，苑書義等主編：《張之洞全集》第十一冊，第1829～1831頁，河北人民出版社1998年版。

〔註17〕　《復外務部電》，王樹枏：《張文襄公全集》，第221卷，第6～7頁。

堂，中堂當已深悉本國政府之意。然而，張中堂迄今尚無答語。本大臣今請
貴部立即轉咨張中堂暨其它負責諸官員。美國政府堅決要求貴部謹守一九〇
四年之諾言，與美國資本家進行磋商，並許美國資本家參加此項即將成立的
借款。祈早日照覆，以便轉達本國政府。」〔註18〕

　　五月初七日，梁敦彥告知費萊齊，已通知商洽此次借款的英法德三國銀
行，「除非與美國資本家獲致協議，中國不能簽押合同」〔註19〕。五月廿一日，
英法德及美國銀行在倫敦會商借款事。會商中美國銀行要求有同等參與之
權，而歐洲各銀行只讓美國銀行借款八分之一，未能達成協議。

　　五月二十五日，張之洞接英、法、德三國來函。該函稱：美國銀行派遣
代表在倫敦與敝銀行等會商，當經敝銀行等允將湖北境內川漢路借款總數四
分之一，作為美國分借之款。經美國銀行代表轉詢後，據稱回電屬其加入兩
湖境內粵漢鐵路借款分借四分之一，即係五百五十萬鎊借款全數之四分之
一。美國銀行此次所請加入一節，敝銀行等實不能覆允。現因所商未能就緒，
理合從速陳明。〔註20〕

　　張之洞接函後，致電外務部，要其轉告美方，「擬再稍緩數日，專候覆音，
如美國於三國銀行允借鄂境川漢鐵路借款四分之一至公至平之辦法，尚未允
認，致使無從轉圜，敝處不能再為延候。惟有將三國銀行已訂之合同，先行
出奏，以免貽誤要工。」〔註21〕

　　五月二十七日，外務部照覆美方：「收到有關川漢鐵路借款來照暨備忘
錄，內開：美國政府仍願洽商此項借款。來照業已轉致張中堂。經張中堂答
覆如下：『中美兩國交誼素敦，現因美國退還部份庚子款及派遣留美學生更使
兩國睦誼有所增進。對此特申謝意。現美國政府期望分讓法、英，德三國部
份借款。若在敝處與三國銀行簽訂合同之前提出此議，自無異議。現合同既
已簽押，自不便與美國商洽借款。目前礙難向貸款者提出此議，以免節外生
枝。』正值本部審議此案之際，又接張中堂來電，內稱：『收到三國銀行來函，
據稱（中略，內容與上件張之洞致外務部函同）。』閣下曾在本部商洽此事，

〔註18〕　中華人民共和國財政部、中國人民銀行總行：《清代外債史資料（1853～1911）》
　　　　　（下冊），第 144 頁。
〔註19〕　中華人民共和國財政部、中國人民銀行總行：《清代外債史資料（1853～1911）》
　　　　　（下冊），第 145 頁。
〔註20〕　《復外務部電》，王樹柟：《張文襄公全集》，第 221 卷，第 8 頁。
〔註21〕　《復外務部電》，王樹柟：《張文襄公全集》，第 221 卷，第 8～10 頁。

已得到充分答覆。貴國政府諒能體察張中堂所指之困難，望能迫切飭令美國銀行立即達成協議，庶幾中國願維持兩國友好關係之願望不致落空。敬請將此意轉致美國政府，希盡快回覆爲盼。」〔註22〕

是日，費萊齊向美國國務卿報告說：「張氏以爲鄂境川漢四分之一最爲公允。如美國繼續堅持，張氏在數日內即將三國已定之合同出奏。」〔註23〕

五月二十八日，美國總統塔夫脫親自致電載灃：

> 據報，貴國政府讓美國資本在此次鐵路借款中享受同等權益的措施遭到某種出於成見的反對。我深爲不安。貴親王必明察美國的願望，顯然並不僅僅根據中國在 1903 年與 1904 年提出的而在上月又加以確認的諾言，並且是基於國際公平和友好的原則的，這一原則，特別尊重了貴國的最大利益。我今奉電殿下，諒貴親王在考慮了這個問題的各個方面後，定能立即得出貴我兩國均將滿意的結果。我之採取這一特殊的直接致電貴親王的舉動，是由於我認爲此項交涉能獲得滿意的結果是十分必要的。我個人對於運用美國資本開發中國，深感興趣，這種辦法，定可增進中國的幸福，促進中國經濟的繁榮而不致侵損中國的政治獨立與領土完整。〔註24〕

同日，美國國務卿致電費萊齊，訓令其嚴肅警告中國政府，「如若希望美國考慮低於同等權益的條件，這就不符合美國的尊嚴和合理權利，且與中國一向對美國的友好政策向違背。若美國政府的合理要求被摒棄，則中國政府應負完全責任。中國政府若忽視其義務及其本身眞實利益，而以微不足道的藉口逃避正當責任，以回答美國的一貫友好態度，這就是對美國特別不友好的態度。」〔註25〕

五月二十九日，按照美國國務卿的訓示，費萊齊致照會給慶親王奕劻，

〔註22〕　中華人民共和國財政部、中國人民銀行總行：《清代外債史資料（1853～1911）》（下冊），第 140 頁。

〔註23〕　《費萊齊致美國國務卿電》，《美國外交文件》，1909 年，第 171～172 頁，引自宓汝成編：《中國近代鐵路史資料》第三冊，總第 1186～1187 頁，中華書局 1984 年版。

〔註24〕　《美國總統塔夫脫致攝政王載灃電》，《美國外交文件》，1909 年，第 178 頁，引自宓汝成編：《中國近代鐵路史資料》第三冊，總第 1187 頁，中華書局 1984 年版。

〔註25〕　《美國國務卿致費萊齊電》，《美國外交文件》，1909 年，第 179 頁，引自宓汝成編：《中國近代鐵路史資料》第三冊，總第 1187 頁，中華書局 1984 年版。

堅持與其它三國銀行均分借款。照會語氣強硬。稱:「此問題之解決,繫於中國政府,在歷次會晤中,本大臣業已充分闡明本國政府對於上述諾言及裨益雙方的友好臺作政策之態度。美國政府誠摯希望中國政府恪守約言,尊重兩國索敦之睦誼及國內外政策,明確飭令商洽此次借款之負責官員應允許美國同等參與此次借款。如貴國政府能採取這一公允措置,深信此案定能早日解決,並能達成圓滿協議。在貴國政府如此明確表示後,很難相信仍有人敢於破壞所有有關各國政府之政策。在另一方面,如期望美國能考慮低於同等權益之條件,這不僅不符合美國政府之尊嚴與道義權利,而且也違背貴國一貫友好之政策。本大臣嚴肅警告貴國政府,若美國這一合理要求竟被摒棄,中國政府應負完全責任。本國政府難以置信,貴國政府會不顧其義務與其本身真實利益,對美國採取如此異常不發好行動,以回答美國之一貫友好態度。鑒於英、法、德三國政府均已承認美國參與的正當要求。又鑒於中國對美國的特別諾言與道義上的義務,本署及國務院對於顯然有人從中操縱,而使這一公允協議遲遲不能達成,實感驚異。如他國銀行家堅持反對美國的平等參加,而不受中國及其本國政府意旨的約束,則此時中國就應有權決定專與尊重其最大利益者進行協商。」〔註26〕

六月初二日,載灃覆電塔夫脫:「關於借款問題,為答謝盛意,已命外務部與貴國駐京代辦會商,期能獲致適當決定,以便施行。」〔註27〕

在與中方的談判過程中,美方堅持要求在借款方面「享有與他國在各方面絕對同等之權力」。〔註28〕梁敦彥感到十分為難,求助於美國前駐華公使柔克義。他在電文中以近乎哀求的語氣說:「關於川漢鐵路借款問題,本大臣曾與張中堂及歐洲有關銀行團洽商,今已議定,較原定之五百五十萬英鎊增多五十萬英鎊。其中三百萬英鎊係供粵漢鐵路用,其餘三百萬英鎊供川漢鐵路用。美國資本家貸給川漢路之半數,即百五十萬英鎊。今允美國參加此項借款,本部已竭盡能力使適合美國之願望。而貴國費署使則堅

〔註26〕 中華人民共和國財政部、中國人民銀行總行:《清代外債史資料(1853~1911)》(下冊),第146頁。

〔註27〕 《載灃致塔夫脫電》,《美國外交文件》,1909年,第180頁,引自宓汝成編:《中國近代鐵路史資料》第三冊,總第1188頁,中華書局1984年版。

〔註28〕 《美國國務卿致費萊齊電》,《美國外交文件》,1909年,第180~181頁,引自宓汝成編:《中國近代鐵路史資料》第三冊,總第1188頁,中華書局1984年版。

持在均霑利益原則上參加借款。此種堅持原無必要，其結果致交涉不能允洽。……貴大臣熟悉京中情形，當悉此案關係之複雜。貴大總統對此或尚未知其詳。望貴大臣能將本部之困難稟告貴大總統，庶借款得以早日完成，實所感激。」〔註29〕

　　為答覆中國政府託柔克義轉交美國政府的提議，美國國務卿指示費萊齊，「可告以美國參加這項借款，定須使美國資本家獲得借款的四分之一，並須享有與英、法、德三國銀行家在草合同完全同等的權益。並告以美國人員與美國材料亦享有與英、法、德三國人員與材料同等的優先權益。……合同中的二條鐵路，應各有一工程師委員會，每個委員會主席應為總工程師。每個委員會中美國銀行家應派遣一美國工程師參加。粵漢鐵路兩湖段之主席應為英國人，川漢路鄂段應為德國人，將來借用外資之川漢路延長線應為美國人。美國資本家須在材料購置及有關利益方面亦有同等比例之代表。」〔註30〕

　　六月二十五日，費萊齊按照諾克斯的指示提出：

　　一、借款總額增至六百萬英鎊，其中三百萬英鎊做為兩湖粵漢之用，另三百萬做為鄂境川漢之用。

　　二、鄂境川漢鐵路借款的半數即一百五十萬鎊，及其附帶利益，分給美國銀團。美國材料亦享有與合同中給英、法、德三國的同等的優先權。美國銀團對購料傭金亦同等均霑。

　　三、原合同中關於未來附加借款諸項，除了承認美國在鄂境川漢未來附加借款中享有一半權利這點外，不因此次協定而有所變動。

　　四、四國銀團按以上意見立一附合同，讓中國政府同意。原合同除借款總額應予增加外，其餘概行照舊批准並行簽押。

　　對於美國的提議，中國反對提及延長入四川，並反對設立工程師委員會。三國銀行團則表示不反對經理雇用美國工程師。

　　在這種情況下費萊齊認為，「美國政府如爭得工程師、會計員的指派權，

〔註29〕　《梁敦彥致美國前駐華公使柔克義電》，《美國外交文件》，1909 年，第 187頁，引自宓汝成編：《中國近代鐵路史資料》第三冊，總第 1189 頁，中華書局 1984 年版。

〔註30〕　《美國國務卿致費萊齊電》，《美國外交文件》，1909 年，第 188 頁，引自宓汝成編：《中國近代鐵路史資料》第三冊，總第 1189～1190 頁，中華書局 1984年版。

其實際利益並不大。最後，在如此情況下，美國對於兩路材料供給與購料傭金可分得四分之一。」〔註31〕

七月十一日，張之洞致電梁敦彥，稱「至延用美國工程司數人一節，查合同附件內有各段所用工師技手等，應聽憑督辦大臣或派用中國人，或派用歐洲人，或由勘路情形，熟悉酌派日本人等語。中國向來視美國與歐洲人無異，故僅用歐洲字樣。將來需用各項公工程司之時，自當歐美一律酌用，希將鄙人此意轉達美使為荷。」張之洞又稱，「聞美國所派銀行代表人已來京多日，務祈貴部代催美使，轉飭所派銀行速與三國銀行妥商定議，以憑早日出奏，實深盼禱。」〔註32〕至此，各方已接近達成一致，簽約在望。

第二節 試行商辦到借債修路

宣統元年（公元1909年）八月二十一日，張之洞病逝，他的逝去使四國借款產生很大的變數。

九月二十三日，湖北諮議局、教育會、憲政籌備會、武漢兩總商會各職員暨留日學生鐵路代表張伯烈、夏道南等在湖北教育會開會集議，組織鐵路協會，專以拒借外債集款自辦為目的。會議推舉劉心源為正會長、吳兆泰為副會長。十月初二日，紳、商、軍、學各界在漢口四官殿召開大會，籌集股款。會後，湖北鐵路協會致電致郵傳、度支兩部，稱：湖北商辦鐵路協會業已成立，現正籌備的款，公懇大部取銷川漢、粵漢兩路借款草案。查照去年鄂督咨案，准予商辦完全權限，以順輿論而維人心。〔註33〕

十一月，湖北鐵路協會代表劉心源、宓昌墀、張伯烈三人赴京請願，上書郵傳部，稱湖北粵漢、川漢兩路，約需資本二千五百萬元，除先由創辦人擔任五百萬元外，其餘不分省界，招商承辦。旬月間，創辦股份已確集五百萬元。又由諮議局議員商同各州縣士民又共擔任四百萬元。又於租稅、稅契、房租、營業所得各項下，每年約共得二百九十五萬元，以五年計之，可得一

〔註31〕 參看《費萊齊致美國國務卿電》，《美國外交文件》，1909年，第188～189頁，引自宓汝成編：《中國近代鐵路史資料》第三冊，總第1180頁，中華書局1984年版。

〔註32〕 《復外務部電》，王樹枬：《張文襄公全集》，第221卷，第26～27頁。

〔註33〕 參看《湖北鐵路協會成立詳紀》，《申報》，宣統元年九月三十日（公元1909年11月12日），第二張第二版。

千四百六十萬萬元。加之沿路人民，願以路線地段材料等充作股本者，所在皆是。僅以值十抽一計之，至少可得百萬元。再以創辦股份五百萬加入，通盤合算，則與二千五百萬元之原數所差無幾，而招股之款尚不在內。湖北有此的款，即不敢不稟請商辦，以仰體朝廷及鈞部歷年懸念粵漢、川漢鐵路之至意。〔註34〕

十二月，湖北同鄉京官黎大鈞等上稟郵傳部，請求批准鄂境粵漢鐵路、川漢鐵路商辦。其稟稱：「……比年以來，鄂人為自保利益起見，提倡集股自辦，創始湖北商辦粵漢、川漢股份有限公司，擬集資本金共二千五百萬元。所有一切詳情，業於宣統元年十月由前掌廣西道監察御史吳兆泰等呈請前湖廣督憲陳咨請鈞部立案，旋又經湖北鐵路協會會長前廣西按察使劉心源等入都縷析詳陳均各在案。……為此公懇中堂大人查照前咨及稟呈各案，迅予批准立案，俾得早日集其股款，剋期興工。」〔註35〕

九月，湖南湘路公司也致電郵傳部，稱「現在湘人激於外債，引為切膚之痛，無人無日不以籌款招股為事。一俟明冬後春，長株開通，源頭既活，股份必旺，可以斷言」，又稱「湘人萬口一心，百折不回」，請求「……飭下外務部、度支部，立將湘路借款原議取消，以斷一切葛藤枝節」。〔註36〕

清政府內部對於借債築路也意見不一，不少官員主張趁張之洞死去，取銷借款。有御史奏稱：「粵漢鐵路借款損傷利權，數國紛爭投款，心懷叵測，此事前由張之洞商議，現應趁此時機飭外、郵兩部磋商作罷，並飭郵部統籌，撥助官款，速招商股，扞緊開辦。」〔註37〕湖南巡撫岑春蓂奏稱，「全省人民皆願集款自辦，不認外債」，而「借款修路，本非得已，今草約雖議有端倪，幸正合同尚未奏准簽押，或其事猶可挽回」，請求「飭下郵傳部，體察情形，設法取消，妥籌辦理」〔註38〕。湖廣總督陳夔龍致電軍機

〔註34〕 參看《四紀鄂路代表在京情形》，《申報》，宣統元年十二月五日（公元 1910 年 1 月 15 日），第一張第四版。

〔註35〕 《黎大鈞等上郵傳部稟》，自宓汝成編：《中國近代鐵路史資料》第三冊，總第 1202 頁，中華書局 1984 年版。

〔註36〕 鑄鐵：《湘路紀事》，中國史學會主編：《中國近代史資料叢刊·辛亥革命》（四），第 542 頁，上海人民出版社 1981 年版。

〔註37〕 「專電」，《申報》，宣統元年九月二十三日（公元 1909 年 11 月 5 日），第一張第三版。

〔註38〕 岑春蓂：《奏為全省人民願集款自辦粵漢鐵路請飭部取消籌借外債妥辦事》，第一歷史檔案館縮微膠捲，檔號 04－01－01－1100－048，縮微號 04－01－01－168－2530。

處，稱「張文襄前辦鄂路借款一事，為全國人民所注意，現文襄已逝，正好藉此機會設法挽回前議，以保主權」。並謂「鄂省民情，對於此事，極為激烈，恐致釀成風潮」。〔註 39〕御史黃瑞麒奏，「粵漢鐵路力能自籌的款興築，無須募借外債」〔註 40〕給事中途國盛奏，「鄂境粵漢、川漢鐵路，均應仍照原奏，集股興修」。〔註 41〕駐美公使伍廷芳致電清廷，稱「美政府會議，嗣後借款，中國須以有主權者作抵方准立約。臣意該國借款中國，意在擴張勢力，故必欲以有主權者作抵。然主權關係國勢，國勢弱而失主權無異失國，川粵路款苟可免借不如作罷。」〔註 42〕某軍機大臣在載灃垂詢湘鄂路借款問題及湘鄂紳商拒款情形時，力陳借款之害與自築之利。〔註 43〕。度支部尚書載澤一向主張嚴格限制募借外債，表示「如鄂人呈驗股票的實，則度支部亦幫助鄂人力爭。」〔註 44〕

在這種情況下，郵傳部、外務部皆不敢公然主張借款，集矢於己。十二月初，外務部、郵傳部商議借款。那桐說：「借款乃萬不得已之舉，該兩省既有的款可恃，自以磋議廢約為是」。奕劻「亦極贊成」。〔註 45〕郵傳部尚書徐世昌在致湖南諮議局局長譚延闓的電文中也說：「湘路商辦，果能如來電所云，確有的款，刻期可成，鄙人甚樂贊成。」〔註 46〕

對於湖南湖北拒債廢約的運動載灃也是持支持態度的。他在談話中表示：「湘鄂兩省人士，不遺餘力，踴躍集股，其急公好義，深可嘉尚。朝廷宜速為維持，以滋鼓勵。」並面諭郵部尚書徐世昌，要求「速行查究提倡，以

〔註 39〕 鑄鐵：《湘路紀事》，中國史學會主編：《中國近代史資料叢刊・辛亥革命》（四），第 544 頁，上海人民出版社 1981 年版。

〔註 40〕 第一歷史檔案館：《光緒宣統兩朝上諭檔》第三十五冊，第 384 頁，廣西師範大學出版社 1996 年 10 月版。

〔註 41〕 第一歷史檔案館：《光緒宣統兩朝上諭檔》第三十五冊，第 416 頁，廣西師範大學出版社 1996 年 10 月版。

〔註 42〕 「專電」，《申報》，宣統元年十一月初二日（公元 1909 年 12 月 14 日），第一張第四版。

〔註 43〕 參看「京師近事」，《申報》，宣統元年十一月初八日（公元 1909 年 12 月 20 日），第一張第六版。

〔註 44〕 《鄂路最近之消息》，《申報》，宣統元年十二月十三日（公元 1910 年 1 月 23 日），第一張第五版。

〔註 45〕 參看「專電」，《申報》，宣統元年十二月初五日（公元 1910 年 1 月 15 日），第一張第三版。

〔註 46〕 鑄鐵：《湘路紀事》，中國史學會主編：《中國近代史資料叢刊・辛亥革命》（四），第 543 頁，上海人民出版社 1981 年版。

維路政」。〔註47〕他先後七次將「籌款有著，力陳廢約」的奏摺交郵傳部知道。〔註48〕七個「著郵傳部知道」是很耐人尋味的。看上去對於要求商辦廢約的請求，載灃只是要郵傳部參考，並沒有明確表態，但其傾向性是明顯的——要郵傳部在粵漢、川漢鐵路問題上要認眞考慮商辦廢約的意見。

載灃之所以支持湖南、湖北的拒債廢約活動，除了因爲一些官員主張、兩省紳民陳請，還因爲這一時期他試圖限制外債，希望通過節流來解決財政困難。光緒末年，鑒於舉借外債的種種弊端，清廷開始採取措施對舉借外債加以限制。載灃執政後，借清理財政之機，進一步加強了對外債的限制。光緒三十四年十一月，度支部上奏，提出六條清理財政辦法，第一條即規定：「外債借還歸度支部。」〔註49〕會議政務處覆奏，提出「各部各省，如願自向外國放債之人相商者，准商定辦法，仍歸度支部出名立約承借」。〔註50〕載灃對會議政務處的覆奏並不滿意，隨即頒發諭旨：「著將原奏覆奏各摺件一併再交度支部妥愼斟酌，另行具奏。」〔註51〕在召見載澤時，「論及政務處議覆清理財政辦法，頗不以爲然」〔註52〕。載澤隨後覆奏，稱「外債流弊，言之疚心」，認爲「倘無論應否舉債，准由各部各省自爲商辦，是放任仍舊，而中央財政，益滋其患」，提出「請嗣後各部各省，必不得已募借外債，應先經臣部核准，會同外務部奏明，再由臣部出名訂借，交各部各省領用，各部各省，不得逕向外國訂借。」〔註53〕奏上，載灃自然「從之」。〔註54〕

在載灃看來，如果能借助民間資本修築鐵路，既能挽回利權，又能順應民意，是再好不過了。

〔註47〕 鑄鐵：《湘路紀事》，中國史學會主編：《中國近代史資料叢刊・辛亥革命》（四），第 548 頁，上海人民出版社 1981 年版。

〔註48〕 參看《奏爲詳覈督辦川漢鐵路大臣張之洞借款合同與湖北湖南兩省京官案由尚屬兩歧請旨裁奪事》，第一歷史檔案館檔案，檔號：03－7567－016，縮微號：562－1190。

〔註49〕 參看陳寶琛等撰：《宣統政紀》，第 60 頁，中華書局 1987 年版。

〔註50〕 參看陳寶琛等撰：《宣統政紀》，第 75 頁，中華書局 1987 年版。

〔註51〕 第一歷史檔案館：《光緒宣統兩朝上諭檔》第三十四冊，第 322 頁，廣西師範大學出版社 1996 年 10 月版。

〔註52〕 《申報》，宣統元年正月十八日。

〔註53〕 參看陳寶琛等撰：《宣統政紀》，第 95 頁，中華書局 1987 年版。

〔註54〕 參看陳寶琛等撰：《宣統政紀》，第 97 頁，中華書局 1987 年版。

　　十二月二十日，湖北京官黎大鈞等請都察院代奏，「鄂境粵漢、川漢鐵路籌有的款，請准予商辦」。〔註 55〕當天，載灃發佈上諭：「都察院奏代遞大清銀行副監督黎大鈞等鄂境粵漢川漢鐵路籌有的款，請准予商辦呈一件，著郵傳部知道。」〔註 56〕

　　宣統二年二月，郵傳部仰承載灃意旨，同時也迫於湖北官、紳、商的壓力，批准湖北京官設立公司，招股立案，仿照湖南、廣東等省公司辦法辦理。〔註 57〕四月，郵傳部在湖南拒款呈文上作出批示，略謂「查湘省鐵路工程近來漸次進行，並擬限期完工，具見熱心公益，從此奮勉圖功，不難日形起色，本部良深嘉許，應即轉咨外務、度支部詳覈辦理可也」。〔註 58〕

　　見到十二月二十日上諭，四國公使恐借款一事終成畫餅，頗感不安。英、法、德三國公使遂聯合至郵傳部造訪徐世昌，請其對上諭加以說明。二月十二日，三國將同文照會送致中國外務部。照會稱「去年十二月二十日奉諭旨，似中國政府有將該三銀行等照去年四月十九日合同所得相關築造湖廣境內粵漢、川漢鐵路權益置諸不問之意，……倘或諭旨所提人等有意執以為據，藉使利權與中國政府前定章程相反者，則本國政府現在聲明不能承認此等意見為實，且聲索貴國政府作主，以免於去年四月十九日合同宗旨稍有損害之虞。」〔註 59〕美國代理公使也致中國外務部照會，要求「將前所屢允之借洋款修鐵路，美國與英、法、德三國銀行皆當利益均分一節一併敘明。」〔註 60〕外務

〔註 55〕 第一歷史檔案館：《光緒宣統兩朝上諭檔》第三十五冊，第 525 頁，廣西師範大學出版社 1996 年 10 月版。

〔註 56〕 第一歷史檔案館：《光緒宣統兩朝上諭檔》第三十五冊，第 525 頁，廣西師範大學出版社 1996 年 10 月版。

〔註 57〕 參看《奏為詳覈督辦川漢鐵路大臣張之洞借款合同與湖北湖南兩省京官案由尚屬兩歧請旨裁奪事》，第一歷史檔案館檔案，檔號：03－7567－016，縮微號：562－1190；《英美法德各使致外部鄂境粵漢川漢鐵路中國資本家請准商辦有礙借款合同照會》，王彥威輯：《清宣統朝外交史料》，第 13 卷，第 3 頁，書目文獻出版社 1987 年版。

〔註 58〕 《郵傳部照會湖南鐵路公司文》，《湘路新志》第一年 8 期，第 384 頁。

〔註 59〕 《英美法德各使致外部鄂境粵漢川漢鐵路中國資本家請准商辦有礙借款合同照會》，王彥威輯：《清宣統朝外交史料》，第 13 卷，第 1～3 頁，書目文獻出版社 1987 年版。

〔註 60〕 《英美法德各使致外部鄂境粵漢川漢鐵路中國資本家請准商辦有礙借款合同照會》，王彥威輯：《清宣統朝外交史料》，第 13 卷，第 3 頁，書目文獻出版社 1987 年版。

部接到照會後，並未照覆四國公使，而是將四國公使照會一事咨行郵傳部。〔註61〕郵傳部對四國照會亦不肯作明確回答，而將張之洞與四國銀行間的借款契約草案移咨度支部，請其表示意見，並望急速正式簽約。〔註62〕度支部尚書載澤對郵傳部把問題推給度支部大為不滿，又把球踢給郵傳部，覆函稱：「此時一切既未議定，應俟貴部體察情形，將如何辦法，奏明請旨後，如有應由敝部覆核者，再行詳議。」〔註63〕

三月十三日，英、法、德致外務部照會，就二月十四日郵傳部宣示批准鄂紳設立鐵路公司籌款招股，仿照湘、粵等省公司辦法辦理事提出交涉。要求「查照示覆貴國政府是何意向」〔註64〕。由於沒有得到外務部的照覆，六月二十八日，英、法、德、美又致照會，「遵本國政府命令，照請貴親王請旨批准以上所提議之合同畫押施行」〔註65〕外務部隨後覆稱：「茲準來照，已由本部轉行郵傳部查照，貴大臣可以轉達該銀行代表逕與郵傳部妥商。」〔註66〕英美德法各銀行總理致函徐世昌，要求尅日定期會晤，以便開議。不久，徐世昌離任郵傳部尚書，署郵傳部尚書沈雲沛在與四國銀行接晤時，辯稱「各節按諸宣統元年五月十九日商訂簽字正合同草稿所負之責任及歸部關於此事所處置者，均不能為有效力」。〔註67〕徐世昌的繼任者唐紹儀，對借款築路也並不積極，一時間借款問題被擱置起來。

徐世昌卸去郵傳部尚書任後，繼任的唐紹儀受制於載澤、盛宣懷，根本不可能有什麼作為。直到盛宣懷入主郵傳部，四國借款問題才開始「峰迴路轉」。

〔註61〕 參看《湖廣鐵路拒絕借款運動之經過》，咨文稱：「關於鄂境粵漢、川漢鐵路借款，本部接英、美、德、法四國公使來照，茲咨送請查核酌辦。」經濟研究所藏日文檔案：《中國近代鐵路史資料》，第 3 冊，第 1205 頁。

〔註62〕 《湖廣鐵路拒絕借款運動之經過》，經濟研究所藏日文檔案：《中國近代鐵路史資料》，第 3 冊，第 1205～1206 頁。

〔註63〕 《順天時報》，宣統二年三月十三日。

〔註64〕 《英美法德各使致外部鄂境粵漢川漢鐵路中國資本家請准商辦有礙借款合同照會》，王彥威輯：《清宣統朝外交史料》，第 13 卷，第 3 頁，書目文獻出版社 1987 年版。

〔註65〕 《英美法德各使致外部催辦粵漢川漢鐵路借款合同請旨批准畫押照會》，王彥威輯：《清宣統朝外交史料》，第 15 卷，第 45 頁，書目文獻出版社 1987 年版。

〔註66〕 《英美德法各使致外部催議粵漢川漢鐵路借款照會》，王彥威輯：《清宣統朝外交史料》，第 16 卷，第 39 頁，書目文獻出版社 1987 年版。

〔註67〕 《英美法德各使致外部請催郵傳部速與各銀行商結湖廣鐵路借款照會》，王彥威輯：《清宣統朝外交史料》，第 18 卷，第 9 頁，書目文獻出版社 1987 年版。

　　盛宣懷本來就積極主張借款修築粵漢、川漢鐵路。七月，在召見時盛宣懷奏稱「湘、鄂兩省設立拒款會，不借外債，籌款自辦云云，不過徒託空言，於事實毫無補救」，「其所謂集款若干者，皆不可靠之數」，如此下去「恐再遲三十年，款亦不足，路亦不能興辦」，認為只要「嚴定限制，權操於我，外人祇有投資得息之利，無干預造路、用人之權」，借款修築粵漢鐵路也「未嘗不可」，並指責兩省紳民不「忠君愛國」，其「固執己見，鼓動風潮」，純屬「無意識之舉」，「殊不可取」〔註68〕

　　是月，郵傳部奏請派員赴湖南湖北勘路查款，得到了載灃的諭准。九月十二日，盛宣懷等向載灃奏報：粵漢鐵路在湖南境內共需銀約3400萬兩，僅收得銀圓172萬餘元。湖北境內粵漢、川漢鐵路共需銀圓6700萬元，至宣統二年九月，紳商勸股協會只募得銀圓964200餘元，而漢口大清、交通兩銀行中僅存632400餘元，「工既未興，款僅得此，商民之力已見一斑」。〔註69〕

　　粵漢、鄂境川漢鐵路商辦無有出路，四國代表又屢次催逼，四國借款勢難久延。十一月初六日，署郵傳部尚書唐紹儀「因病」辭職，載灃任命盛宣懷為郵傳部尚書。盛宣懷出任郵傳部尚書後，載灃勉勵他要「破除情面」〔註70〕，軍機處也責成他辦理四國借款，「不須瞻顧」〔註71〕。盛宣懷遂與四國銀行代表展開秘密談判。三月底，借款合同各節已大致議妥。四月初七日，在盛宣懷的授意下，給事中石長信奏請將鐵路分別幹枝，並將幹路收歸國有。石長信指出商辦鐵路幾大弊端：一、資本不足；二、枝節為之，不能統一；三、管理不善，坐耗虧倒；四、租股擾民；五、妨礙國防。石長信認為採取幹路國有，由國家興辦，枝路由商承辦的政策利國、利民、利軍事、利實業、利財政。〔註72〕載灃對石長信大加讚賞，稱其所奏「不為無見」，令郵傳部妥籌議奏。〔註73〕四天後，郵傳部覆奏，稱「如該給事中所奏，國計民生兼籌，

〔註68〕 參看《盛宣懷主張借債之奏對如是》，《申報》，宣統二年七月二十日（公元1910年8月24日），第一張第四版。
〔註69〕 參看沈雲沛等：《奏為派員查明湘鄂路工及股捐各款情形事》，第一歷史檔案館縮微膠捲，檔號03－7566－010，縮微號562－1002。
〔註70〕 盛宣懷：《愚齋存稿》，第76卷，第20頁，文海出版社1975年版。
〔註71〕 《大公報》，1911年1月15日，第1張第3版。
〔註72〕 參看石長信：《奏為鐵路為交通要政亟宜明定辦法敬陳管見事》，第一歷史檔案館，檔號：03－7567－013縮微號：562－1179。
〔註73〕 參看第一歷史檔案館編：《光緒宣統兩朝上諭檔》，第37冊，第83頁，廣西師範大學出版社，1996年版。

明定統一辦法，似不可再事因循，應請聖明裁斷，並懇明降諭旨，曉示天下，俾臣民共知遵守。」〔註74〕。奏上，載灃當天即發佈上諭：「……幹路均歸國有，定為政策。所有宣統三年以前，各省分設公司集股商辦之幹路，延誤已久，應即由國家收回，趕緊興築。除枝路仍准商民量力酌行外，其從前批准幹路各案，一律取銷。至應如何收回之詳細辦法，著度支部郵傳部，懍遵此旨，悉心籌畫，迅速請旨辦理。該管大臣毋得依違瞻顧，一誤再誤。如有不顧大局，故意擾亂路政，煽惑抵抗，即照違制論。」〔註75〕同日，載灃准郵傳部所請，將郵傳部批准湘、鄂成立鐵路公司前案取消。〔註76〕四月二十四日，載灃發佈上諭：「自降旨之日起，所有川、湘兩省租股一律停止，其宣統四月以前已收之款，著郵傳部、督辦鐵路大臣會同該省督撫，詳細查明，妥擬辦法奏聞，總不使有絲毫虧損，以致失信吾民。」五月三日，載灃又諭：「著將湖南省所有國路抽收米捐、鹽捐、房捐各股，與前項租股概行停止，其已收之款，仍著郵傳部、督辦鐵路大臣、湖南巡撫，恪遵前旨，一併詳細查明，妥擬辦法奏聞，不使有絲毫虧損。」〔註77〕

　　載灃為何如此迅速甚至有些草率地推出幹路國有政策？根本原因在於，嚴重的內憂外患之下，修築鐵路已成為政治要圖，而靠國內資本實行商辦已走入絕境，鐵路國有、借債修路成為必由之路。

　　首先是嚴重的邊疆危機。

　　宣統二年（公元1910年）五月二十八日，日俄簽署第二次日俄協定，該協定由三條公開協定和六條秘密協定組成，重點是在秘密協定。光緒三十三年秘密協定追加條款所規定的分界線，成了劃定兩國具有特殊利益的各地區的分界線，並且約定出現侵犯上述特殊利益事件時，兩締約國為維護利益而採取共同行動，或相互給予支持。不久，日本吞併朝鮮。

　　第二次《日俄協約》簽訂後，俄國駐華使館就打電報給沙皇政府外交大臣，說：「感謝你的努力，我們同日本達成了深切的諒解。這一步驟將產生一

〔註74〕《奏為遵議給事中石長信奏鐵路宜明定幹枝路辦法事》，第一歷史檔案館縮微膠捲，檔號：03－7567－015，縮微號：562－1186。
〔註75〕第一歷史檔案館：《光緒宣統兩朝上諭檔》第37冊，第92～93頁，廣西師範大學出版社1996年10月版。
〔註76〕第一歷史檔案館：《光緒宣統兩朝上諭檔》第三十七冊，第94頁，廣西師範大學出版社1996年10月版。
〔註77〕第一歷史檔案館：《光緒宣統兩朝上諭檔》第三十七冊，第115頁，廣西師範大學出版社1996年10月版。

種強烈的精神力量。當前的問題是如何好好加以利用。」主張乘此機會，對清朝政府施加軍事壓力，迫使其接受新的要求。並說：「軍事行動不僅可以開作一種手段，而且可以成爲一種目的。」只要採取軍事威脅，「很可能，意料中的衝突以及一八八一年商約的滿期，會給我們提供重新佔據一八八一年讓出的伊犁地區的可能性。」〔註78〕

宣統二年十一月初一日，俄國內閣臨時會議決定：就續訂和修改一八八一年《中俄商約》，同清朝政府進行交涉。會議還決定，爲了對清朝政府施加壓力，「有必要用一種最後通牒的形式，向中國提出要求，接著有必要用武裝力量來支持俄國的要求。」〔註79〕

十二月十二日，沙俄公使向清朝政府提出三十五款要求，內容涉及新疆、蒙古、東北等地方的重要利權。宣統三年正月十八日，俄國政府發出通牒，提出六項要求。正月二十二日，清政府在覆文中答應了俄方的大部份要求。但是，俄國政府並不滿足。二月十六日，再次通牒清朝政府。六天後，向清政府發出最後通牒，限定二十六日前作出答覆，否則將「自由行動」。二十五日，清政府被迫屈服，完全答應了俄國政府的六項要求。

如何應對嚴重的邊疆危機？大臣們給出的藥方之一是「造路」。

宣統二年（公元 1910 年）八月初七日，東三省總督錫良、湖廣總督瑞澂聯銜奏請「速定大計，指明我國亟應興築之粵漢、川漢、張恰、伊黑四段幹路，准以本鐵路抵押募借外債，以十萬萬爲度。即由度支部、郵傳部主持，一面議定借款，一面議定包工，限期十年完竣」。〔註80〕陝甘總督長庚認爲保新疆之法，「接修鐵路而已」，請求借款接修歸新鐵路以利軍用而便殖民，否則「恐他人必起而爭我路權者，後雖悔之，噬臍何及」〔註81〕署庫倫辦事大臣三多電奏，「蒙地孤懸塞外，密邇俄邊，危急存亡，首在爭路，路權所在，

〔註78〕 《俄國駐北京公使館代辦致外交大臣伊茲伏斯基的報告》，見西伯特：《協約國外交和世界》，第二〇頁，轉引自復旦大學歷史系：《沙俄侵華史》編寫組編：《沙俄侵華史》第 478 頁，上海人民出版社 1975 年版。

〔註79〕 《內閣部長臨時會議紀要》，見西伯特：《協約國外交和世界》，第二四頁，轉引自復旦大學歷史系：《沙俄侵華史》編寫組編：《沙俄侵華史》第 478 頁，上海人民出版社 1975 年版。

〔註80〕 錫良、瑞澂：《奏爲密陳籌借外資以弱敵勢而振危局事》，第一歷史檔案館縮微膠捲，檔號 03－9445－015，縮微號 674－3190。

〔註81〕 陝甘總督長庚：《奏爲擬請借款接修歸新鐵路各情事》，第一歷史檔案館縮微膠捲，檔號 04－01－01－1115－022，縮微號 04－01－01－171－1634。

即兵力所到」，張恰一線，俄國最爲垂涎，「今歲換約，將肆要求，以外長驅直入之計」，請求「飭下度支部，趁未換約之先，速派工程師勘路立標」，認爲這樣，「一時雖不興辦，必先具有形勢，杜絕覬覦」。〔註82〕

陸軍部也奏稱：「鐵路爲行軍命脈，凡路線所及之處，及兵力所到之區。無鐵路以運輸，是絕軍隊之命脈而置之危地也。現在內地已成之路，尚未能枝幹相銜……路政不修，影響於軍政者如是其重，是非立定政策，大舉興修，無以講國防言軍備也。修之之法，惟有先將內地各路趕速聯絡完全，然後議築錦璦、張庫、川藏等幹路，並須於東、北、西三邊，沿國界以鑄橫路，俾與幹路相連，乃能鞏固邊陲，伸張兵力，且工商墾礦農林諸業亦將藉以次第發皇。萬里嚴疆入我懷抱，籌邊至計，無逾於斯。」〔註83〕可見，從修築鐵路入手應對邊疆危機已成爲疆臣、部臣的共識。

其次，事實證明，鐵路完全靠商辦是行不通的。首先，在商力極其有限的情況下，鐵路名爲商辦，鐵路公司卻把主要負擔轉嫁給廣大民眾。以湖南湖北爲例，粵漢鐵路在湖南境內計長一千二百餘里，約需工費銀二千八百萬餘兩，加上贖路借款本息及未贖回之美國金圓小票利息，約需銀五六百萬兩，共需銀約三千四百萬兩，僅收得優先股銀銀圓一百七十二萬餘圓。湖北境內粵漢、川漢鐵路共需銀圓七千六百萬元，至宣統二年九月，紳商勸股協會只募得銀圓九十六萬四千二百餘元，而漢口大清、交通兩銀行中僅存六十三萬二千四百餘元。商既資本不足，就只能從民身上打主意。湖南所集股款，除商股以外，還有隨糧帶徵之地方租股、出境之米捐、淮鹽溢引之配銷捐、食鹽加價之口捐、供差員薪派捐股票等。後又經諮議局議決，增加累進租股和房租股。〔註84〕其次，商辦鐵路公司管理不善，坐耗虧倒，弊端重重。宣統元年，粵路公司僅築成鐵路三十餘里，而耗資白銀五百萬。〔註85〕川漢鐵路公司情況更爲嚴重。該公司成立於光緒二十九年，至宣統元年才開工築路。川漢路約需款九千餘萬兩，至宣統元年集款

〔註82〕 《署庫倫辦事大臣三多致樞垣蒙地首在路權請飭派工程師勘路並調軍隊扼要分佈電》，王彥威輯：《宣統朝外交史料》，卷十九，第二八～二九頁。

〔註83〕 蔭昌、壽勳：《奏爲敬陳時局阽危宜早定軍國大計管見事》，第一歷史檔案館縮微膠捲，檔號03－7594－016，縮微號563－2824。

〔註84〕 參看署郵傳部尚書唐紹怡等：《奏爲派員查明湘鄂路工及股捐各款情形事》，第一歷史檔案館縮微膠捲，檔號03－7566－010，縮微號562－1002。

〔註85〕 《郵傳部電詰粵路糜款之巨》，《申報》，宣統二年正月初六日。

千萬餘兩。宣統二年，發生了路款虧倒，虧倒路款達三百多萬兩。四川京官甘大璋等奏：「路線延長計三千里，原估額金九千餘萬，租捐湊足此款計在百年。且現開工之二百餘里，即需九年方能完工，全路竣工需九十年。後路未修，前路已壞，永無成期。前款不敷逐年路工之用，後款不敷股本付息之用，款盡路絕，民窮財困。」〔註86〕

　　還有一個原因是在財政極度困難的情況下，載灃為首的清廷不得不轉變借債觀念。宣統二年八月二十七日，度支部上奏試辦宣統三年預算情況，其奏稱：「……統計全年歲入共二萬九千七百萬兩，以田賦為大宗，鹽課、關稅、釐捐、官業收入亦略相等。歲出以軍政委大宗也，已占款三分之一，而還款償款又五千五百萬，其留作行政等費應用者不及歲額之半，故以京外各冊分數合算，共不敷銀五千四百萬兩，加以籌備事宜另列及追加各費，實不敷銀七千八百萬兩，如照預算辦法，皆宣統三年需要之款也。……」〔註87〕宣統三年預算出入相抵後，不敷銀七千八百萬兩，巨大的財政缺口僅靠節流是沒法彌補的。載灃為首的清廷不得不重新回到靠大舉外債來解決財政困難的老路上來。

　　另外，四國借款協約簽字在即也是一個重要原因。

第三節　對湘、粵兩省保路運動的應對 〔註88〕

　　湖南紳商學各界見到幹路收歸國有諭旨，大為憤激。各團體在四月十五日刊發傳單，謂湘省粵漢鐵路為全省命脈所關，將來借債築路，湘人財產生命均操外人之手，若不極力收回，後患何堪設想。特請各界於十六日在教育會開全體大會。是日，到會者有一萬多人，會議決定十八日由各團體呈請湘

〔註86〕甘大璋等：《奏為川漢路款虧倒過巨請按律查追並籌改良辦法事》，第一歷史檔案館縮微膠捲，檔號03－7566－014，縮微號562－1018。

〔註87〕《度支部尚書載澤等奏為遵章試辦宣統三年預算並瀝陳財政危迫情形事》，第一歷史檔案館檔案，檔號：03－7514－050，縮微號：559－0239。

〔註88〕郵傳部、度支部、督辦鐵路大臣所擬鄂路商股還款辦法具體內容為：「鄂路所收商股，粵、川兩項共一百十四萬五千餘元。據湖廣總督上年冬季冊開，除已支用外，尚存銀三十二萬餘元，向歸官局經理。又該省上年所設公司共收新股九十七萬餘元，續據湖廣總督單開，現尚存銀九十一萬餘元，其實在商股，應准湊足歸還現銀。」湖北所集商股與湘、粵、川相較本就不多，又准全部歸還現銀，紳商利益基本得到保證，湖北保路運動規模小於其它幾省，故文章對湖北保路運動及清政府應對情況不作專門考察。

撫電奏，收回成命，如不得請，將來或外人或督辦到湘強行修築，定即集全力抵抗，無論釀成如何巨案，在所不顧。十八日，各團體齊聚巡撫衙門，請求湖南巡撫楊文鼎代爲電奏。鐵路公司長株一帶工人一萬餘人，也停工進城，沿途聲稱如撫臺不允上奏挽回，商須罷市，學須罷課，一般人民須抗租稅。巡撫楊文鼎見群情洶洶，恐激起民變，答應代爲電奏。楊文鼎代奏摺上，載灃大爲不滿，頒佈上諭，嚴飭湖南諮議局「所呈各節，語多失實，迹近要挾」，楊文鼎「乃於甫經決定政策，竟率行代爲瀆奏，殊屬不合，著傳旨嚴行申飭」，並諭「著該撫懍遵迭次諭旨，一面切實勸諭，一面會同妥籌辦法。如有匪徒暗中鼓動，致生事端即著從嚴懲辦。倘再措置失宜，釀成重案，定惟該撫是問」。〔註89〕楊文鼎代奏雖遭嚴飭，但對緩和矛盾，穩定形勢起到了一定的效果。楊文鼎在致盛宣懷、端方的電文中說，「湘人見撫臣因此獲譴，群情震懾，更屬無可置詞，一律安靜，轉候督辦大臣來湘會商辦法」〔註90〕。事實上形勢遠沒有楊文鼎所說的那麼美妙，「湘人見諮議局被諭旨申飭，愈益激憤，該局議員有多數辭職者，以致不能開會。繼而各學堂亦相率停課。」〔註91〕政府如臨大敵，「每日巡防隊、警察隊及加募之偵探隊，沿街穿巷，四處巡邏，前往後繼，晝夜不輟，手擎槍械，如防匪寇」，「又出示禁止開會，取締印刷店，凡有廣告等事，皆須巡警派人核閱，方准付印」，「又取締信行郵局，凡有外來信箚送學界、軍界者，皆須檢閱；又請各學堂監督檢察學生信箚」〔註92〕。由於反對各派意見不一，有「絕對不認鐵路借款、鐵路國有，而欲以暴力臨之」者，有「否認外國借款欲將湖南鐵路移交官民經營」者，有「認爲信賴北京政府勢將亡國，高喊湖南爲湖南人之湖南，欲獨自借款經營鐵路」者。〔註93〕再加上郵傳部、度支部、督辦大臣所擬定湖南股款處理辦法，「將實在商股一百萬兩，照本發還；其餘米捐、鹽捐、租股、房股，除美國贖約經費三百萬兩外，准即另發國家保利股票，長年息六釐，五年後分作十五年

〔註89〕　參看第一歷史檔案館：《光緒宣統兩朝上諭檔》第三十七冊，第 117～118 頁，廣西師範大學出版社 1996 年 10 月版。

〔註90〕　《楊俊帥來電》，《愚齋存稿》第 77 卷，第 28～29 頁，文海出版社 1975 年版。

〔註91〕　《湘省爭路再誌》，《國風報》，第 2 年第 12 號，文海出版社 1975 年版。

〔註92〕　《湘省爭路再誌》，《國風報》，第 2 年第 12 號，文海出版社 1975 年版。

〔註93〕　參看《日本駐長沙代理領事山崎壯重致伊集院報告》，經濟研究所藏日文檔案，引自宓汝成編：《中國近代鐵路史資料》，第 3 冊，第 1260 頁，中華書局 1984 年版。

攤還，以充本省實業公用」〔註94〕，對商股利益損害不多，湖南沒有因鐵路國有釀成大亂。

廣東方面，四月十九日，盛宣懷致電張鳴岐，提出兩種還股方案：一種方案是該公司股票准其更換國家鐵路股票，六釐保息，須定歸還期限，須准分派餘利，須准大清銀行、交通銀行抵押；另一種方案是該公司股票如願換領國家保息之股票，則該公司歷年虛糜之款，除倒賬外准不折扣，股本俟將來得有餘利再行分別彌補。〔註95〕。同日在致張鳴岐的又一電報中說：「……三期股款照計應收一千五百餘萬兩，如不續收，仍須另借洋債，另用洋工程師，能否勸諭悉換國家鐵路股票……」〔註96〕張鳴岐對於三期股款沒有把握，而對換領股票相當樂觀，先後覆電稱「粵路迭釀風潮，股東各懷意見。自定歸國有後，輿論頗多反對，商股益滋疑慮，三期股款續收有無把握，此時尚難預決」〔註97〕，「粵漢商股事連日晤省紳並召集各報館主筆，剀切開導，以該領國家股票之益實較商辦為優，及此次借款對於國家大局裨益匪細，理當合理讚助，不宜反對。紳界寶界似均能領會，當不致煽動風潮。」〔註98〕

五月十日，廣東粵漢鐵路公司開股東大會，結果大出張鳴岐預料。公司董事提出五種應對方案：一、更換國家鐵路股票；二、換領國家公債票；三、願領回資本者國家估價歸還，准其自築枝路，或營礦務及他項實業；四、續繳二、三期股票，換國家息債票；五、仍援原案，堅請商辦。與會的一千多股東對於前四條均不承認，「唯宣佈第五條時，眾皆起立，?然叫應，聲震會場」。大會議決：一、萬眾一心，保持商辦之局，致電郵傳部力爭，並請粵督代奏挽回，聯合湘、鄂、川三省同志，堅持至竟。二、倘政府甘悖先朝成命，遣官強佔粵路，粵人宜協力同心，妥籌對待。三、擬先就公司置機關部。四、約十五日開第二次會議。五、商辦宗旨既定，董事所擬五策，作為無效，毋庸投票公決。〔註99〕張鳴岐連忙貼出告示，將初

〔註94〕 《遵籌川粵漢幹路收回辦法摺》，《愚齋存稿》，第 17 卷，第 33 頁，文海出版社 1975 年版。

〔註95〕 《寄張堅帥》，《愚齋存稿》第 77 卷，第 9 頁，文海出版社 1975 年版。

〔註96〕 寄《廣州張堅帥》，參看《愚齋存稿》第 77 卷，第 10 頁，文海出版社 1975 年版。

〔註97〕 《張堅帥來電》，《愚齋存稿》第 77 卷，第 12～13 頁，文海出版社 1975 年版。

〔註98〕 《張堅帥來電》，《愚齋存稿》第 77 卷，第 16 頁，文海出版社 1975 年版。

〔註99〕 《滿清野史》，《鐵路國有案》，總第 3003 頁，文橋書局有限公司 1972 年版。

十日議案取消，並飭巡警道禁止十五日再行開會。廣州商民別出心裁地以拒用官發票幣來對抗壓制。張鳴岐窘迫不堪，只得奏請借款五百萬兩以解燃眉之急。

粵路還股，張鳴岐初始提出五成給銀、五成給票。後因度支部、郵傳部、督辦鐵路大臣所擬辦法將鄂、湘路股照本發還，張鳴岐反汗，對於所郵傳部等擬「現擬每股從優先行發還六成，每二元五角先發現銀一元五角……將四成一元之數，另發國家無利股票，俟路成獲利之日，准在本路餘利項下分十年攤給」〔註100〕的粵路還股辦法提出異議，致電盛宣懷，稱「……惟鄂、湘路股既奉諭旨照本發給，而粵路股本則祇先發六成，其餘幾成須俟獲利後分年攤給，且無股息可領，商人唯利是視，計及錙銖，既知鄂、湘照本歸還，粵似相形見絀，保不援案求請。現已遵照大部電示，召集正紳，切實開導。惟粵路股東眾多，非少數紳商所能定議，將來公司仍須召集股東開會議決，屆期能否不起波瀾尚難預料。」〔註101〕

六月二十五日，端方致電盛宣懷、載澤，稱「究竟粵中情形若何，殊難懸揣」，請求盛、載會電張鳴岐，「催其速定辦法，不可再涉遊移」〔註102〕。次日，盛宣懷、載澤電張鳴岐，「端大臣電云，必將粵事籌定，方能彙奏。……應請尊處開導多數股商，恪遵諭旨，於兩項中認定惟一辦法，迅速示知，以便彙奏」〔註103〕。

七月初九日，張鳴岐才覆電盛宣懷、載澤、端方，稱「粵路或賠股，或還銀，大部意在擇一而行，不欲並行不悖。若只准擇一而行，自非開股東會無以取決」，而一旦召集開會，一定會出現「收股辦法未能解決，而國有問題，轉將起哄」的糟糕局面，既然不能開會取決，即無執一的辦法。張鳴岐認為，願換國家股票與否，係個人營業自由，只可勸導，斷難抑勒；只可堅其信，使之甘心樂從，斷難狹其途，迫令勉強就範。郵傳部、度支部於附股者許以種種利益，於還銀者遂令種種吃虧，蓋欲強迫股東悉出於附股之一途，不知愈強則愈疑懼、愈抵抗。張鳴岐認為採取「示以至公至允之辦法，俾人民咸

〔註100〕　《遵籌粵漢幹路收回辦法摺》，《愚齋存稿》，第17卷，第32頁，文海出版社1975年版。

〔註101〕　《張堅帥來電》，《愚齋存稿》，第78卷，第6頁，文海出版社1975年版。

〔註102〕　《端大臣來電》，《愚齋存稿》，第78卷，第24頁，文海出版社1975年版。

〔註103〕　《寄廣州張堅帥》，《愚齋存稿》，第78卷，第24～25頁，文海出版社1975年版。

知國家非與爭利,轉可以堅其信」的方法,或許達到讓人民歸於附股一途的目的,請求郵傳部、度支部,「於粵路還股一層,務與湘鄂十成現銀一律。並請於願附股、願還款兩項,聽各股東自由,不必執一還股」。如此,「辦法既定,即可定期接收,股東無可藉口,縱有姦人煽惑,自可以強權制之」。張鳴岐最後說:「倘不蒙鑒察,鳴歧自問才力萬不足以奉宣德意,制服粵民。惟有懇大部奏參,請朝廷另揀賢員,當能有濟」〔註104〕。

七月十二日,盛宣懷、載澤會電張鳴岐,稱「……今貴督遽請全路現款,實與五月二十一日論旨不合」,提出驗明股票後,「先換國家粵漢鐵路股票,准其永享利益,但毋庸刊定五年後亦可分十五年抽本字樣,並准於票面呈蓋戳記,刊明此票如願領取現銀,一年後不拘限期,准其持票赴粵漢鐵路總局領取現款,但須六個月之前先行掛號字樣,庶與政策相符,仍可任民自便」〔註105〕。張鳴岐對於郵傳部、度支部的退讓並不滿意,十八日致電端方,「粵路果能早定還股辦法,並暫不議借外債,尚可勉強鎮壓。倘再遲疑,枝節愈多,若更借款,風潮必烈,勢將不可收拾。且川、粵聯合,大局之憂。公宜切勸大部,為大局、計安危,不可與人民爭意氣」〔註106〕。端方也感到局勢嚴峻,致電盛宣懷,稱「粵人屢言借款合同,並無粵路,不如查照鄙人庚電,即將粵路推歸粵辦,但須責以三年造成,無誤接線;倘或逾限則全路損失粵任賠償。尊意如何?尚乞酌示。」盛宣懷並沒有接受端方的意見,二十一日和度支部會電張鳴岐,言「湘、鄂兩省已定全領國家鐵路股票,一律分紅分息,川中雖匪亂,京官及其公司總理亦均願照湘、鄂悉換股票,但求一律分紅分息,並請准以後繼續附股,朝廷均可照准,不日宣佈」,希望張鳴岐「即邀集股東,認真勸導,總以照湘、鄂一律為妥」,並云「從前尊電曾言湘鄂商股十足發還,恐相形見絀,今則准與湘、鄂一例而行,當無異言矣」〔註107〕。二十四日,張鳴岐邀齊司、道集議,結果「開議三鐘,莫展一事。有主仍爭現銀者;有主俟看川省亂

〔註104〕 參看《廣東張堅帥來電》,《愚齋存稿》,第 81 卷,第 4～6 頁,文海出版社 1975 年版。
〔註105〕 《寄廣州張堅帥》,《愚齋存稿》,第 81 卷,第 19 頁,文海出版社 1975 年版。
〔註106〕 《城陵埠端大臣來電》,《愚齋存稿》,第 82 卷,第 7 頁,文海出版社 1975 年版。
〔註107〕 《寄廣州張堅帥》,《愚齋存稿》,第 82 卷,第 11～12 頁,文海出版社 1975 年版。

事如何再定者；有主事關大局，不可專指路言，請部三思者；有主部款難籌，宜共體諒，請給四成有利票者。未能決議而散」〔註108〕。由於張鳴岐沒有採取一味高壓的手段，廣東形勢雖危，並未因保路運動釀成大亂。

第四節　四川保路運動與保路同志軍起義

　　幹路國有一經宣佈，四川一片譁然。四月十七日，川漢鐵路駐宜昌總理李稷勳致成都總公司轉諮議局電，稱「路歸國有，註銷商辦，政府犧牲信用，已表決心」，認為「路權可歸國有，若歸外人，則土地人民受損甚巨，當拼力拒之」，「川路既欲收回，則川省人民辦路用款，應照數撥還現銀；若佡空言搪塞，苦我川人，當抵死爭之」。〔註109〕次日，川漢鐵路董事局致電郵傳部，請求「俯順民情，請予仍舊辦理，俾竟全功」〔註110〕。郵傳部不予理睬。二十五日，川漢鐵路董事局再電郵傳部，言「巧電未奉回諭，輿情甚為惶惑。查光緒三十三年國定幹路，並無川漢在內，似不在收回之列，懇並賜示」〔註111〕郵傳部仍舊未予理睬。

　　停止租股上諭發佈後，「旅宜股東數百人，迭次開會，群情憤激，均不願停止租股，以保路權」，要求速開股東特別大會。〔註112〕川漢鐵路公司也認為「租股一停，生命立絕」，決定閏六月初十日開大會，並決定五月一日先行召集各團體會議，協議抗爭。如政府派員接收，應俟款項清畢，通過特別人會議定辦法後，再行正式交替。〔註113〕四川諮議局也呈文王人文，請求「據情電奏請旨，飭下督辦粵漢、川漢大臣將本路暫緩接收；一面分別交院交局開

〔註108〕 《廣東龍參議建章來電》，《愚齋存稿》，第83卷，第11頁，文海出版社1975年版。

〔註109〕 《川漢鐵路公司駐宜昌總理李稷勳致成都總公司等請反對出賣鐵路如收歸國有應以現銀償還用款電》，戴執禮編：《四川保路運動史料》，第125頁，科學出版社1959年版。

〔註110〕 《川漢鐵路董事局呈郵傳部請維川漢路商辦成案電》，戴執禮編：《四川保路運動史料》，第126頁科學出版社1959年版。

〔註111〕 《川漢鐵路董事局致郵傳部川漢鐵路並非原定幹線不在收歸國有之列電》，戴執禮編：《四川保路運動史料》，第140頁科學出版社1959年版。

〔註112〕 《駐宜董事、旅宜股東致川漢鐵路總公司等報告旅宜股東反對鐵路國有情形電》，戴執禮編：《四川保路運動史料》，第141頁科學出版社1959年版。

〔註113〕 參看《川漢鐵路公司致宜昌董事局請拒絕交代電》，戴執禮編：《四川保路運動史料》，第141頁，科學出版社1959年版。

會議決，再行奏明辦理，實足以遵法律而順輿情。」〔註114〕王人文「鑒於民氣過激」〔註115〕，循請代奏，稱「川人對於鐵路，所受痛苦本深，希冀路成或有取償之望。一聞改歸國有，群情自多疑慮。現幸紳、商各界中，不乏明達利害之人，分途勸導，目前不致別生暴動。其求暫緩接收，乃為安定人心，或從容平和之解決起見」。〔註116〕五月初六日，載灃發佈諭旨，嚴斥責諮議局、王人文，稱「……該省諮議局不明此意，輒肆要求，並有緩刊謄黃之請，是必所收路款侵蝕已多，有不可告人之處。一經宣佈，此中底蘊，恐不能始終掩飾，難保該局非受經手劣紳之請託，希圖蒙混，為延宕時期，接續抽收之計。……該署督目擊情形，一切弊竇，應所深悉，乃竟率行代奏，殊屬不合。王人文著傳旨嚴行申飭，仍著迅速刊刻謄黃，遍行曉諭，並隨時剴切開導，俾眾周知。至已收租股，並著趕即查明，由度支部郵傳部督辦鐵路大臣，會同該署督，妥籌切實辦法，請旨辦理。」〔註117〕

　　幹路國有勢在必行，已收股款如何處理成了問題的關鍵。五月十八日，載灃召見張謇，「詢問關乎時政有何意見，盡可直言」。張謇言：「四川鐵路收歸國有，須寬恤民隱。」載灃說：「可與載澤商量辦法。」隨後，載澤約盛宣懷與張謇，商議議收四川鐵道為國有方法。盛宣懷認為「調查川人用於鐵道公款中，為川紳所虧者，三百餘萬，政府不應受此虧數，應以實用者給還川人」。張謇說：「輸出者川之人民，虧挪著川之紳士，當然一面查追紳士，一面允給川人。」盛宣懷主張在給數中扣出。載澤又問張謇。張謇說：「如所言未嘗非理，但甲商與乙商言，當如是。政府與人民，有涵覆之義，且收民路歸國有，政策也。政策以達為主，不當與人民計利。且聞川人爭路款，頂戴先帝諭旨，勢洶洶而意未悖，尤須審慎。」〔註118〕粵漢路已准商辦，現忽用一紙命令收回，自當讓利於民，不可與民錙銖計較。張謇的話是很有道理的，但並未被載灃等人採納。

〔註114〕　《蜀報》，第 12 期，宓汝成編：《中國近代鐵路史資料》第三冊，第 1269 頁，中華書局 1984 年版。
〔註115〕　王人文：《辛亥四川路事罪言》，中國史學會主編：《中國近代史資料叢刊·辛亥革命》（四），第 415 頁，上海人民出版社 1981 年版。
〔註116〕　《四川護督王人文呈內閣請代奏暫緩接收川漢鐵路電》，戴執禮編：《四川保路運動史料》，第 159 頁科學出版社 1959 年版。
〔註117〕　第一歷史檔案館：《光緒宣統兩朝上諭檔》第三十七冊，第 119 頁，廣西師範大學出版社 1996 年 10 月版。
〔註118〕　參看劉厚生：《張謇傳記》，第 172 頁，上海龍門書局 1958 年版。

五月二十一日，郵傳部、度支部、督辦鐵路大臣會奏粵漢鐵路還股辦法。五月二十一日，郵傳部、度支部、督辦鐵路大臣會奏粵漢鐵路還股辦法。辦法如下：

　　……准將粵川湘鄂四省所抽之公司股票，盡數驗明收回，擬由度支部、郵傳部特出國家鐵路股票，粵漢、川漢仍分兩種，照數更換，仍照年長六釐支息。倘欲抽還股本，約以五年後分作十五年還本。……並准將此項股票，向大清銀行、交通銀行按照行規進行抵押，以便流通。惟該公司願領此項國家保利之股票者，則悉照歷年路工支出之款，除倒賬外，毫無折扣。倘或願領資本，不願換領國家保利股票者，必應分別辦理，以昭平允。

　　粵路，「每股從優發還六成，每二元五角先發現銀一元五角。……將四成一元之數，另發國家無利股票，俟路成獲利之日，准在本路餘利項下分十年攤給」。

　　湘路，「將實在商股一百萬兩，照本發還；其餘米捐、鹽捐、租股、房股，除美國贖約經費三百萬兩外，准即另發國家保利股票，長年息四釐，五年後分作十五年攤還，以充本省實業公用」。

　　鄂路，「其實在商股，應准湊足歸還現銀。至川漢彩票股，另發國家無利股票，俟路程獲利之日，准在本路餘利項下，分十年攤還。另有動用振糶捐，除美國贖約經費不計外，其餘如有實用者，准照湖南米捐一律辦理」。

　　川路，「現存款七百餘萬，如願入股，應准悉數更換國家保利股票，五年後仍分作十五年還本，亦可隨時抵押，並可分得餘利。除倒賬外，其宜昌已用之款四百數十萬，准給發國家保利股票，一律辦理。又宜昌開辦經費三十三萬，及成渝各局用費若干，則發國家無利股票，與粵股一般，悉歸興辦實業之用」〔註119〕。

是日，載灃發佈上諭：「著督辦川漢鐵路大臣迅速前往，會同該省督撫遵照所擬辦法，將所有收款分別查明細數，實力奉行。朝廷於此事審慎周詳，仁至義盡，經此次規定後，倘有不逞之徒仍藉路事為名，希圖煽惑，滋事

〔註119〕參見《遵籌川粵漢幹路收回辦法》，《愚齋存稿》，第17卷，第31～33頁，文海出版社1975年版。

事端，應由該督撫嚴拏首要，盡法懲辦，毋稍寬狗，以保治安。」〔註120〕

度支部、郵傳部所擬還股辦法，看上去分爲兩種，或 A 或 B，四省公司可自由選擇。但實質上，郵傳部、度支部「於附股者許以種種利益，於還銀者遂令種種吃虧」，「欲強迫股東悉出於附股之一途」〔註121〕。關於川路，郵傳部、度支部提出兩種還股方案：一、該公司股票不分民股、商股、官股，准其更換國家鐵路股票，六釐保息，須定歸還日年限，須准分派餘利，須准大清銀行、交通銀行抵押；二、該公司股票如願換領國家保息之股票，則該公司歷年虛麋之款，除倒賑外准不折扣，股本俟將來得有餘利再行分別彌補。〔註122〕這兩個方案都不歸現存的七百餘萬，並不認虧倒的三百萬。王人文不同意該方案，提出「存款僅七百餘萬，似應儘給川人」，「已用之款較多，除倒賑外，則照度支部所議辦法，全換給鐵路股票」，認爲這樣「雖未必盡厭川人之望，然國家既仁至義盡，或足塞川人之口。」〔註123〕

王人文的「軟弱」引起了端方等人的不滿。端方致電盛宣懷，攻擊王人文「違道干譽，專主附和，不加裁抑，頗有幸災樂禍，藉實其前言不謬之意」，要盛設法催促趙爾豐兼程前進，最好能在初十日前到任。〔註124〕六月初六日，周祖祐向盛宣懷報告，「……初十係開鐵路股東會，聞同志保路會亦混合其間，似有要挾之情。緣主動者均繫出洋人員以及一向把持鐵路董事等人，意在圖財者居多，正紳股東少有到會者。趙季帥早已進關，初四午刻由雅州起節，距省僅四日程。……護院（指王人文——筆者加）對於路事，偏聽周善培之言爲進退。善培早年出洋，故偏向同志會之人甚深。」〔註125〕載澧得到報告，當即電諭趙爾豐，稱「現在風聞川人對於路事，有定於本月初十日開會之說。誠恐聚集多人，藉斷滋鬧，或致妨害治安。趙爾豐計已入川，距省

〔註120〕第一歷史檔案館：《光緒宣統兩朝上諭檔》第三十七冊，第 115 頁，廣西師範大學出版社 1996 年 10 月版。

〔註121〕參看《廣東張堅帥來電》，《愚齋存稿》，第 81 卷，第 4 頁，文海出版社 1975年版。

〔註122〕《寄成都王采帥》，《愚齋存稿》，第 77 卷，第 26 頁，文海出版社 1975 年版。

〔註123〕《成都王護院來電》，《愚齋存稿》，第 77 卷，第 27 頁，文海出版社 1975 年版。

〔註124〕參看《端大臣來電》，《愚齋存稿》，第 78 卷，第 27 頁，文海出版社 1975 年版。

〔註125〕《周祖祐致盛宣懷電》，陳旭麓、顧廷龍、汪熙主編：《辛亥革命前後——盛宣懷檔案資料選輯之一》，第 119～120 頁，上海人民出版社 1979 年出版。

不遠。著即兼程前進，趕於初十以前抵省，屆開會日期，多派員弁，實力彈壓。除股東會例得准開外，如有藉他項名目眾開會情事，立即嚴行止，設法解散，免致滋生事端。倘敢抗違，即將倡首數人，嚴挐懲辦，以銷患於未萌。該署督務即遵旨，迅速赴任，毋稍延緩，並將對待辦法，豫為妥慎籌畫，先行電奏。」〔註126〕次日，盛宣懷、端方致電趙爾豐，告以路款處理辦法，稱「……王護院來電，尚存銀七百萬兩。此係通省租股，勢難分還。若留辦本省枝路、礦務、實業，亦無把握……惟因收回有兩種辦法，或存銀全數附股，則將給保利國票；或存銀不附股，則謹將工用實款核給保利國票。虛糜之款，除倒賬外，另給無利股票。……川公司即使眾議，只應准其遵旨妥議兩項辦法。自應由尊處督飭議定，未便聽其再有煽惑，滋生事端。務希迅速到任，力為維持。」〔註127〕盛、端的意圖很明顯——迫使川人將現存七百萬附股。六月八日，端方又致電趙爾豐，「請其從嚴干涉，力拒非理要求」〔註128〕。趙爾豐上任後，號稱「人屠」的他，懾於保路運動的浩大聲勢，沒敢冒然對川人施以強硬手段。

為達到迫使川人將七百萬附股的目的，盛宣懷等收買了宜昌總理李稷勳。李稷勳稱，宜歸工程「現分十段照常辦理，每月所需工項，仍由川款支應，實無可停工」。閏六月十二日郵傳部咨四川總督趙爾豐，稱「所有宜歸路工用人、用款，應責成該京卿（指李稷勳——作者）悉心主持，督同副總工程司顏德慶，認真辦理」。〔註129〕閏六月十四日，趙爾豐通知川漢鐵路總公司，宜昌路工郵傳部仍飭由李稷勳動用川款續辦。川漢鐵路總公司接到趙爾豐轉郵傳部咨文，即致電宜昌宜昌董事局，稱「宜工派李（稷勳）總理，事權暗移，路、款並送，會眾異常憤激」，要求宜昌董事局促使李稷勳自電否認部派總理。〔註130〕閏六月十六日，川漢鐵路公司特別股東會請趙爾豐代奏，劾盛宣懷、李稷勳。呈文稱「部臣弊通分公司經理，違旨盜權，應行分別糾劾撤

〔註126〕陳寶琛等撰：《宣統政紀》，第1018頁，中華書局1987年版。

〔註127〕《寄成都趙制軍爾豐》，《愚齋存稿》，第78卷，第10～11頁，文海出版社1975年版。

〔註128〕《端大臣來電》，《愚齋存稿》，第79卷，第1頁，文海出版社1975年版。

〔註129〕《趙爾豐通知川漢鐵路公司宜昌路工郵傳部仍飭由李稷勳動用川款續辦劄》，戴執禮編：《四川保路運動史料》，第254頁，科學出版社1959年版。

〔註130〕《川漢鐵路總公司董事局致宜昌董事局請促李稷勳自電否認部派總理電》，戴執禮編：《四川保路運動史料》，第255頁，科學出版社1959年版。

銷」〔註131〕閏六月二十一日，趙爾豐將呈文代奏。載灃覽奏，諭：「趙爾豐奏川路股東大會會長顏楷等爲部臣弊通分公司經理，分別糾劾，錄呈代奏等語。原電著鈔給督辦粵漢川漢大臣、郵傳部大臣閱看。」〔註132〕

接到諭旨，盛宣懷致電端方、瑞澂，通氣密謀。端方接到盛宣懷的電報後，端方覆電，稱「杏老（指盛宣懷——筆者）主留李，實是正辦。惟此言一發，即與川人決裂，必須內外統籌，堅持定見，一線到底，將最後應付之法先行算定，方可下手」，提出「不必急於入告，蔭弟（指載澤——筆者）、杏兄在內密加統籌，方與莘帥（指瑞澂——筆者）在外亦妥爲策畫，商情政府決定一成不變之辦法，再行發表」〔註133〕。二十四日，通過密商，端方、瑞澂聯合電奏，危言聳聽地說「……乃川人計無所呈，輒指李稷勳專擅害公，妄議辭退總理要求，趙爾豐率行入奏，以致此信傳播宜昌，人心惶惑，實於地方治安大有影響。雖經瑞澂電飭地方官切實曉諭彈壓，能否不致滋事，尙難逆料。」二人謊稱「此次川省集會倡議之人，類皆少年喜事，並非公正紳董，詢之蜀紳，眾口僉同」，又稱「並聞自東內渡者均紛紛回川，恐有受人煽惑情事，尤恐名爲爭持路事，實則別有隱謀」，認爲「非請明降諭旨，特派李稷勳仍留路工，一面責成趙爾豐懍遵迭次諭旨，嚴重對付，殊不足以遏亂蒙而靖地方」〔註134〕。

二十五日，盛宣懷覆奏，請求「飭下四川督臣轉飭奏派路工總理李稷勳仍駐宜歸，暫管路事。督辦大臣未接以前，勿許離工」，並即責成該督遵照五月二十一日上諭，迅速會同督辦粵漢、川漢鐵路大臣，將所有收款分別查明細數，實力奉行，俾得按照所擬辦法，早日決定，請旨派員接收，趕緊進行，以保路政而維大局。」〔註135〕

〔註131〕 《川漢鐵路公司特別股東會請趙爾豐代奏糾劾盛宣懷、李稷勳文》，戴執禮編：《四川保路運動史料》，第257頁，科學出版社1959年版。

〔註132〕 第一歷史檔案館，軍機處隨手登記檔，檔案編號：03－0336－7－1303－177，縮微號：139－0200。《愚齋存稿》中該諭旨爲：趙爾豐電奏川路股東大會會長顏楷等爲部臣弊通分公司經理，分別糾劾，錄呈代奏等語。原電著鈔給督辦粵漢川漢大臣、郵傳部大臣閱看。

〔註133〕 《端大臣來電》，《愚齋存稿》，第79卷，第24～25頁，文海出版社1975年版；戴執禮編：《四川保路運動史料》，第257頁，科學出版社1959年版。

〔註134〕 《武昌端大臣瑞制軍來電》，《愚齋存稿》，第79卷，第28頁，文海出版社1975年版；戴執禮編：《四川保路運動史料》，第257頁，科學出版社1959年版。

〔註135〕 郵傳部：《奏爲瀝陳川路情形事》，中國第一歷史檔案館縮微膠捲，檔號03－7567－041，縮微號562－1303；《愚齋存稿》，第19卷，第21～22頁，文海出版社1975年版。

當日，載灃發佈上諭：「盛宣懷奏瀝陳川路情形一摺，……均照所議辦理。本日又據瑞澂、端方電奏各節，應由端方就近迅速會商趙爾豐，懍遵迭次諭旨，妥籌辦理，嚴行彈壓，勿任滋生事端，並將詳細情形，隨時查明電奏。」〔註136〕

諭旨的發佈如同在火上澆了一桶油。七月初一日，川人開全體股東大會，眾謂「盛宣懷、端方奪路、劫路，形同盜賊，反侮我川人以惡名。是政府已不認川民，不認川督，不認先皇諭旨，實已呼籲無門，惟有消極應付，以求最後之勝利。嗣後全蜀股東，不完捐稅，不納丁糧；無論政府如何濫借外債，川民概不擔負。商民停止貿遷，學堂一律停辦」〔註137〕。隨即，成都停課罷市，一些州縣也相繼罷市。是日，趙爾豐向朝廷奏報，稱「……街市忽發現有匿名傳單。鼓動罷市罷課。同時乃有下流之人，到處脅迫商店歇業，聳以危言，故各商家多數畏懼閉門。經爾豐出示曉諭，嚴爲彈壓，當即照常貿易」〔註138〕。

載灃和內閣沒想到留李稷勳會造成川民起而抗捐罷市的嚴重後果，接到趙爾豐奏報，「閣臣相顧錯愕」，載灃「頗咎盛（宣懷）主張借債收路，坐失人心，至有今日」〔註139〕。但載灃並沒有完全認識到形勢的危險，決定通過鎮壓解決川路問題，指示趙爾豐「嚴行彈壓」。〔註140〕

趙爾豐此時已考慮動武，但投鼠忌器。他致電內閣說：「川因交路查款之電，罷市、罷課，……似此本應懲治。然人民皆未滋擾暴動，礙難拿究，恐更因之激成事變，祇有分派兵警，嚴行彈壓。一面出示曉諭，令其照常營業。惟其中尤有困難之處：地方所恃保衛治安，端在兵警。而爭路狂熱，深入人心，從前警兵，時有哭泣者。軍隊中則良莠混雜，且皆係本省之人，默察情形，殊不可測。現在外州縣，伏莽遍地，皆假路事爲名，蠢然思動。即此區區不足恃

〔註136〕　《武昌端大臣瑞制軍來電》，《愚齋存稿》，第79卷，第29～30頁，文海出版社1975年版。

〔註137〕　辜鴻銘、孟森等著：《滿清野史》，《鐵路國有案》，第4卷，第1988頁，巴蜀書社1998年版。

〔註138〕　《趙公季和電稿》，第4卷，第11頁。

〔註139〕　《上海來電》，四川省圖書館藏當時排印傳單。見戴執禮編：《四川保路運動史料》，第199頁，科學出版社1959年版。

〔註140〕　參看第一歷史檔案館縮微膠捲，軍機處隨手登記檔，檔號03－0337－1－1303－187，縮微號139－0224。

之兵，顧彼失此，不敷分佈。審慮至再，實未敢孟浪從事也。」〔註141〕為防不測，趙爾豐奏請籌款添兵，稱「商店罷市，伏莽蠢動，擬設法籌款，暫添兵隊」，得到了載灃的許可。〔註142〕雖已有了決裂動武的心理準備，但他更希望朝廷能夠懷柔退讓。他致電內閣，稱「……果實力充足，自不難布置；而環顧左右，艱窘萬分，一發難收，大局不堪設想。惟有仰懇王爺、中堂，密為代奏轉圜，拯救危局。倘能准交議院，即可轉危為安，若仍堅持，則禍亂不知所屆。」〔註143〕

次日，趙爾豐又與玉昆等聯名上奏，痛陳四川形勢之嚴峻，請求朝廷「迅將此次電奏，發交內閣國務大臣，從速會議，宣示辦法。」〔註144〕奏上，載灃拒絕了趙爾豐、玉昆的請求。

初六日，瑞澂致電盛宣懷，稱「今閱季帥（指趙爾豐——筆者加）致內閣電謂：警兵時有泣者，街衢搭棚供奉德宗萬歲牌。此等舉動，實足搖惑人心，季帥不早遏抑，以致日久醞釀，恐將不可收拾」，「為今之計，惟有商之內閣，請降嚴旨，責成川督切實勸告，不聽，則強制執行，嚴拿為首及從中鼓煽之人，懲辦一二，或可漸戢囂張。如始終不負責任，內柔弱而外姑息，為患甚大，伊胡底止」〔註145〕。

初七日，載灃發佈嚴旨，「趙爾豐身任疆圻，保衛治安，是其專責，務當仰體朝廷愛民之隱，剴切開導，設法解散，俾各安心靜候，照常營業。倘或辦理不善，以致別滋事端，定惟該督是問。」〔註146〕其實，此時清廷已騎虎難下。內閣在致趙爾豐的覆電中，話說得十分明白，「聯銜電奏川路股請交院局議一節，詳細斟酌窒礙甚多。一經交議，必不以收歸國有訂借外債為然。況事關四省，倘竟相率效尤，朝廷豈能因此收回成命。且合同早經簽字，業已開賣債票，尤不能輕議取銷，致起交涉。」〔註147〕

〔註141〕《文獻叢編》，第23輯，《清宣統朝四川鐵路案》，第1頁。

〔註142〕第一歷史檔案館縮微膠捲，軍機處隨手登記檔，檔號 03－0337－1－1303－189，縮微號 139－0228。

〔註143〕《宣統三年七月初四日署四川總督趙爾豐致內閣總理大臣奕劻等電》，中國史學會主編：《中國近代史資料叢刊·辛亥革命》（四），第458頁，上海人民出版社 1981 年版。

〔註144〕誦清堂主人編：《辛亥路事紀略》，第11～13頁，出版社不詳，1915 年版。

〔註145〕《瑞制軍來電》，《愚齋存稿》，第80卷，第11頁，文海出版社 1975 年版。

〔註146〕陳寶琛等撰：《宣統政紀》，第1040頁，中華書局 1987 年版。

〔註147〕陳寶琛等撰：《宣統政紀》，第1040頁，中華書局 1987 年版。

趙爾豐還不死心。初九日，又會銜玉昆，再次上奏，參劾郵傳部操縱釀變，請求「特開御前會議，迅求救急彌亂之法，勿任郵傳部敷衍操縱」〔註148〕。初十日，趙爾豐又致電那桐，稱「此事非和平即激烈，如朝廷准歸商辦，大局或不致十分破壞，如不准所請，則變生頃刻，勢不得不用兵力剿辦，成敗利鈍，實不能臆計。致全國受其牽動，尤爲爾豐所不敢任咎」。請求那桐轉商奕劻、徐世昌，「鈞力維持，速定辦法」〔註149〕當日，載灃發佈上諭，嚴飭趙爾豐。電稱：「據端方電奏，川中昌言廢約，事變迭生，現已有罷市、罷課之舉，由此變本加厲，焚香設壇，誦經習拳之事必將接踵而起等語。瑞澂電奏情事相同。此中難保無匪徒藉端煽惑，著趙爾豐懍遵迭次諭旨，切實彈壓，迅速解散，毋任日久釀亂。倘或養癰遺患，致滋事端，定治該署督以應得之罪。」〔註150〕同日，載灃又諭：「端方、瑞澂電奏均悉。現在四川民心浮動，關係地方大局至關重要，著端方迅速前往四川認眞查辦。」〔註151〕

這裡不能不說一下派端方赴川查辦的問題。七月初五日，端方致電盛宣懷，稱「此時季帥與王采臣〔指王人文——筆者〕已成沆瀣，遽予嚴譴，必更力加鼓煽，以實其言。惟有特派重臣先往查辦，到川後略有布置，再行發表，最爲穩著。若任其違道干譽，不徒妨害路政，且恐激爲亂階。湘、粵喜事之徒且將聞風踵起，大局益難收拾。請向政府痛切言之。」〔註152〕次日，端方具奏嚴參趙爾豐，稱「趙爾豐庸懦無能，實達極點。始則恫嚇朝廷，意圖挾制；繼則養癰遺患，作繭自縛。警兵不用命而銜泣，是謂無警。軍隊皆本省人而不可用，是謂無兵。無警無兵，四川大勢已去。雖百趙爾豐何益！且光天化日之下，街衢席棚何以能從容令搭？頭戴萬歲牌，何以能遊行自如？省垣何地？督臣所司何事？無法無紀，造此怪現象，尚復成何世界」，請求朝

〔註148〕參看《玉昆等致內閣請代奏參劾盛宣懷操縱釀變請予罷斥電》，戴執禮編：《四川保路運動史料》，第292～294頁，科學出版社1959年版。

〔註149〕參看《宣統三年七月初十日署四川總督趙爾豐致內閣協理大臣那桐電》，中國史學會主編：《中國近代史資料叢刊·辛亥革命》（四），第460～461頁，上海人民出版社1981年版。

〔註150〕戴執禮編：《四川保路運動史料》，第299頁，科學出版社1959年版；陳寶琛等撰：《宣統政紀》，第1042～1043頁，中華書局1987年版。

〔註151〕陳寶琛等撰：《宣統政紀》，第1042頁，中華書局1987年版。

〔註152〕《武昌端大臣來電》，《愚齋存稿》，第80卷，第8頁，文海出版社1975年版。

廷「明降諭旨，特派重臣查辦，俟部署略定，再行簡派川督，並治趙爾豐以應得之處分，以免趙爾豐藉以爲詞，挾之增重。」〔註153〕

奏上，端方又將奏摺內容拿給瑞澂看。瑞澂「深以爲然」，電請朝廷對於端方所奏力爲主持。隨後，端方又致電盛宣懷，稱「此事朝廷若不立持定見，一線到底，恐假暴動釀成眞暴動，以季帥手段萬不能彌此禍亂也。請兩公在內力爲維持，大局之幸。」〔註154〕次日，盛宣懷覆電：「現已預備說帖，尊稿一到，即由遜公密呈展（指載灃——筆者）聽。」〔註155〕盛宣懷雖表示支持端方意見，但頗有顧慮。他在致瑞澂的電中說：「尋常無知小民聚眾罷市，只要拿辦數人即可解散。現在民氣囂張，誠不宜專尙壓力，殊覺寬猛兩難。」〔註156〕趙爾豐兄長趙爾巽也致電內閣，稱「（川路事）似不可再用壓力，有類抱薪救火」。〔註157〕瑞澂恐所奏無效，致電盛宣懷，言「優柔足以僨事。川人窺破內外隱情，肆無忌憚，粵、湘必將效尤，不特國有政策朝廷命令不行，此外各事皆不可爲，大局可憂更巨」，要盛「速爲挽救」〔註158〕。兩日後，瑞澂、端方又會電盛宣懷：「川事爲季帥敗壞至此，自非有威望重臣往爲震懾，難望收局。蔭弟（指載澤。澤字蔭坪）杏公（指盛宣懷。盛宣懷字杏蓀）居中力爲主持，能向展座（指載灃）力陳，芻言見採，全川或不至陸沉，厥功不在禹下，不勝欽佩。此事能早日辦到，數冀挽回萬一，遲益不可爲矣。」〔註159〕

在派重臣赴川查辦問題上，端、瑞二人看似團結一致，實則各懷心腹事。端方「自照像獲咎，久蟄思啓，行賄數十萬，僅獲川粵漢鐵路督辦，爲營復總督之初步」。〔註160〕端方意中的重臣是瑞澂。端方的如意算盤是瑞澂赴川查

〔註153〕　《端大臣來電》，《愚齋存稿》，第80卷，第13～15頁，文海出版社1975年版。

〔註154〕　參看《武昌端大臣來電》，《愚齋存稿》，第80卷，第11～12頁，文海出版社1975年版。

〔註155〕　《寄端大臣》，《愚齋存稿》，第80卷，第16頁，文海出版社1975年版。

〔註156〕　《寄瑞制軍》，《愚齋存稿》，第80卷，第16頁，文海出版社1975年版。

〔註157〕　《宣統三年七月初六日東三省總督趙爾巽致內閣協理大臣那桐等電》，中國史學會主編：《中國近代史資料叢刊‧辛亥革命》（四），第459頁，上海人民出版社1981年版。

〔註158〕　《瑞制軍來電》，《愚齋存稿》，第80卷，第20頁，文海出版社1975年版。

〔註159〕　《瑞莘帥端大臣來電》，《愚齋存稿》，第80卷，第23頁，文海出版社1975年版。

〔註160〕　彭芬：《辛亥遜清政變發源記》，中國史學會主編：《中國近代史資料叢刊‧辛亥革命》（四），第333頁，上海人民出版社1981年版。

辦，將來接任四川總督，自己出任湖廣總督。瑞澂則恐端方奪自己湖廣總督之位，欲借機驅端方出鄂赴川。端方致電盛宣懷：

> 查辦一差，商之莘帥，謂此役項城最宜，如定要派莘，莘絕不敢畏難。刻正籌思辦法。並云由宜至重慶，現值水漲，輪船三日可達，事機甚迫，速往爲宜。但求在川將事辦妥，兩月後仍請放回，若久任川督，深恐病體不勝。……此役方亦不敢畏難。惟因路事起風潮而令辦路之人前往，反對力必益甚，故方謂此事他人皆可往，獨杏老與方必須迴避。至於自請派查，自行前往，貽人口實，猶是末節耳。〔註161〕

端方話很有意思，從字面上看，他認爲袁世凱是最合適的人選，其次是瑞澂，其實端方內心深知，袁世凱出山非是易事，把說袁世凱是首選，不過是虛晃一槍，其眞意在於瑞澂。初十日諭旨令端方赴川查辦，端方大失所望，舉措頗爲慌亂。他先致電載澤，求其向載灃密陳別簡重臣。〔註162〕又致電內閣，稱「川省查辦路案，豈宜用原參之人？」川人「一聞端方奉命入川，以官民集矢之人，驟膺查辦重寄，勢必明加抵拒，暗蓄隱謀……深恐銜命在途之日，即屬抗拒暴動之時。未收維持路事之功，先屍激變川民之咎」。請求惟「另簡素有威望與四省收路決無關涉之重臣，赴川查辦」〔註163〕此電發後，端方又致電盛宣懷、載澤，請他們「力予維持」。〔註164〕端方所做的這些努力只是徒勞罷了。十三日，載灃發下諭旨：「朝廷簡派端方赴川查辦路事，正以其係原參之人，必不至有迴護隱飾情事。且川鄂交界，路途不甚相遠。再，近實無可派之大員。該大臣身充督辦，凡關於四省鐵路，均繫該大臣分內之事，無論何省遇有事故，即無朝旨敦促，亦應隨時前往，相機辦理。況現值川路路潮甚劇，豈轉可置身事外？該大臣向來勇於任事，不辭勞怨，仍著懔遵兩次諭旨，迅速前往，不准藉詞推諉延宕。並將啓程日期，即日電奏。」〔註165〕端方倡議派重臣查辦，結果弄巧成拙，奉命入川，最後落得個身死資州的下場，可謂機關算盡太聰明，反誤了卿卿性命。

〔註161〕《端大臣來電》，《愚齋存稿》，第81卷，第1頁，文海出版社1975年版。
〔註162〕參看《武昌端大臣來電》，《愚齋存稿》，第81卷，第8頁，文海出版社1975年版。
〔註163〕《武昌端大臣致內閣請代奏電》，《愚齋存稿》，第81卷，第12～13頁，文海出版社1975年版。
〔註164〕《武昌端大臣來電》，《愚齋存稿》，第81卷，第10頁。
〔註165〕陳寶琛等撰：《宣統政紀》，第1044頁，中華書局1987年版。

趙爾豐被逼上絕境，不得不鋌而走險。七月十五日，他詐稱「北京來電有好消息立待磋商」〔註166〕，將保路同志會、諮議局、鐵路公司負責人羅綸、蒲殿俊、顏楷、張瀾、彭芬、鄧孝可、江三乘等誘至督署。羅綸等人一到，就被逮捕。消息一經傳出，成都全城震動。數千民眾紛紛湧向督署。趙爾豐派出馬步各隊，在街口堵截。憤怒的群眾衝破堵截，湧進督署。時任四川提法司的周善培後來回憶說：「這時候，群眾已衝進了儀門，趙督叫人大聲嚷著說：『快舉代表，不許衝進牌坊。』（牌坊是在大堂與儀門之間，俗稱聖諭牌坊）群眾不聽，人人左手抱一個黃紙寫的德宗景皇帝的牌位，右手拿一根香，（我沒有看見有人手裏拿刀子棍子的）又衝進牌坊，趙督又叫人嚷著說：『不許再衝一步，再衝一步，就要開槍了。』群眾仍不聽，衝進大堂簷下，趙督又叫人說：『快退下去，再衝上來，就要開槍了。』群眾還要往大堂衝上來，趙督說：『擋不住了，沒有法了。』就命令開槍，開了一排槍，群眾立刻回頭跑出去。」〔註167〕當場死難的人數，有說二十多人的，有說三十二人的，趙爾豐也向朝廷報告稱「傷斃前鋒十數人」。第二天，「城外附近居民聞此凶耗，人人首裏白布示哀，多且七十以上者，徒手冒雨奔赴城下。問其來意，謂如羅、蒲已死，即來弔香，未死即同來求情。趙帥又命官兵開槍，擊斃者約數十人，眾情乃大憤噪，而城外婦女居民遭難投河者尤無數。」〔註168〕

血案恰似清政府對川人的宣戰書，川人遂紛紛揭竿而起。同盟會會員龍鳴劍、朱國琛、曹篤等到城南農事試驗場，裁木板數百片，上書：「趙爾豐先捕蒲、羅諸公，後剿四川各地，同志速起自救。」〔註169〕「然後將木板塗以桐油，包上油紙，投入河中。這就是後來人們所樂道的『水電報』。這些『水電報』順著四通八達的河流漂去，下游的人便知道了成都發難的消息，紛紛揭竿而起。」〔註170〕

十五日，趙爾豐向清廷奏報，稱「不意午刻，猝有匪徒數千人，先使人在督署附近放火，以圖擾亂，旋即凶撲督署，當即派出馬步各兵隊先在街口

〔註166〕 《成都紳民代表冤單》，陳旭麓、顧廷龍、汪熙主編：《辛亥革命前後——盛宣懷檔案資料選輯之一》，第139頁，上海人民出版社1979年出版。
〔註167〕 周善培：《辛亥四川爭路親歷記》，第34頁。
〔註168〕 《成都紳民代表冤單》，陳旭麓、顧廷龍、汪熙主編：《辛亥革命前後——盛宣懷檔案資料選輯之一》，第140～141頁，上海人民出版社1979年出版。
〔註169〕 熊克武等：《蜀黨史稿》，《辛亥革命史叢刊》，第2輯，第169頁。
〔註170〕 《從甲午戰爭到辛亥革命的回憶》，《吳玉章回憶錄》，第66～67頁，中國青年出版社1978年版。

堵截。無奈來勢異常兇猛，堵截不住，直迫轅門，值門步隊，亦被撲退，並斫傷哨弁鄭杲等數人，進衝二門，直至大堂前排，匪徒均帶火具，並撲兩廊官房。爾豐見勢已急，當即飭令兵隊開槍抵拒，傷斃前鋒十數人，始行敗退。」又稱「現在各街保路協會，尚在鳴鑼聚眾，各路兵隊雖在竭力彈壓，察看大勢，一、二日內，能否安定，尚不可知，勝負之數，亦無確實把握」。請求「飭調近畿得力兵隊數千人，星夜來川，備資震攝」〔註171〕。

　　載灃本抱著僥倖心理，希望通過鎮壓，迫使四川紳民就範。不料適得其反，激成變亂。接到趙爾豐的奏報，載灃已感到後悔，歎息說：「不圖盛宣懷誤國至此。」〔註172〕

　　此時，載灃已無退路，為了維護朝廷和自己的權威，只有硬著頭皮，強硬到底。十七日，載灃發佈諭旨，對趙爾豐加以褒獎，稱「川省逆黨借爭路為名，鼓動愚民，以圖獨立，竟於十五日凶撲督署，肆行燒殺，並砍傷哨弁等數人，實屬兇惡已極。該署督立飭兵隊將該逆黨分頭擊退，並先將首要蒲殿俊等設法誘擒，辦理尚為迅速」，並循趙爾豐所請，「著瑞澂就近遴派得力統將，酌帶營隊，迅即開拔赴川，暫歸趙爾豐節制調遣。」〔註173〕十八日，御史范之傑奏請和平辦理川事，以順輿情。〔註174〕御史陳善同奏「盛宣懷剛愎自用，不洽輿情，難於獨任」，請求懲儆盛宣懷，責成督辦、會辦各大臣，「仰體深宮體念民艱之意，酌度情形，妥速維持。或將該路倒賬之款嚴予追繳，恩准照粵路虧耗四成之例，分別有著無著，發給保利無利股票，以示格外體恤。」〔註175〕載灃對范、陳二人所奏置之不理，十九日諭令「著學部嚴飭各學堂管理各員，認真約束學生，照常上課，不准隨意出堂干預外事。並著民政部、步軍統領衙門嚴行禁止聚眾開會，多派兵警加意彈壓。並將自稱四川代表劉聲元等嚴密查拏，押解回藉，交地方官嚴加管束。」〔註176〕二十

〔註171〕　《愚齋存稿》，第81卷，第27～28頁，文海出版社1975年版。
〔註172〕　三餘書社主人編：《四川血》，中國史學會主編：《中國近代史資料叢刊‧辛亥革命》（四），第409頁，上海人民出版社1981年版。
〔註173〕　《宣統三年七月十七日內閣寄四川總督趙爾豐電旨》，中國史學會主編：《中國近代史資料叢刊‧辛亥革命》（四），第463頁，上海人民出版社1981年版。
〔註174〕　參看《宣統三年七月十八日御史范之傑奏摺》，中國史學會主編：《中國近代史資料叢刊‧辛亥革命》（四），第467～468頁，上海人民出版社1981年版。
〔註175〕　參看《宣統三年七月十九日御史陳善同奏摺》，中國史學會主編：《中國近代史資料叢刊‧辛亥革命》（四），第469～470頁，上海人民出版社1981年版。
〔註176〕　《宣統三年七月十九日諭旨》，中國史學會主編：《中國近代史資料叢刊‧辛亥革命》（四），第471頁，上海人民出版社1981年版。

日又令趙爾豐「懍遵前此諭旨，嚴飭新舊各軍，將倡亂匪徒及時撲滅，毋任蔓延」。〔註177〕

　　局勢的嚴峻超出了載灃的想像。二十一日，資州電局報告：「成都十六日閉城，至今都電不同。城外聚民團數萬，沿途並有該黨搜索。」〔註178〕四川局勢，令載灃憂心不已，他在日記中記載：「蜀務彌殷，近日事也。」〔註179〕

　　二十三日，趙爾豐報告稱：

　　　　查官軍自十六日至今，連戰七日，防內攻外，東馳西擊，刻無暇答。……而民匪散而復復，前去後來，竟成燎原之勢。自十六日，各路電杆悉被砍斷，驛遞文報皆被阻截搜殺。各處匪徒日益麕集。迹其設伏守險，圖扼東西要道，陷我於坐困之地，必有梟桀詭譎之徒主謀指使。而西充、漢州等處匪徒猶有分路來省之說。兵數有限，備多力分，恐倉卒未易奸除。〔註180〕

載灃接報，十分焦慮，諭令端方尅期前進，「先行設法速解城圍，俾免久困；並沿途妥為布置，毋任滋蔓」。又令岑春煊「即前往四川會同趙爾豐辦理剿撫事宜」。〔註181〕四川局勢如此嚴峻，載灃不得不考慮改旗更張，由一味鎮壓轉向剿撫兼施。

　　岑春煊接到重新起用他的諭旨後，體會到載灃用意，一反高壓方針，對川人施以柔術，籠絡人心。他先是大打感情牌，致電川人，故作深情地說：

　　　　春煊與吾蜀父老子弟，別九年矣，未知父老子弟尚念及春煊與否？春煊則固未嘗一日忘吾父老子弟也！……今與父老子弟約：自得此電之日始，士農工商，各安其業，勿生疑慮。其一切未決之事，春煊以至，即當進父老子弟於庭，開誠布公，共籌所以挽救之策。父老兄弟苟有不能自白於朝廷之苦衷，但屬事理可行，無論若何艱

〔註177〕　《宣統三年七月二十日上諭》，中國史學會主編：《中國近代史資料叢刊·辛亥革命》（四），第473頁，上海人民出版社1981年版。

〔註178〕　《宣統三年七月二十一日資州電局致北京各部局電》，中國史學會主編：《中國近代史資料叢刊·辛亥革命》（四），第475頁，上海人民出版社1981年版。

〔註179〕　愛新覺羅·載灃：《醇親王載灃日記》，第410頁，群眾文藝出版社2014年版。

〔註180〕　《宣統三年七月二十三日四川總督趙爾豐致內閣代奏電》，中國史學會主編：《中國近代史資料叢刊·辛亥革命》（四），第478頁，上海人民出版社1981年版。

〔註181〕　《宣統三年七月二十三日上諭》，中國史學會主編：《中國近代史資料叢刊·辛亥革命》（四），第479頁，上海人民出版社1981年版。

巨，皆當委曲上陳，必得當而後已。倘有已往冤抑，亦必力任申雪，
不復有所瞻徇。……至蜀中地方官吏，已電囑其極力開導，勿許生
事邀功，以重累吾父老子弟。春煊生性拙直，言必由衷，苟有欺飾，
神明殛之。吾父老子弟其幸聽吾言乎！企予望之！〔註182〕

隨後，他又致電朝廷，「請飭部將收回路股，均照十成現款發還」。〔註183〕載
灃諭令：「……至所陳川省路股辦法，尚得要領，與朝廷前次諭旨，亦相符合，
其中詳細條目，著郵傳部速議具奏。」〔註184〕岑春煊恐郵傳部作梗，致電稱：
「煊陳論路事本爲出位之思，第變由茲起，一釁相因，捨此更從何解決？股
款全還，實爲要義，若未能照允，則事終難定。自愧愚拙，且當病驅，仍必
極力請退，免誤事機。」〔註185〕岑春煊的舉動引起了趙爾豐、端方、瑞澂等
人的不滿。趙爾豐在致其兄趙爾巽的電報中十分不滿地說：「昨岑由滬來電，
通飭各屬文武，不許貪功生事，不得擅行殺戮，即倡亂之人，情節最重者，
亦暫行羈留，須俟彼來，再行判決。觀此則直兩川督矣。」〔註186〕端方致電
郵傳部，指責岑春煊：「電稱不妄戮一人，不少百姓一錢，是匪事路事，均歸
一手經理。方則屢奉統兵之諭，又有議路之責。事權不一，必致貽誤大局。」
〔註187〕瑞澂也致電郵傳部：「……惟朝廷既以剿撫重任屬西林，果西林挾此宗
旨，則平亂不足，反以長川人之驕，肆其影響，將及他省。澂竊爲西林危之，
則不如不入川爲宜。聞西林既視大部覆奏爲進止，則將如請各節量爲議駁，
西林勢必力辭，趁此降旨照准，則於川事西林兩方面均可顧到。」〔註188〕

〔註182〕《岑春煊致四川人民各安生業聽候申理電》，戴執禮編：《四川保路運動史
　　　　料》，第363、364頁，科學出版社1959年版。

〔註183〕《宣統三年八月初八日辦理四川剿撫事宜岑春煊之郵傳部電》，中國史學會主
　　　　編：《中國近代史資料叢刊・辛亥革命》（四），第495頁，上海人民出版社
　　　　1981年版。

〔註184〕陳寶琛等撰：《宣統政紀》，第1042頁，中華書局1987年版。

〔註185〕《宣統三年八月初八日辦理四川剿撫事宜岑春煊之郵傳部電》，中國史學會主
　　　　編：《中國近代史資料叢刊・辛亥革命》（四），第496頁，上海人民出版社
　　　　1981年版。

〔註186〕《宣統三年八月初四日東三省總督趙爾巽致內閣協理大臣那桐電》，中國史學
　　　　會主編：《中國近代史資料叢刊・辛亥革命》（四），第491頁，上海人民出版
　　　　社1981年版。

〔註187〕《巴東端大臣來電》，《愚齋存稿》，第85卷，第2頁，文海出版社1975年版。

〔註188〕《宣統三年八月九日湖廣總督瑞澂致郵傳部電》，中國史學會主編：《中國近
　　　　代史資料叢刊・辛亥革命》（四），第496頁，上海人民出版社1981年版。

八月初八日，郵傳部覆奏，沒有支持岑春煊「均照十成現款發還」的意見。是日，載灃批准郵傳部所奏。岑春煊電奏，「感受風熱，觸動舊症，萬難前進，請開去差使」。此時成都城圍已解，形勢似乎有所好轉。載灃諭「岑春煊著賞假調理，暫緩赴川。」〔註189〕可是，好景不長，八月十六日，趙爾豐致電奏新津尚未攻下，灌縣、汶川等縣又復失守，兵力不敷，請飭調湘軍。〔註190〕八月十七日，端方又電稱嘉定失守，「匪首胡潭有五千餘人，勢頗張」〔註191〕。面對四川亂局，載灃一籌莫展，在當日的日記中記載：「登白塔時。因天氣清爽，西北見○頤和園遠景，心殊淒慘。」〔註192〕八月十八日，趙爾豐又奏，新津尚未攻下，嘉定失守，川北空虛，請求將駐湖北施南一標，酌量調撥。〔註193〕

就在載灃被四川保路運動弄的焦頭爛額之時，一場更大的政治風暴猝然降臨。

綜觀載灃在鐵路政策上的表現，其失誤主要有三：

一、錯誤支持湖南湖北的拒債廢約運動。

1909年10月4日，張之洞彌留之計，留下遺摺，主張「粵漢鐵路、鄂境川漢鐵路，官為主持，俾得早日觀成，並准本省商民永遠附股一半，藉為利用厚生之資」〔註194〕。

政治經驗豐富的張之洞已經認識到，僅靠商民之力，粵漢鐵路、鄂境川漢鐵路難以興築。載灃輕信湖北籌有的款之說，支持拒款廢約，對拒債廢約運動起到了推波助瀾的作用，給郵傳部造成了很大的壓力。郵傳部迫於壓力，批准湖北成立鐵路公司，將四國借款談判擱置。載灃對湖南湖北拒債廢約的

〔註189〕 參看陳寶琛等撰：《宣統政紀》，第1076頁，中華書局1987年版。

〔註190〕 參看《趙爾豐致內閣請代奏新津尚未攻下灌縣汶川等縣又復失守兵力不敷調撥電》，戴執禮編：《四川保路運動史料》，第422～423頁，科學出版社1959年版。

〔註191〕 參看《端方致內閣報告嘉定失守電》，戴執禮編：《四川保路運動史料》，第424頁，科學出版社1959年版。

〔註192〕 愛新覺羅·載灃：《醇親王載灃日記》，第413頁，群眾文藝出版社2014年版。

〔註193〕 參看《趙爾豐致內閣請代奏新津尚未攻下嘉定失守川北空虛請調鄂施南一標移駐川北電》，戴執禮編：《四川保路運動史料》，第428頁，科學出版社1959年版。

〔註194〕 張之洞：《遺摺》，苑書義等編：《張之洞全集》，第3冊，總第1825頁，河北人民出版社1998版。

支持，助長了反對借債的力量，打亂了借債修路的原有步伐，也增加了日後推行幹路國有的難度。

二、決策草率並支持不適當的還股方案。

石長信奏請將幹路收歸國有，載灃在不徵詢內閣總協理大臣及地方督撫大員的意見的情況下，僅據郵傳部覆奏，即宣佈幹路國有，決策顯然是過於草率了。

幹路國有政策關涉四省，又和四國借款攪在一起，推行難度相當大。要想順利推行就應該在還股問題上對四省紳民做出讓步。載灃沒採納張謇「寬恤民隱」的主張，支持了載澤、盛宣懷以逼迫四省紳民附股爲宗旨的還股方案，對四川紳民的正當訴求置之不理，最終激化了矛盾。

三、迷信軍事，崇尚壓制。

載灃迷信軍事，上臺執政後醉心於軍事集權，強化軍事力量。他以爲，只要掌握住了軍隊，自己的權力和王朝的統治就居於了牢不可破的地位。宣統元年五月，呂海寰因李順德等營私舞弊受到牽連，被開去督辦鐵路大臣。載洵、載濤向載灃推薦唐紹怡出任督辦津浦鐵路大臣。載灃徵求張之洞的意見。張之洞說：「不可，輿情不屬。」載灃說：「中堂，直隸紳士也。紳士以爲可則無不可者。」張之洞說：「豈可以一人之見而反輿情？輿情不屬，必激變亂。」載灃說：「有兵在！」張之洞退出後歎息道：「不意聞此亡國之言！」〔註195〕

面對如火如荼的四川保路運動，曾有人告訴載灃民意不可過遏，載灃不以爲然，曰：「吾陸軍強，何懼是蚩蚩者，不睹三月杪廣州之變乎？！」〔註196〕

正是因爲自恃「有兵在」，「陸軍強」，成都出現罷市後，載灃堅持強硬立場，一面責令趙爾豐切實彈壓，迅速解散，一面派端方赴川查辦。載灃以爲只要趙爾豐拿獲爲首幾人，川事便迎刃而解。趙爾豐被逼出手，逮捕蒲殿俊等人，並釀成成都血案，清政府和四川保路紳民徹底決裂。隨之，四川局勢失去控制。

〔註195〕參見胡鈞撰：《張文襄公（之洞）年譜》，沈雲龍主編：《近代中國史料叢刊》第六輯，第 6 卷，第 19 頁，文海出版社 1967 年版。

〔註196〕沃丘仲子：《當代名人小傳》卷下，第 4 頁，沈雲龍主編：《近代中國史料叢刊三編》第八輯，文海出版社 1986 年版。

第六章　武昌起義後載灃的應對與選擇

武昌起義爆發後，清王朝面臨滅頂之災，最終在辛亥革命的風暴中，清王朝傾覆。起義爆發之時，攝政王載灃為清王朝的臨時掌舵人，對於局勢走向有著重要影響，後雖退出攝政王位，但皇帝生父以及醇親王的身份使得他仍有一定的政治影響。然而，已有研究成果對於他在武昌起義後的表現涉及不多。面對嚴峻的局面，他是如何應對的？有何得失？一些著述裏說的，他順應歷史潮流，主動辭去攝政王，襄贊共和，在政治上一向不太清楚的他到王朝最後怎麼一下子變成了清醒冷靜的智者，儼然一副政治家的樣子？這些說法不能不令人懷疑。載灃為何退出攝政王位？是主動辭去還是被迫？他對共和、清帝退位到底持何種態度？這些問題都是值得深入探討的，本章筆者就這些問題進行探討的嘗試。

第一節　起用袁世凱

宣統三年（公元 1911 年）春天，湖南湖北的革命團體共進會和文學社開始醞釀在兩湖發動起義。保路運動爆發後，他們加快了行動的步伐。七月二十二日，兩個團體經過商議，決定聯合發動起義，成立了由蔣翊武任總指揮、王憲章任副總指揮、孫武任參謀長的軍事機構，並派居正、楊玉如赴上海中部同盟會總部邀請黃興、宋教仁、譚人鳳來漢主持大計。八月初三日，文學社和共進會又聯合舉行會議。會議決定中秋節起義，推舉蔣翊武為臨時總司令，孫武為參謀長。

起義前夕，出現了一些變亂的徵兆，清政府也嗅到了起義的氣息。就在

決定舉事的八月三日當天，發生了南湖炮隊士兵鬧事事件。「憤激鬧事以後，外間即傳說革命黨將在八月十五日起事。風聲所播，鄂中官吏頗爲震驚，惟無法探知實情，只好故作鎮靜，其恐懼心理實日甚一日。」〔註1〕八月初十日（資料原文即爲 9 月 31 日——筆者加）在武昌的一個美國傳教士接到匿名信，內稱：潛入此地的廣東革命黨當日夜間將會舉事，請外國人預先防備注意。該傳教士將此消息告知美國駐武昌總領事，該領事當即密報清政府。得知此消息，清政府派軍警在各要處警戒，進行種種搜查。〔註2〕種種謠言，加劇了清政府的恐慌。張彪「以連日謠言四起，特飭各營將一班形跡可疑之軍士盡行淘汰，而又恐出外復與營兵聯絡滋事，一面飭各營無論何項人等不准出入掛號，出營者不得過三十人，以便隔絕往來，一面飭各營軍官齊至鎮司令署，各領開口軍刀，以便每晚外出巡查，隨身攜帶，以防不虞。」〔註3〕這種情況下，起義已無法如期舉行。經過商議，起義推遲至八月十八日舉行。

十八日下午三點，起義總機關寶善里十四號發生炸藥爆炸事件。俄租界巡捕聞訊趕來，發現了旗幟、印信、文告、鈔票、黨人名冊，並逮捕了劉公的妾劉一和弟弟劉同。俄租界巡捕房隨即將搜獲各物連同拘捕各人移交江漢海關道。劉同等二人經不起嚴刑拷問，供出了他們所知道的革命黨人的機關所在地和活動情況。清政府立即出動兵警，在武漢三鎮進行搜捕。革命黨人三十餘人被捕，其中彭楚藩、劉復基、楊宏勝遇難。

八月十九日，湖廣總督瑞澂尚在向載灃報告邀功，稱十八日晚「先後拿獲匪目匪黨計共三十二名，並起獲軍火炸彈多件」，吹噓自己「弭患於初萌，定亂於俄頃」，並稱「地方一律安謐」，「堪以上慰宸謹」。〔註4〕次日，載灃發下諭旨，對瑞澂等加以褒獎，稱：「……該督弭患初萌，定亂俄頃，辦理尚屬迅速。在事文武亦奮勇可嘉。……在事出力各員並准擇尤酌保，……」〔註5〕

〔註1〕 潘公復：《辛亥革命運動中的共進會》，《辛亥首義回憶錄》，第 1 輯，第 114 頁。

〔註2〕 《（日本駐漢口總領事）致外務大臣的報告》，李少軍編譯：《武昌起義前後在華日本人見聞集》，第 592 頁，武漢大學出版社 2011 年版。

〔註3〕 《蜀鵑啼血中之湖北》，《民立報》1911 年 10 月 7 日。

〔註4〕 《宣統三年八月十九日湖廣總督瑞澂致內閣軍諮府陸軍部請代奏電》，中國史學會主編：《中國近代史資料叢刊·辛亥革命》（五），第 290 頁，上海人民出版社 1981 年版。

〔註5〕 《宣統三年八月二十日上諭》，中國史學會主編：《中國近代史資料叢刊·辛亥革命》（五），第 290～291 頁，上海人民出版社 1981 年版。

好一個「弭患初萌，定亂俄頃」！諭旨剛發，即接到瑞澂奏報，武昌失守！
瑞澂電稱：「萬急。內閣總、協理大臣、軍諮府、海軍大臣、陸軍大臣鈞鑒：
申。鄂省十八日夜，革匪創亂及瑞澂當夜防範、懲辦情形，已於今辰電請代
奏在案。……不意革匪餘黨勾結現駐城內三十一標工程營及武勝門外混成協
輜重營，突於本夜八點鐘內外響應，工程營則猛撲楚望臺軍械局，並聲言進
攻督署，輜重營則就營縱火，斬關而入。……我軍大半意存觀望，均不得手，
統制、協統命令亦多不行。嗣聞槍聲愈逼愈近，槍子均從屋瓦飛過。……瑞
澂署中僅有特別警察隊一百餘人，親率出外抵禦，無如匪分數路來攻，其黨
極眾，其勢極猛。瑞澂責任疆圻，本應死殉，惟念犧牲此身，與城存亡，坐
視鄂省蹂躪，雖死不瞑，不得已，忍恥蒙詬，退登『楚豫』兵輪，移往漢口
江上，以期徵調兵集，規復省城。……惟有仰懇天恩，飭派知兵大員率帶北
洋第一鎮勁旅，多帶槍炮，配足子藥，刻日乘坐專車來鄂剿辦，俾得迅速撲
滅，大局幸甚，瑞澂幸甚……所有鄂省兵匪構變，請派北洋勁旅迅速來鄂剿
辦緣由，謹乞代奏。瑞澂叩。十九日。印。」〔註6〕

　　武昌起義爆發，作為攝政王，載灃負有不可推卸的責任，其大的失誤是
在立憲問題上游移徘徊，不能令立憲派滿意在先；推出皇族內閣，武力鎮壓
保路運動，令立憲派絕望於後。在處理滿漢關係上倒行逆施，扶滿抑漢，進
一步激化了滿漢矛盾。湖北武昌起義當日，諮議局議長湯化龍等，通電各省
諮議局，痛斥清廷及載灃之失政，謂「清廷無道，自召滅亡。化龍知禍至之
無日，曾連合諸公奔赴京都，代表全國民意，籲清『立憲』，乃僞為九年之約，
實無改革之誠。溥儀豎子黃口，攝政愚謬昏庸，兵財大權，存亡所繫，而競
摒棄漢人，悉授親貴。溥倫載濤，童兒戲，分掌海陸軍部；載澤貪很，管領
度支，意在鉗制漢人。強持專制，維新絕望，大陸將沈」。號召各省「奮起揮
戈，還我神州」。〔註7〕

　　武昌失守，載灃「覽奏殊深駭異」，諭令「湖廣總督瑞澂著即行革職，帶
罪圖功。仍著暫署湖廣總督，以觀後效」〔註8〕。

　　瑞澂先是辦事操切，激成變亂，後又貪生怕死，棄城逃走，大小官員隨

〔註6〕　陳旭麓、顧廷龍、汪熙主編：《辛亥革命前後——盛宣懷檔案資料選輯之一》，
　　　　第182～193頁，上海人民出版社1979年出版。
〔註7〕　張國淦：《辛亥革命史料》，第101頁，龍門聯合書局，1958年版。
〔註8〕　第一歷史檔案館：《光緒宣統兩朝上諭檔》第三十七冊，第243～244頁，廣
　　　　西師範大學出版社1996年10月版。

之，是武昌失守的罪魁禍首。載灃本應將其革職拿問，施以重典，以儆效尤，卻僅將瑞澂革職，令其暫署湖廣總督，戴罪圖功。據軍諮府第二廳廳長馮耿光說，令瑞澂戴罪圖功是載澤運動隆裕的結果。他在《蔭昌督師南下與南北議和》一問中說：「聽說武昌兵變、瑞澂逃走的電報到京以後，慶王是主張從嚴究辦的。當時就查閱以前封疆大臣棄城逃走處分的成案，擬旨將瑞澂交法部懲辦。誰知瑞澂與鎮國公載澤和隆裕太后都是近親，載澤就在事先運動隆裕太后，由隆裕從中示意，才改爲革職戴罪圖功。載澤和瑞澂是兒女親家，素來遇事相互祖護，這次他通過隆裕的關係爲瑞澂緩頰，慶王也只好依了他。」馮耿光當時認爲：「未能重辦瑞澂，爲其後地方大員開了一條惡例，因之棄城逃走的屢見不鮮，若早把瑞澂治罪，情形或當不同，『澤公之罪，難逃公論』。」〔註9〕

後御史聯銜奏請斬殺瑞澂，載灃特別召見三臺長爲瑞澂說情。惲毓鼎在日記中感歎：「臺臣之欲殺瑞澂，爲國家宗社計也。監國之視宗社，當重且切於諸臣，乃力祖瑞澂，一若臺臣之與瑞有私仇者，豈不異哉！」〔註10〕結果瑞澂「因兵艦煤盡而至九江，因九江兵變而至上海」，讓其戴罪圖功云云，成爲笑柄。武昌失守，王朝傾覆已在眼前，此時載灃尚不顧大局，瞻徇情面，可謂昏聵到了極點。

四川大局已經糜爛不堪，武昌又猝然失守，「其時空氣彌漫，若大禍旦夕即來」。〔註11〕朱爾典在給坎貝爾的信中描繪了奕劻等皇族成員慌亂的情形：「目前最糟糕的是清廷沮喪的情緒，他們看來已覺悟到皇朝的星辰將落。他們比前一代的明朝的在位年限大約多七年。目前，一種悲觀者的語調顯現在一切諭令中，很奇妙地，恰像是一個最後的王朝滅亡前的呻吟。慶親王忙著將他的珍物兌換成金條，以便逃亡時攜帶。攝政王的兩個弟弟已將妻子送到郊外山中的隱蔽處。北平開往天津的每班火車都載滿了人，有的帶著全家老小及祭祀祖宗的牌位，紛紛逃離北平。」〔註12〕如何應對武昌變亂？良弼主

〔註9〕 馮耿光：《蔭昌督師南下與南北議和》，中國人民政治協商會議文史資料研究委員會編：《辛亥革命回憶錄》，第六集，第307頁，中國文史出版社2012年版。

〔註10〕 惲毓鼎：《惲毓鼎澄齋日記》，第554頁，浙江古籍出版社2004年4月版。

〔註11〕 張國淦：《辛亥革命史料》，第269頁，龍門聯合書局1958年版。

〔註12〕 章開沅、羅福惠、嚴昌洪主編：《辛亥革命史料新編》，第8卷，第99～100頁，湖北人民出版社2006年版。

張迅速調禁衛軍南下，載濤請求率兵平叛。載灃考慮到載濤年紀太輕，又沒有帶兵打仗的經驗，京畿重地也需要禁衛軍來防衛，沒有接受良弼的意見和載濤的請求。

　　二十一日，載灃諭令：「著軍咨府陸軍部迅派陸軍兩鎮陸續開拔，赴鄂剿辦。一面由海軍部加派兵輪，飭薩鎮冰督率前進，並飭程允和率長江水師，即日赴援。陸軍大臣蔭昌著督兵迅速前往，所有湖北各軍，及赴援軍隊，均歸節制調遣，並著瑞澂會同妥速籌辦，務須及早撲滅，毋令匪勢蔓延。」〔註13〕「剿」這一方針出自載澤等人。據徐世昌說：「四川爭路風潮擴大，慶邸及余（徐自謂）等自揣材力不勝，那相曾密推項城。及至武昌事起，瑞澂棄城逃走，電奏到京，政府更加惶惶。載澤等懵然主剿，以為武昌一隅，大兵一到，指日可平，故二十一日有蔭昌剿辦之諭。」〔註14〕

　　載灃又恐緩不濟急，令河南巡撫寶棻就近調第五十二標張錫元部赴援，與張彪殘部匯合。次日，載灃諭令兩江總督張人駿等沿江沿海督撫加強防範。諭稱：「頃據瑞澂電奏，兵匪句結為亂，武昌失守。長江一帶，最關重要。現在人心浮動，伏莽甚多，又值連年薦饑，災民遍野，殊屬可慮，亟宜嚴防句結響應。著張人駿、程德全、朱家寶、馮汝騤、加意防範，毋稍疏虞。海外革黨，密佈內地，到處煽惑潛謀不軌，並著各省督撫隨時嚴密偵防，免生事端，以顧大局而弭隱患。」〔註15〕是日，載灃還諭令京漢鐵路所經各省督撫加強對京漢鐵路的保護。其諭稱「著陳夔龍、寶棻、瑞澂、加派軍隊，認真保護。所有橋梁山洞，尤須加意防守，毋稍疏虞。其黃河鐵橋，除已飭陸軍部派兵一營保護外，著寶棻再專派得力兵隊分駐兩岸，晝夜梭巡，如該省兵隊不敷分佈，准其酌量添募。所需軍械，或由北洋借撥，或向陸軍部請領。」〔註16〕載灃又諭令將近畿北洋陸軍和禁衛軍重新進行編配：蔭昌督率赴鄂的陸軍第四鎮暨混成第三協、第十一協編委第一軍；第五鎮暨混成第五協、混成第三十九協編為第二軍，派馮國璋督率，迅速籌備，聽候調遣；禁衛軍暨陸軍第一鎮編為第三軍，派載濤督率，駐守近畿，專司巡護。〔註17〕

〔註13〕　第一歷史檔案館：《光緒宣統兩朝上諭檔》第三七冊，第244頁，廣西師範大學出版社1996年10月版。

〔註14〕　張國淦：《辛亥革命史料》，第269頁，龍門聯合書局1958年版。

〔註15〕　陳寶琛等撰：《宣統政紀》，第1096頁，中華書局1987年版。

〔註16〕　陳寶琛等撰：《宣統政紀》，第1096頁，中華書局1987年版。

〔註17〕　參看第一歷史檔案館：《光緒宣統兩朝上諭檔》第三十七冊，第247頁，廣西師範大學出版1996年10月版。

　　這樣安排之後，載灃仍然心裏沒底。袁世凱被趕回去「養足疾」已有近兩年，但北洋軍「只知有袁宮保，不知有朝廷」的局面並沒有改變，沒有打仗經驗的蔭昌未必能指揮得動。蔭昌本人也缺乏信心，在得知讓自己赴湖北督師時，就有聲有色地說：「我一個人馬也沒有，讓我到湖北去督師，我倒是用拳打呀，還是用腳踢呀？」〔註18〕大敵當前，身為軍隊統帥卻如此輕佻不自信，實在難堪大任。

　　自袁世凱開缺後，不斷有人發出起用袁世凱的聲音，載灃始終堅持定見，堅決不用袁世凱。這次武昌失守，大局岌岌可危，載灃不得已，二十三日授袁世凱為湖廣總督。熟悉內情的清內閣閣丞華世奎曾告訴張國淦起用袁世凱的內幕。華世奎說：

　　　　八月十九日，武昌新軍起事。二十一日，命蔭昌督師赴鄂剿辦。二十三日，起用袁世凱為湖廣總督，督辦剿撫事宜，相距僅二日。蔭昌督師，在當時已有點勉強。蔭雖是德國陸軍學生，未曾經過戰役，受命後編調軍隊，頗覺運調為難。其實此項軍隊，均是北洋舊部，人人心中只知有「我們袁宮保」。慶（慶親王奕劻）、那（桐）、徐（世昌）等素篤袁黨，武昌事起，舉朝皇皇，慶等已連日私電致袁，並派員至彰德秘密商議大計，信使絡繹。他們本無應變之才，都認為非袁不能平定，且是袁出山一絕好機會。乃於二十三日，由奕劻提議起用袁，那、徐附和之。攝政不語。片刻，慶言：「此種非常局面，本人年老，絕對不能承擔。袁有氣魄，北洋軍隊，都是他一手編練，若令其赴鄂剿辦，必操勝算，否則畏葸遷延，不堪設想。且東交民巷亦盛傳非袁不能收拾，故本人如此主張。」澤公（載澤——筆者加）初頗反對，鑒於大勢如此，後亦不甚堅持。攝政言：「你能擔保沒有別的問題嗎？」慶言：「這個不消說。」攝政蹙眉言：「你們既這樣主張，姑且照你們的辦。」又對慶說：「但是你們不能卸責。」於是發表袁湖廣總督。在慶、袁秘密接洽時，袁曾言非純用兵力所能勘定，當一面主剿，一面主撫，故二十三日有督辦剿撫事宜之諭。〔註19〕

〔註18〕　馮耿光：《蔭昌督師南下與南北議和》，中國人民政治協商會議文史資料研究委員會編：《辛亥革命回憶錄》，第六集，第 307 頁，中國文史出版社 2012 年版。

〔註19〕　張國淦：《辛亥革命史料》，第 108 頁，龍門聯合書局 1958 年版。

從華世奎的敘述中可以看出，載灃對於起用袁世凱是滿懷顧慮的。這樣做會不會是放虎歸山？袁會不會擁兵自重甚至反叛朝廷？這是載灃最為擔心的。由於袁世凱密友徐世昌在場，載灃不好明言，故而以「別的問題」隱晦地表達自己的擔心和顧慮。儘管奕劻打包票不會有問題，但並未完全打消載灃的疑慮，他還是吃不准起用袁世凱會不會有問題，但形勢危急，一時又沒有更好的辦法，只好冒險一試。載灃話裏的「姑且」一詞正是他內心矛盾的真實寫照。

　　另有一說，起用袁世凱是載澤說服載灃的結果。江庸著《趨庭筆記》有如下說法：「醇親王攝政季年，凡分三派：載洵、載濤兩貝勒分領海軍處、軍諮處為一派；載澤管度支為一派；慶親王奕劻、那桐、徐世昌任總協理為一派。武昌兵起，洵、濤以張紹曾首倡十九信條，亟欲拉之。而慶、那、徐皆意在袁世凱，屢言於朝，攝政不從。郵傳部侍郎楊士琦乃屬該部參議林炳章惠亭，浼其婦翁弘德殿授讀陳寶琛伯潛，於攝政前推舉項城。伯潛素不悅袁，弗為動。惠亭遂就本部尚書盛宣懷謀之，力言時局阽危，非袁不足以救國。軍樞意並如此，而攝政弗聽。公若能忘舊怨，得澤公一言，必可轉圜。盛謂果於國有益，何有私憾於是由盛說載澤，由載澤說攝政。而項城起用矣。」[註20]載澤是皇族中最敵視袁世凱的人之一，在驅逐袁世凱的過程中起到重要作用，並努力阻止袁世凱再出。武昌起義後，鑒於局勢險峻，載澤不再反對起用袁世凱，這是可以理解的。若說其主動說服載灃起用袁世凱則可信度不高。

　　山東巡撫孫寶琦、江蘇巡撫程德全認為起用袁世凱尚不足以挽回大局，奏請改組內閣，提前宣佈立憲，並懲處釀亂禍首。奏稱：「種族革命之謬說，既由政治革命而變成，必能饜其希望政治之心，乃可泯其歧視種族之見，然苟無實事之施行，仍不足昭渙號之大信。今輿論所集，如親貴不宜組織內閣，如閣臣應負完全責任，既已萬口一聲，即此次釀亂之人，亦為天下人民所共指目。擬請宸衷獨斷，上紹祖宗之成法，旁師列國之良規，先將現任親貴內閣解職，特簡賢能，另行組織，代君上確負責任，庶永保皇族之尊嚴，不至當政鋒之衝突。其釀亂首禍之人，並請明降諭旨，予以處分，以謝天下。然後定期告廟誓民，提前宣佈憲法，與天下更始。庶簧鼓如流之說，藉口無資；潢池盜弄之兵，迴心而釋。用剿易散，用撫易安。否則伏莽消息其機牙，強敵徘徊於堂奧；民氣囂而不能遽靖，人心渙而不能遽收；眉睫之禍，勢已燎

〔註20〕江庸：《趨庭隨筆》，第41頁，文海出版社1967年版。

原；膏肓之疾，醫將束手。雖以袁世凱、岑春煊之威望夙著，恐亦窮於措施，微論臣等。」〔註 21〕疏上，載灃尚沒有認識到問題的嚴重性，未置可否，奕劻自知才力，不足屢屢乞休，現在得此電奏，與那桐、徐世昌一同懇求罷斥，載澤、載洵、載濤三人，不以爲然，載澤尤強硬，言陰昌大軍，已到漢口，指日可平。〔註 22〕解散親貴內閣等事不了了之。

三年前，袁世凱奉旨開缺。出京之時，袁世凱就放出話說：「看他去辦就是了，彼時再叫我辦，我亦不能出矣！」〔註 23〕足見袁世凱對載灃怨毒之深。如今臨危受命，袁世凱一則不忘舊嫌，二則感覺權限過小，時機未到，遂致電朝廷，託病不出。電謂：「……惟臣舊患足疾，迄今尚未大愈。去冬又牽及左臂，時作劇痛。此係數年宿疾，急切難望全愈。然氣體雖見衰頹，精神尚未昏瞀。近自交秋驟寒，又發痰喘作燒舊症，益以頭眩心悸，思慮恍惚‧雖非旦夕所能就痊，而究係表症，施治較舊患爲易。現當軍事緊迫，何敢遽請賞假。但委頓情形，實難支撐，已延醫速加調治，一面籌備布置。一俟稍可支持，即當力疾就道。」〔註 24〕袁世凱奏摺「對朝廷的任命表示出一種半心半意或者嘲諷的意味。」〔註 25〕

載灃也知道袁世凱對自己懷恨在心，命內閣派人「齎詔前往，促之速來，善爲我辭焉，勿介意於舊事也。」〔註 26〕內閣遂派阮經樞和楊度持詔書赴彰德勸駕。

袁世凱長子袁克定與袁之幕僚王錫彤均極力反對袁世凱出山。袁克定認爲載灃「只是利用袁世凱的名望，藉以維持北洋軍的忠誠，但不會給他實際權力，去鎮壓革命」，「無疑地，攝政王預料那將造成袁世凱平亂回北京後，變成獨裁統治者之可能性。」〔註 27〕王錫彤則認爲「亂事一平，袁公有性命

〔註 21〕 李明勳、尤世瑋主編，張廷棲、陳炅、趙鵬、戴致君執行主編：《張謇全集》編纂委員會編：《張謇全集 1 公文》，第 229 頁，上海辭書出版社 2012 年版。
〔註 22〕 張國淦：《張國淦自述 1876～1959》，第 252～253 頁，人民日報出版社 2011 年。
〔註 23〕 《外人對於袁世凱之感情》，《申報》，宣統元年正月初六日（公元 1909 年 1 月 27 日），第一張第五版。
〔註 24〕 中國史學會主編：《中國近代史資料叢刊‧辛亥革命》（四），第 333 頁，上海人民出版社 1981 年版。
〔註 25〕 竇坤等譯著：《直擊辛亥革命》，福建教育出版社，第 108 頁，2011 年 10 月版。
〔註 26〕 劉體智：《異辭錄》，第 39 頁，中華書局 1988 年。
〔註 27〕 章開沅、羅福惠、嚴昌洪主編：《辛亥革命史資料新編》第 8 卷，第 99 頁，湖北人民出版社 2006 年版。

之憂」。甚至奉命前來勸駕的楊度也主張不應清廷之命，因爲「革命初起，袁公督師必一鼓平之，清之改善殆無希望。」面對袁克定等人的再三勸阻，袁怫然曰：「余不能爲革命黨，余子孫亦不願其爲革命黨。」〔註28〕從袁世凱的話裏可以看出，他之所以同意出山，並不是因爲對清廷有什麼感情，完全是因爲二害相權，他更不願意政權落入革命黨手中。

二十五日，袁世凱謝恩摺上，並另具《應行籌備各事清摺》，開出了出山的條件：一，調集一隻歸他指揮的軍隊；二，撥軍餉；三，軍諮府、陸軍部不爲遙制；四，飭令王世珍襄辦軍務；五，飭令馮國璋迅速赴彰，並與他一同南下，協商布置；六，調張錫鑾、倪嗣沖、段芝貴、陸錦、張仕鈺、袁乃寬、吳鳳嶺等親信赴前敵供自己差委；七，賑災；八，容被裹脅者。〔註29〕

二十七日，載灃在袁謝恩摺上硃批：「知道了。現在武昌、漢口事機緊迫，該督素秉公忠，勇於任事，著迅速調治，力疾就道，用副朝廷優加信任之至意。」〔註30〕對於袁世凱所提出山條件，載灃表示均可照辦。〔註31〕二十九日，載灃將內帑二十萬兩發交袁世凱用於湖北賑災外，兌現了賑災一條。〔註32〕三十日，載灃連發三諭：准袁世凱調委人員、籌募新軍、刊用木質關防；准袁世凱在直隸山東等省招募壯丁一萬二千五百人，照武衛左軍現行營制編集二十五營，作爲巡防軍，並飭度支部速撥款四百萬兩，以備撥支；諭派王世珍襄辦湖北軍務，又派馮國璋迅赴彰德籌商一切，並諭如必須第二軍往助，再令迅回帶往；張錫鑾、倪嗣沖、段芝貴、陸錦、張仕鈺赴前敵供袁世凱差遣委用，令第四鎮統制官吳鳳嶺馳赴前敵。〔註33〕九月初一日，准袁世凱電

〔註28〕 王錫彤著，鄭永福、呂美頤點注：《抑齋自述》，第 172 頁，河南大學出版社 2001 年版。

〔註29〕 《應行籌備各事清摺》未見原文，文中所列八條係源於劉路生：《袁世凱辛亥復出條件考》（《廣東社會科學》，2003 年第 4 期）一文。該文對《應行籌備各事清摺》內容進行了詳細的考證。

〔註30〕 軍機處隨手登記檔，宣統三年八月二十七日，第一歷史檔案館縮微膠捲，檔號 03－0337－2－1303－241，縮微號 139－0326。

〔註31〕 參看第一歷史檔案館：《光緒宣統兩朝上諭檔》第三十七冊，第 255 頁，廣西師範大學出版社 1996 年 10 月版。

〔註32〕 參看第一歷史檔案館：《光緒宣統兩朝上諭檔》第三十七冊，第 285 頁，廣西師範大學出版社，996 年 10 月版。

〔註33〕 參看陳寶琛等撰：《宣統政紀》，第 1122 頁，中華書局 1987 年版。

奏，諭令段祺瑞酌帶得力將弁，毋庸多帶隊伍，剋日由海道北上，徑赴鄂境。
〔註34〕

九月初三日，准袁世凱請，從各地調集槍、炮、子彈、馬匹，供袁世凱調配使用。九月初五日，載灃諭令撥出宮中內帑銀一百萬兩，由內務府發交度支部，專作軍中兵餉之用。

對於軍諮府、陸軍部不為遙制一條，載灃顯得頗為猶豫。軍諮府、陸軍部不為遙制固然能使袁世凱放開手腳應付時局，但同時也意味著授袁世凱全權，這樣將會失去對他的控制，故而載灃遲遲不願作出決定。

八月三十日，盛宣懷致函載澤，代載澤擬寫三個面奏節略。函稱：「瑞、薩電奏，先勝後挫，兵力單弱之故。北軍僅到一標（計一千五百人），不戰而退，甚屬可恥。代擬節略三端……請於宸座前痛切面陳。」〔註35〕節略一從「進兵遲速關係大局」著眼。稱：「此次武昌之變，由革匪勾結叛兵而起。因新軍之外，別無他兵可供調遣，是以一發莫收，措手不及。惟革匪、叛兵立腳未定，解散亦易。如大軍迅赴事機，一經得手，匪勢亦必迎刃而解。現因北兵尚未到齊，蔭昌尚在信陽，致廿七日豫、湘、鄂各軍與匪接仗，北軍號令不能應手，我軍先勝後挫。倘援兵遲延不到，江岸必致失守，湘、豫、鄂軍必致潰散。海軍孤立，亦難得勢。武漢地據中心，亂事一日不定，恐他省望風響應，糜爛更不堪設想；即兵力、財力亦將無可分佈，外人生心，尤屬可慮。故大軍急援漢口，再復武昌，則各省便可無事。安危大局，決於遲速之間。惟自來用兵，未有統帥畏縮不前而能使將士用命者也。為今之計：一在催蔭昌進兵；一在命袁世凱赴鄂。」節略二從督促蔭昌進兵著眼。稱：「陸軍數日之間一鎮兩協均已運完，第四鎮亦已過信陽州。蔭昌身為統帥，正宜乘此聲勢，率領大隊節節進規，以寒匪膽。信陽遠在豫境，距漢口數百里，呼應不靈，萬無頓兵遙制之理。若復遲延不進，深恐前敵已到之軍以無後援不敢再戰，或致挫失，匪焰更張。應請嚴旨電飭該大臣剋日前進，必須信賞必罰。賊少兵多，且有海軍截江而守，何難一鼓蕩平？蔭昌若再逡巡不進，貽誤事機，豈能當此重咎！」節略三從催促袁世凱赴鄂，北軍及各省援軍均歸袁調遣著眼。稱：「袁世凱負知兵重望，此次聞詔即起，具見公忠體國，固

〔註34〕 參看陳寶琛等撰：《宣統政紀》，第1126頁，中華書局1987年版。
〔註35〕 陳旭麓、顧廷龍、汪熙主編：《辛亥革命前後——盛宣懷檔案資料選輯之一》，第215～216頁，上海人民出版社1979年出版。

已先聲奪人。惟據電奏請增募新勇二十五營，若候成軍，至速兩月方能前往，實恐緩不濟急。該督久任北洋，現調之新軍第二、第四鎮皆其舊部，必能遵守調遣，踴躍聽命，應請明詔敦促剋日就道。如再曠日持久，轉慮匪勢蔓延，牽動全局，更難收拾，必非該督忠勇任事之本心。至一軍兩帥，爲行軍所忌，俟該督抵漢，應將新軍及湘、豫各省援軍悉歸節制，以一事權，一面選將練勇，以爲後勁。」〔註36〕節略三已微露授予袁世凱全權之意。九月初二日，盛宣懷又奏請命袁世凱爲欽差大臣。奏稱：「……並請加派袁世凱爲欽差大臣……袁世凱公忠素著，韜略久嫻，北軍第二、第四鎮皆其手中督練，不特威聲足以懾匪膽，抑且恩誼足以結兵心。」〔註37〕載灃此時還在猶豫當中，沒有從盛宣懷所請授予袁世凱全權。

　　載灃不予全權，袁世凱遲遲不動身，而形勢變得日益嚴峻。九月初一日，湖南獨立，巡撫余誠格逃走，巡防營統領黃忠浩被殺。同日，陝西獨立，護理巡撫錢能訓自殺未死；西安將軍文瑞、副都統承燕、克蒙額自殺。初三日，長江重鎮九江，新軍統帶馬毓寶出任駐潯軍政分府都督。形勢急轉直下，載灃已顧不了許多，諭令袁世凱爲欽差大臣。諭稱：「湖廣總督袁世凱授爲欽差大臣，所有赴援之海陸，並長江水師暨此次派出各項軍隊，均歸該大臣節制調遣，其應會同該省督撫者，隨時會同籌辦。凡關於該省剿撫事宜由袁世凱相機因應，妥速辦理。軍情瞬息萬變，此次湖北軍務軍諮府、陸軍部不爲遙制，以一事權而期迅奏成功。」〔註38〕又諭：「陸軍大臣蔭昌部務繁重，勢難在外久留，著即將第一軍交馮國璋統率，俟袁世凱到後，蔭昌再行回京供職」。〔註39〕

　　至此，載灃把湖北所有軍隊及長江流域海軍的指揮權完全交給了袁世凱，「對革命黨是鎮壓還是講和，權力掌握在袁世凱的手裏了」〔註40〕。局勢的嚴峻性迫使載灃放手任用袁世凱，把王朝命運押在袁世凱身上，可謂孤注一擲。

〔註36〕陳旭麓、顧廷龍、汪熙主編：《辛亥革命前後——盛宣懷檔案資料選輯之一》，第216～217頁，上海人民出版社1979年出版。

〔註37〕陳旭麓、顧廷龍、汪熙主編：《辛亥革命前後——盛宣懷檔案資料選輯之一》，第218頁，上海人民出版社1979年出版。

〔註38〕參看第一歷史檔案館：《光緒宣統兩朝上諭檔》第三十七冊，第271～272頁，廣西師範大學出版社1996年10月版。

〔註39〕參看第一歷史檔案館：《光緒宣統兩朝上諭檔》第三十七冊，第271頁，廣西師範大學出版社，1996年10月版。

〔註40〕賈坤等譯著：《直擊辛亥革命》，福建教育出版社，第111頁，2011年10月版。

第二節　一退再退

　　九月初一日，第二屆資政院會議召開。載灃未親臨資政院，由世鐸代載灃宣讀訓詞。訓詞除了肯定自己與王大臣在預備立憲方面工作外，還討好地對資政院議員進行了恭維，表達了對他們的期待與勉勵。其詞曰：「溯自上年資政院開院以來，已經迎歲。凡關於憲政事項，本監國攝政王與王大臣等悉心籌畫，日促進行，昕夕從事，唯恐不及。現又屆該院第二次開會之期，各議員等學問日進，閱歷較深，凡國家安危所繫，與吾民休戚所關，以及一切事實理論，自當研究漸精，抉擇愈審，必能出所蘊蓄，共矢虛公，協替謀猷，代宣民隱，上副朝廷孜孜求治之至意。各議員其交勉焉。」〔註41〕次日，議員牟琳等即提出彈劾郵傳部大臣盛宣懷案。三日，議員陳敬第、籍忠寅提出修正案，「語極中肯」〔註42〕。四日，資政院對彈劾案進行表決，列席議員一百一十九人全體起立，要求次日具奏，議長表示同意〔註43〕。五日，資政院彈劾摺上，請求嚴懲盛宣懷，以遏亂萌。折謂「治天下莫急於安人心，安人心莫急於除禍首」，「禍亂之源，皆郵傳大臣盛宣懷欺蒙朝廷，違法斂怨，有以致之」，「去盛宣懷則公憤可以稍平，大難庶幾稍息。若容留姑息，即天下有以窺朝廷。後患之來，實非臣等所堪設想。」〔註44〕奏上，載灃諭將盛宣懷即行革職永不敘用，並請將「率行副署」的內閣總理大臣慶親王奕劻、協理大臣大學士那桐、徐世昌議處。諭旨將鐵路國有的主要罪過推到盛宣懷身上，由其為朝廷替罪。稱：「鐵路國有，本係朝廷體恤商民政策，乃盛宣懷不能仰承德意，辦理諸多不善。盛宣懷受國厚恩，竟敢違法行私，貽誤大局，實屬辜恩溺職。郵傳大臣盛宣懷，著即行革職，永不敘用。內閣總理大臣慶親王突匡、協理大臣大學士那桐、徐世昌，於盛宣懷蒙混具奏時，率行署名，亦有不合。著交該衙門議處。」〔註45〕面對愈來愈嚴峻的局面，載灃選擇拋棄盛宣懷，希圖捨車保帥，挽救危機。是日，盛宣懷的後臺載澤自請入對，「於

〔註41〕愛新覺羅·載灃：《醇親王載灃日記》，第414～415頁，群眾文藝出版社2014年版。

〔註42〕韓策、崔學森整理，王曉秋審訂：《汪榮寶日記》，第309頁，中華書局2013年版。

〔註43〕韓策、崔學森整理，王曉秋審訂：《汪榮寶日記》，第309頁，中華書局2013年版。

〔註44〕戴執禮編：《四川保路運動史資料》，第468、470頁，科學出版社1959年版。

〔註45〕第一歷史檔案館：《光緒宣統兩朝上諭檔》第三十七冊，第267頁，廣西師範大學出版社1996年10月版。

罷斥盛氏之旨讚助甚力」〔註 46〕將盛宣懷革職雖然對於緩和國內矛盾起到些許作用，卻大大加深了英國等列強對載灃的惡感。莫理循評價說：「這更表明了朝廷的無能和膽怯。」〔註 47〕朱爾典在給格雷的信中表達了對載灃的強烈不滿。他說：「攝政王在執政期間，對待下屬官員向來不義，但從來沒有像此次對盛宣懷如此不義和失態，即使在袁世凱事件中。盛宣懷向來與本使館不甚和睦，早在六七年以前，他就與本公使的前任略有歧見，而至今與本公使相處甚得。然而近一年來，盛宣懷倡導鐵路政策以救危亡，在腐敗不堪的北京大員中，實為具有傑出才能之人。他能以勇敢無畏和堅忍不拔的精神對待各省的反抗風潮。就他這樣年老體弱的人而言，這種精神在任何國家都會給其帶來榮譽。他相當信服攝政王，而且一切行動都是經過其同意的。但一當盛宣懷受到資政院的彈劾，攝政王立即轉過頭來斥責這位被他重用過而大力替他推行政策的重臣。」〔註 48〕

資政院不滿意僅將盛宣懷革職的結果，決議請求處死盛宣懷。盛宣懷聞訊大為恐懼，請求四國公使在事態危急時對其提供保護。應盛宣懷的請求，朱爾典還糾集美、德、法等國公使，往見奕劻，並通知他說，四國公使對於此意外事件極為關切，不允許清政府對於盛氏加以任何的傷害。奕劻答稱當天早晨另有一位御史呈遞了一份有類似要求的奏摺。但攝政王認為盛宣懷已受到相當的責罰，不必准其所請。奕劻向四國公使保證，不會對盛氏加重處罰，並允諾致函資政院總裁撤銷此項決議。在得知清廷無意處死盛宣懷後，四國公使「頗感欣慰」。〔註 49〕

形勢進一步惡化。九月初八日，駐灤州之第二十鎮統制張紹曾聯合護理第三鎮統制盧永祥、第二混成協統領藍天蔚、第二十鎮第三十九協統領伍祥禎、第二十四鎮四十協統領潘矩楹等，奏請解散親貴內閣，憲法由資政院制定。資政院也奏請「資政院協贊憲法」、「開黨禁」、「解散親貴內閣」。同日，山西獨立，巡撫陸鍾琦被殺。

〔註 46〕　韓策、崔學森整理，王曉秋審訂：《汪榮寶日記》，第 310 頁，中華書局 2013年版。

〔註 47〕　寶坤等譯著：《直擊辛亥革命》，第 110 頁，福建教育出版社 2011 年 10 月版。

〔註 48〕　「朱爾典致格雷爵士函」，章開沅、羅福惠、嚴昌洪主編：《辛亥革命史資料新編》第 8 卷，第 110 頁，湖北人民出版社 2006 年版。

〔註 49〕　「朱爾典致格雷爵士函」，章開沅、羅福惠、嚴昌洪主編：《辛亥革命史資料新編》第 8 卷，第 110～111 頁，湖北人民出版社 2006 年版。

是日，載洵、載濤、毓朗、壽勳一起至載灃府邸，商議對策。載灃對局勢無比憂慮，在日記中寫道：「時事孔亟之至。」〔註50〕

次日，載灃連發三諭。諭稱「著溥倫等敬遵欽定憲法大綱，迅將憲法條文擬齊，交資政院詳慎審議，候朕欽定頒佈」，「所有戊戌以來，因政變獲咎，與先後因犯政治革命嫌疑，懼罪逃匿以及此次亂事被脅自拔來歸者，悉皆赦其既往」，「茲據該院奏稱皇族內閣與立憲政體不能相容，請取銷內閣暫行章程，實行內閣完全制度，不以親貴充當國務大臣等語。所陳係為尊皇室而固國基起見，朕心實深嘉納，一俟事機稍定，簡賢得人，即令組織完全內閣，不再以親貴充國務大臣，並將內閣辦事暫行章程撤銷，以符憲政而立國本。」〔註51〕到這個時候，載灃還不願徹底放權，憲法資政院只能協贊，親貴內閣也要「俟事機稍定，簡賢得人」，然後才能解散。

連發三諭之後，載灃「並降罪己期可挽回時局以安人心之詔」〔註52〕。詔稱：「朕續承大統，於今三載，兢兢業業，期與士庶同登上理，而用人無方，施治寡術，政地多用親貴，則顯戾憲章；路事蒙於僉壬，則動違輿論；促行新治，而官紳或藉為網利之圖；更改舊制，而權豪或祗為自便之計；民財之取已多，而未辦一利民之事；司法之詔屢下，而實無一守法之人，馴致怨積於下而朕不知，禍迫於前而朕不覺。川亂首發，鄂亂繼之，今則陝湘警報迭聞，廣贛變端又見，區夏騰沸，人心動搖，九廟神靈，不安歆饗，無限蒸庶塗炭可虞，此皆朕一人之咎也。茲特布告天下，誓與我國軍民維新更始，實行憲政。凡法制之損益，利病之興革，皆博採輿論，定其從違。以前舊制舊法，有不合於憲法者，悉皆除罷。化除旗漢，屢奉先朝諭旨，務即實行。……」〔註53〕

此數道諭旨及罪己詔並未能起到挽回人心的作用。《時報》社論指出，「今日國民心理，對於是等上諭，實滿意者少，不滿意者多。且初九日之上諭計有數道，而無效者居其半，難信者亦居其半」。因為：

一、罪己詔之無效。「十年來政府之罪惡全在慶王，自內閣成立以來，彼

〔註50〕愛新覺羅・載灃：《醇親王載灃日記》，第415頁，群眾文藝出版社2014年版。
〔註51〕第一歷史檔案館：《光緒宣統兩朝上諭檔》第三十七冊，第280、281頁，廣西師範大學出版社1996年10月版。
〔註52〕愛新覺羅・載灃：《醇親王載灃日記》，第415頁，群眾文藝出版社2014年版。
〔註53〕第一歷史檔案館：《光緒宣統兩朝上諭檔》第三十七冊，第278～279頁，廣西師範大學出版社1996年10月版。

為總理，尤應負有完全之責任；其餘國務大臣更有連帶之責。故今日辦法，與其作下詔罪己之空言，無寧行懲治閣臣之實事。今乃庇護閣臣，不惜以九五之尊代彼僉壬受過。試問一向詔旨署名者何人？鐵路國有、四國借款之政策又係何人？『格殺勿論』、『就地正法』之言又係何人所主張？吾民所痛心疾首之閣臣概不問罪，徒以無盡膏血易得罪己之空言，又何以平民氣？此罪己詔之無效一也。」

二、屏除親貴執政之難信。「所謂『事機稍定，簡賢得人』尚屬空言，苟一旦兵事得手，其推翻前議，更換面孔，孰能阻之？倘使事機久而未定，此等親貴將毋令其尸位誤國乎？此屏除親貴之難信二也」。

三、憲法交院協贊之難信。「夫《憲法大綱》即專制之條例，此盡人所知也。纂擬憲法若仍照《憲法大綱》，則尚成何憲法乎？且憲法既允交院，即名協定，無所謂欽定也。今於交院審議下，更綴其辭曰『候朕欽定』然則又何貴乎交院一議乎？設院議之後，皇上自行修改，曰：『我固明告爾眾，有權欽定』，則吾儕又將何以對付朝廷？此憲法協贊之難信三也」〔註54〕。

《民立報》更是以「可惜一篇大文章」為題對罪己詔大加嘲諷。文曰：

罪己詔書，滿洲政府二百年來之第一篇大文章也。可惜今非其時，不能與第一篇之預備立憲詔書同靈矣。辜負作者，奈何奈何！

此一篇罪己詔書，與黎都督之祭天誓師文比較比較，誰做得好？

一篇大文章中，忽然下一輕聽匪徒煽惑，致釀滔天之禍數語，真真離奇變化，是明明猶以吾民為匪徒。他以吾民為匪徒，將來仍是要殺即殺耳！罪己之說，其誰信之？

時至今日，還說萬世一系，真正不識時務。

說來說去，還是欽定憲法，妙妙！

深仁厚澤，垂三百年。嗚呼！我欲讀此三百年之歷史。

於組織完全內閣，不再以親貴充國務大臣之上，忽加一俟事機稍定，簡賢得人二語，備極巧妙。將來不組織完全內閣，則可曰事機未定也。仍以親貴充國務大臣，則可曰簡賢乏人也。已先為將來反悔地步，著著周到。〔註55〕

〔註54〕《上諭豈足以滿人意？》，《時報》，1911 年 11 月 2 日。
〔註55〕《可惜一篇大文章》，《民立報》，1911 年 11 月 2 日，第 4 頁。

朱爾典在給格雷的信中對這些諭旨進行了評述，他認為「這些諭旨體現了朝廷對群眾壓力的徹底屈服」，農曆九月初九日的罪己詔「也許是中國歷代朝廷發佈的諭旨中最為屈辱的，據說它哀婉動人的程度超過了明朝末代皇帝所發表的絕望的呼籲。朝廷在這道懺悔的諭旨中，把全國遭受的動亂歸咎於它自己，緊接著又發佈一道諭旨，革除皇族各親王所擔任的官職。」對於這些諭旨能不能起到作用，朱爾典持悲觀態度。他說：「從攝政開始以來，隨著政府的日益削弱，朝廷的意旨逐漸失去了權威，以致對人民不再具有很大的影響。在清朝興盛的時代，甚至到前慈禧太后逝世為止，諭旨是不輕易發佈的，而且所使用的語言極為莊重，因而受到人們的重視。諭旨不能撤銷，這是一項慣例。現在，諭旨大批地發佈出來，一個接著一個，紊亂不堪，而且措詞常常是矛盾的。朝廷越是向人民泄露它的機密，它的建議所得到的反響就越冷淡。」〔註56〕

　　張紹曾等奏請改良政治，本來就意在「藉此發端，以難清室」。接初九日上諭後，再請軍諮府代奏，稱「……抑臣等更有請者，親貴內閣已允解散，然又云一俟事機稍定，簡賢得人，方不再用親貴。夫內閣一日不成立，即內亂一日不平息，如謂必俟事機稍定，則人心已去，天下瓦解，稍定果在何時？且臣等原奏內閣大臣必由民選，簡賢得人，不煩朝廷塵念。……敬懇收回成命，取銷憲法大綱，由議院制定，以符臣等原奏，庶足以收渙散之人心，而固邦本。」〔註57〕電奏並附政綱十二條：「一、大清皇帝萬世一系。二、立開國會，於本年之內召集。三、改定憲法，由國會起草議決，以君主名義宣佈，但君主不得否決之。四、憲法改正提案權專屬於國會。五、海陸軍直接大皇帝統帥，但對內使用應由國會議決特別條件遵守，此外不得調遣軍隊。六、格殺勿論、就地正法等法律，不得以命令行使；又對於一般人民不得違法任意逮捕、監禁。七、關於國事犯之黨人一體特赦擢用。八、組織責任內閣，內閣總理大臣由國會公舉，由皇帝勅任，國務大臣由內閣總理大臣推任；但皇族永遠不得充任內閣總理大臣及國務大臣。九、關於增加人民負擔及媾和等國際條約，由國會議決，以君主名義締結。十、凡年度預算未經國會議決

〔註56〕　胡濱譯：《英國藍皮書有關辛亥革命資料選譯》上，第 84 頁，中華書局 1984
　　　　　年版。
〔註57〕　羅正偉：《清廷頒佈十九信條特赦黨人》，中國史學會主編：《中國近代史資料
　　　　　叢刊·辛亥革命》（四），第 76 頁，上海人民出版社 1981 年版。

者，不得照前年度預算開支。十一、選任上議院議員時，概由國民對於有法定特別資格者公選之。十二、關於現時規定憲法、國會選舉法及解決國家一切重要問題，軍人有參議之權。〔註58〕

政綱十二條無異於要求載灃等親貴交出立法、行政、財政、軍事、交戰媾和、締結條約等所有權力。載灃等籌議未決之際，張紹曾等又電請進兵南苑，並截留清軍南下軍火。

載灃等被逼無奈，只得再作退讓。十一日，載灃向隆裕面陳立憲一切事宜，得到隆裕的同意。〔註59〕載灃即諭令解散親貴內閣，授袁世凱為內閣總理大臣，令其來京組織責任內閣。諭稱：「慶親王奕劻等奏，奉職無狀，請立予罷斥。載澤等奏，國務重要，請另簡賢能，以符憲政而資治理。鄒嘉來等奏，時局艱危，政務重要，請准辭職，以定國是而正人心各一摺。所奏甚是，均著照所請。慶親王奕劻開去內閣總理大臣，大學士那桐、徐世昌開去協理大臣，國公載澤等，鄒嘉來等，均各開去國務大臣。袁世凱著授為內閣總理大臣，該大臣現已前赴湖北督師，著將應辦各事略為布置，即行來京組織完全內閣，迅即籌畫改良政治一切事宜。袁世凱未到京以前，此數日間，仍著慶親王奕劻等照舊任事，內閣組織未成以前，並仍著載澤等，鄒嘉來等照常辦事，均不得少有諉卸。」〔註60〕又諭：「慶親王奕劻著授為弼德院院長，大學士那桐、徐世昌，協辦大學士榮慶均著充任弼德院顧問大臣。」〔註61〕又諭：「貝勒載濤面奏諄懇開去軍諮大臣一缺，載濤著准其開去軍諮大臣，蔭昌著授為軍諮大臣，仍暫管陸軍大臣事務。」〔註62〕任命袁世凱為內閣總理大臣主要由於奕劻的舉薦，載濤也表示同意。熟知內情的毓朗在私下會晤伊集院時說：「任袁世凱為總理大臣，全由慶親王一手舉薦，那桐、徐世昌自然贊成，濤貝勒亦表同意。濤貝勒之所以同意，實因慶親王、濤貝勒與澤公之間傾軋素深，近來幾至達到頂點，濤貝勒甚至暗中憂恐其為澤公所暗害。當此

〔註58〕《宣統三年九月十三日陸軍第二十鎮統制張紹曾奏摺》，中國史學會主編：《中國近代史資料叢刊・辛亥革命》（四），第96頁，上海人民出版社1981年版。
〔註59〕愛新覺羅・載灃：《醇親王載灃日記》，第416頁，群眾文藝出版社2014年版。
〔註60〕第一歷史檔案館：《光緒宣統兩朝上諭檔》第三十七冊，第285頁，廣西師範大學出版社1996年10月版。
〔註61〕第一歷史檔案館：《光緒宣統兩朝上諭檔》第三十七冊，第285～286頁，廣西師範大學出版社1996年10月版。
〔註62〕第一歷史檔案館：《光緒宣統兩朝上諭檔》第三十七冊，第286頁，廣西師範大學出版社1996年10月版。

時刻，如能引袁世凱入主中樞，或可緩和其間矛盾，至少可能暫時維持小康狀態。」〔註63〕至此，「清廷已將萬事委於袁氏雙肩，指望借袁氏效力以維持清廷命脈。」〔註64〕

十二日，載灃降「憲法交院起草」諭一道。載灃在日記中特別注明此係應「張紹曾稟也」〔註65〕

十三日，載灃諭准資政院所擬《重大信條十九條》。具體內容爲：「一、大清帝國皇統萬世不易。二、皇帝神聖不可侵犯。三、皇帝之權以憲法所規定者爲限。四、皇嗣繼承順序於憲法規定之。五、憲法由資政院起草議決，皇帝頒佈之。六、憲法改正提案權屬於國會。七、上院議員由國民於有法定特別資格公選之。八、總理大臣由國會公舉，皇帝任命；其它國務大臣由總理大臣推舉，皇帝任命；皇族不得爲總理大臣及其它國務大臣，並各省行政長官。九、總理大臣，受國會彈劾時，非國會解散，即內閣辭職，但一次內閣不得爲兩次國會之解散。十、海陸軍直接皇帝統率，但對內使用時，應依國會議決之特別條件，此外不得調遣。十一、不得以命令代法律，除緊急命令，應特定條件外，以執行法律及法律所委任者爲限。十二、國際條約，非經國會議決，不得締結，但媾和宣戰不在國會期中者，由國會追認。十三、官制官規，以法律定之。十四、本年度預算決算，未經國會議決者，不得照前年度開支；又案內不得有既定之歲出入算，案外不得有非常財政之處分。十五、皇室經費之制定及增減，由國會議決。十六、皇室大典不得與憲法相牴觸。十七、國務裁判機關，由兩院組織之。十八、國會議決事項，由皇帝頒佈之。十九、以上第八、第九、第十二、第十三、第十四、第十五及第十八各條，國會未開以前，資政院適用之。〔註66〕十月初六日，載灃宣誓君主立憲信條十九條於太廟。誓詞曰：「維宣統三年，歲次辛亥，十月乙未，朔，越六日，孝孫嗣皇臣溥儀年在沖齡，監

〔註63〕中國社會科學院近代研究所中華民國史研究室主編，鄒念之編譯：《日本外交文書選譯日本外交文書選譯　關於辛亥革命關於辛亥革命》，第 58 頁，中國社會科學出版社 1980 年版。

〔註64〕中國社會科學院近代研究所中華民國史研究室主編，鄒念之編譯：《日本外交文書選譯日本外交文書選譯　關於辛亥革命關於辛亥革命》，第 66 頁，中國社會科學出版社 1980 年版。

〔註65〕愛新覺羅・載灃：《醇親王載灃日記》，第 417 頁，群眾文藝出版社 2014 年版。

〔註66〕《呈君主立憲重大信條清單》，第一歷史檔案館縮微膠捲，檔號：03－7476－042，縮微號：555－2772。

國攝政王載灃攝行祀事，謹誓告於太廟（列代帝后廟號略）神位前曰：洪惟我太祖高皇帝以來，列祖列宗貽謀宏遠，垂三百年於茲矣。孝孫溥儀寅紹丕基，兢兢業業，仰承先朝立憲之大恉，力圖急進，朝夕籌謀。乃弗克負荷，用人行政諸未得宜，以至上下睽隔，情意不孚，旬月之間，寰區俶擾。深懼我累聖相承之大業顛覆於地，閔予小子，罪曷克當，茲由資政院諸臣，博採列邦君主最良之憲法，上體親貴不與政事之成規，先撰重大信條十九條，其餘未盡事宜，一併歸入憲法，迅速編纂，並速開國會，以符立憲政體，審察情勢，已允施行。用敢矢言於我列祖列宗之前，繼自今藐藐之躬，振振之族，當與內外臣工軍民人等，普同遵守，子孫萬世，罔敢或渝，以紓九廟在天之憂而慰率土蒼生之望，惟我祖宗實式臨之，所有重大信條十九條，開列於後，謹誓。〔註67〕

　　九月十四日，載灃頒佈政治改革上諭。諭稱：「朕勤求治理，惟日孳孳，作新厥民，猶如不及。近因川鄂事變，下詔罪己，促進憲政，另行組織內閣，寬赦黨人。昨日又俯允資政院之請，將所擬憲法重要信條十九條，宣誓太廟，頒佈天下，所以期人民之進步，示好惡以大公。自今以往，凡關於政治諸端，爾人民有所陳明，朕無不斟酌國情，採納公論。天生民而立之君，民之視聽，其有因政治弗進，熱心改良，舉動激烈者，列邦謂之政治改革，凡歐西列強，由專制而入於憲政，此等階級，皆所必經。今各省紛擾，禍變日深，其本意率在憲政實行，共登上理，委係激而出此，並非如前代叛民，希圖非望。往時逆匪荼毒生靈，惟上下睽隔，情志莫通，不得已命將出師，冀拯水火，仍將歸正免究之惜，申諭再三。茲復披覽資政院及統制張紹曾等所奏，益信致亂之源，實由政治。彷徨宵旰，良用惻然，倘再不早變計，後患何可勝言，痛切剝膚，須臾難忍。頃適據袁世凱電奏：『奉到初九日恩旨四件，已令各軍停進，一面出示曉諭招撫，並向武昌宣佈德意解散』等語，辦理甚合朕意，並著將十二日準資政院起草憲法，十三日頒佈信條諭旨，一併宣示，仍恐遠邇未及周知，用再諄切宣諭，有亂事省分，凡統兵大員，務皆仰體朕心剴切布告，妥速安撫，俾皆曉然朝廷實心與民更始，不忍再以兵力從事之意。人同此心。心同此理，或亦可渙然冰釋乎。至種族革命之謬說，容或有之，究居少數，況同在九洲之近，更何有畛域可分。舜東夷而禹西羌，皆中夏之聖帝，其忍以自相殘賊，同付淪胥。總之國步阽危，至今已極，胥賴我軍民宏

〔註67〕　陳寶琛等撰：《宣統政紀》，第 1205～1207 頁，中華書局 1987 年版。

濟艱難，互相維助，俾我四萬萬神明之冑，躋世界於大同。倘或負固執迷，不顧公理，恃眾逞忿，不慮危亡，以人道所不容，萬國所不許之事，欲實行之中土。爲國民幸福計，爲世界和平計，非惟朕不能姑容，我愛國軍民，亦必視爲公敵，勢難任其肆意兇殺，擾亂神州。想我愛國軍民，必能共矢公心，成登新治，無偏無倚，同我太平也。」〔註68〕

《重大憲法信條十九條》發表後，資政院要求依照《重大憲法信條十九條》第八條由國會公舉內閣總理大臣，載灃無法拒絕，只得從其所請。十八日，資政院通過無記名投票，選舉袁世凱爲內閣總理大臣。〔註69〕十九日，載灃以皇帝名義再發上諭，任命袁世凱爲內閣總理大臣。二十一日，諭令授徐世昌爲軍諮大臣，開去毓朗軍諮大臣差使。二十三日又諭：「現在軍事未定，所有近畿各鎮及各路軍隊並薑桂題所部軍隊，均著歸袁世凱節制調遣，隨時會商軍咨大臣辦理。」〔註70〕

載灃希望通過頒佈《重大憲法信條十九條》和任命袁世凱爲內閣總理大臣，「能夠使全國相信：寧可保持滿清王朝的地位，剝奪它的一切權力，而不要面臨可能出現的混亂和騷動的前景」。〔註71〕

袁世凱接到任命上諭，先後兩次電奏請辭。九月二十四日，袁世凱到京。爲拉攏示好袁世凱，「差人往問」，「並贈洗塵肴席」〔註72〕次日召見，又面辭內閣總理大臣。袁世凱此舉顯然是以退爲進，爲難載灃，藉以自重。載灃只得再發諭旨，令袁世凱到閣辦事。諭旨稱：「前據袁世凱電奏，再辭內閣總理大臣。該大臣現已到京，本日召見復經面奏懇辭。情詞肫切，經朕曉以大

〔註68〕第一歷史檔案館：《光緒宣統兩朝上諭檔》第三十七冊，第 289～290 頁，廣西師範大學出版社 1996 年 10 月版。

〔註69〕參看《奏爲遵照憲法公舉袁世凱爲內閣總理大臣事》，第一歷史檔案館縮微膠捲，檔號：03－7476－044，縮微號：555－2776。資政院院長李家駒等原奏爲：……竊查憲法信條第八條，總理大臣由國會公舉，皇帝任命；又第十九條，第八等條國會未開以前，資政院適用之等語。茲經臣院於九月十八日遵照憲法信條，用無記名投票法公舉內閣總理大臣，以袁世凱爲得票最多數，理合恭摺奏陳，請旨任命。

〔註70〕第一歷史檔案館：《光緒宣統兩朝上諭檔》第三十七冊，第 298 頁，廣西師範大學出版社 1996 年 10 月版。

〔註71〕胡濱譯：《英國藍皮書有關辛亥革命資料選譯》上，第 85 頁，中華書局 1984 年版。

〔註72〕愛新覺羅·載灃：《醇親王載灃日記》，第 419 頁，《群眾文藝出版社》2014 年版。

義，並勉其力任艱難。該大臣公忠體國，時局至此，當亦不忍再辭。著即到閣辦事，悉心籌畫保全大局，用副朝野之望。」〔註73〕

二十六日，袁世凱面奏，組成內閣。各部大臣、副大臣如下：

外務部大臣梁敦彥　　副大臣胡惟德

民政部大臣趙秉鈞　　副大臣烏珍

度支部大臣嚴修　　　副大臣陳錦濤

學務大臣唐景崇　　　副大臣楊度

陸軍大臣王世珍　　　副大臣田文烈

海軍大臣薩鎮冰　　　副大臣譚學衡

司法大臣沈家本　　　副大臣梁啓超

農工商大臣張謇　　　副大臣熙彥

郵傳部大臣楊士琦　　副大臣梁如浩

理藩大臣達壽　　　　副大臣榮勳〔註74〕

數月之前，皇族內閣滿人占盡要職。如今袁世凱內閣中漢人占 17 人，滿人僅有可憐的 4 人，且度支、外務、民政、陸軍、海軍等部大臣要職均爲漢人佔據。情形迥異，令人慨歎。

二十四日，載灃想了個「無策之策」〔註75〕，分設各省宣慰使，赴各省宣慰勸導。上諭稱：「近日各省紛紛告警，朝廷屢經宣朸宗旨，改革政治。以期內外相維，上下一心，共救危亡。惟當茲事變紛乘，群情㥁擾之時，仍恐各省士紳軍民人等，未能一體周知。亟應選派各該省名望素著人員，分途安慰，以宣上德，而通下情。著派張謇爲江蘇宣慰使，湯壽潛爲浙江宣慰使，江春霖爲福建宣慰使，譚延闓爲湖南宣慰使，梁鼎芬爲廣東宣慰使，趙炳麟爲廣西宣慰使，喬樹楠爲四川宣慰使，謝遠涵爲江西宣慰使，柯劭忞爲山東宣慰使，渠本翹爲山西宣慰使，王人文爲雲南宣慰使，高增爵爲陝西宣慰使，迅速分赴各屬，撫慰勸導，宣佈朝廷實行改革政治宗旨。俾亂事早就敉平，

〔註73〕 第一歷史檔案館：《光緒宣統兩朝上諭檔》第三十七冊，第 300 頁，廣西師範大學出版社 1996 年 10 月。

〔註74〕 第一歷史檔案館：《光緒宣統兩朝上諭檔》第三十七冊，第 304 頁，廣西師範大學出版社 1996 年 10 月。

〔註75〕 王柄成：《評點清代演義》第 8 冊，第 14 頁，商務印書館 1918 年版。

四民各安生業，朕實有厚望焉。」〔註76〕同日，又令「各省督撫傳諭各該省士紳，每省迅速公舉素有名望通曉政治富於經驗足爲全省代表者三五人，？期來京，公同會議，以定國是而奠民生。」〔註77〕

二十九日，張謇請袁世凱內閣代辭宣慰使。電稱：「自庚子禍作，迄於事定，前後賠款，幾及千兆。海內沸騰，怨歎雷動。謇時奔走江、鄂，條陳利害，須亟改革政體，未獲採陳。乃專意於實業、教育二事，迭有陳藎，十不行者五六。自先帝立憲之詔下，三年以來，內而樞密，外而疆吏，凡所爲違拂輿情，摧抑士輸，剁害實業，損失國防之事，專制且視前盆劇，無一不與立憲之主旨相反。……尚有何情可慰？尚有何詞可宣？……所有今日宣慰使之職，無效可希，不敢承命。」〔註78〕不僅如此，他還和清廷重臣伍廷芳、唐文治、溫宗堯聯名奏請載灃贊成共和。奏稱：

攝政王殿下：

川鄂事起，罪己之詔甫頒，殺人之禍愈烈，以致旬日之內，望風離異者，十有餘省。大勢所在，非共和無以免生靈之塗炭，保滿漢之和平。國民心理既同，外人之有識者議論亦無異致，是君主立憲政體，斷難相容於此後之中國。爲皇上殿下計，正宜以堯舜自待，爲天下得人。倘荷幡然改悟，共贊共和，以世界文明公恕之道待國民，國民必能以安富尊榮之禮報皇室，不特爲安全滿旗而已。否則戰禍蔓延，積毒彌甚，北軍既慘無人理，大位又豈能獨存，廷芳等不忍坐觀，敢爲最後之忠告，聲嘶淚竭，他無可言。

伍廷芳　張謇　唐文治　溫宗堯叩　九月二十二日〔註79〕

張謇爲立憲派領袖，直到武昌起義爆發，猶對革命持反對態度。武昌起義爆發後，革命形勢發展之迅猛，遠出乎人們的意料。張謇之所以改變立場，對清廷的失望和不滿還是其次，更主要的是他感覺到清王朝覆滅已是人心所嚮，大勢所趨。

〔註76〕中國史學會主編：《中國近代史資料叢刊‧辛亥革命》第5冊，第308頁，上海人民出版社1981年版。

〔註77〕中國史學會主編：《中國近代史資料叢刊‧辛亥革命》第4冊，第101頁，上海人民出版社1981年版。

〔註78〕上海社會科學院歷史研究所編：《辛亥革命在上海史料選輯.》，第992～994頁，上海人民出版社1966年版。

〔註79〕丁賢俊、喻作鳳：伍廷芳集（上冊），第366頁，中華書局1993年08月版。

實行虛君制的君主立憲已是載灃的底線，共和是載灃無論如何不願接受的，故而拒絕了張謇等人的請求。諭稱：「電寄張謇，電奏悉，前經宣佈憲法信條十九條，並定於本月初六日宣誓太廟，此後庶政實行公諸輿論，決不至再有障礙。至共和政體，列邦有行之者，惟中國幅員寥廓，滿、蒙、回、藏及腹地各行省，民情風俗，各有不齊，是否能收統一之效，不至啓紛爭割裂之禍，仍著該大臣迅速來京，與廷臣詳細討論，並將朝廷實行改革政治意旨，剴切宣示，以釋群疑。」〔註80〕

第三節　阻礙議和，被迫退位

八月二十七日，革命軍進攻漢口劉家廟，打響了漢口戰役。此後十來天，革命軍和清軍在劉家廟、三道口一帶展開激戰，雙方勢均力敵，互有勝負。袁世凱出山後，武漢戰局發生了很大變化。九月四日，袁世凱電奏：「現在宜昌、黃州、長沙先後不保，軍情益緊，亟宜厚集兵力。擬請先派馮國璋充第一軍總統，迅赴前敵，商承廕昌先布守局，俟籌備完善再圖進攻，並請飭下軍咨府、陸軍部，即調第二軍陸續開拔，在信陽一帶擇地集合，俟段祺瑞北來，即派充是軍總統，會闓第一軍早圖規復。」〔註81〕載灃准其所請，馮國璋隨即督帥南下。初六日傍晚，北洋援軍前鋒抵達漢口。北洋援軍的到來打破了原有的均衡態勢，革命軍作戰失利，退入漢口市中心區，憑藉街道和房屋抵禦清軍的進攻。初九日，馮國璋到達漢口，命令所部沿街縱火，節節前進。革命軍失去藏身之所，節節後退。十二日，革命軍奉命撤出漢口，退守漢陽，漢口戰役結束。

清軍雖作戰取得漢口戰役的勝利，但軍隊已疲憊不堪，且兵力不足，一時無力發動新的戰役。而在漢陽的革命軍總數不到 5000 人，其中很多是未經訓練的新兵，更是無力採取大的行動。在近半個月的時間裏，雙方隔水對峙，並無大的戰事。

十六、十九兩日，湘軍第一協協統王隆中、第二協協統甘興典先後率部開到漢陽。第一協是由湖南新軍改編，戰鬥力較強，但只有 1700 餘人。第二協人數雖較多，但是由巡防營改編，且未經訓練。

〔註80〕陳寶琛等撰：《宣統政紀》，第 1204～1205 頁，中華書局 1987 年版。

〔註81〕陳寶琛等撰：《宣統政紀》，第 1132 頁，中華書局 1987 年版。

　　湖南援軍的到來給黃興等人增加了底氣。二十四，黃興在總司令部召開軍事會議，討論反攻漢口問題。當時存在兩種意見：一種認為，從雙方力量對比來看，以堅守漢陽為宜；另一種主張反攻漢口，因為在漢口敵軍增多的情況下，「與其待敵軍兵力充實向我來攻，不如我乘其兵力尚未充實先發動進攻」〔註82〕黃興力主反攻漢口。他說：「兵貴神速。我早做準備，我負責任，決心在我，無論何人不得干涉。」〔註83〕

　　二十六日晚，革命軍分三路向漢口進攻，結果大敗而回。反攻漢口是革命軍一次極其錯誤的軍事冒險。在敵我力量懸殊的情況下，保存有生力量，全力固守，消耗敵人，才是上策。反攻漢口一戰，革命軍損兵折將，既挫傷了士氣，又暴露了自己實力，實為失策。

　　十月初一日，清軍李純部一支開始進攻漢陽，並迅速推進到三眼橋，與革命軍隔河對峙。初二日，李純所部另一支在余家墩架設浮橋。次日，李純親自督戰，清軍架橋並涉水，猛攻四平山。革命軍居高臨下，頑強抵禦。清軍奮勇隊數次衝鋒，攻佔第一山頭。初四日五點，李純即督率清軍繼續猛攻四平山。九時，革命軍一部乘霧在湛家機登岸，意圖抄清軍後路。清軍派兵迎擊。四平山戰鬥異常激烈，雙方展開白刃戰。革命軍用手擲炸彈攻擊清軍，清軍傷亡慘重。午後兩點，清軍佔領四平山第四山頭，革命軍退向暫山。初五日，戰鬥繼續進行。上午十二點，李純部攻佔一小山，擊斃、擊傷革命軍一百七八十人，並獲炮十一尊，炮彈四十箱，槍無數，槍彈百餘箱。清軍用繳獲的大炮轟擊革命軍，革命軍受到重創。是日，抄清軍後路的革命軍也被擊退，軍艦也屢被清軍炮擊，難以前進，革命軍全面陷入被動。初六日上午十點，雙方開戰。下午兩點，李純所部一支進佔赫山，另一半佔領湯家山。下午四時，清軍佔領赫山及無煙藥庫，革命軍向梅子山、龜山退卻。因革命軍在梅子山設有攔阻，清軍未敢冒進。初七日拂曉，清軍向梅子山發起進攻。至中午時分，清軍已先後攻佔梅子山、龜山。午後四點，清軍攻佔漢陽。革命軍乘船退往武昌，漢陽戰役結束。

　　馮國璋率北洋軍攻克漢陽後，袁世凱命令停止向革命軍進攻，又派劉承恩、蔡廷幹持書至武昌，商議和平。湖北軍政府都督黎元洪態度尚溫和，軍

〔註82〕李書城：《辛亥前後黃克強先生的革命活動》，全國政協文史資料研究委員會：《辛亥革命回憶錄》第 1 輯，第 191 頁，中國文史出版社 2012 年版。

〔註83〕李春萱：《辛亥首義紀事本末》，中國人民政治協商會議湖北省委員會編：《辛亥首義回憶錄》第 2 輯，第 196 頁，湖北人民出版社 1981 年版。

政府語劉、蔡，萬無與朱溫同類之袁世凱相妥協之理，並痛責其謀殺吳祿貞之罪。同時有民眾團體，在督府門前示威運動，劉、蔡失意而去。袁世凱乃與駐京英國公使朱爾典密議，由其介紹提議三條款（一）即日停戰（二）清帝退位（三）袁世凱為大總統。〔註84〕朱爾典密電駐武昌英總領事與到漢各省代表協議。各代表徵求黎元洪、黃興、程德全等意見，黎等均認為可行。經雙方同意後，於是公開成南北議和之局。

　　據親身經歷此事的雷奮說：「鄂中首義，清廷不得已起用項城。項城遂利用機會，一方派馮國璋率隊南征，鎮壓黨人方張之氣，使其易於就範；一方則利用楊皙子與汪精衛通款，藉以威逼清廷，雙管齊下以遂其推倒清室取而自代之野心。南北協商，由精衛居間說合。凡參預辛亥秘密者，皆甚瞭解。即精衛本人，雖為中山心腹，亦視此為收拾時局，合理解決之最好方案。當時協議之條件有三：（一）雙方即日停戰；（二）清廷宣佈退位；（三）選舉項城為大總統。經過相當周折，項城終得達到目的。先是獨立各省，因無臨時機關，對內對外，均感不便。由鄂督黎公電邀各省，派遣代表赴鄂會議。當各代表抵鄂之日，正北軍炮擊武昌之時，都督府已移駐洪山。遂假漢口英租界愼昌洋行為會議之所，臨時約法之草案，協議條件之承認，均成於該行樓上。各代表抵漢口之次日，已由北京英公使電致漢口英領事，轉告各代表，提出三項條件，謂如能照辦，則共和即可成立。各代表討論之結果，並徵求黎元洪、黃興、程德全之意見，均認為可行。」〔註85〕

　　至此，民軍、北洋派、以英國為首的列強聯合對付清廷的局面已初步形成。

　　已心懷異志的袁世凱，為實現個人政治野心，一步步壓縮載灃的政治生存空間。十月初二日，袁世凱面奏暫行停止奏事入對。袁世凱提出：一、除照內閣官制召見國務大臣外，其餘召見官員，均暫停止，俟定有章制，再行照章辦理。總理大臣不必每日入對，遇有事件奉召入對，並得隨時自請入對。一、除照內閣官制，得由內閣國務大臣具奏外，其餘各衙門應奏事件，均暫停止。所有從前應行請旨事件，均咨行內閣核辦。其必應具奏者，暫由閣代遞。凡無須必請上裁事件，均以閣令行之。其關於皇室事務，如宗人府、內

〔註84〕張國淦：《辛亥革命史料》，第 282 頁，龍門聯合書局 1958 年版。
〔註85〕張國淦：《張國淦自述 1876～1959》，第 263～264 頁，人民日報出版社 2011 年版。

務府、鑾輿衛、欽天監等衙門，暫仍照向章具奏，統由內務府大臣承旨署名。
具奏後，仍即時知照內閣，但所奏以不涉及國務爲限。一、各部例行及屬於
大臣專行事件，毋須上奏。其值日辦法，應暫停止。一、向由奏事處傳旨事
件，均暫停止。內外摺照題本舊例，均遞至內閣，由內閣擬旨進呈，再請鈐
章。其謝恩請安摺件，及進呈貢物，仍暫由奏事處照舊呈遞。〔註 86〕載灃既
已頒佈《重大憲法信條十九條》，已命袁世凱組織責任內閣，就無法拒絕，只
得「從之」。次日，載灃在日記中寫道：「由今日起，按照完全責任內閣辦事
章程辦事。巳初，上門。無代○○召見事，以符君主立憲政體。」〔註 87〕這
樣載灃與國務大臣之外的官員被隔離開來，載灃不能召見國務大臣之外官
員，國務大臣之外官員也不能向載灃具奏，載灃更無從直接掌控、指揮國務
大臣之外的官員。載灃的權力被進一步削弱。

袁世凱下一步就是要奪取對第三軍的控制權。袁世凱略施小計，諷令載
濤出征以難之。載濤恇怯，先請內閣代奏：「第三軍內之第一鎮營隊，除步隊
四營、馬隊一營駐紮城外，未便抽調外，其餘各營請改由袁世凱任便調遣，
並請將第三軍名目撤銷。」〔註 88〕後又奏請添派徐世昌爲禁衛軍訓練大臣。
載灃兄弟失去了對苦心經營的禁衛軍的控制。

載灃雖被架空，但畢竟是監國攝政王，名義上代理海陸軍大元帥，擁有
管轄調遣禁衛軍之權，仍然是對袁世凱最大的威脅。不僅如此，載灃還「阻
礙各項議和日程」〔註 89〕「各方都認爲，議和的首要困難是攝政王的優柔寡
斷和躊躇不定，他是一個受宮裏的婦人和太監的支持，溫和又好動的羸弱之
人。即使是慶親王也明白，要督促攝政王把朝廷撤到熱河，在那兒等待議和
的結果。然而，攝政王不想離開北京，他準備再作讓步，徒勞地希望撫慰他
的對手們。」〔註 90〕袁派重要人物唐紹儀告訴朱爾典，他認爲袁世凱內閣的
政策，在目前輿論中被視爲無任何希望。他建議：由載灃讓權給袁世凱與奕
劻兩人，以此作爲安頓國事不可缺少的預先步驟。他所計劃的程序是，由隆

〔註 86〕第一歷史檔案館：《光緒宣統兩朝上諭檔》第三十七冊，第 311 頁，廣西師範
大學出版社 1996 年 10 月版；陳寶琛等撰：《宣統政紀》，第 1201 頁，中華書
局 1987 年版。
〔註 87〕愛新覺羅·載灃：《醇親王載灃日記》，第 420 頁，群眾文藝出版社 2014 年版。
〔註 88〕第一歷史檔案館：《光緒宣統兩朝上諭檔》第三十七冊，第 316 頁，廣西師範
大學出版社 1996 年 10 月版。
〔註 89〕竇坤等譯著：《直擊辛亥革命》，第 146 頁，福建教育出版社 2011 年 10 月版。
〔註 90〕竇坤等譯著：《直擊辛亥革命》，第 136 頁，福建教育出版社 2011 年 10 月版。

裕下諭旨，令載灃讓權，改由漢人輔助宣統皇帝，同時另下諭旨，說明此係暫時之安排，待國民大會由民意表決，採取何種政府形式，屆時將另作變更。〔註91〕唐紹儀代表的是袁世凱的意思，駐英臨時代理大使山座在給外務大臣內田的情報中說「攝政王之退位，亦出於袁氏（指袁世凱——筆者加）意圖，袁認爲如欲同革命黨達成妥協，須先有此步驟」〔註92〕。

袁世凱試圖說服載灃退位，滿人僅保持名義上的統治。朱爾典在給格雷的彙報中說：「長江以南的所有省份都已宣佈爲共和政體，清王朝已在全國各地信譽掃地。袁世凱本人在現政權下似乎無望得到各黨派的支持，他在過去一段時間裏一直致力於敦促攝政王的退位，目的在於使全國確信，未來的滿族統治僅止於名義上而已。」〔註93〕載灃不同意退位，還想繼續做大清皇權的看護人。

袁世凱說服載灃不成，就夥同奕劻，運動隆裕，由其令載灃退位。隆裕詢問奕劻可否求外國人幫助，奕劻說等奴才同外國人說說看。過二天，奕劻說：外國人再三不肯，經奴才盡力說，他們始謂：革命黨本是好百姓，因爲改良政治，才用兵，如要我們幫忙，必使攝政王退位。〔註94〕袁世凱又買通小德張，讓他在隆裕跟前吹風。小德張（公元1876～1957），生於光緒二年，姓張名祥齋，字雲亭，是天津市靜海縣南呂官屯人。小德張幼年喪父，和母親、兄長三人相依爲命。十五歲時因受到趕車的辱罵而立志發財，賭氣「淨身」出家，後入宮服侍慈禧，深得慈禧歡心，曾受到「服侍勤謹」的賞諭。小德張後來總結經驗說：「侍候人的人，應當比被侍候的人多三招。如隨太后出宮，得先看看天氣，預測冷暖，好帶衣服；不能忘記攜帶她日常最喜歡用的東西；察言觀色，一呼即到，一要就有。」〔註95〕慈禧死後，小德張任隆

〔註91〕章開沅、羅福惠、嚴昌洪主編：《辛亥革命史資料新編》，第8卷，第105頁，湖北人民出版社2006年版。

〔註92〕中國社會科學院近代史研究所中華民國史研究室：《日本外交文書選譯》，中國社會科學出版社1980年5月版，第267頁。

〔註93〕章開沅、羅福惠、嚴昌洪主編：《辛亥革命史資料新編》第8卷，湖北人民出版社2006年版，第148頁。

〔註94〕參看薄偉：《讓國御前會議日記》，《中國近代史資料叢刊·辛亥革命》（八），第112～113頁，上海人民出版社1981年版。

〔註95〕參看《我所知道的太監小德張在天津的點滴》，中國人民政治協商會議全國委員會文史資料研究會編：《晚清宮廷生活見聞》，第203頁，文史資料出版社1982年12月版。

裕宮中總管大太監，憑藉一套揣摩迎合、見風使舵的本領，得到了隆裕的信任。隆裕對小德張言聽計從。

金梁在《光宣小記》中載：「內監小德張，侍隆裕太后爲總管。思效李蓮英故志，而苦無憑藉，久謀太后垂簾。袁既入京，主內閣，攝政王監國如故，遇事必承朝命。小德張窺其意，乃引之覲太后，爲備膳。袁脫手萬金，小德張大喜過望，私計一飯萬金，如事成，富貴何可限量。乃力慫太后納袁請，撤監國而復訓政。遂下監國攝政王退歸藩邸之命。」〔註96〕

以英國爲首的列強不支持載灃而支持袁世凱。除了對載灃諸多不滿外，更主要的是對於列強來說，載灃已沒有用處。朱爾典在給格雷的電報中說：「大體來說，整個揚子江以南是共和黨，激烈反滿，而北方追隨袁世凱，贊成立憲政府。但沒有哪一方想保留攝政王，他對已廢憲法的宣誓被看成與已故朝鮮國王的勳章一樣沒有價值。」〔註97〕而袁世凱則被列強看作中國的唯一希望。

十月初三日，在外國使節會議上，有人得到情報，「稱宮廷里正形成一個強烈敵視袁世凱的集團，似乎有跡象表明要搶先加害於他。據說袁世凱閣下已覺察到這一威脅，他打算擺脫這近在咫尺的危險，前往天津」。朱爾典等人打算幫助袁世凱直接向載灃施壓。朱爾典在給格雷的信中說：「眾所周知，他（指袁世凱——筆者加）未能說服攝政王讓位，如果他意識到拂逆輿情而繼續效命清王朝是徒勞無益的，並爲此隱退或收縮權勢的話，那麼極可能導致首都爆發混亂，甚至可能危及外國使館的安全。大家（指英國駐華使館工作人員——筆者加）認識到，隨著防範這類危險性的增長，目前使館衛隊應當增員以確保安全，人們普遍感到，讓外國人團體所信任的袁世凱繼續掌握權力是此時至關重要的大事。因此有人建議我謁見攝政王以表達這一願望。我表示極願從命，但我應當弄清楚袁世凱本人對這一行動如何看法。」次日，朱爾典拜見了袁世凱。袁世凱「對公使們的掛念表示衷心的感激，但說其自身並未預見到對他的攻擊」。袁世凱表示他當然意識到自己面臨的巨大危險，不過他對此滿不在乎。皇族成員對他提出的勸告自然心懷怨恨，但他並不認

〔註96〕 《光宣小記》，榮孟源、章伯鋒：《近代稗海》第十一輯，第 327 頁，四川人民出版社 1985 年 8 月版。
〔註97〕 章開沅、羅福惠、嚴昌洪主編：《辛亥革命史資料新編》第 8 冊，第 121 頁，湖北人民出版社 2006 年版。

爲他們會訴諸武力，他把宮廷中的陰謀稱之爲「兒戲」。人們一直勸他去天津，但他無意這樣做，因爲他的離去將是北京出現麻煩的信號。袁世凱的談話給朱爾典吃了一個定心丸，給其留下了這樣的印象：儘管他承認聽任局勢惡化將後患嚴重，可是他仍預料不會陡生突變。〔註98〕

「時事雖盼漸有轉機，不意匪氛愈急，時事更加危迫」〔註99〕。十五日，載灃召見奕劻、袁世凱，商議弭亂之策。此時各省紛紛獨立，載灃一籌莫展，又被袁世凱架空，戀棧意義已經不大，他決心引咎辭職，以挽回人心，換取列強的支持。是日，袁世凱向英國公使朱爾典透露：「各方情況愈益證明，爲挽救時局，攝政王之廢黜已成爲不可避免。爲此，特派唐紹儀前往南方探詢意向。唐紹儀將負此使命於一兩日內動身。」〔註100〕

次日，載灃向隆裕奏稱：「自攝政以來，於今三載，用人行政，多拂輿情，立憲徒託空言，弊蠹因而叢積，馴致人心瓦解，國勢土崩。以一人措施失當，而令全國生靈橫罹慘禍，痛心疾首，追悔已遲，倘再擁護大權，不思退避，既失國民之信用，則雖攝行國政，詔令已鮮效力，政治安望改良，泣請辭退監國攝政王之位，不再干豫政事。」隆裕隨即頒發懿旨：「監國攝政王性情寬厚，謹愼小心，雖求治慕殷，而濟變乏術，以至受人蒙蔽，貽害群生，自應俯如所請，准退監國攝政王之位，所鈐監國攝政王章，著即繳銷，仍以醇親王退歸藩邸，不再預政，著賞給歲俸銀五萬兩，由皇室經費項下支出。嗣後用人行政，均責成內閣總理大臣，各國務大臣，擔承責任，所有頒佈詔旨，應請蓋用御寶，並覲見典禮，予率同皇帝將事。」〔註101〕

載灃辭去攝政王主要是袁世凱逼迫的結果。民國元年，黃興進京，袁世凱不無得意的告訴黃：「……厥後攝政王之辭職，載濤之去軍咨府，以及誇張民軍種種流言之傳播，皆余爲之也。」〔註102〕

局勢到了如此地步，載灃當然負有不可推卸的責任，但奕劻、載澤、那桐、徐世昌、盛宣懷等人也有一定責任。載灃引咎退歸藩邸，御史溫肅大感

〔註98〕 章開沅、羅福惠、嚴昌洪主編：《辛亥革命史資料新編》第8冊，第124頁，湖北人民出版社2006年版。

〔註99〕 愛新覺羅·載灃：《醇親王載灃日記》，第421頁，群眾文藝出版社2014年版。

〔註100〕中國社會科學院近代史研究所中華民國史研究室主編：《日本外交文書選譯——關於辛亥革命》，第264頁，中國社會科學出版社1980年5月版。

〔註101〕第一歷史檔案館：《光緒宣統兩朝上諭檔》第三十七冊，第330～331頁，廣西師範大學出版社1996年10月版。

〔註102〕黃興：《黃興自述》，第206頁，人民日報出版社2011年7月版。

不平，奏請懲處奕劻等人。其奏稱：「惟念攝政之命定自先朝二聖靈爽，實式憑之。果係受人蒙蔽。貽害群生，似應先告太廟宣示臣民，以明先朝付託至重，非如群臣位置，可以一言進退之也。況以事實言之，監國雖有居攝之名，而用人行政仍屬大臣。慶親王奕劻當國有年，那桐、徐世昌亦夙膺厚寄。年來萬事隳壞，致釀成滔天之禍，誰實尸之？載澤主持鐵路國有，與盛宣懷、瑞澂內外合謀，通國皆知，實為此次禍首。今攝政王以濟變乏術退歸藩邸，而奕劻、載澤、那桐、徐世昌未聞有懿旨懲處。盛宣懷、瑞澂罪大惡極，亦罰不及罪。以諸臣積蠹朋謀，釀成此禍亂，而使攝政王一身當之，斯亦事之至不平者矣。臣恭繹懿旨有云『受人蒙蔽，貽害群生』二語，所謂『人』者，即奕劻、載澤、那桐、徐世昌、盛宣懷、瑞澂六人也。蒙蔽之罪，我皇太后已知之矣，應請再降懿旨，將此六人罪狀宣佈天下以平人心。攝政王性情寬厚、謹慎小心，實是美德，故為先朝所愛重，果使輔弼得人，何至有今日之事，此尤臣所太息痛恨於諸臣者也。追溯孝欽顯皇后、德宗景皇帝輕棄臣民之日，臣是時職在翰林，親見此數日京師慘痛情狀。中外人心傍徨無主，迨遺詔一下，天下大定，實因攝政王平日清名素著，婦孺皆知，委託得人，同聲歡服。當日玉幾之旁備聞顧命者，閣臣中尚有袁世凱一人。今者孝欽顯皇后陵土未乾，德宗景皇帝梓宮奉安尚無定日，遺言在耳，歸藩命下，率先署名，在天之靈，能無怨恫？此臣所以拊膺悲涕而不能已於言者也。臣位卑言輕，自知有罪，只以君父大義，未絕天壤，謹冒死上陳。」〔註103〕疏入留中。

御史歐家廉也上疏，反對載灃退位。疏先言天下之惑，謂：「然臣竊就今日事勢觀之，則以為天下之惑未止，而朝廷所以解天下之惑者，尚未有以處之也。今之惑者，非獨陳昭常諸人，亦非獨政權不一、宮廷不和諸事而已。自資政院以十九信條，削盡君權，天下譁然，以為不可。乃未幾以實行憲政，盡罷親貴，易大臣，人心益疑。未幾又以組織內閣，停止奏事入對，撤銷值日，人心愈疑，以為實權既去，空文亦亡，朝廷自此替矣。今又並監國攝政王去之，徒使我皇上以一孺子，煢然獨處於內，諸臣累然屏迹於外，內外隔絕，上下不通·寧知復取我君父置於何地？……方今海宇分崩，叛逆四起，存亡危急，即在目前。亂臣賊子，布滿肘腋，而適有此舉動，嫌疑之中，又嫌疑焉。」歐家廉認為欲解天下之惑，「必有以尊君父之位，而慰臣子之心。如必不得已，則請去監國之號，仍以醇親王暫行攝政，以示貶損，如諸臣帶

〔註103〕陳寶琛等撰：《宣統政紀》，第 1227 頁，中華書局 1987 年版。

罪圖功之例……如又不得已，則請籲懇隆裕皇太后臨朝訓政，凡遇有大事，然後上請……如又不得已，而二者皆不可行，則只有請遵奉懿旨，將頒佈詔旨蓋用御寶及覲見典禮率同皇帝將事各節發交各衙門恭議，並妄擬數事：一請增入各項大禮；一請添派近支親王爲太保；一請議定太保應行事宜，著爲令典，頒示天下……」〔註104〕

辭去監國攝政王位的載灃如釋重負，回到家裏，對福晉說：「從今天起我可以回家抱孩子了！」他的福晉被他那種輕鬆愉快的神情氣得痛哭一場，後來告誡溥傑：「長大了萬不可學阿瑪那樣！」〔註105〕

其實，不應更多地責怪載灃不成器，對於他來說，掌管大清王朝這副擔子實在是過於沉重了。

「這個步驟是否將使全國接受已被削弱的滿族統治下的立憲政府，或者南方的急進派是否認爲它是軟弱無力的又一？象，堅持廢除清朝及建立共和政體，這仍有待遇繼續觀察。」〔註106〕

第四節　無奈接受共和

辭去攝政王的載灃打算閉門謝客，不問政事。他在日記中寫道：「同慶王陳請，仰蒙○○皇太后召見。殿同前。面請辭退，面奉『照准』之○○懿旨一道，恭錄於左，即恭繳鈐章，並恭繳冊寶。他坦請○○安。回府。予由光緒三十四年十月二十日奉○○詔攝政之日起，每日均代理庶政，至今日辭退之日止。今日回府後，即杜門謝客，不干預政事也。」〔註107〕

載灃退歸藩邸的次日，隆裕授袁世凱爲全權大臣，與南方革命軍談判議和。袁世凱奉諭後，即委託唐紹儀爲全權大臣總代表，委託嚴修、楊士琦爲代表（嚴修未行），以汪兆銘、魏宸組、楊度爲參贊，又以在京每省一人爲各省代表。十九日，各省軍政府代表，公舉伍廷芳爲議和代表，與清內閣代表議和。同日，唐紹儀等由京漢鐵路南下，二十日，到漢口，二十七日，乘洞庭江輪到上海，與民軍代表議和。

〔註104〕陳寶琛等撰：《宣統政紀》，第1235～1236頁，中華書局1987年版。
〔註105〕參看溥儀：《我的前半生》，第22～23頁，群眾出版社1979年版。
〔註106〕胡濱譯：《英國藍皮書有關辛亥革命資料選譯》上，第173頁，中華書局1984年版。
〔註107〕愛新覺羅·載灃：《醇親王載灃日記》，第421頁，群眾文藝出版社2014年版。

二十八日，南北代表開第一次會議。伍廷芳代表民軍提出四項條件（一）廢除滿洲政府；（二）建立共和政府；（三）優給清帝歲俸；（四）優卹年老貧苦之滿人。伍廷芳並提出「十九日停戰以後，凡湖北、山西、陝西、江蘇、奉天各省，均應一律停戰，不得進攻。俟得確實回電承認後，始行正式討論。且開議以後，如再有此等情事，須將擅自行動之軍隊，彼此均處以嚴罰。至山西、陝西等省軍政府，因電報不通，應託清政府代傳電報，令其停戰。」〔註108〕唐紹儀云即電袁世凱。二十九日，因未得袁世凱回電，沒有開議。十一月初一日，唐紹儀將袁世凱回電抄交給伍廷芳。電稱：「停戰命令，早經通飭湖北、山西、陝西、山東、安徽、江蘇、奉天等省，均歸一律，自無異議，倘於開議期內有擅自行動之軍隊，定行處以嚴罰。至山西、陝西兩省，彼因電報不通，囑爲轉電，頃已照轉，望即告前途爲要。」〔註109〕是日午後三點，南北雙方代表開第二次會議。伍廷芳提議，謂今日人心傾向共和，若非承認共和，別無議和之法。唐紹儀謂欲和平解決，非共和不可，但須電達袁內閣，再行通知會議。

載灃想要閉門謝客，不問政事，但樹欲靜而風不止，作爲與王朝命運休戚相關的親王，曾經的攝政王，在決定王朝命運的關鍵時刻，怎能容他置身事外。一連數日，毓朗、載濤、載洵、載振等四人，屢逼載灃同見袁世凱，索閱關於議和問題之往來函電，並詢問意見，語頗強橫，且謂覆電須經閱過再發。毓朗等人還要求袁世凱拒絕民軍議和條款，並逼勒立誓。袁世凱大憤，幾至衝突。〔註110〕

初五日深夜，唐紹儀遣汪兆銘、魏宸組約張國淦至自己下榻處，密商對付清廷之策。唐紹儀說：「若不承認共和，不能開議，已電袁內閣，袁主張亦困難，但在會議席上，又不能公然表示，奈何！」張國淦說：「在武漢起義時，我曾有一說帖，召開國民大會，此時如以國民大會，討論國體問題，代表人民公意，似尚不難解決。」唐紹儀說：「召集大會，須當時日，又不敢言確有把握，奈何！」張國淦說：「不必過慮，在今日共和已不成問題，此不過一種過程，在此過程中，一再醞釀，當有多方面湊合，得以達

〔註108〕張國淦：《辛亥革命史料》，第290頁，龍門聯合書局1958年版。

〔註109〕張國淦：《辛亥革命史料》，第291頁，龍門聯合書局1958年版。

〔註110〕參看「專電」，《申報》，宣統三年十一月初四（公元1911年12月23日），第一張第三版；「專電」，《申報》，宣統三年十一月初六（公元1911年12月25日），第一張第三版。

到目的，何妨與伍代表一商。」唐紹儀沉思半晌，說：「確是好辦法。」唐紹儀告訴伍廷芳，伍廷芳亦欣然接受。唐紹儀又密電袁世凱，袁世凱覆電同意。

初八日，唐紹儀致電內閣，請代奏以召集臨時議會解決國體問題。電稱：

> 查民軍宗旨，以改建共和為目的，若我不承認，即不允再行會議。默察東南各省民情，主張共和，已成一往莫遏之勢。近因新制飛艇二艘，又值孫文來滬，挈帶鉅資，並偕同泰西水陸軍官數十員，聲勢愈大。正議組織臨時政府，為鞏固根本之計。且聞中國商借外款，皆為孫文說止各國，以致阻抑不成。此次和議一敗，戰端再啟，度支竭蹶可虞，生民之塗炭愈甚，列強之分割必成，宗社之存亡莫卜，倘知而不言，上何以對皇太后，下何以對國民。紹儀出都時，總理大臣以和平解決為囑，故會議時，曾議召集國會，舉君主民主問題，付之公決，以為轉圜之法。伍廷芳謂各省代表在滬，本不乏人，贊成共和，已居多數，何必再行召集。當時以東三省、直、魯、豫及蒙、回藏等處，尚未派員，似非大公，折之。伍廷芳仍未允認，現在停戰期間已促，再四思維，惟有籲肯即日明降諭旨，命總理大臣頒佈閣令，召集臨時國會，以君主民主，付之公決，徵集意見，以定指歸。〔註111〕

袁世凱接電後，即入宮與隆裕商議。隆裕「則連連搖首，大哭不止」。袁勸隆裕說「事係前太后所誤，此時雖有大才大德，亦難挽回，請勿悲痛。」〔註112〕是日，袁世凱邀集奕劻、載澤、載洵、載濤、那桐等，在隆裕宮中集議民軍要求公決問題一事。載洵、載濤、載澤反對甚力，奕劻、那桐則不作一語。袁世凱乃怏怏而出。

初九日，袁世凱召集內閣會議，決定公決政體。不久，各親貴又在宮中開會，竭力反對內閣決議。袁世凱即奏明隆裕，「謂今日挽救大局捨召集國會外實無良策，如朝廷不從此議，則余計無所出，惟有辭職而已」。隆裕「韙之，並力懇其留任」。袁遂向諸親貴宣言，「各王大臣如能接濟鉅款以充軍實，則余願仍與民軍決戰」。袁世凱這一招擊中了眾親貴的要害，「當時竟無一應

〔註111〕張國淦：《辛亥革命史料》，第293頁，龍門聯合書局1958年版。

〔註112〕參看「專電」，《申報》，宣統三年十一月初八日（公元1911年12月27日），第一張第三版。

者」。袁乃主張以政體問題委決於國會，爭辯良久，諸親貴始各承認。〔註113〕
清廷隨即頒發上諭：「朕欽奉隆裕皇太后懿旨，內閣代遞唐紹怡電奏，民軍代
表伍廷芳，堅稱人民志願，以改建共和政體爲目的等語。此次武昌變起，朝
廷俯從資政院之請，頒佈憲法信條十九條，告廟宣誓，原冀早息干戈，與國
民同享和平之福，徒以大信未孚，政爭迭起。予惟我國今日於君主立憲共和
立憲二者以何爲宜，此爲對內對外實際利害問題，固非一部份人民所得而私，
亦非朝廷一方面所能專決，自應召集臨時國會，付之公決。茲據國務大臣等
奏請，召集近支正公會議，面加詢問皆無異詞。著內閣即以此意電令唐紹怡
轉告民軍代表，豫爲宣示。一面由內閣迅將選舉法妥擬，協定施行，？期召
集國會，並妥商伍廷芳彼此先行罷兵，以奠群生而弭大難。予惟天生民而立
之君，使司牧之，原以一人養天下，非以天下奉一人。皇帝續承大統，甫在
沖齡，予更何忍塗炭生靈，貽害全國，但期會議所決，以國利民福爲歸。天
視民視，天聽民聽，願我愛國軍民，各秉至公，共謀大計，予實有厚望焉。」
〔註114〕

初十日，唐紹儀對伍廷芳說：「自初一開議以後，日日以贊成共和之意，
電達袁內閣。昨日接袁電，囑開國民會議，將共和問題，付之多數表決。決
定之後，兩方均須依從，爲此欲於今日開議此事。」伍廷芳認爲，共和主義，
已爲全國人民所趨向，原不必再會議，以視民情，但此亦可解決目前問題之
一法。南北雙方代表遂於是日開第三次會議。雙方約定：（一）現在兩方用代
表會議，解釋狐疑，以安大局，特訂條款如左：（二）開國民會議，解決國體
問題，從多數解決，決定兩方均須依從。（三）國民會議未決國體以前，清政
府不得提起已經借定之洋款，亦不得再借新洋款；（四）自十一月十二日早八
點起，所有山西、陝西、湖北、安徽、江蘇等處之清兵，五日以內，一律退
出原駐地方百里以外，只留巡警保衛地方，民軍亦不得進佔，以免衝突；俟
於五日內商妥退兵條款，按照所訂條款辦理，其山東、河南等處民軍已經佔
領之地方，清軍不得來攻，民軍亦不得進攻他處。

〔註113〕 參看《清廷承認公決政體之原因》，《申報》，宣統三年十一月十一日（公元
1911 年 12 月 30 日），第一張第五版。

〔註114〕 第一歷史檔案館：《光緒宣統兩朝上諭檔》第三十七冊，第 361～362 頁，廣
西師範大學出版社 1996 年 10 月版；陳寶琛等撰：《宣統政紀》，第 1240～1241
頁，中華書局 1987 年版。

　　十一日，南北雙方代表開第四次會議，議定國民會議產生辦法四條。一、國民會議，由各處代表組織，每一省為一處，內外蒙古為一處，前後藏為一處。二、每處各選代表三人每人一票，若有某處到會代表不及三人，仍有投三票之權。三、開會日期，如各處到會之數，有四分之三，即可開會。四、各處代表，江蘇、安徽、湖北、江西、湖南、山西、陝西、浙江、福建、廣東、廣西、四川、雲南、貴州，由中華民國臨時政府發電召集；直隸、山東、河南、東三省、甘肅、新疆由清政府發電召集。並由民國臨時政府電知該省諮議局，內、外蒙古及西藏，由兩政府分電召集。十二日，南北雙方開第五次會議，議定國民會議十一月二十日在上海召開。

　　十三日（中華民國元年一月一日），孫中山在南京就認臨時大總統。袁世凱大受刺激，翻然變計，拋棄臨時國民會議，另闢途徑，逼清帝遜位。民國元年趙秉鈞向魏宸組談及這段歷史：「項城本具雄心，又善於利用時機，武昌事起，舉朝皇皇，起用項城，授以指揮全國軍隊全權，正是大有為時機，得以償其抱負。但是項城雖重兵在握，卻力避曹孟德欺人之名，故一方面挾北方勢力，與南方接洽；一方面借南方勢力，以挾制北方。在南方者，實力不夠，一般黨人，每思利用項城，以推翻清室，一時拉攏，尚有途徑可尋。惟北方以清室二百餘年之根蒂，環境惡劣，進行頗為不易。項城初意，以為南方易與，頗側重南方，及南方選舉總統後，恍然南北終是兩家，不願南方勢力增長，如果國民大會成立，終將為其挾持，不能擺脫。乃決計專從清室著手，首先脅迫親貴、王公，進而脅迫清帝，又進而恫嚇皇太后，並忖度其心理，誘餌以優待條件，達到自行頒佈退位，以全權組織臨時政府。如此，則袁政府係由清室遜嬗而來，而不知其結果仍是接續南京也。」〔註115〕

　　十四日，袁世凱致電南方民軍，稱：「此次變亂，各省擾攘，本政府不忍生靈塗炭，特備文委託唐代表赴滬，作為總理大臣全權代表，專為討論大局之利害，其權限所在，只以切實討論為範圍。乃迭接唐代表電開，與貴代表開議各條，均未先與本大臣商明，遽行簽定，本大臣以其中有必須聲明及礙難實行各節，電請唐代表轉致。嗣據唐代表一再來電請辭代表之任，未可強留，現經請旨，准其辭任。至另委代表接議，一時尚難其人，且南行需時，嗣後應商事件，先由本大臣與貴代表直接往返電商，以期簡捷，冀可早日和

〔註115〕張國淦：《辛亥革命史料》，第298頁，龍門聯合書局1958年版。

平解決，特此電達。」〔註116〕袁世凱通過一紙電文，將前議（主要是由國民會議議決國體）一風吹去，確實夠狠，其狡獪與無賴，可見一斑。

為逼滿洲親貴就範，姜桂題在袁世凱授意下，聯合各路統兵官王占元、潘矩楹、馬龍標、馮國璋等聯名奏請飭各親貴大臣將所存款項提回接濟軍用。並電致奕劻、溥偉、世鐸、善耆、載洵、載濤、毓朗、溥倫及繼祿、奎俊、那桐等十三人，略謂朝廷因革黨堅持共和，已頒諭召集國會公決。此事既在南方開議，仍有少數私見主張共和，可見國家存亡，何忍輕於一擲。現各軍隊誓死堅持君主，絕對不認共和，總須以兵力血戰。惟餉械兩絀，借貸已窮，偵知京中外國各銀行公等各有存款，至三千七百餘萬之多，公等均繫貴冑懿親，休戚與共，當此一髮千鈞，諒不忍坐視，務祈將此款提出二千萬，充軍械餉糈之需，則前敵將士均願以死報效，使得轉危為安。國家之福，亦公等之福。若仍圖日後富貴，坐擁鉅資，置國事於不顧，設或大局決裂，朝廷有不測之虞，試問公等有何善策能挾鉅款以遠逃耶。接電後，務於三日內如數交出，否則即有特別舉動以作對待。公等雖悔亦無及矣云云。〔註117〕

據惲毓鼎估計，「慶王（按：指奕劻）最多，二百四十萬（外間傳為二千四百萬，恐無如此之多）。世中堂（按：指世續）累代儲積，有二百萬。那中堂（按：指那桐）亦有此數。洵、濤兩貝勒（按：指載洵、載濤）則僅百萬。此外，極少數皆數十萬。」〔註118〕薑桂題等稱「偵知京中外國各銀行公等（指奕劻等親貴）各有存款，至三千七百餘萬之多」，顯然有意刁難。其後各親貴王公應者寥寥，奕劻捐銀十萬兩，餘者三萬、二萬，載澤五千，且為次年三月期票。隆裕讓奕劻再捐，奕劻以「前捐銀五萬兩，現又捐銀十萬兩，實在財力已蹶，刻只剩家用銀一萬兩，尚須留作吃飯之用」對之，不肯再捐。〔註119〕

十一月二十八日，袁世凱與其它國務大臣合詞密奏，言「……若激勵將士，勉強以戰，財賦省份全數淪陷，行政經費茫如捕風，搜討軍實，餉源何出。惟魯惟豫，滿目瘡痍，地方籌款，為勢所難，常此遷延，必有內潰之一日。倘大

〔註116〕張國淦：《辛亥革命史料》，第296頁，龍門聯合書局1958年版。
〔註117〕參看《滿洲親貴又遇困難問題》，《申報》，宣統三年十一月二十二日（公元1912年1月10日），第一張第七版。
〔註118〕惲毓鼎：《惲毓鼎澄齋日記》，第558頁，浙江古籍出版社2004年4月版。
〔註119〕參看《可笑可憐之京師》，《申報》，宣統三年十一月二十三日（公元1912年1月11日），第一張第五版。

局至此，雖效周室之播遷，已無相容之地。……悉索幣賦，力與一戰，未嘗不能收復一二行省，然而彼眾若狂，醉心民主，兵力所能平定者土地，所不能平定者人心。人心渙散，如決江河，已莫能禦。……伏願皇太后皇上召集皇族，密開果決會議，統籌全局，速定方策，以息兵禍而順民心。」〔註120〕

為達目的，袁世凱又授意駐俄公使陸徵祥，聯合駐外各公使，電請清帝退位。十二月初一日，陸徵祥電稱：「和議不諧，戰事復始。臣熟權再四，君主果能圖存，則生靈塗炭，外人干涉，庸且勿計。無如天時人事，勢難挽回。朝廷渙號屢頒，讓步不為不至，人民卒未見諒，獨立及於回蒙。各國輿論均重民情，雖始非無贊成君主之議，然人道日進，決無不顧多數國民怨恨之理。況如法路易十六乞援外人，非徒無濟，徒召慘禍。伏念皇太后、皇上公天下之心，海內早所共見，何靳明降諭旨，慨允共和。遜位得名，光昭日月。矧皇室待遇必從優渥，不俟贅言。方今大勢既去，若仍冀幸相持，則禍變之來，非臣所忍逆料。懇速斷宸衷，慨從眾願。或暫時鑾駕離京，派大臣主持和議。總期速奠大局，而衛皇躬。」〔註121〕

袁世凱及其同黨還借助洋商向清廷施加壓力。在同泰晤士報記者莫理循談話時，袁世凱對其耳語：「再加些壓力，朝廷就垮臺了。」〔註122〕

十一月二十一日，蔡廷幹向莫理循提議，讓上海商會通過朱爾典向奕劻和載灃提出請願書，敦促清帝立即退位。次日，莫理循寫信給上海工部局卜祿士：「目前的全部問題在於如何使皇帝退位。要施加各種壓力，促使他退位。有人提議，一個好辦法是使上海商會通過約翰・朱爾典爵士向慶親王和皇帝的父親提出請願書，理由是皇室妨礙和平，而沒有和平是不可能恢復正常貿易的。這個建議來自袁世凱自己的人，我認為可行，因為，如果我們能使這樣一個商會這樣做了，所有商會都會跟著做，積纍起來的力量是非常強大的。」〔註123〕

〔註120〕　《袁內閣請速定大計摺》，《申報》，宣統三年十二月十二日（公元 1912 年 1
　　　　　月 30 日）。

〔註121〕　《宣統三年十二月初一日出使俄國大臣陸徵祥致外務部請代奏電》，中國史學
　　　　　會主編：《中國近代史資料叢刊・辛亥革命》（八），第 169～170 頁，上海人
　　　　　民出版社 1981 年版。

〔註122〕　【澳】喬・厄・莫里循著，【澳】駱惠敏編，劉桂梁等譯：《清末民初政情內
　　　　　幕》，第 826 頁，知識出版社 1986 年 11 月版。

〔註123〕　【澳】喬・厄・莫里循著，【澳】駱惠敏編，劉桂梁等譯：《清末民初政情內
　　　　　幕》，第 831 頁，知識出版社 1986 年 11 月版。

在卜祿士等人的操縱下，駐滬洋商團致信袁世凱內閣及奕劻、載灃，提出七條建議：

第一款：現在中央及西南各省，清廷之權力，已成無效。且中國之大部份，該廷應按照條約所載，擔任保護外人生命財產者，業已失此地位，而不能盡保護之責。

第二款：縱有省分尚未顯違清廷命令，但其所派代表到上海者，亦自認有權贊成共和政體。

第三款：現在亂事延長，中外商人同受影響，商務阻礙，華洋商一切合同，將歸無效。華洋生命財產，不能保護。戕劫各案，屢次發現，因地方無相當保護之力，竟致匪類及不法人等目無法紀。

第四款：君主立憲與共和兩黨，因召集國會，公決政體，彼此意見相背如此之遠，非一時能以解釋現在之事端。

第五款：除此，彼此互商暫設一臨時政府，不能平息戰端。

第六款：此項臨時政府。按現在全國人民大部份之思想，以共和為目的，且既聲明反對專制政體，總須能償其所願望。

第七款：本埠洋商商會各董事，將以意見陳請慶親王暨前攝政王，迅速轉致宮廷並各阜：族，立刻設法俯順輿情，俾地方漸復秩序，專候召集國會，決定政體，以保治安。並請民軍領袖和平體察，商議一切，以保中國完全治安，為前途最大之目的。〔註124〕

隨後，香港商會也發出類似通電。通電名義上對著袁世凱內閣及奕劻、載灃的，實則是針對奕劻、載灃，藉以向滿洲親貴施壓。上海商會的電報對促使清帝退位產生了明顯的效果。莫理循在報導中寫道：「有關皇帝退位的談判已取得重大進展，上海商會發給慶親王、前攝政王和總理大臣的電報產生了顯著的效果。」〔註125〕

為使滿、蒙親貴王公就範，袁世凱又以優待條件誘惑之。優待條件如下：

〔註124〕上海社會科學院歷史研究所編：《辛亥革命在上海史料選輯》（增訂版），第963頁，上海人民出版社2011年8月版。

〔註125〕竇坤等譯著：《直擊辛亥革命》，第136頁，福建教育出版社2011年10月版。

（甲）關於清帝辭位後優待之條件：

第一款：大清皇帝辭位之後，尊號仍然不廢，中華民國以待外國君
　　　　主之禮相待；

第二款：大清皇帝辭位之後，歲用四百萬兩，俟改鑄新幣後，改爲
　　　　四百萬元，此款由民國撥用；

第三款：大清皇帝辭位之後，暫居宮禁，日後移居頤和園，侍衛人
　　　　等，照常留用；

第四款：大清皇帝辭位，其宗廟陵寢，永遠奉祀，由中華民國酌設
　　　　衛兵，妥愼保護；

第五款：德宗崇陵未完工程，如制妥修，其奉安典禮，仍如舊制，
　　　　所有實用經費，均由民國支出；

第六款：以前宮內所用各項執事人員，可照常留用，惟以後不得再
　　　　召閹人。

第七款：大清皇帝辭位之後，其原有之私產，由中華民國特別保護；

第八款：原有之禁衛軍，歸中華民國陸軍部編制，額數俸餉，仍如
　　　　其舊；

（乙）關於清皇族待遇之條件：

第一款：清王公世爵，概仍其舊；

第二款：清皇族對於中華民國國家之公權與私產，與國民同等；

第三款：清皇族私產一體保護；

第四款：清皇族免當兵之義務；

（丙）關於滿、蒙、回、藏各屬待遇之條件：

第一款：與漢人平等；

第二款：保護其原有之私產；

第三款：王公世爵，概仍其舊；

第四款：王公中有生計過艱者，設法代籌生計；

第五款：先籌八旗生計，於未籌定之前，八旗兵弁俸餉，仍舊支放；

第六款：從前營業居住等限制，一律蠲除，各州縣聽其自由入籍；

第七款：滿、蒙、回、藏原有之宗教，聽其自由信仰。〔註126〕

十一月二十八日，隆裕見內閣全體密奏，又適逢袁世凱被炸，極其恐慌。二十九日，召集第一次御前會議。

慶親王奕劻首先發言，稱目前大勢，媾和終難告成，不得已只可退位。那彥圖對於此前並未就時局有所商議，而現在卻要急忙參與有關退位的商議表示不滿，以我們終難承認共和政體予以反駁。還有人提出南北兩分之說，奕劻認為終無可能而駁之。〔註127〕貝子溥倫主張自行頒佈共和，恭親王溥偉、鎮國公載澤則反對甚力，載灃沉默不語，隆裕抱宣統帝大哭，會議毫無結果。三十日，開第二次御前會議，慶親王奕劻未與會，貝子溥倫一改前議，反對頒佈共和，恭親王溥偉等力持前日所議，會議仍無結果。據說，奕劻不至，係為宗社黨人所挾持，溥倫出爾反爾，也是這個原因。十二月初一日，外務大臣胡惟德、民政大臣趙秉鈞、郵傳大臣梁士詒奏：「人心已去，君主制度，恐難保全，懇贊同共和，以維大局。」〔註128〕同日，開第三次御前會議。鑒於溥偉在前兩次御前會議上的激烈表現，奕劻不願讓其參加此次會議，並不打算通知他。在前兩次會議上，載灃雖保持沉默，但從內心來講，他是反對清帝退位的。為了阻撓清帝退位，他電話密告溥偉初一日召開御前會議，囑咐其入內參加。十二月初一日卯正，溥偉到了上書房。載澤對他說：「昨晤馮華甫，彼謂革命黨甚不足懼，但求發餉三月，能奏功。少時你先奏知，我再詳奏。」過了一會兒，載灃到了上書房，悄悄的告訴溥偉：「今日之事，慶邸本不願意你來，有人問時只說你自己要來。」

辰刻，載灃等王公大臣進入養心殿，御前會議開始。隆裕問道：「你們看是君主好，還是共和好？」主張共和的奕劻、溥倫未參加此次會議，與會的眾王公大臣都說：「臣等皆力主君主，無主張共和之理，求太后聖斷堅持，勿為所惑。」隆裕說：「我何嘗要共和，都是奕劻同袁世凱說，革命黨太利害，我們沒槍炮、沒軍餉，萬不能打仗。我說可否求外國人幫助，他說等奴才同外國人說說看。過二天，奕劻說：外國人再三不肯，經奴才盡力說，他們始

〔註126〕 參看張國淦：《辛亥革命史料》，第301～302頁，龍門聯合書局1958年版。

〔註127〕 《武昌起義後至清朝滅亡期間日本海軍軍令部搜集、整理的涉華情報》（原文題為「清國革命之亂特報」），李少軍編譯：《武昌起義前後在華日本人見聞集》，第727頁，武漢大學出版社2011年版。

〔註128〕 張國淦：《辛亥革命史料》，第310頁，龍門聯合書局1958年版。

謂：革命黨本是好百姓，因爲改良政治，才用兵，如要我們幫忙，必使攝政王退位。你們問載灃，是否這樣說。」載灃回答說：「是。」溥偉說：「既是奕劻這樣說，現在載灃已然退政，外國何以仍不幫忙，顯係奕劻欺罔。」那彥圖接著說道：「既是太后知道如此，求嗣後不要再信他言。」溥偉又奏道：「亂黨實不足懼，昨日馮國璋對載澤說，求發餉三月，他情願破賊，問載澤有這事否？」載澤附和到：「是有。馮國璋已然打有勝仗，軍氣頗壯，求發餉派他去打仗。」隆裕道：「現在內帑已竭，前次所發之三萬現金，是皇帝內庫的，我真沒有。」溥偉碰頭奏道：「庫帑空虛，焉敢追求？惟軍餉緊要，餉足，則兵氣堅，否則氣餒兵潰，貽患甚大。從前日俄之戰，日本帝后解簪飾以賞軍，現在人心浮動，必須振作。既是馮國璋肯報效出力，請太后將宮中金銀器皿，賞出幾件，暫充戰費，雖不足數，然而軍人感激，必能效死，如獲一勝仗，則人心大定。恩以御聚，勝則主威。請太后聖明三思。」善耆奏道：「恭親王所說甚是，求太后聖斷立行。」隆裕道：「勝了固然好，要是敗了，連優待條件都沒有，豈不是要亡國麼？」溥偉道：「優待條件是欺人之談，不過與迎闖賊不納糧的話一樣。彼是欺彼是欺民，此是欺君。就請用賢斬佞，激勵兵心，足可轉危爲安。若一議和，則兵心散亂，財用又空，奸邪得志，後事真不堪言。況大權既去，逆臣亂民倘有篡逆之舉，又有何法制之？彼時向誰索優待條件？」說到此，溥偉又叩頭至地道：「即使優待條件可恃，夫以朝廷之尊，而受臣民優待，豈不貽笑列邦，貽笑千古？太后、皇上，欲求今日之尊案，不可得也。臣忝列宗支，實不忍見此等事！」隆裕道：「就是打仗，也只馮國璋一人，焉能有功？」善耆奏道：「除去亂黨幾人，中外諸臣，不無忠勇之士，太后不必憂慮！」溥偉又奏道：『臣大膽，敢請太后、皇上賞兵，情願殺賊報國！」隆裕太后回頭看著顧載濤說：「載濤你管陸軍，知道我們的兵力怎麼樣？」載濤回答說：「奴才沒有打過仗，不知道。」隆裕默然。良久說：「你們先下去罷。」善耆奏道：「少時國務大臣進見，請太后慎重降旨。」隆裕歎道：「我怕見他們。」於是看著溥偉說：「少刻他們又是主和，我應說什麼？」溥偉答道：「請太后仍是主持前次諭旨，著他們要國會解決。若設臨時政府，或遷就革命黨，斷不可行。如彼等有意外要求，請太后斷不可行。」隆裕道：「我知道了。」溥偉又叩頭道：「革命黨徒無非是些年少無知的人，本不足懼，臣最憂者，是亂臣借革命黨勢力，恫嚇朝廷，又復甘言詐騙，以

詐騙，以揖讓為美德，以優待為欺飾，請太后明鑒。南方為黨人佔據，民不聊生，北方因為兩宮照臨，所以地方安靜，此正明效大驗。太后愛惜百姓，如殺賊安民，百姓自然享福；若是議和罷戰，共和告成，不但亡國，此後中國之百姓便永不能平安。中國雖弱，究屬中華大國，為各國觀瞻所繫。若中國政體改變，臣恐影響所及，從此兵連禍結，全球時有大戰，非數十年所能定。是太后愛百姓，倒是害了百姓。」隆裕點點頭。載澤奏道：「今日臣等所奏之言，請太后還後宮，千萬不可對御前太監說，因為事關重大，請太后格外謹慎。」隆裕道：「那是自然，我當初侍奉太皇太后，是何等謹慎，你不信，可以問載濤。」善耆奏道：「載澤所言甚是，太后從先聖孝，今日與彼時不同。」隆裕不語，載灃等人遂退出養心殿。

過了兩天，載灃對溥偉說：「你前奏對，語太激烈，太后很不喜歡。說時事何至如此。恭親王、肅親王、那彥圖三個人，愛說冒失話，你告知他們，以後不准再如此。」溥偉道：「太后深居九重，不悉時局，然既不准溥偉說話，則以後之會議，是否與聞？」載灃面現極憂色，良久說：「你別著急。」溥偉道：「太后既有此旨，萬無再違旨說話之理，然而目睹危險，天顏咫尺之地，何忍緘默？」載灃道：「我處嫌疑之地，也不能說話。」溥偉道：「五叔與溥偉不同，既是五叔為難，只好以後會議時，溥偉不來可也。」載灃道：「這兩日來不知是怎樣運動，老慶依然入朝，太后意思也頗活動，奈何奈何！」〔註129〕

載灃作為皇帝的生父，從情感上來說，無論如何也是不願意選擇共和的，因為選擇共和就意味著其子帝位不保。但作為退位的攝政王，政治上的失敗者，愛新覺羅家族的罪人，再加上性格懦弱，他不敢明確反對共和，只能暗中支持溥偉、載澤等人反對共和。

此後，又開兩次御前會議，皆無結果。

十二月初八日，段祺瑞等四十餘北方將領聯合電奏，要求清廷宣佈共和。其電稱：「……竊惟停戰以來，議和兩月，傳聞宮廷俯鑒輿情，已定議力該共和政體……乃聞為輔國公載澤、恭親王溥偉等一二親貴所尼，事遂中沮，政體仍待國會公決。……懇請渙汗大號，明降諭旨，宣示中外，立定共和政體。以現在國務大臣等暫時代表政府擔任條約、國債及交涉未完各事項，再行召

〔註129〕 溥偉：《遜國御前會議日記》，《社會科學戰線》1982 年第 3 期，第 172、173 頁。

集國會，組織共和政府，俾中外人民咸與維新，以期妥奠群生，速復地方秩序。然後振刷民氣，力圖自強，中國前途，實惟幸甚。不勝激切待命之至。」〔註130〕

　　宣統十二月十二日，開第七次御前會議，因段祺瑞電到，良弼被炸死，各親貴王公對於共和均不敢再表示反對。十六日，清廷授袁世凱全權與民軍商酌退位條件。二十五日，即載灃退歸藩邸七十天後，袁世凱奏，與南方代表伍廷芳議，贊成共和，並進呈皇室待遇條件八、皇族優待條件四、滿蒙回藏待遇條件七，凡十九條。清廷遂發佈上諭，宣佈清帝退位。諭稱：「欽奉隆裕皇太后懿旨。前因民軍起事，各省響應，九夏沸騰，生靈塗炭。特命袁世凱遣員與民軍代表討論大局，議開國會，公決政體。兩月以來，尚無確當辦法，南北暌隔，彼此相持，商輟於塗，士露於野，徒以國體一日不決，故民生一日不安。今全國人民心理，多傾向共和，南中各省既倡議於前，北方諸將，亦主張於後，人心所嚮，天命可知，予亦何忍因一姓之尊榮，拂兆民之好惡。是用外觀大勢，內審輿情，特率皇帝將統治權公諸全國，定爲立憲共和國體，近慰海內厭亂望治之心，遠協古聖天下爲公之義。袁世凱前經資政院選爲總理大臣，當茲新舊代謝之際，宜有南北統一之方，即由袁世凱以全權組織臨時共和政府，與民軍協商統一辦法，總期人民安堵，海宇乂安，仍合滿蒙漢回藏五族完全領土爲一大中華民國，予與皇帝得以退處寬閒，優游歲月，長受國民之優禮，親見郅治之告成，豈不懿歟。」〔註131〕大清王朝遂覆。

　　武昌起義爆發前，四川動亂已久。武昌猝然失守，川鄂皆亂，革命黨乘勢在各省發動起義乃意料之中的事情，如果不斷然採取有力措施，大局定然糜爛。滿人入關二百多年來，漢族一直被不平等的民族政策所壓制，敢怒而不敢言。武昌起義爆發後，漢人壓抑已久的反滿情緒一下子被點燃，必然會掀起強烈的反滿風暴。要平息這樣一場變亂，靠滿人是不行的，無有知兵大員，八旗兵早已腐敗不堪。在當時的局勢下，有幾件事載灃是應該做的：起

〔註130〕《宣統三年十二月初八日會辦剿撫事宜第一軍統制官段祺瑞等致內閣代奏電》，中國史學會主編：《中國近代史資料叢刊‧辛亥革命》（八），第 173～175 頁，上海人民出版社 1981 年版。

〔註131〕第一歷史檔案館：《光緒宣統兩朝上諭檔》第三十七冊，第367頁，廣西師範大學出版社 1996 年 10 月版；陳寶琛等撰：《宣統政紀》，第1293頁，中華書局 1987 年版。

用派遣袁世凱統領北洋軍迅赴湖北以穩定局面；嚴懲盛宣懷、下罪己詔以平天下之憤；解散皇族內閣，成立不分滿漢的新內閣，以示與民更始；嚴懲瑞澂，以爲後來者戒。這樣，清廷或許還能保有皇位，甚至保留部份皇權。但載灃在武昌起義爆發後，載灃懵然無知，未能及時採取起用袁世凱、嚴懲盛宣懷、下罪己詔、解散皇族內閣、修改憲政大綱等斷然措施，貽誤事機，斷送了清王朝的最後機會。

與被動登上攝政王位一樣，身處巨大的政治漩渦中的載灃，退出攝政王後身不由己，難以按照自己的意願不問政事。在南北議和過程中，他暗中阻撓議和清帝退位，充當了不光彩的歷史角色。但他既無膽又無力，對局勢影響極其有限，只能無奈接受共和和清帝退位的結局。一些著述裏說的，他順應歷史潮流，主動辭去攝政王，襄贊共和，是錯誤的歷史認知。誠然，載灃沒有像溥偉、載澤、善耆那樣，頑固堅持帝制，強烈反對共和，但他也沒有開明到贊襄共和的程度。作爲皇帝的生父，從情感上來說，無論如何也是不願意選擇共和的，因爲選擇共和就意味著其子帝位不保。但作爲退位的攝政王，政治上的失敗者，愛新覺羅家族的罪人，再加上性格懦弱，他不敢明確反對共和，只能暗中支持溥偉、載澤等人反對共和。載灃辭去攝政王主要是被逼的，當然也有主動的因素，他想通過自己的退位獲得英國等列強對清王朝的支持，緩和清政府與革命派的矛盾，換取袁世凱對王朝的忠心。

在對局勢的判斷上，糊塗的載灃甚至還不如以貪庸著稱的奕劻。奕劻最起碼知道滿人難堪大任，非用漢人（袁世凱）不能掌控局面；知道清帝退位乃人心所嚮，大勢所趨。載灃一向懷有滿漢成見，重滿輕漢，至武昌起義尚不覺悟。至於暗中阻撓議和、清帝退位，更是螳臂擋車的無益之舉了。

結論：被時代拋棄的掌舵人

稽諸史料，載灃既無出眾的才能，也無掌控政權的雄心，他是在沒有任何思想準備的情況下被推到了攝政王的位置上。

登上攝政王位的載灃面臨的局面是極其複雜嚴峻的。

在國際上，帝國主義對殖民地的爭奪趨於白熱化，對中國的爭奪也日趨激烈，英、日、俄、法等國在中國邊疆和內地不斷釀造事端，製造危機。為應對危機，一些遭受殖民侵略的國家開啓了包括憲政改革在內的近代化變革，清王朝的新政和憲政就在這樣的背景下展開和進行的。由君主專制制度和平轉向憲政制度是一個世界性的難題，鮮有成功，如何引導清王朝這艘破舊的大船成功轉向，對掌舵的載灃來說是一個極大的挑戰。

在國內，載灃面臨的情況更為複雜。一是滿漢矛盾日趨尖銳。甲午戰爭失敗後，清政府的腐敗無能暴露得越來越充分，民族危機不斷加重，清王朝日益疲弱，原來掩蓋的滿漢民族矛盾開始凸顯。以孫中山為首的革命派志在推翻清政府，雖屢戰屢敗，但矢志不渝。與此同時，立憲派發動的立憲運動方興未艾。立憲派雖然不像革命黨一樣要要清政府下臺，但要求改變現有政治制度，實行君主立憲，以獲得更多權利，為資本主義的發展掃除障礙，也必將對滿人主導的清政府的現有統治秩序造成巨大衝擊，對滿人特權構成嚴重威脅。滿人尤其是滿洲貴族擁有種種特權二百多年，作為滿洲貴族的利益代表，載灃為了維護滿洲貴族的既有特權，除了竭力鎮壓革命黨的起義之外，還力圖掌控立憲派於股掌之中，想要在盡可能多的保留特權的情況下籠絡住他們，這是一個不小的難題。

二是中央高層暗流湧動。光緒末年，奕劻、袁世凱權傾朝野，已呈尾大不掉之勢，對皇權構成了很大威脅。慈禧晚年，為了制衡奕劻，重用善耆、載澤等年輕親貴。善耆、載澤分掌民政部、度支部，同樣貴為皇族的他們與奕劻爭權，並伺機取而代之。作為軍機領袖的奕劻難以駕馭他們，政出多門已初現端倪。如何處分奕劻、袁世凱一黨，並威懾載澤、善耆等，振起朝綱，樹立自己的絕對權威，遏止政出多門的情況進一步發展，是載灃面臨的又一個難題。

中央和地方關係面臨新的調整。在中央集權制度下，內重外輕是政治常態，太平天國運動後，清王朝出現了外重內輕的異常局面。地方督撫擁有很大的軍事、財政、人事權力，一方面有利於督撫放開手腳，完成守土之責，一方面又影響中央權威，阻礙政令的推行，督撫對中央陽奉陰違甚至公然對抗的情形時有出現。隨著新政的進行，中央和地方的關係必然要進行大的調整，如何既收束地方督撫的權力，加強中央的權威，更好的保持政令的暢通，又讓督撫的權力足以完成其職責，還要不使中央和地方的關係受到較大的不良影響，這也是載灃面臨的一個難題。

當然，載灃面臨的局面也有一些有利因素：革命暫時處於低潮；立憲派不希望革命，對清王朝抱有很大幻想；中央政權運行基本正常；中央和地方雖有一定矛盾，但遠未激化。

在這種局面下，清王朝雖然危機重重，但如果載灃能認清形勢，順應潮流，整合統治階級內部力量，合理有序地推進變革，延緩滅亡還是可能的。

在滿漢關係的調整上，載灃做的一塌糊塗。他改變慈禧重用漢人的政策，扶植滿人，抑制漢人，破壞了上層的滿漢聯盟，加大了漢人的離心性；他誤判形勢，沒有充分意識到覆亡的危險性，對防範革命重視不夠，對立憲派訴求重視不夠並施以強硬手段，致使立憲派絕望而轉向革命。

在中央核心層的調整方面，載灃做的也無比糟糕。資歷不夠的他，執政後需要樹立自己的權威。袁世凱跋扈囂張，奕劻貪瀆好貨，二人皆人言籍籍，斷然處置他們，既減除了政敵，又樹立了威信，可以說是一箭雙雕的順天應人之舉。雖然這樣做會引起國內國外一些政治勢力的不滿，但總體上是值得的。載灃沒有足夠的政治智慧和魄力，以患足疾之名驅逐袁世凱，既得罪了他，又放虎歸山，埋下禍根。奕劻為袁世凱的後臺，載灃對他的處理也很失敗。用人不疑，疑人不用，但載灃是既用奕劻，又不信任他。為了限制奕劻，

他重用載洵、載濤等年輕親貴，加劇了滿洲貴族集團內部的紛爭，導致政出多門，局勢混亂，天下失望。

在中央與地方關係的處理上，載灃做的也很失敗。載灃攝政後，汲汲於中央集權。一面大力收束督撫的權力，一面三令五申，催辦各項新政，督撫權變輕，責變重，事情難辦，自然不滿，於是今日聯銜奏請焉，明日乞休焉，藉以向中央施壓。由於中央集權過於激進，不僅削弱督撫掌控局面的能力，而且影響了朝廷決策的合理性，加大了推行的難度。慈禧執政時期，重大決策之前往往先徵詢地方督撫的意見，決策能考慮到地方的實際情況，也能得到地方督撫的支持。載灃執政之後，重大決策時將地方督撫擱置一邊，不讓他們參與，決策從中央角度思考問題，對地方考慮很少，所以決策往往具有一定的不合理性，在執行過程中非但不能得到督撫很好的配合，而且時常遭到了他們的反對，幹路國有就是其中一例。載灃的中央集權嚴重影響了中央和地方的關係，削弱了二者所能形成的合力，也就削弱了王朝的統治力量。

至十九世紀中葉，清王朝已有二百年歷史，而帝制更是有了兩千多年的歷史，中央集權的專制制度已十分完備。這種刻板的制度雖然進步動力不足但卻相當穩定，如果沒有外部的力量，很難發生大的改變。西方列強的炮聲打破了清王朝的寧靜，它再也不能像過去一樣安逸的存在下去了，被迫痛苦地作出一些改變。載灃執政時期，這種變革進入到最關鍵的階段。改革是大勢所趨，載灃還沒有昏悖到連這都不知道的地步，所以在推進改革方面總體上還是積極的。但他在改革模式與路徑的選擇上是較為保守甚至反動的，如在立憲問題上，更願意日本、德國而不願意學習英國，因為同為君主立憲，日本、德國君主擁有較大的權力，而英國君主僅為名義上的國家元首，不操實權。既想通過立憲鞏固統治，保住皇位，又想盡可能少地讓步，盡可能多地保持皇權，魚與熊掌兼得，是載灃在預備立憲中所期望達到的目標。改革中有保守，保守中有改革，保守與革新，順應與反動看似矛盾實質上有機的體現在載灃這個人物身上，這大概正是有斥其假立憲者，有贊其真改革者，毀譽交加的原因吧。資產階級立憲派希望通過君主立憲儘量獲得更多的權力，也為資本主義發展掃除障礙，這是他們的利益、目的所在。清廷則希望通過君主立憲，讓渡一部份權力，當然是越少越好，籠絡住立憲派，鞏固自己的統治，這是它的利益、目的所在。讓渡給立憲派多大權力，既能達到籠絡他們的目的，又能最大限度保留權力，這個度是極難把握的，需要執政者

有高超的政治藝術和高明的政治手段，這要求太高，或許只有出色的政治家或許才能做到，要求載灃做到這確實很是勉爲其難。退而求之，不使立憲派走背叛這一反面應是底線，可惜載灃連這條底線都守不住，其政治水平實在有些低的可憐，遑論政治藝術。無論政治改革、軍事改革，還是財政改革、經濟改革，載灃雖在一定程度上順應了時代潮流，對中國近代化起到了一定的作用，但他在改革內容的選擇、推出的時機、推進的速度等問題上，犯了諸多失誤，削弱了清廷自身的力量，成爲清王朝滅亡一大原因。

按照一個普通人或一個普通官員的標準來衡量，載灃有很多優點，他寬厚、仁慈、尊親、勤政、廉潔。然而，造化弄人，載灃的個人悲劇在於他被迫去充當一個掌控全局、力挽狂瀾、挽救王朝命運的政治家，而按照一個政治家的標準來衡量，載灃是典型的拎不清，是極不合格的。

載灃缺乏政治家的胸襟，任人唯親、唯滿。光緒末年，京師就有諺「近支排宗室，宗室排滿，滿排漢」〔註1〕。載灃攝政後，任人唯親、任人唯滿的情況達到了極致。載灃執政時期，以他爲中心，按照親疏遠近形成了幾個權力利益圈。居於第一個權力利益圈的有載洵、載濤、載澤、溥倫等宗室近支，其中載濤、載洵又處於最優越的地位。載澤居於第一權力圈是因爲他自幼長在醇王府，與載灃情同兄弟，又有隆裕皇太后做靠山，載灃不願得罪，也不敢得罪，獨攬財政大權，權傾一時。貝子溥倫權勢雖遠遜載濤、載洵、載澤等人，但也得到了載灃的特別照顧。載洵等人無論對錯得失，載灃都親近之、信任之、任用之。

居於第二個權力利益圈的有奕劻、毓朗、善耆。奕劻、毓朗、善耆等係皇族遠支，雖然他們得到的信任僅次於載濤等幾個近支王公，他們的政治地位是大體穩固的，但政治權力有時也面臨被攘奪的危險。宣統元年，善耆被載洵奪取管理海軍之權，宣統三年又被奪去管理民政之權；毓朗被載濤奪取管理軍諮處之權；宣統元年，奕劻被奪取管理陸軍之權，宣統三年內閣成立，奕劻又被奪去所有與軍隊相關的權力。

居於第三個權力利益圈的有鐵良、鳳山、蔭昌、那桐、紹昌、廷傑等滿大臣。他們進與退全憑載灃以及載濤等親貴的好惡。載灃兄弟爲了加強對陸軍的控制，設立軍諮處，迫使鐵良辭去陸軍大臣，代之以只會紙上談兵的蔭昌。後人評價載灃驅逐袁世凱是自毀長城，而其排擠鐵良又何嘗不是？鐵良

〔註1〕 劉體智：《異辭錄》，第 197 頁，中華書局 1988 年版。

是滿洲貴族中少有的知兵大員，在陸軍中的影響要遠大於沒有實際作戰經驗的蔭昌，如果有鐵良掌管陸軍，武昌起義爆發後，清廷的應對會更加有力，也會多一分底氣，袁世凱出山就不那麼容易了。

居於第四個權力利益圈的是袁世凱、張之洞、徐世昌、陳夔龍、張人駿等一些漢大臣，這些漢大臣被載灃疑忌，政治上受到打擊和壓制。載灃執政後，驅逐袁世凱、打擊袁世凱同黨的最重要原因是因為袁世凱及其同黨為漢人，是「非我族類，其心必異」的想法在作怪。載灃不僅不能容忍跋扈囂張的袁世凱，而且不能容忍對朝廷忠心耿耿的張之洞。載灃驅逐袁世凱出軍機，他不選一漢大臣而讓那桐入軍機處，漢大臣的政治利益無形中受到了損害。宣統元年張之洞卒，載灃命法部尚書戴鴻慈在軍機大臣上學習行走，其留下的法部尚書一缺由熱河都統廷傑充補，漢大臣又失去一尚書席位（宣統二年廷傑卒，載灃又命法部左侍郎紹昌為法部尚書）。由於漢大臣常常處於被排擠的地位，為保持政治地位和權力，不得不投靠滿洲親貴。徐世昌、陳夔龍以奕劻為靠山，徐還竭力討好載洵、載濤；張人駿、趙爾巽、張鳴岐等投靠載澤；袁樹勳投靠載洵。

載灃任人唯親、唯滿的結果是漢大臣怨滿人排擠漢人，滿大臣怨皇族排擠滿人，皇族遠支則怨近支排擠宗室，以載灃為首的年輕親貴陷入孤立，清廷統治因此變得極其脆弱。

載灃優柔寡斷，缺乏主見。載灃執政後，面對如何處理奕劻、袁世凱勢力的問題。袁世凱、奕劻勢力是具有雙重性質的，它不僅是清王朝這個母體上的怪胎，而且是支撐這所腐朽不堪的老屋的支柱。對於奕、袁勢力，載灃可以有兩種處理方式。一種方式是接受這樣的政治現實，信任他們，籠絡他們，與他們合作，共同維護清王朝的統治。袁世凱身負戊戌舊案，又政敵環伺，惶恐不安，避禍尚且不及，又安敢心生異志？且此時袁世凱已被慈禧調到北京，不再直接掌控北洋，又有何資本威脅朝廷？再者，袁世凱與奕劻雖然關係非同一般，也並非完全是相互利用的利益之交，但二人政治利益和政治見解並不完全相同，在一些問題上也產生過矛盾和衝突。光緒三十三年，袁世凱應詔陳言，希望朝廷加速立憲，由於奕劻的阻撓，建議失效。光緒三十四年，奕劻具摺彈劾袁世凱與張之洞，反對宣佈開國會年限。直至載灃攝政，袁世凱、奕劻尚不能對朝廷構成實質性威脅，攻擊袁世凱、奕劻的人為達目的故意張大其詞，所謂袁世凱有操、莽之心是無稽之談，只要局勢穩固，

袁世凱不僅不足爲懼，且可利用他爲朝廷做事。光緒、慈禧死後，由於連遭大喪，革命黨又乘機起事，一時局勢頗爲混亂。載灃在奕劻、袁世凱等人的輔助下，很快穩定了局面，便是可與奕劻、袁世凱合作穩固政權的明證。

當然，斷然處置袁世凱、奕劻也是一種選擇。以袁世凱爲首的北洋集團確實是一個潛在威脅，奕劻則爲袁世凱的後臺。如何處置？殺死或重懲袁世凱、罷黜奕劻。袁世凱是北洋集團的靈魂，殺死或重懲袁世凱之後，這個集團沒有了靈魂便會分化瓦解。而袁氏一日不除，這個集團靈魂即一日不散在當時的歷史條件下，殺死或重懲袁世凱是具有可行性的。首先，袁世凱曾背叛出賣過光緒帝，又過於跋扈囂張，屢被彈劾，殺死或重懲他能得到一定範圍和程度的理解和支持。其次，兵部尚書鐵良、近畿督練大臣鳳山等能對袁世凱北洋同黨起到一定制約作用，駐紮北京城的又是由滿人組成的第一鎮，袁系將領也不是鐵板一塊，不逼急了是不會鋌而走險的。再次，奕劻、張之洞、世續等人雖不贊成殺死或重懲袁世凱，但也不是竭力反對。殺死或重懲袁世凱之後，自然會引起漢人的不安和疑慮，如果起用岑春煊，再對一些漢大臣委以重任，施以恩惠，漢人的不安和疑慮自然可以消除。至於列強，雖有不滿，此爲中國內政，只要不改變現有對外政策，他們也不會太怎麼樣。奕劻貪瀆，穢名遠揚，罷黜他可以顯示朝廷整頓吏治的決心，更是大快人心之舉，會得到相當廣泛的讚譽和支持。

這兩種做法都有一定的合理性，載灃耳軟心活，缺乏主見，最終都沒有採取。他聽從善耆、載澤等人的意見放棄了和奕劻、袁世凱的合作；欲重懲袁世凱，遇到奕劻等人的阻撓又改變想法，僅以袁世凱患足疾爲名令其回籍養屙；他聽趙炳麟的建議，欲罷黜奕劻，遭到張之洞反對，馬上放棄。既沒有根本去除奕劻、袁世凱勢力，又得罪了他們，得到了最壞的結果。

載灃缺乏對政治局勢判斷和把握能力，重大政治決策多有失誤。以興復海軍爲例，出發點是好的，但卻脫離了實際，加劇了財政的困難，影響了新軍的編練。宣統二年允許湖南、湖北、廣東試行商辦粵漢鐵路有維護路權維繫人心的良好願望，但不符合實際。宣統三年又宣佈幹路國有，將商辦鐵路強行收回，本應「寬恤民隱」，不使投資紳民有絲毫虧損，才不致失去人心，激化矛盾，但載灃卻在還款問題上只算經濟賬，不算政治賬，支持盛宣懷、載澤等人所擬的還股計劃，與民錙銖計較，對各省紳民（尤其是四川紳民）的訴求置之不理，一味強行壓制，最終把四川紳民逼上梁山。

　　正如孫中山所云，世界潮流浩浩蕩蕩，順之者昌，逆之者亡。二十世紀
之初，大清王朝本已身患沉屙，唯順應時勢，切實進行變革，才有一線生機。
臨危受命的載灃是一個不折不扣的庸醫，他昧於歷史大勢，舉措失當，客觀
上加速了清王朝的死亡。載灃作爲清朝這艘破船的掌舵人，連同這個朝代一
起被時代拋棄了。

主要參考文獻

一、檔案與官方文書

1. 中國第一歷史檔案館館藏未刊檔案。
2. 近代史所藏檔案
   《許同莘日記》（1898～1911 年），甲 622。
3. 故宮博物院明清檔案部：《清末籌備立憲檔案史料》，中華書局 1979 年版。
4. 葉志如總主編：《光緒宣統兩朝上諭檔》，廣西師範大學出版社 1996 年版
5. 國家圖書館善本部：《趙鳳昌藏劄》，國家圖書館出版社 2009 年 10 月版。
6. 陳旭麓、顧廷龍、汪熙主編，《辛亥革命前後》，上海人民出版社 1979 年 5 月版。
7. 中國第二歷史檔案館編：《中華民國檔案資料彙編》第一輯辛亥革命，江山人民出版社 1979 年版。
8. 陳寶琛等撰：《清實錄·宣統政紀》，中華書局 1987 年版
9. 朱壽朋：《光緒朝東華錄》，中華書局 1984 年版。
10. 盛宣懷：《愚齋存稿》，文海出版社 1975 年版。
11. 中國社會科學院近代研究所中華民國史研究室主編，鄒念之編譯：《日本外交文書選譯日本外交文書選譯　關於辛亥革命關於辛亥革命》，中國社會科學出版社 1980 年版。
12. 胡濱譯：《英國藍皮書有關辛亥革命資料選譯》上，中華書局 1984 年版。

二、報刊雜誌

1. 申報　大公報　國風報　東方雜誌　近代史資料　文史資料選輯。

三、資料集

1. 中國史學會主編:《辛亥革命》(中國近代史資料叢刊),上海人民出版社 1981 年版。
2. 中國社會科學院近代史所民國史組編:《清末新軍編練沿革》,中華書局 1978 年版。
3. 戴執禮:《四川保路運動史料》,科學出版社 1959 年版。
4. 杜春和、林斌生、丘權政編:《北洋軍閥史料選輯》,中國社會科學出版社 1981 年版。
5. 章開沅,羅福惠,嚴昌洪主編:《辛亥革命史資料新編》,湖北人民出版社 2006 年版。
6. 宓汝成:《近代中國鐵路史資料》,中華書局 1984 年版。
7. 張俠等編:《清末海軍史料》,海洋出版社 1982 年版。
8. 王彥威等編:《清季外交史料》,書目文獻 1987 年版。
9. 張國淦:《辛亥革命史料》,龍門聯合書局 1958 年版。
10. 【澳】喬‧厄‧莫里循著,【澳】駱惠敏編,劉桂良等譯,《清末民初政情內幕》,知識出版社 1986 年版。
11. 鄭曦原編:《帝國的回憶》,生活‧讀書‧新知三聯書店 2001 年版。
12. 李少軍編譯,《武昌起義前後在華日本人見聞集》,武漢大學出版社 2011 年版。
13. 竇坤等譯著:《〈泰晤士報〉駐華記者莫理循直擊辛亥革命》,海峽出版發行集團、福建教育出版社 2011 年版。

四、年譜、傳記、回憶錄、筆記

1. 吳玉章:《吳玉章回憶錄》,中國青年出版社 1978 年版。
2. 劉厚生:《張謇傳記》,上海書店 1985 年。
3. 愛新覺羅‧溥儀:《我的前半生》,群眾出版社 1979 年版。
4. 榮孟源、章伯鋒:《近代稗海》,四川人民出版社,1985 年 8 月版。
5. 周善培:《辛亥四川爭路親歷記》。
6. 中國人民政治協商會議全國委員會文史資料研究會:《晚清宮廷生活見聞》,文史資料出版社 1982 年版。
7. 呂海寰:《庚子海外紀事》,毛祖模編錄手稿本,文海出版社。
8. 劉厚生:《張謇傳記》,上海書店 1985 年版。
9. 李宗一:《袁世凱傳》,中華書局 1980 年版。
10. 劉體仁:《異辭錄》,上海書店出版社 1998 年版。

11. 誦清堂主人：《辛亥路事紀略》。

12. 胡思敬：《國聞備乘》。

13. 吳慶坻：《蕉廊脞錄》。

14. 胡鈞：《張文襄公年譜》。

五、文集、奏稿、日記

1. 愛新覺羅‧載灃：《醇親王載灃日記》，群眾出版社 2014 年版。

2. 王文韶著，袁英光，胡逢祥整理：《王文韶日記》，中華書局 1989 年版。

3. 惲毓鼎：《澄齋日記》，浙江古籍出版社 2005 年版。

4. 中國國家博物館編，勞祖德整理：《鄭孝胥日記》，中華書局 1993 年版。

5. 北京市檔案館：《那桐日記》，新華出版社 2006 年版。

6. 謝興堯整理：《榮慶日記》，西北大學出版社 1986 年版。

7. 孫寶瑄：《忘山廬日記》，上海古籍出版社 1983 年版。

8. 韓策、崔學森整理，王曉秋審訂：《汪榮寶日記》，中華書局 2013 年版。

9. 顧廷龍、戴逸主編：《李鴻章全集》，安徽教育出版社 2007 年版。

10. 中國科學院歷史研究所第三所主編：《錫良遺稿》，中華書局 1959 年版。

11. 苑書義等編：《張之洞全集》，河北人民出版社 1998 年版。

12. 張謇：《張謇全集》，江蘇古籍出版社 1994 年版。

13. 江春霖：《梅陽江侍御奏稿》。

14. 趙爾豐：《趙公季和電稿》。

15. 胡思敬：《退廬疏稿》。

16. 徐世昌：《退耕堂政書》。

17. 趙炳麟：《趙柏岩集》。

六、相關研究著作

1. 張海鵬主編：《中國近代通史》第五卷，江蘇人民出版，2006 年版。

2. 張海鵬：《追求集：近代中國歷史進程的探索》，社會科學文獻出版社 1998 年版。

3. 陳旭麓：《近代中國社會的新陳代謝》，上海人民出版社 1992 年版。

4. 羅爾綱：《晚清兵志》第二卷，中華書局 1997 年版。

5. 李新主編：《中華民國史》第一編，中華書局 1981～1982 年版。

6. 韋慶遠、高放、劉文源：《清末憲政史》，中國人民大學出版社 1993 年10 月版。

7. 侯宜傑：《二十世紀初中國政治改革風潮——清末立憲運動史》，人民出版社 1993 年版。

8. 王芸生：《六十年來中國與日本》第五卷，生活・讀書・新知三聯書店 1980 年版。

9. 李劍農：《中國近百年政治史》，復旦大學出版社 2002 年 9 月版。

10. 戚其章：《晚清海軍興衰史》，北京出版社 1998 年版。

11. 謝俊美：《政治制度與近代中國》，上海人民出版社 2000 年 12 月版。

12. 王宏斌《晚清海防思想與制度研究》，商務印書館 2005 年版。

13. 趙軍：《折段了的槓杆——清末新政與明治維新比較研究》，湖南出版社 1992 年版。

14. 張連起：《清末新政史》，黑龍江人民出版社 1994 年版。

15. 郭世祐：《晚清政治革命新論》，湖南人民出版社 1997 年版。

16. 殷嘯虎：《近代中國憲政史》，上海人民出版社 1997 年 11 月版。

17. 李細珠：《張之洞與清末新政研究》，上海書店出版社，2005 年 10 月版。

18. 張海林：《端方與清末新政》，南京大學出版社 2007 年 1 月版。

19. 馬小泉：《國家與社會：清末地方自治與憲政改革》，河南大學出版社 2001 年 8 月版。

20. 高旺：《晚清中國的政治轉型——以清末憲政改革為中心》，中國社會科學出版社 2003 年 7 月版。

21. 荊知仁：《中國立憲史》，聯經出版事業公司 1984 年版。

22. 李剛：《大清帝國最後十年～清末新政始末》，中國當代出版社 2008 年版。

23. 王開璽：《晚清政治新論》，商務印書館 2006 年 12 月版。

24. 淩冰：《最後的攝政王——載灃傳》，文藝出版社 2006 年版。

25. 海軍司令部編輯部：《近代中國海軍》，海潮出版社 1994 年版。

26. 費行簡：《慈禧傳信錄》，崇文書局 1918 年 11 月版。

27. 警民：《徐世昌》，沈雲龍主編《近代中國史料叢刊》第四輯，文海出版社 1971 年版。

28. 沃丘仲子：《當代名人小傳》，沈雲龍主編《近代中國史料叢刊三編》第八輯，文海出版社 1986 年版。

29. 趙爾巽撰：《清史稿》，中華書局 1977 年版。

30. 【美】羅茲曼，《中國的現代化》，江蘇人民出版社 2003 年版。

31. 【美】塞繆爾・亨廷頓著，王冠華、劉為等譯，沈宗美校：《變化社會中的政治秩序》，三聯書店 1989 年版。

32.【美】周錫瑞:《改良與革命——辛亥革命在兩湖》,中華書局 1982 年版。

33.【美】李約翰:《清帝遜位與列強（1908～1912）》,中華書局 1982 年。

七、論文

1. 陳廷湘:《1911 年清政府處理鐵路國有事件的失誤與失敗——以四川保路運動爲中心的歷史再反思》,《四川大學學報（哲學社會科學版）》,2007 年 01 期。

2. 崔志海:《論清末鐵路政策的演變》,《近代史研究》,1993 年 03 期。

3. 章玉鈞:《關於保路運動若干問題的辯證——與〈重新認識保路運動〉一文商榷》,《社會科學研究》,2001 年 06 期。

4. 戴執禮:《〈四川保路運動史〉若干問題之商榷》,《四川大學學報（哲學社會科學版）》,1983 年 03 期。

5. 劉正祥、徐精鵬:四川保路運動時期地方政府與中央政府的對峙——兼論清朝覆滅的原因》,《社會科學研究》,1998 年 04 期。

6. 韋慶遠、高放、劉文源《論諮議局》,《近代史研究》1979 年 01 期。

7. 韋慶遠、高放、劉文源:《清末資政院第一次常年會》,《社會科學戰線》1984 年 4 期。

8. 侯宜傑:《論清末立憲運動的進步作用》,《近代史研究》1991 年 03 期。

9. 朱英:《清末新政與清朝統治的滅亡》,《近代史研究》1995 年 02 期。

10. 杜家驥:《清末「皇族内閣」小議》,《歷史教學》。

11. 吳春梅、王邦翠:《立憲派與清廷決裂時間辨析》,《安徽大學學報》2000 年 01 期。

12. 張玉芬:《清末統治集團内部紛爭與清帝退位》,《遼寧師大學報》1993 年第 1 期。

13. 李文海:《論清末的「預備立憲」》,《歷史檔案》1982 年第 1 期。

14. 遲雲飛:《預備立憲與清末政潮》,《北方論叢》1985 年第 5 期。

15. 鄭大發:《論清末統治集團内部的立憲派》,《江漢論壇》1987 年第 1 期。

16. 張錫勤:《論立憲派與清政府在「立憲」問題上的分歧》,《求是學刊》1989 年第 5 期。

17. 王開璽:《清統治集團的君主立憲論與晚清政局》,《北京師大學報》1990 第 5 期。

18. 董叢林:《清末籌備立憲期間統治集團内部的思想分化》,《河北學刊》1990 第 1 期。

19. 侯宜傑:《預備立憲失敗的原因》,《史學月刊》1991 年第 4 期。

20. 李國華：《清末海軍觀與海軍建設》，《歷史研究》1990 年第 5 期。

21. 資軍：《從清政府的對策看湘、蜀兩省保路運動不同走向的原因》，《四川師大學報》1999 年第 4 期。

22. 張天保：《清末的「預備立憲」》，《歷史教學》1996 年第 2 期。

23. 耿雲志：《論清末立憲派的國會請願運動》，《中國社會科學》1980 年第 5 期。

24. 黃勇：《清末的預備立憲》，《歷史學習》1987 年第 1 期。

25. 鄭大華：《關於清末預備立憲幾個問題的商榷》，《史學月刊》1988 年第 1 期。

26. 耿雲志：《論諮議局的性質與作用》，《近代史研究》1982 年第 2 期。

27. 于伯銘：《清末的諮議局》，《社會科學戰線》，1983 年第 1 期。

28. 吳春梅：《憲政改革：晚清新政的誤區》，《江蘇社會科學》1998 年第 2 期。

29. 鄧亦兵：《清末的巡防隊與辛亥革命》，《社會科學戰線》1981 年第 4 期。

30. 遲雲飛：《清末最後十年的平滿漢畛域問題》，《近代史研究》2001 年第 5 期。

31. 朱東安：《晚清滿漢關係與辛亥革命》，《歷史檔案》2007 年第 1 期。

32. 耿雲志：《收回利權運動、立憲運動與辛亥革命》，《近代史研究》1992 年第 2 期。

33. 郭衛東：《視角轉換：清朝覆亡原因再研究——爲紀念辛亥革命 90 週年而作》，《史學月刊》2002 年第 1 期。

34. 遲雲飛：《清季主張立憲官員對憲政的體認》，《清史研究》2000 年第 1 期。

35. 李學通的《醇親王載灃使德史實考》，《歷史檔案》，1990 年第 2 期。

36. 李志武：《載灃使德述論》，《中山大學研究生學刊（社會科學版）》，第 23 卷，第 3 期。

37. 王開璽：《載灃使德期間的禮儀之爭》，《紫禁城》2002 年第 01 期。

38. 喻大華：《慈禧爲何選擇載灃攝政》，《紫禁城》2000 年第 04 期。

39. 無園：《清末攝政王的紙上集權》，《紫禁城》1987 年第 06 期。

40. 雷俊：《載灃集權政策與清末政爭》，《荊門職業技術學院學報》，2005 年第 04 期。

41. 周迎春、張愛華：《攝政王載灃與清政府的傾覆》，《貴州文史叢刊》，2005 年第 03 期。

42. 劉冬梅、李書源：《載灃之誤——宣統朝逐王原因新探》（上）、（下），《通化師範學院學報》，2005 年第 03、05 期。

43. 溫哲君：《淺評載灃集團的歷史作用》，《惠陽師專學報（社會科學版)》，1993 年第 2 期。

44. 蘇全友、姚藤：《載灃新論》，《新鄉師範高等專科學校學報》，2007 年第 01 期。

45. 李細珠：《試論宣統政局與清王朝覆滅》，《北方論叢》，1995 年 05 期。

46. 李侃：《對宣統政局的若干考察》，《李侃史論選集》，中華書局 2002 年版。